KB215289

진짜 두꺼비가 나오는 상상 속의 정원

은유가 세상을 보는 눈을 빚어내는 방법

●

I Is an Other

The secret life of metaphor and how it shapes the
way we see the world

진짜 두꺼비가 나오는 상상 속의 정원

은유가 세상을 보는 눈을 빚어내는 방법

제임스 기어리 지음 ㅣ 정병철·김동환 옮김

진짜 두꺼비가 나오는 상상 속의 정원
I Is an Other

초판 1쇄 인쇄 2017년 11월 23일
초판 1쇄 발행 2017년 11월 30일

지은이   James Geary
옮긴이   정병철·김동환
펴낸이   박재규

펴낸 곳   경남대학교출판부
전화   055_249_2074
팩스   0505_999_2115
홈페이지   kyungnam.ac.kr/press
전자우편   ko10@kyungnam.ac.kr

출판등록   제1974-100001호(1974.3.14.)
               51767 경남 창원시 마산합포구 경남대학로7 (월영동)

값 23,000원

진짜 두꺼비가 나오는 상상 속의 정원

I IS AN OTHER

"제임스 기어리는 자신의 훌륭한 신간 서적에서 은유가 우리의 사고방식의 가장자리에 있는 수사적 장식이 아니라는 것을 보여 준다. 은유는 우리 사고 방식의 바로 중심에 있다."
_ David Brooks, *New York Times*

"언어의 유희에 빠져 있는 사람에게 매우 흥미로운 책 … 기어리는 은유의 역 사를 아리스토텔레스에서부터 엘비스 프레슬리까지로 추적해 간다."
_ *Washington Post*

"기어리는 은유가 언어의 양념이 아니라 속살이라고 성공적으로 주장한다."
_ *Wall Street Journal*

"유쾌한 고찰 … 자신들의 결정이 어떻게 잘 기획된 은유의 영향을 받는지 알 고 싶은 투표자, 고객, 투자가들은 은유가 어떻게 인식을 한정하는지에 대한 기어리의 능숙한 설명에 매혹될 것이다."
_ *Publishers Weekly*(우수한 서평)

"다양한 모습을 하고 있는 은유에 대한 명쾌한 연구 … 언어에 일시적인 흥미 라도 있는 사람들에게 필독서."
_*Time Out London*

"중독성이 강하다. 기어리는 명쾌하고 힘 있게 글을 쓴다."

, _ *The Independent*

"당신은 『*I Is an Other*』의 모든 페이지를 게걸스럽게 읽어나가고, 더 많은 것을 요구할 것이다."

_ Michael Dirda, 퓰리처상을 수상한 비평가 겸 『*Book by Book*』과 『*Classics for Pleasure*』의 저자

"이 책은 언어의 흰색 빛을 그 이미지와 어원의 만화경(萬華鏡)과 같은 축전에 굴절시키는 프리즘이다."

_ 『Ben Schott, *Schott's Original Miscellany*』와 『*Schott's Almanacs*』의 저자

"이 책은 언어와 사고의 미묘한 작용에 관심이 있는 사람을 위한 것이다. 『*I Is an Other*』은 올해의, 그리고 평생의 '필독서' 중 하나이다. 이 책은 폭넓은 많은 독자층을 확보할 만하고, 그런 독자층을 확보할 것이다."

_ Jay Parini, 미들버리대학의 영어와 창조적 작문 교수 겸
『*Promised Land: Thirteen Books That Changed America*』의 저자

"지식이 풍부하고 즐거움을 주는 여행 가이드가 고른, 즐겁고 여행 일정에 없던 짧은 방문이 많이 있는, 은유의 땅으로 가는 매혹적인 여행".

_ Mardy Grothe 박사, 『*I Never Metaphor I didn't Like*』의 저자

차례

8

현실은 우리가 은유를 빌어 이탈하는 상투적인 표현이다.

_월리스 스티븐스

은유는 우리 주변에서 은밀한 삶을 살아간다

나는 시를 좋아한다. 최근에는 고대 한국 시 형식인 시조에 마음을 빼앗겼다. 시조란 초장은 주제를 소개하고, 중장은 주제를 발전시키며, 종장은 놀랍고 드라마틱한 반전으로 미끄러져 들어가는 3행으로 이루어진 시를 말한다.

내가 가장 좋아하는 시조는 16세기 관료이자 열렬한 등산가인 양사언Yang Saon이 쓴 것이다. 그는 단 한편의 시조만 썼지만 한국의 모든 학생들은 여전히 그 시를 배운다.

> 태산이 높다 하되 하늘 아래 뫼이로다.
> 오르고 또 오르면 못 오를 리 없건마는
> 사람이 제 아니 오르고 뫼(山)만 높다 하더라.

이 시조를 잊지 못하는 것은 양사언이 의미하는 바를 결코 직접적으로 말하지 않기 때문이다. 대신, 그는 은유를 통해 시의 메시지를 전한다. 우리는 종종 우리 자신의 능력을 과소평가하기 때문에 야심적이거나 힘든 일을 결코 시도하지 않는다. 그는 우리가 노력만 한다면 가장 높은 산도 오를 수 있다고 말한다.

　양사언은 은유의 대가였지만, 은유는 단순히 시조를 쓸 때 사용하는 문학적 장치 그 이상이다. 은유는 또한 평범한 대화와 광고 메시지에서부터 뉴스보도와 정치 연설에 이르기까지 모든 곳에 강렬하지만 눈에 잘 안 띄게 존재한다. 은유는 경제와 사업, 과학, 심리학을 포함한 인간이 매진하는 모든 분야에서 작동한다.

　은유는 우리 주변에서 은밀한 삶을 살아간다. 이 책은 은유가 어떻게 재정적인 의사 결정에 영향을 끼치는지, 은유가 어떻게 효과적인 광고 뒤에 도사리고 있는지, 은유가 어떻게 배움과 발견에 영감을 주는지, 그리고 은유가 어떻게 정서적인 통찰과 심리적인 변화를 달성하는 도구로 사용될 수 있는지를 탐구한다.

　은유는 보편적이다. 이는 양사언의 시조가 여전히 수 세기가 지난 오늘날의 우리에게 말을 하는 이유이다. 하지만 서로 다른 언어와 문화는 각기 특유한 은유들을 가지고 있고, 이런 은유들은 그들 자신의 전통과 역사적 경험에 깊게 뿌리를 박고 있다. 이것이 내가 원본의 영어에서 사용한 은유가 여전히 한국 독자들에게도 진짜인 것처럼 들릴 수 있도록 솜씨와 창조성을 발휘해 준 이 책의 번역자 김동환과 정병철 교수에게 고마워하는 이유이다.

　나는 은유의 산을 올랐던 독자들이 우리의 일상적인 삶에 미친 강력하지만 숨겨진 은유의 영향을 명확히 볼 수 있기를 희망한다.

2017년 10월
제임스 기어리

기어리와 함께하는 은유의 숨은그림찾기

이 책을 번역하기 전까지 우리는 인지언어학과 은유의 연구자이자 학생이었다. 하지만, 이 책을 번역한 후로 우리는 인간의 삶 곳곳에 숨어 있는 은유의 탐험가가 되었다. 레이코프와 존슨Lakoff & Johnson의 『삶으로서의 은유*Metaphors We Live By*』(1980)가 출간된 지 37년이 흘렀고, 우리나라에도 인지언어학과 은유에 대한 관심이 점점 더 커져 왔다.

실제로 최근 정치적인 격변을 겪은 한국에서도 정치적인 입장에 유리한 프레임을 대중에게 주입하기 위하여 은유적인 표현들이 전략적으로 사용되고 그에 대한 해설까지 방송을 통해 제공되는 것을 쉽게 볼 수 있다. 하지만, 은유는 원래 숨어 있었던 것이 아니라 눈에 보이는 것에만 집착하는 사람들이 인식하지 못했을 뿐이다.

약 2000년 전 예수님도 비유를 통해 가르치셨고, "예수께서 이 모든 것을 무리에게 비유로 말씀하시고 비유가 아니면 아무 것도 말씀하지 아니하셨으니(마태복음 13장 34절)"에서 확인되듯이 그것이 깨달음과 가르침의 필수불가결한 방법임을 천명하셨다. 오늘 우리가 접하고 있는 것은 현대적인 은유의 부흥일 뿐이다. 언어학자인 레이코프와 철학자인 존슨의 책이 은유의 새로운 세계로 향하는 문을 열어주었다면, 『타임*Time*』지 등 다양한 언론기관의 편집장을 맡았던 기어리Geary의 이 책은 정치, 경제, 광고, 심리학, 뇌과학, 속담, 그리고 어원과 즐거움에 이르기까지 인간의 삶 구석구석에 숨어서 작용하는 은유의 마법을 세밀하게 찾아내어 마치 우리가 은유의 바다에서 헤엄을 치는 것 같은 느낌에 빠지게 해준다. 기어리는 언어학자도 아니고 뇌과학자도 아니지만, 저널리스트로서의 탐구 정신과 실생활의 박학다식으로 은유를 학문적으로 접근했던 사람들이 볼 수 없었던 생생한 은유의 세계를 발견할 수 있게 해 준다.

은유에 대해 오랜 세월 동안 연구해 온 역자들이지만, 이 책을 보면서 전공 서적에서는 얻을 수 없었던 많은 새로운 지식과 영감을 얻었음을 인정하지 않을 수 없다. 전공 서적을 번역할 때는 느끼기 어려웠던 현란하면서도 재치있고, 또 은유적이기도 한 기어리의 문체를 담아내기 위해 애를 쓰기는 했지만 한계가 있었다는 것도 인정한다.

이 책의 원제인 『*I is an other*(나는 타자이다)』는 프랑스어인 "Je est un autre"에서 온 것이며, 영어와 프랑스어에서는 일인칭 대명사에 삼인칭 동사가 사용되어 제목으로서의 효과를 주지만 한국어로 그대로 번역하면 그런 효과가 살아나지 않아서 한국어 번역본의 제목은 "진짜 두꺼비가 나오는 상상 속의 정원"으로 바꾸는 것을 택했다. 이 말은 은유가 사실이 아니지만, 사실만큼, 혹은 사실보다 더 현실적이며 영향력이 있다는 의미를 담고 있다.

그리고 두꺼비는 숲에 숨어 있고 평소에는 잘 보이지 않지만 비가 오면 수없이 많이 기어 나온다는 점에서도 은유와 많이 닮았다. 기어리는 크고 세밀한 풍경화를 그리듯 아리스토텔레스와 인지언어학자,

아프리카의 부족과 한국의 속담, 어린이와 어머니와 뇌과학자를 아우르는 예리하면서도 애정이 가득한 눈으로 균형 잡힌 은유의 세계를 담아내는 데 성공한 것으로 보인다. 이 책은 교양인을 위한 책이지만 교양은 전공보다 더 심오하고 또 더 중요한 것일 수도 있다.

또한 이 책은 다양한 전공을 가진 사람들, 예를 들어 아동의 언어 발달이나 재무 설계, 광고학 등을 연구하는 사람들에게도 도움이 될 것이다. 혹은 주식, 어린이, 재미, 마음, 돈과 권력, 그리고 상품을 파는 것과 같은 실용적이고 중요한 삶의 문제들을 근본적으로 다시 살펴보기 원하는 모든 이들에게 이 책은 부담 없이 읽을 수 있는 유용한 자료집이 되리라 의심하지 않는다. 아무쪼록 많은 분들이 이 책을 통해 은유의 숨은그림찾기에 도전하여 삶에 도움이 되는 새로운 시각을 얻을 수 있게 되기를 기대하는 바이다.

2017년 10월

정병철·김동환

나는 왜 타자인가

아르튀르 랭보Arthur Rimbaud는 만년에 무정부주의자, 사업가, 무기거래상, 금융업자, 탐험가였다. 하지만 십대 때 꿈꾼 것은 시인이었다. 1871년 5월 16세인 랭보는 두 통의 편지를 썼다. 한 통은 그의 예전 스승이었던 죠르쥬 이장바르Georges Izambard에게 보낸 것이고, 다른 한 통은 깊은 인상을 주고 싶었던 폴 드메니Paul Demeny라는 출판인에게 보낸 것이었다.

랭보는 매일같이 학교 정문 바깥에서 창백한 모습으로 빈둥거리며 이장바르를 기다렸는데, 그 이유는 그 젊은 교수에게 가장 최근 쓴 시를 보여 주고 싶어서였다. 또한 자신의 시에 대해 토로한 내용이 담긴 시작 노트와 함께 작업한 시를 드메니에게 들이대면서, 그것들이 인쇄되어 나오는 것을 전혀 싫어하지 않을 거라는 강한 내색을 넌지시 비추었다.

『예언자의 편지Seer Letters』로 알려진 이 두 통의 편지에서 랭보는 새로운 종류의 시에 대한 비전의 개요를 설명했다. 그는 드메니에게 "시인이란 길고 끝없는 모든 감각의 체계적인 해체를 통해서만 선견자(先見者)가 된다."[1]라고 강연했다. 랭보는 그것만이 "향기와 소리 색깔, 그리고 서로 맞붙어 싸우는 생각들, 이 모든 것을 포함할 수 있는"[2] 언어를 창조할 수 있다고 주장했다.

랭보의 시작(詩作) 프로그램은 습관적인 말하기, 듣기, 냄새 맡기, 만지기, 맛보기의 방법을 교란시키고, 그것들을 새로운 결합으로 재배열하면서 관습적인 지각의 순서를 뒤집어엎는 것들을 끌어들였다. 감각 인상이 감각 인상과 서로 다투고, 생각이 생각과 맞붙어 싸울 때, 신선하고 생생하며 때로는 충격적인 이미지가 발생한다.

랭보는 「지옥에서 보낸 한 철A Season in Hell」이라는 시에서 "나는 소박한 환각에 길들여졌다."[3]라고 적었다. "나는 매우 선명하게 공장이 있어야 할 자리에 있는 회교 사원을, 하늘의 대로 위에서 북을 치는 천사들의 군대와 마차를, 그리고 호수 속의 응접실을 보았다."

이런 체계적인 뒤틀림을 달성하기 위해 랭보는 시인이 다름 속의 닮음과 닮음 속의 다름을 발견할 필요가 있다고 믿었다. 사물들은 결코 그 자체로만 존재하는 것이 아니다. 즉, 결속과 대응, 유사의 상상적 일행이 언제나 그것들과 동행한다. 모든 것은 어떤 다른 것으로 보일 수 있고, 랭보에게 있어서 모든 것은 어떤 다른 것으로 표현되어야 한다.

랭보는 다음과 같은 표현으로 자신의 시인으로서의 임무와 작업 방법론을 요약했다.

나는 타자(他者)이다. (Je est un autre)[4]

"나는 타자이다"는 『예언자의 편지』에서 가장 웅대한 격언 그 이상이다. 그것은 은유를 정의하는 일반 원칙이고, 그것의 숨겨진 공식이며, 가장 중요한 방정식이다. 은유는 추상적인 것과 구체적인 것을 함께 뒤섞고, 물리적인 것과 심리적인 것을, 그리고 닮은 것과 닮지 않은 것을 뒤섞는 방식을 통해 사물에 대한 상식을 해체하고, 그것을 일반적이지 않은 조합으로 개조한다.

『구약성서』 중 아가서의 성경 기록자가 연인의 배꼽을 "섞은 포도주를 가득히 부은 둥근 잔 같고 허리는 백합화로 두른 밀단 같구나.[5]"라고 묘사하거나, 중세 이슬람교의 수사학자인 압둘카이르 알-주르자니Abdalqahir Al-Jurjani가 "그 노루는 나의 애인에게서 그 눈을 훔쳤다(The gazelle has stolen its eyes from my beloved)."[6]라고 비통해 할 때처럼, 은유는 한 실체를 또 다른 실체에 비추어 묘사하는 문학적 장치로 우리에게 매우 친숙하다.

하지만, 은유는 여기서 그치지 않는다. 은유는 예술과 문학에만 국한되지 않으며, 경제와 광고에서부터 정치와 사업, 과학과 심리학에 이르기까지 인간 활동의 모든 방면에서 작동한다.

은유는 주식시장에 대한 우리의 해석을 좌우하고, 광고를 통해 우리의 구매 결정 과정에 간교하게 침투한다. 정치가들의 입에서 나오는 은유는 여론을 미묘하게 자극하고, 사업가들의 마음속에서 나오는 은유는 창조성과 혁신에 박차를 가한다. 과학에서 은유는 새로운 이론과 발견에 선호되는 이름붙이기 방식(nomenclature)[*]이고, 심리학에서는 인간관계와 정서에 대한 자연 언어이다.

지금까지 말한 것은 은유가 일상생활과 마음에 스며드는 몇 가지 방법일 뿐이다. 어떤 식으로든 거의 감지하기 어려운 은유의 간섭 없이 만들어지는 경험은 없다. 문득 은유의 작용 방식을 깨닫게 된다면,

---

[*]　생물종의 이름을 붙여 분류학상 위치를 정하는 과정.

절대적으로 모든 것에서 은유의 지문을 발견하게 될 것이다.

은유적 사고는 한 실체를 또 다른 실체에 비추어 묘사하고, 또한 이해하기 위한, 그리고 나와 타자를 동일시하려는 우리의 본능이고, 세상을 바라보는 방식을 형성하고, 의사소통·학습·발견·발명하는 방식의 본질적인 부분이다.

은유는 언어의 방식이기 이전에 사고의 방식이다. 은유에 대한 우리의 이해는 대격변을 겪고 있다. 수세기 동안 은유는 일종의 인지적 장식으로 간주되었다. 즉, "평범한" 사고에 대한 재미있지만 본질적으로 쓸모없는 장식이었던 것이다. 이제 은유가 장식이라는 생각은 사라졌다. 사회과학과 인지과학의 새로운 연구로 인해, 은유적 사고가 놀랍고 비밀스럽고 종종 별난 방식으로 우리의 태도, 신념, 행동에 영향을 미친다는 것이 점차 분명해진다. 은유는 마침내 책장에서 튀어나왔고, 우리들 의식의 흐름 한 가운데 물을 튀기며 힘차게 착지했다. 그 충격으로 인한 파문은 바야흐로 지금에 와서야 우리에게 미치고 있는 것이다.

1940년에 작고한 스위스의 신경학자 겸 초기의 기억 연구자인 에두아르 클라파레드Édouard Claparède는 뇌병변장애brain lesions*와 새로운 기억을 만들거나 옛날 기억을 회상하는 능력에 영향을 주는 신경 손상을 앓고 있는 사람들을 연구했다. 한 환자는 단기기억이 전혀 없는 여성이었다. 그녀는 어린 시절을 포함해 더욱 먼 과거는 완벽하게 생각해 냈지만, 최근의 과거는 완전히 깜깜이었다. 새로운 기억을 전혀

---

* 뇌성마비, 외상성 뇌손상, 뇌졸중 등 뇌의 기질적 병변으로 인해 발생한 신체적 장애.

만들어낼 수 없었던 그녀는 매일 병원에서 클라파레드를 보았지만, 그를 만난 것을 전혀 생각해 내지 못한 것이다. 서로 만날 때마다 늘 처음인 셈이었다.

클라파레드는 혹시 이 여성의 두뇌 일부가 그를 기억하는 것은 아닌지 테스트해보고 싶었다. 그래서 어느 날 그녀가 다음 회진을 위해 도착했을 때 그는 손에 핀을 숨긴 채로 악수를 했다. 그 여성은 아파서 소리를 지르고 손을 움츠렸다.

그 다음날 그 여성이 약속대로 평상시처럼 도착했을 때, 여느 때처럼 전에 클라파레드를 본 적 없다고 고백했다. 그러나 클라파레드가 악수를 하려고 손을 내밀자 그녀는 다시 찔릴까봐 두려워서 머뭇거렸다. 이 실험은 무의식의 층위에서 그 여성이 클라파레드의 악수가 물리적 고통을 야기했던 것을 기억해냈음을 보여준다. 따라서 클라파레드는 그녀에게서 단기기억의 어떤 흔적이 여전히 작동했다고 결론 내렸다.

클라파레드의 악수처럼 은유는 일상에 핀을 살짝 끼워 넣는다. 낯선 것과 친숙한 것을 섞고, 불가사의한 것과 평범한 것을 섞어서 은유는 세상을 따끔거리게 하고 얼얼하게 만든다. 비록 하루도 빼놓지 않고 은유를 접하지만, 우리는 늘 그렇듯이 그것을 인식하지 못한다. 은유가 미치는 영향력은 심오하지만, 그 영향력은 대체로 우리의 의식적 인식 바깥에서 발생한다. 그러나 은유가 우리를 일단 자기의 손아귀로 붙잡으면 결코 우리를 놓아주지 않으며, 우리는 결코 그것을 잊어버리지 못한다.

은유와 사고
흔들어 뒤섞기

은유는 우리 주변에서 은밀한 삶을 살고 있다. 우리는 10개에서 25개 단어를 사용할 때마다 1개의 은유를 입 밖으로 내뱉곤 하는데,[7] 그것은 1분에 약 6개의 은유를 사용하는 셈이다.[8]

많은 것처럼 들리는가? 아마 너무 많은가? 대표적인 언어 실례를 재빨리 보게 되면 은유가 얼마나 대중적인지 드러난다. 가령, 다음과 같은 오스트레일리아의 일기 예보를 예로 들어보자.[9] (은유는 이탤릭체로 되어 있다.)

Perth is *in the grip* of a heat wave with temperatures *set to soar* to 40 degrees Celsius by the end of the week. Australia is *no stranger* to extreme weather. Melbourne was pummelled with *hailstones the size of golf balls* on Saturday. Long term, droughts, bushfires, and floods have all *plagued* large swathes of Queensland, New South Wales and Victoria.

퍼스는 이번 주말까지 온도가 섭씨 40도까지 상승한다고 예상되는 열기의 손아귀에 있다. 호주는 기상이변에 낯설지 않다. 멜버른은 토요일에 골프공만한 크기의 우박에 강타 당했다. 장기간의 가뭄과 산불, 홍

수로 인해 퀸즐랜드, 뉴사우스 웨일즈, 빅토리아의 방대한 농지는 '재
앙에 처했다'.

이 경우에 59개 단어로 이루어진 발췌문 중 은유는 5개다. 이는 매 7
개 단어마다 1개의 은유 표현이 있는 것이다. 이것은 모두 하나의 실
체가 또 다른 실체에 비추어 묘사되는 고전적인 은유이다. 즉, 우박은
골프공으로 묘사되고, 기상이변은 성경에서 인용한 재앙으로 묘사된다.

　잠깐! 혹시 우리가 기상에 대해 이야기 할 때만 화제의 성격상 은유
에 의존하는 것은 아닐까? 단어당 은유 비율은 경제학처럼 더 과학적
일 것 같은 영역에서도 여전히 유지되는가? 다음은 영국의 경제에 관
한 전혀 이례적이지 않은 이야기에서 나온 헤드라인과 첫 행이다.

　RISKS TO U.K. RECOVERY *LURK* BEHIND *CLOUDY OUTLOOK*[10]
　Britain's recovery from the worst recession in decades is *gaining traction*
　but *confused* economic data and the high risk of a *hung* parliament could
　yet *snuff out* its momentum.

　영국의 경기회복에 대한 위험은 구름이 낀 전망 뒤에 도사린다.
　수십 년 만에 가장 심한 경기침체로부터 영국의 회복이 **탄력을 받고 있**
　지만, 혼란에 빠진 경제 데이터와 공중에 매달려 불안정하게 흔들리는
　의회의 높은 위험이 그 탄력을 꺾어 버릴 수도 있다.

이번에는 37개 단어 중 6개의 은유가 있는데, 대략 매 6개 단어마다 1
개의 은유이다. 이런 은유도 하나의 실체를 또 다른 실체에 비추어 묘
사한다. 즉, 경제 데이터는 **혼란에 빠지는 것**으로 묘사된다. 그런데 혼
란이란 데이터 자체라기보다는 흔히 데이터를 해석하는 사람과 묶여
서 연상되는 심리상태이다. 그리고 경제성장 전망은 **구름으로 덮인**
하늘에 비추어 묘사된다.

하지만 이 둘은 모두 비교적 사소한 예들이다. 우리는 어쩌면 사소한 일에 대해 이야기할 때는 은유로 광을 내지만, 무언가 대단한 일에 대해 이야기할 때는 진지하게 문자적으로 말하는 것일지도 모른다. 그러나 그것도 사실이 아니다. 다음은 에이브러햄 링컨Abraham Lincoln의 게티즈버그 연설(Gettysburg Address)[11] 중 첫 행과 버락 오바마Barack Obama 의 취임 연설 중 네 번째 단락이다.[12] (마찬가지로 은유는 이탤릭체로 되어 있다.)

Four score and seven years ago, our *fathers brought forth*, upon this continent, a new nation, *conceived* in liberty, and dedicated to the proposition that "all men are created equal."

지금으로부터 87년 전, 우리의 선조들은 이 대륙에서 자유 속에 잉태되고 "만인은 모두 평등하게 창조되었다"는 명제에 봉헌된 새로운 나라 하나를 탄생시켰습니다.

The words [of the presidential oath] have been spoken during *rising tides of prosperity* and the still *waters of peace*. Yet, every so often the oath is taken amidst *gathering clouds* and *raging storms*. At these moments, America has carried on not simply because of the skill or vision of those in high office, but because We the People have remained faithful to the ideals of our forebears, and true to founding documents.

[대통령 취임 선서]는 번영의 점점 세어지는 조류와 평화의 고요한 바다 가운데서 이루어졌습니다. 그러나 종종 몰려드는 구름과 맹렬한 폭풍우 속에서도 선서는 이루어집니다. 이런 순간들 속에 미국은 비단 위정자들의 능력이나 비전 때문만이 아니라 물론 우리 국민들이 선조들의 이상에 대한 신념을 지키고 건국이념에 충실해 왔기 때문에 맥을 이어올 수 있었습니다.

30개 단어로 구성된 링컨의 첫 문장에는 2개의 주요한 은유가 있다(매 15개 단어마다 1개의 은유이다). 이 두 은유는 임신과 출생에 비추어 미국을 묘사한다. 사실, 243개 단어로 이루어진 링컨의 전체 연설은 개인과 국가가 어떻게 잉태해서 태어나고 싸우고 죽는지에 대한 하나의 확장된 은유이다.

오바마 연설의 네 번째 단락에는 74개의 단어가 있고, 이 중에서 주요한 은유는 4개이다(매 18개 정도의 단어마다 1개의 은유이다). 그는 번영을 조류에 기대어 묘사하고, 평화를 잠잠하게 가라앉은 바다로 묘사하며, 정치적 불화를 불리한 기상 조건으로 묘사한다. 어쩌면 결국 날씨에 뭔가 은유적인 것이 들어 있는지 모르겠다.

어디에든 은유가 있다는 것에 아직도 회의적이라면, 당신이나 다른 사람들이 입을 열 때마다 신중하게 들어보라. 그러면 여러분 스스로가 몰아치는 은유의 폭풍 한 가운데 있다는 것을 발견하게 될 것이다.

이를 증명하기 위해 나는 가장 위대한 철학자들 중 한 사람이자 은유계에 군림하는 왕, 이 분야에 기여한 정도가 너무 커서 곧 그 자신이 은유가 된 사람의 말을 인용한다. 그는 다름 아닌 엘비스 프레슬리 Elvis Presley이다.

그녀가 내 손을 만졌을 때,[13] 나는 오한을 느꼈다.
그녀의 입술은 뜨거운 화산 같았다.
그녀는 나의 자랑스러운 미나리아재비
나는 사랑에 빠졌다. 나 완전히 뒤섞여.

"All Shook Up(완전히 뒤섞여)"은 멋진 사랑 노래이다. 그것은 또한 우리가 생각, 느낌, 사고, 정서, 개념과 같이 추상적인 것을 묘사할 때마다 어떻게 본능적으로 은유에 의지하는지를 보여 주는 좋은 예이다. "All Shook Up"에서 손길은 손길이 아니라 오한이다. 입술은 입술이 아니라 화산이다("Her lips are like a volcano that's hot"에서처럼 단어 "~ 같다(like)"가 들어 있는 공식은 모두 직유이지만, 직유도 발판이 아직 세워져 있는 은유이다). 그녀는 그녀가 아니라, 미나리아재비*이다. 그리고 사랑은 사랑이 아니라, 완전히 뒤섞인 상태나 조건이다.

엘비스 프레슬리는 사랑을 이런 식으로 묘사할 때 고전적인 은유에 대한 아리스토텔레스의 정의를 따른다. 이것은 "한 실체에 어떤 다른 것에 속하는 이름을 주는"[14] 과정이라는 것이다. 이것은 은유의 공식이고, 그것의 가장 간단한 등식은 다음과 같다.

$$X = Y$$

이 공식은 은유가 존재하는 어느 곳에서든 작동한다. 엘비스 프레슬리는 이 공식을 "All Shook up"에서 다음과 같이 사용한다.

$$입술 = 화산$$

랭보는 자신의 은유 선언문에서 이 공식을 다음과 같이 사용한다.

$$나 = 타자$$

그리고 셰익스피어는 『로미오와 줄리엣』의 유명한 대사에서 이를 사용한다. "줄리엣은 태양이다."[15] 이 대사는 아리스토텔레스의 시학 공식에서 다음과 같이 적을 수 있다.

---

* 작은 컵 모양의 노란색 꽃이 피는 야생식물.

줄리엣 = 태양

여기에서 셰익스피어는 한 실체(줄리엣)에 어떤 다른 것(태양)에 속하는 이름을 준다. 이것은 은유의 교과서적인 예이다. 사실 이 대사는 이 주제에 관하여 학술적으로 다룰 때 거의 언제나 등장한다. 학술 용어로 "실체"는 은유의 "목표영역"*이라고 부르고, 그 실체가 이름을 따오는 "다른 어떤 것"은 "근원영역"**이라고 부른다.

이 용어는 단어 'metaphor'의 어원과 잘 일치한다. 그리스어 어근 meta(위, 횡단, 너머)와 phor(운반하다)로부터 도출되는 은유의 문자적 의미는 "가로질러 운반하다"이다. 은유는 한 이름을 근원영역으로부터 목표영역으로 가로질러 운반한다. 수사학자들은 역사를 통틀어 은유를 언어적인 옷 물려 입기로 인식했다. 즉, 예전 단어에서부터 새로운 대상으로 넘겨진 의미라는 것이다. 키케로Cicero는 『변론가론De Oratore』***에서 다음과 같이 말했다.

> 적절한 용어로는 도저히 전달할 수 없는 어떤 것이 은유적으로 표현될 때,[16] 우리가 전달하고 싶은 의미는 그것에 속하지 않는 단어로 우리가 표현한 실체와의 닮음에 의해 명확해진다. 결과적으로, 당신이 갖고 있는 것을 어떤 다른 것으로부터 취하는 은유는 일종의 빌리는 행위이다.

---

*   은유에서 이해하고자 하는 개념으로서, 주로 추상적 개념이다. '시간은 돈이다'라는 은유에서 '시간'이 목표영역에 속한다.

**   은유에서 이해하고자 하는 개념을 위한 바탕이 되는 구체적 개념으로서, '시간은 돈이다'라는 은유에서 '돈'이 근원영역에 속한다.

*** 키케로의 수사학적 저서로서, BC 55년 동생인 쿠인투스 앞으로 집필한 대화편이다.

압둘카이르 알-주르자니도 수사학에 관한 연구서인 『웅변의 신비 *The Mysteries of Eloquence*』에서 은유를 일종의 차용으로 묘사했다. 사실 은유를 뜻하는 아라비아어 단어는 isti'ara, 즉 "차용하다"이다.[17]

그러나 우리가 한 실체에 어떤 다른 것에 속하는 이름을 빌려줄 때, 그것에 관계와 묶임의 복잡한 패턴도 빌려 준다. 우리는 은유의 근원영역(셰익스피어의 경우에 태양)에 대해 아는 것과 목표영역(줄리엣)에 대해 아는 것을 뒤섞고 짜 맞춘다. 은유는 서로 다른 두 개의 실체를 나란히 놓고 우리의 생각을 짜내어 예상하지 못했던 유사성이 떠오르게 한다. 은유적 사고는 그것이 묘사하는 유사성을 절반은 발견하고 절반은 창조한다.

"줄리엣은 태양이다"라는 은유를 통해 우리는 "그러나 부드러워! 저기 있는 창문의 틈을 통해서 무엇이 빛나지? 그것은 빛나는 복원 나이트 크림을 바르는 줄리엣이다."에서처럼 셰익스피어가 문자적인 접근법을 취했을 때보다 더 생생하게 줄리엣을 이해하게 된다.

그러나 은유는 사랑에 사로잡힌 시인들이 여자친구를 빛나는 가스의 성간 덩어리라고 부를 때 사용하는 단순한 문학적 장치 그 이상이다. 은유는 일상 대화와 상업 광고에서부터 뉴스 보도와 정치적 연설에 이르기까지 모든 것에 강렬하지만 눈에 띄지 않게 존재한다. 은유는 어디서든 우리에게 붙어 다니면서 우리를 감시한다.

우리의 느낌을 전달하기 위해 일상적으로 사용하는 평범한 표현을 보자. 당신이 쓰레기 더미 안에 있든(down in the dumps; 우울하다) 높이 타고 다니든(riding high; 잘 나가다), 똑바르고 좁은 길을 가도(on the straight and narrow; 바른 생활을 하다), 갈림길에 있든(at a crossroads; 기로에 있다), 오이처럼 차갑든(cool as a cucumber; 아주 냉정하다) 깃 아래가 뜨겁든(hot under the collar; 화가 나다) 간에, 당신은 한 실체(당신의 정서 상태)에 어떤 다른 것(폐기장 시설, 잘 포장한 도로, 냉장 채소)에 속하는 이름을 부여함으로써 아리스토텔레스의 고전적인 은유 정의를 충족시키고 있다.

가장 간단하고 가장 겸손한 단어도 어리둥절할 정도로 다양하게 은유적 변형을 겪을 수 있다. "어깨(shoulder)"[18]를 예로 들어보자. 당신은 누군가에게 차가운 어깨(cold shoulder; 냉대)나 기대어 울 수 있는 어깨(a shoulder to cry on; 고민을 들어주고 위로해 줄 사람)를 줄 수 있다. 어깨에 나무 조각 부스러기(a chip on your shoulder; 예민한 반응을 보이다)를 놓거나, 계속 어깨 너머로 훔쳐볼 수 있다(looking over your shoulder; 남이 자기에게 해코지나 하지 않을까 하고 불안해하다). 거인의 어깨 위에(on the shoulders of giants; 다른 이들보다 더 멀리 볼 수 있다) 서거나, 친구들과 어깨를 맞대고(shoulder to shoulder; 힘을 모아) 설 수 있거나, 머리와 어깨를 나머지 사람들 위에(head and shoulder above the rest; 남들보다 훨씬 뛰어나다) 세워놓을 수 있다. 당신이 어디로 돌든 간에, 단어의 많은 은유적 의미 중 하나와 어깨를 문지르지(rub shoulders; 만나서 어울리다) 않을 수 없다.

은유는 속담(손 안에 든 새 한 마리는 숲에 있는 두 마리 새의 가치가 있다(A bird in the hand is worth two in the bush), 자는 개는 가만히 내버려 두라(Let sleeping dogs lie), 관용어(shoot the breeze(수다를 떨다), kick the bucket(죽다)), 합성어(forbidden fruit(금단의 열매), red herring(훈제 청어; 주의를 다른 곳으로 돌리거나 혼란을 유도해 상대방을 속이는 것)), 상투적 표현(in the zone(구역 안에 있다; 뭔가에 꽂히다), the last straw(마지막 지푸라기; 더 이상 견딜 수 없는 한계))에도 존재한다.

은유는 단어의 층위 이상에서 일하기 때문에, 일상의 대화에는 비유적인 어구들이 매우 풍부하다. 우리는 은유적으로 '생각한다'. 은유적 사고는 우리가 세상을 이해하는 방식이고, 모든 개별 은유는 이 작동 중인 상상적 과정의 특정한 사례이다. 따라서 은유는 구어나 문어에 국한되지 않는다.

시각적 은유는 광고를 비롯해, 좋은 생각이 났다는 것을 표시하는 머리 위의 백열전구와 같은 대중적인 이미지에 차고 넘친다. 그러나 은유는 단지 상징적인 것만은 아니다. 은유는 "실재하는" 세계에 함축하는 바가 있고 그것에 영향을 미친다. 가령, 한 연구에서 아무것도 안 덮인 환한 백열전구에 노출된 참여자들은 어둠이 깃든 백열전구나 형광등 조명에 노출된 참여자들보다 공간적·언어적·수학적 문제 해결을 더 잘 수행했다.[19] 즉, 밝기가 통찰력을 촉진하는 것처럼 보인다.

일반적인 은유적 제스처 중 하나로 "엄지 척" 신호가 있다. 우리는 주먹을 쥐고서 엄지손가락을 90° 각도로 위로 뻗어서 잘 지내고 있다는 것을 알린다. 이와 같은 시각적 이미지도 아리스토텔레스의 정의를 따른다. 다른 무언가의 이름이 아닌 이미지나 제스처가 주어진다는 것에서만 차이가 있다.

미술사가 겸 은유 권위자인 넬슨 굿맨Nelson Goodman이 『예술의 언어 Language of Art』에서 말하고 있듯이, 은유는 너무 본질적이어서, 정서, 추상적 개념, 복잡한 생각 등 실질적으로 다른 어떤 것도 그것이 없이는 묘사하기가 불가능하다.

> 은유는 모든 일상 담화와 특별한 담화 모두에 스며있고,[20] 어디에서도 순수한 문자적 단락을 찾기 어렵다. 이와 같은 은유의 끊임없는 사용은 문학적 색채에 대한 애착 때문만이 아니라 긴급한 경제적 필요로부터 발생하기도 한다. 새롭게 분류하고 새롭게 순서를 정하기 위해 도식을 쉽게 전이할 수 없다면, 기본 용어의 광대한 어휘를 채택하거나 합성 용어를 막대하게 정교화 시켜서 다루기 힘들 정도로 다양한 도식들을 만들어야 하는 부담을 떠안아야 할 것이다.

셰익스피어의 줄리엣 묘사는 경이로운 은유의 경제성을 보여준다. 표면적으로는 줄리엣은 전혀 태양과 비슷하지 않다. 그런데도 그녀는 빛난다. 로미오는 그녀의 중력에 의해 가차 없이 끌린다. 그녀는 우주의 중심이다. 그녀는 열을 방사한다. 그리고 그녀의 빛남은 물론 태울 수 있다. 적어도 모든 점에서 그녀는 사실 태양이다. 셰익스피어의 도식적 전이는 단지 간단한 4개의 단어로 줄리엣에 대해 우리가 알아야 할 모든 것과 그녀에 대한 로미오의 느낌을 말해 준다.

몇백 년간 지속적으로 사용된 후에 이런 비교는 상투적인 표현이 되었다. 그러나 애초에 이런 등식을 만들 수 있게 해준 은유적 사고는 예술뿐만 아니라 과학에서도 창조성의 본질이다. 우리가 문제를 해결하거나 발견을 하거나 혁신을 고안할 때마다, 동일한 종류의 은유적 사고가 발생한다.

과학자들과 발명가들은 두 가지를 비교한다. 우리가 알고 있는 것과 알지 못하는 것이 그 두 가지이다. 후자에 대하여 알아내는 유일한 방법은 그것이 어떤 방식으로 전자와 비슷한지를 조사하는 것이다. 스코틀랜드 시인 로버트 번스Robert Burns로 거슬러 올라가는 또 하나의 교과서적인 비교와 같이 우리는 어떻게 하나가 다른 하나와 비슷한지 탐구할 때마다 은유적 사고의 영역 안에 있다.

나의 사랑은 붉은 장미와 같다.[21]

번스는 자신이 사랑하는 대상과 장미과의 꽃이 피는 다년생 관목 간의 유사성에 우리의 주의를 돌려서, 알려지지 않은 것(자신의 연인)과 알려진 것(붉은 장미)을 비교해서 알려지지 않은 것에 대해 세련되고 경제적으로 말해준다. 따라서 번스의 연인은 아름다움이 홍조를 띠고

충만하며(그리고 무상하며), 향기는 달콤하고, 또한 매우 과민하다는 것
을 확신할 수 있다. 우리는 그녀를 본 적이 없어도 이 모든 것을 안다.

은유의 역설은 한 사람, 장소, 사물이 어떠한 것이 아닌지 말함으로
써 그런 사람, 장소, 사물에 대해 매우 많은 것을 말해 준다는 것이다.
은유를 이해하는 것은 (사실 그 과정에 관한 책을 읽는 것처럼) 연결 관계의 깊
고 어두운 숲을 겉으로 보기에는 마구잡이로 가듯이 걸어가는 것이
다. 그 길은 예상 밖의 굴곡과 굽은 곳으로 가득하여, 한 번은 관목 쪽
으로 거칠게 벗어나고 그 다음 한 번은 갑자기 토끼굴 아래로 사라져
버린다. 이정표는 풍향계처럼 돌아간다. 당신은 나무는 보고 숲을 보
지 못한다. 따라서 갑자기 당신은 개간지로 들어간다. 은유는 우회로
임과 동시에 목적지로서, 본론에서 벗어나면서 핵심에 도달한다.

아리스토텔레스는 은유적 사고에 정통하는 것을 "천재성의 징
후"[22]로 판정했다. 왜냐하면 좋은 은유는 차이 속에 있는 닮음에 대한
직관적 인식을 포함하고 있기 때문이다. 프랑스 수학자인 앙리 푸앵
카레Henri Poincaré는 아리스토텔레스의 전임자인 에피쿠로스Epicurus의
이론에서 은유적 사고에 대한 독창적인 은유를 발견했다.

그리스 사람들에 따르면, 세계는 원자와 빈 공간이라는 단 두 가지
의 기본적인 사물로 구성된 것이었다. 원자 이론의 고대 그리스 버전
을 형식화한 기원전 4세기 철학자 데모크리토스Democritus가 말했듯이,
"원자는 크기와 수가 무제한적이고,[23] 전 우주의 소용돌이에서 태어
나 불, 물, 공기, 흙과 같은 모든 합성 물질을 창조한다. 왜냐하면 이것
들조차 주어진 원자들의 혼합물이기 때문이다."

그리스 사람들에게 있어서, 물리적 우주는 원자들의 소나기로서,
작고 분할할 수 없는 입자의 꾸준한 호우가 텅 빈 공간으로 떨어지는

현상이었다. 세계의 모든 사물, 우리가 보고 듣고 냄새 맡고, 만지고 맛보는 모든 사물은 상상 가능한 모든 방식으로 결합하고 재결합하는 원자들로 구성되어 있다.

이 이론들 중에서 더욱 과감한 어떤 것에서 사상가들은 모든 유기물의 신체부위가 빈 공간을 통해 굴러다니던 아득한 시간을 상상했다. 초기 우주는 팔과 다리, 발과 앞발, 지느러미와 날개, 손과 발톱의 폭포였다. 모든 손발은 상응하는 모양과 만나서 딱 들어맞을 때까지 서로 무작위로 연결되었다. 시행착오의 이런 과정을 통해 지금 우리가 알고 있는 세계가 만들어졌다.

그러나 기원전 341년에 태어난 에피쿠로스는 이 이론에서 결점을 찾아내었다. 한 원자가 좋은 상대를 만나기 위해 간단히 비처럼 빈 공간으로 떨어질 수는 없다. 그것은 수직 경로로부터 벗어나 여기저기 깃털처럼 떠돌며 내려앉아야 한다. 만약 그런 과정을 겪지 않는다면 그것은 결코 어떤 다른 원자와 부딪치지 않을 것이고, 데모크리토스가 말한 혼합물을 결코 형성하지 못할 것이다.

그래서 에피쿠로스는 '클리나멘(clinamen)'을 생각해냈다. 그것은 각 원자가 그 진로에서 벗어나서 또 다른 원자를 우연히 만날 수 있는 기회를 창조하는 예측 불가능한 순간을 말한다. 에피쿠로스는 이런 "클리나멘적" 충돌을 통해서만 변화, 놀라움, 다양성이 그 세계에 들어가는 것으로 믿었다.

대부분의 그리스 철학자들처럼 에피쿠로스는 자신의 말을 거의 남기지 않았고, 자신의 삶에 관한 말은 더더욱 남기지 않았다. 우리는 대부분 『우주의 본성에 관하여On the Nature of the Universe』라는 에피쿠로스 철학의 백과사전식 설명을 담은 서사시를 남긴 C.E 1세기의 로마

시인 루크레티우스Lucretius 덕분에 '클리나멘'에 대해 알 수 있다.

루크레티우스에 대해 많은 것이 알려져 있지 않지만, 성 제롬Saint Jerome에 따르면 그는 미약(媚藥)으로 인해 정신이상자가 되어 44살의 나이에 자살을 했다고 한다. 그의 연인이 태양과 닮았는지, 붉은 장미와 닮았는지, 아니면 전혀 다른 무언가와 닮았는지 우리는 알지 못한다.

그래도 사랑에 미친 이 자멸적인 시인을 위해 루크레티우스는 에피쿠로스의 생각을 매우 명료하게 요약했다. 그가 말하기로, '클리나멘'이 없다면, "아무런 충돌이 발생하지 않을 것이고,[24] 원자가 원자에 미치는 어떤 효과도 생기지 않을 것이다. 따라서 자연은 아무것도 창조하지 않았을 것이다." 루크레티우스의 시가 만들어진지 2,000년이 지난 후, 푸앵카레는 수학적 발견의 본성과 더 나아가 은유적 사고의 본성을 설명하기 위해 에피쿠로스의 원자 이론을 사용했다.

1854년 프랑스 낭시에서 태어난 푸앵카레는 멋쟁이와 정신 나간 교수의 혼합이었다. 그는 "키가 작고 포동포동했고,[25] 두꺼운 스페이드 모양의 턱수염과 화려한 콧수염으로 더 돋보이게 된 거대한 머리를 달고 다녔으며, 근시이고 구부정하며 횡설수설에 언제나 정신은 딴 데 팔려 있었고, 검은 실크 리본에 붙어 있는 코안경을 꼈다." 또한 그는 창조성의 근원에 지대한 관심이 있었다.

푸앵카레는 『과학의 토대The Foundations of Science』에서 창의력에 대한 일반 이론에 착수했다. 자신의 경험뿐만 아니라 다른 수학자들에 대한 조사에 기초해서, 푸앵카레는 위대한 창조적인 약진(躍進)은 오랜 기간의 힘들고 의식적인 노력이 있고 난 후에 예기치 않게 혹은 무의식적으로 발생한다고 결론지었다. 그는 이를 설명하기 위해 에피쿠로스의 유추를 떠올렸다. 푸앵카레는 다음과 같이 생각이 에피쿠로스의 원자와 비슷한 것으로 묘사했다.

> 마음이 완전히 한적해진 동안,[26] 이런 원자들은 움직이지 않는다. 말하자면 이런 원자들은 벽에 걸려 있다 … 명백한 휴식과 무의식적인 작업이 이루어지는 동안, 어떤 원자는 벽에서 떨어져 나와 움직인다. 마치 각다귀 떼처럼 … 그런 원자는 공간에서 사방으로 스치듯 지나간다 … 그것들의 상호 영향은 새로운 결합을 생산할 수 있다. 초기의 의식적인 작업은 어떤 역할을 하는가? 그것은 이런 원자들 중 일부를 가동시키고, 그것들을 벽에서 떼어내어 흔들리도록 하는 것이다. 우리의 의지대로 뒤섞인 이후에 이런 원자들은 초기 단계의 휴식으로 되돌아가지 않는다. 그것들은 계속 자유롭게 그들의 춤을 춘다.

푸앵카레의 원자적 2단계는 수학적 창조성, 사실은 모든 창조성이 어떻게 은유적 사고의 춤, 즉 관념과 관념이 비벼지고, 생각과 생각이 맞붙어 싸울 때 뒤따르는 떠들썩한 탱고 속에 매복하고 있는지에 대한 솜씨 좋은 유추이다.

은유는 마음의 위대한 선회(旋回)이다. 창조성이 클리나멘과 같은 흔들림을 갖지 못하면 그것은 아무런 의미도 없다.

이와 동일한 생각이 모든 서양 철학에서 가장 유명한 3개의 단어인 "Cogito ergo sum"에도 들어 있다. 이 구절은 보통 다음과 같이 번역된다.

> 나는 생각한다, 고로 나는 존재한다.

하지만 더 나은 번역이 있다.

라틴어 "cogito"는 접두사 co(같이 또는 함께)와 동사 agitare(흔들다)에서 유래한 것이다. agitare는 영어 단어 "agitate"와 "agitation"의 어원이다. 따라서 cogito의 본래 의미는 "함께 흔들다"이고, "Cogito ergo sum"의 제대로 된 번역은 다음과 같다.

나는 흔들어 뒤섞는다, 고로 나는 존재한다.

은유는 모든 것을 흔들어 뒤섞고, 그러는 중에 셰익스피어에서부터 과학적 통찰력에 이르기까지 모든 것을 만들어낸다.

마음은 플라스틱 스노돔(snow dome)이다. 엘비스 프레슬리가 말하듯, 이것은 전부 다 뒤섞여버렸을 때 가장 아름답고, 가장 흥미로우며, 가장 그것다운 것이다. 그리고 은유는 엘비스 프레슬리가 그 건물을 떠난 지 오랜 후에도 마음을 계속 뒤흔들고, 덜거덕거리며, 구르게 한다.

은유와 어원

언어는 화석이 된 시(詩)이다

엘비스 프레슬리가 1956년 9월 9일 처음 '에드 설리번 쇼(The Ed Sullivan Show)'에 모습을 드러냈을 때, 다른 프로그램에서 보여 준 그의 골반 춤은 벌써 전국의 TV 방송국 임원들과 신경 과민한 부모들의 마음을 어지럽혔다. 엘비스 프레슬리는 그날 밤 두 곡을 선보였다. 첫 번째 공연에서는 카메라가 그의 허리 위에 고정되어 있었다. 두 번째 공연에서는 세상 사람들이 그에게 골반 춤 엘비스(Elvis the Pelvis)[27]라는 별명을 안겨다 준, 골반의 회전을 볼 수 있을 만큼 카메라가 상당히 멀리서 움직였다. 엘비스 프레슬리의 초창기 텔레비전 출현으로 야기된 소동은 주기적으로 은유를 따라다녔던 소동과 다르지 않다. 엘비스 프레슬리는 풍기문란과 음탕함을 조장한다고 규탄 받았고, 은유는 기만과 전복(顚覆)를 조장한다고 비난받았다.

역사적으로 은유는 종종 언어의 교활한 용법으로 간주되었다. 즉, 협잡꾼, 신앙 요법인, 사기꾼 약장수, 시인이 주로 사용하는 부정확하고 어딘지 모르게 의심스러운 언어적 술책이라는 것이다. 많은 철학자들은 은유적 언어를 기껏해야 무해한 오락으로 간주했고, 최악의 경우는 고의적이고 잠재적으로 위험한 속임수로 간주했다. 결과적으로, 많지 않은 진지한 사상가들만 은유를 진지하게 받아들였다.

『리바이어던*Leviathan*』에서 토마스 홉스Thomas Hobbes는 은유를 "말의 오용"[28] 중 하나로 분류하고, 사람들이 "말을 은유적으로 하는 경우,[29] 즉 정해진 의미 이외의 의미로 사용하게 되면 결국 타인을 기만하게 된다며 그들을 비난했다 … [은유]로 추론하는 것[30]은 무수한 불합리 속을 헤매고 다니는 것이며, 그 결과는 논쟁과 선동과 모욕이다."

영국계 아일랜드 철학자인 조지 버클리George Berkeley는 은유적 사고의 오류로부터 안전해지기 위해 그것을 단번에 끊어버려야 한다고 주장했다. 그는 "철학자라면 은유를 삼가야 한다"[31]고 주장했다.

『인간지성론*An Essay Concerning Human Understanding*』에서의 존 로크John Locke도 역시 은유에 대해 매정했다.

하지만 있는 그대로 말한다면,[32] 우리는 어순과 분명함을 제외한 모든 수사학 기법, 즉 화술(話術)이 만들어낸 단어의 모든 인공적·비유적 적용이 그릇된 관념을 교묘히 주입시키고(insinuate), 정념을 불러일으켜서 판단을 그르치게 할 뿐이며, 따라서 실은 완전한 기만임을 인정해야 한다.

홉스, 버클리, 로크가 은유의 기만적인 심장에 이성의 단도를 세게 찔러넣고 있을 때, 이들은 아마도 자신들이 휘둘렀던 무기가 바로 은유였다는 것을 몰랐을 것이다.

홉스는 그의 짤막하고 맹렬한 비난에서 단어를 정해진 것 외의 의미로 사용함으로써 몇 번이고 말을 오용한다. 가령, 단어 "ordain"의 의미는 "규정하다", "정하다", 심지어 "성직에 임명하다"가 아니라 "정돈하다"를 뜻하는 어근에서 나왔다. 이와 마찬가지로 "deceive"는 "사실이 아닌 것을 믿게 만들다"를 의미하기 전에 글자 그대로 "잡다

또는 함정에 빠뜨리다"를 의미했다.

그리고 우리가 정말로 "무수한 불합리 속을 헤매고 다니는 것"이라는 문구를 비유적인 언어의 선동적이고 경멸적인 사용으로 해석하지 않는다면 달리 무엇이라고 해석할 수 있는가? 어쨌든 어떻게 불합리 속을 헤매고 다니는 것이 가능한가? 그런 생각 자체가 불합리하다.

버클리는 라틴어 동사 "tenere(붙들다)"에서 유래된 단어 "abstain(삼가다)"을 사용함으로써 뻔뻔스럽게 은유에 탐닉했다. 이 단어는 옹호될 수 없는 것, 은유에 관한 잘못된 의견과 같이 손으로 쥘 수 없는 것을 무엇이든 문자적으로 가리킨다.

심지어 로크가 "insinuate(교묘히 주입시키다)"를 외관상 악의 없이 선택한 것은 숨겨진 은유를 품고 있다. 이 단어는 "만(灣)"을 뜻하는 라틴어 "sinus"에서 온 것이다. 한참 뒤에 그것은 배를 타는 밀수업자가 해안선을 따라 항해해서 밀수품을 옮기는 것처럼 꼬불꼬불한 우회로를 통해 생각이나 물건을 받아들이는 것을 묘사하는 데 사용되었다.

은유는 매우 부정확한 것처럼 보이기 때문에 많은 철학자들을 극도로 화나게 했다. 당신이 시를 쓰고 있다면, 연인을 붉디붉은 장미에 비교하는 것은 괜찮을 수 있지만, 이런 사상가들은 "진리"를 표현하기 위해서는 더 정확한 언어가 필요하다고 믿었다. 그런데 "truth(진리)"는 "확실한"이라기보다는 "믿어지는"을 뜻하는 아이슬란드어, 스웨덴어, 앵글로색슨어, 그리고 영어가 아닌 단어들로부터 증류하여 만든 용어이다.

사실 은유는 놀랄 만큼 정확하다. 적절한 은유만큼 정확한 것도 없다. 가장 평범한 은유에도 미세할 정도로 상세한 묘사가 들어 있다. 그런 묘사는 단어의 어원을 재빨리 파헤쳐보면 드러나게 될 지식의 숨겨진 저장소이다.

　사전을 아무 곳이나 한 번 펴 보라. 은유가 모든 페이지를 채우고 있다. 단어 "fathom(길)"*을 예로 들어보자. 그 의미는 명확하다. 한 길은 약 6피트에 해당하는 수심의 치수이다. 그러나 fathom은 "이해 하다"도 의미한다. 왜 그러한가?

　이 단어의 어원적 뿌리를 헤적여 찾아보자. "fathom"은 "양팔을 쭉 뻗친"을 의미하는 앵글로색슨어 "fæthm"에서 나온 것이다. 이 용어 는 원래 천의 치수로 사용되었다. 이는 양팔을 쭉 뻗친 평균 남성의 손가락에서 손가락까지의 거리가 대략 6피트이기 때문이다. 이 기법 은 나중에 수역의 깊이를 조사하는 작업에 적용되었다. 6피트 단위로 나누어진 밧줄을 배 옆에 내려 깊이를 측정하는 것이 수월했기 때문 이다. 그러나 어떻게 "fathom"이 "I can't fathom that나는 그것을 이해할 수 없어" 또는 "She's unfathomable(그녀는 심중을 알 수 없다)"에서처럼 "이해 하다"를 의미하게 되었는가? 물론 이것은 은유 덕분이다.

　당신은 무언가를 껴안고, 양팔로 그것을 안고, 그것을 손에 쥘 때 그것에 정통하고, 그것을 통제하거나 받아들이는 것을 배운다. 당신 은 무언가를 손으로 쥐고, 그것을 측정하고, 그것의 진상을 규명할 때, 즉 그것의 깊이를 잴 때 그것을 이해하는 것이다.

　"fathom"은 고전적인 아리스토텔레스의 방식으로 지금의 의미를 갖게 되었다. 그것은 원래의 의미(천이나 물의 치수)가 추상적 개념(이해) 으로 은유적으로 전이되는 방식이다. 이것은 은유의 주된 목적이다. 즉, 기존의 이름이나 묘사를 아직 너무 새로워서 이름이 없거나 너무

---

*　패덤은 물의 깊이 측정 단위로서, 6피트 또는 1.8미터에 해당함.

추상적이어서 다른 식으로는 설명할 수 없는 것에 넘겨주는 것이다.

이와 같은 왕래는 항상 발생한다. 스포츠카의 놀라운 가속은 무엇으로 설명하는가? 마력(horsepower)이다. 성장은 떨어지고 실업은 증가할 때 경제에 어떤 일이 발생하는가? 그것은 내리누름(depression)이다. 컴퓨터를 켤 때 무엇을 볼 수 있는가? 데스크톱(desktop)을 볼 수 있다. 이것들은 모두 은유로서, 이는 누군가가 어디선가 한 때 유사성을 인식했기 때문에 한 실체에서 가져온 이름을 전혀 다른 실체에 적용한 것이다.

영국 문학 비평가이자 철학자 겸 열렬한 어원학자인 오웬 바필드 Owen Barfield는 『영어 단어의 역사History in English Words』에서 다음과 같이 말했을 때 아리스토텔레스의 완벽한 통찰을 사용했다.

> 새로운 실체나 새로운 생각이 공동체의 의식 속에 진입할 때, 그것은 새로운 단어에 의해서가 아닌, 그것과 가장 밀접하게 닮은 기존 실체의 이름에 의해 묘사된다.[33]

당신 주변의 언어를 보고 잘 들어보면, 은유의 비정기적인 축제를 발견하게 될 것이다. 영어에는 'Let me run this *idea* by you(의견을 알아보기 위해 이 '생각'을 당신에게 알려줄게)'라는 표현이 있다. 생각에는 다리가 없지만(그런데 탁자나 의자도 마찬가지이다), 어떤 제안을 빠르게 검토해 보도록 요청하기 위해 "run"이 은유적으로 사용된다. 이와 비슷하게, 빗에는 이가 없고, 책에는 등이 없으며, 산에는 기슭에 해당하는 발이 없다.

영어 표현 'The markets are *jittery* today(시장은 오늘 신경과민이다)'가 있다. 시장이 신경과민인 것이 아니라 투자가들이 그러하지만, 이 표현은 지배적인 불확실성을 은유적으로 표현한다.

영어 표현 'I *see* what you mean(무슨 뜻인지 알겠습니다)'을 보자. 당신이 이 말을 할 때 절대로 아무것도 "보지 못하지만", 누군가가 무슨 말을 하고 있는지 이해한다는 것을 매우 명확히 전달한다.

어원은 완벽하게 시적으로 뜻이 통한다. 가령, 단어 "emotion(정서)"은 라틴어 동사 'movere(움직이다)'에서 나온 것이다. 가슴 아픈 만남, 아름다운 영화, 강력한 음악으로 야기되는 감정 상태를 어떻게 묘사할 수 있는가? 이런 경우에 영어로 'We are *moved*(우리는 감동 받았다)'라고 말한다. '움직임'의 의미는 "emotion"이라는 단어에 가시적으로 자리 잡고 있다.

"글자"를 뜻하는 라틴어 litera에서 파생된 "literal"이라는 영어 단어도 은유이다. "literal"은 "글자에 따르면"이라는 뜻이다. 즉, 실제적이고, 정확하고, 사실적이라는 뜻이다. 그러나 "litera"는 다시 "문지르다"를 뜻하는 동사 "linire"로부터 파생되고, 작가가 목재나 돌에 단어를 새기는 대신, 양피지 위에 단어를 문지르기 시작할 때 litera로 전이되었다. linire의 어근은 연고나 고약을 지칭하는 단어 "liniment"에서도 볼 수 있다. 따라서 "literal"의 문자적 의미는 문지르거나 바르는 것이다. 이것은 은유가 엄격하고 명확한 경계 위로 스며 나오는 방식에 걸맞은 은유이다.

대부분 은유적으로 사용되었던 단어의 최초 사용을 정확하게 짚어내는 것은 불가능하다. 그것은 너무 오래 전에 생겨났고, 대부분의 경우 읽기와 쓰기가 평범해지기 오래 전에 발생했다. 그러나『옥스퍼드 영어 사전*Oxford English Dictionary*』덕택에 일부 단어가 어떻게 은유의 모습으로 첫선을 보였는지를 정확히 지적할 수 있게 되었다.

가령, 'OED'에 따르면 단어 "hot"[34]의 기록된 첫 문자적 용법은 1000년에 등장했다. 맛과 관련된 기록된 첫 은유적 용법(a *hot*, or spicy, food(매운, 즉 향료를 넣은 음식))은 1399년에 등장하고, 소리와 관련된 용법(a *hot* musical passage(즉흥적이고 격렬한 악절))은 1876년에 등장하며, 색깔과 관련된 용법(a *hot* red(격렬한 빨간색))는 1896년에 등장했다. 단어 "bridge"[35]의 첫 번째 문자적 의미는 11세기로 거슬러 올라가지만, 이 단어의 평범한 비유적 용법(to *bridge* our differences(차이의 간극을 메우다))은 18세기 중반에서야 등장했다.

종종 가장 일반적인 표현이 가장 복잡한 어원을 갖는다.[36] 누군가가 'pale'('색이 옅은', 혹은 '울타리')을 넘어서beyond the pale' 무언가를 할 때, 염색된 지역의 경계를 넘고 있는 것이 아니다. 그는 중세 시대에 정착지의 경계를 표시한 목재 말뚝을 넘어 가면서 허용 범위 밖으로 과감히 나가고 있는 것이다("pale"은 영어 단어 "impaled(말뚝에 꿰찌르다)"에서처럼 "막대기"나 "말뚝"을 뜻하는 라틴어 "palls"에서 나온 것이다). 목재 말뚝으로 만든 울타리는 종종 중세의 촌락과 마을을 에워싸서, 안전하지 않거나 갈 수 없는 곳으로 간주되는 지점을 구분했다.

이와 비슷하게 미국 남북전쟁 동안, 단어 "deadline"[37]은 다루기 힘든 포로들이 넘으면 사살되는 포로수용소의 경계를 가리켰다. 지금은 흔히 작가나 신문기자가 완성 원고를 제출하지 않으면 문책을 당하는 정확한 시간과 날짜를 가리킨다.

자리를 뜨기 전에 마지막 모욕의 말을 던지면서 마지막으로 쏘아붙이는 말(parting shot)을 할 때, 당신은 고대 파르티아 사람들이 완성한 전쟁터 기술을 재현하고 있는 것이다. 기원전 1세기 경 카스피 해 근처에 살았던 파르티아 사람들은 전문 사수이고 기수였다. 그들은 퇴각하는 척하면서 적들을 사방이 트인 곳으로 유인해 냈다. 그러다가 적들이 '맹렬히hot'(화남 또는 열렬함의 은유) 추격하면서 전진해 올 때, 안장에서 몸을 돌려 적들을 하나씩 쏘아 떨어뜨렸다. 이것이 "Parthian shot(파르티아인의 활쏘기)"으로 알려진 기술이다.

고대 언어 해독을 전공하는 고고학자 A. H. 세이A. H. Sayee는 『비교 문헌학 원리The Principles of Comparative Philology』에 다음과 같은 관찰을 기록했다.

> 우리의 지식은 알려지지 않은 것과 알려진 것을 비교함으로써 증가하고,[38] 그런 지식 증가의 기록도 동일한 방식으로 증가한다. 사물은 그 특성으로 명명되지만, 그런 특성은 먼저 어떤 다른 곳에서 관찰되었다. 테이블(table)은 원래 마구간(stable)처럼 "서 있는" 무언가를 의미했지만, "서 있다"의 개념은 첫 번째 테이블이 발명되기 오래 전에 인식되었다 … 우리 언어의 4분의 3[39]은 낡아빠진 은유로 구성되어 있다고 말할 수 있다.

이런 "진부한 은유"는 믿을 수 없을 정도로 영속성이 강하고, 이 중에서 많은 것들은 다양한 시간과 장소에서 일관성 있게 나타난다. "이해하다"를 의미하기 위해 동사 "see"를 사용하는 것은 서로 다른 언어와 문화의 껍질 밑에 동일한 어원적 의미의 암반층이 달리고 있는 것을 보여주는 하나의 예이다.

"보는 것은 아는 것이다"[40] 은유는 인도유럽 어족 전역에 존재한다. "보다"를 의미하는 인도유럽어 어근 *weid는 그리스어에서 *oida (알다), 아일랜드어에서 *fios(지식), 영어에서는 "wit(재치)", "witness(목격하다)", "wise(현명한)", "idea(생각)"와 같은 단어가 되었다. 이 모든 단어들은 원래 눈으로 보면서 이해한다는 의미를 함축했다. 아리스토텔레스의 은유적 공식을 적용하면 다음과 같은 등식이 나온다.

보는 것 = 아는 것

"보는 것 = 아는 것" 연결의 다른 예로는 라틴어 in(-에)과 tueri(보다)에서 파생된 "intuition(직관)"과 speculari(보다, 조사하다, 관찰하다)에서 나온 "speculate"라는 영어 단어가 있다. 이런 어원적 뿌리는 "I'm *in the dark*(나는 알지 못한다)", "Your argument is *transparent / murky / opaque*(당신의 논쟁은 명료하다 / 흐릿하다 / 분명치 않다)", "The explanation is *crystal clear* (설명은 유리처럼 명백하다)", "That really *sheds light* on the problem(그것은 정말로 그 문제에 빛을 비춰준다)"와 같은 일반적인 영어 표현에서도 드러난다.

많은 언어들 중에서 영어, 프랑스어, 이탈리아어, 독일어, 폴란드어에서 "이해하다"[41]를 의미하는 동사 "잡다(grasp)"에서도 동일한 일이 발생한다. 일관성 있는 다른 범문화적 은유로는 화와 열, 행복과 높이, 중요성과 크기의 연상 등이 있다.

영어, 아라비아어, 남아프리카에서 사용되는 소토어(Sotho)와 마찬가지로 일본어에서도 화는 뜨거운 물질과 동일시된다. 물론 연소의 위치가 다를 수는 있다. 기분이 언짢은 영어 화자는 머리가 뜨겁다(hotheads)고 말하지만, 아랍어를 쓰는 튀니지 사람은 '뇌가 끓는다'[42]고 말한다. 소토어에서 화난 사람은 '피가 뜨겁다고'[43] 하지만, 일본어[44]에서는 '장이 끓는다'고 표현된다. 미국 수어에서도 화[45]는 복부 속의 불이나 폭발로 묘사된다.

중국어[46]와 영어처럼 서로 다른 언어들도 둘 다 "He is in *high spirits* (그는 기분이 좋다)"나 "I feel really *up* today(나는 오늘 정말 기분이 좋다)"처럼 높이의 정도를 제시하는 표현을 통해 긍정적인 감정 상태를 기술한다.

핀란드어와 함께 인도유럽 어족과 독립적으로 발달한 헝가리어[47]에서도 극도의 행복을 전달하기 위해 "I'm *on cloud nine*(나는 9층 구름 위에 있다; 나는 구름 위에 붕 떠 있는 기분이다)"과 같은 비슷한 은유를 사용한다.

"It was a *big* deal(그것은 대단한 것이었다)"과 "It is her *big* moment(지금은 그녀에게 중요한 순간이다)"에서처럼 영어뿐만 아니라 줄루어, 하와이어, 터키어, 말레이어, 러시아어에서는 크기와 중요성이 동일시되며,[48] "I *smell* a rat(나는 수상한 냄새가 난다)"과 "He's been *sniffing around* the premises again(그는 다시 그 전제에 대해 뭔가를 알아내기 위해 코를 킁킁거리면서 다니고 있었다)"처럼, 후각을 통해 의심을 나타내는 방식도 보편적이어서,[49] 바스크어처럼 지리적으로 고립된 비인도유럽 어족에서도 작동한다. 이와 같은 단어나 표현을 사용할 때마다, 우리는 아주 오래된 비교, 즉 언어학자 조셉 그래디Joseph Grady가 말하는 일차적 은유(primary metaphor)를 사용하고 있는 것이다. 일차적 은유란 "경험적 상관성[50]에 직접적으로 토대를 둔 개념들 간의 하위층위의 은유적 연상"을 말한다. 그리고 상당히 다른 시간과 장소에서 온 사람들은 항상 동일한 비유적 상관성을 토대로 수렴되는 것처럼 보인다.

어원은 종종 더 이상 의식적으로 비유적인 것으로 인식하지 않는 언어의 비유적 용법들이 마지막으로 머무는 무덤이라 불리곤 한다. 그러나 이런 은유들도 여전히 살아 있고 건강하다. 일반적인 단어와 표현의 어원적 기원을 의식적으로 알고 있는 사람은 거의 없지만, 알려지지 않은 것과 알려진 것을 비교하는 본질적인 은유 제조 과정은 여전히 활력 있게 진행되고 있다. 이 과정은 의미가 만들어졌고, 만들어지고 있으며, 앞으로도 만들어질 방식이다.

은유의 상대적인 생기를 묘사하는 더 좋은 방법은 그것을 화산처럼 분류하는 것이다. (엘비스 프레슬리도 확실히 이것에 찬성할 것이다.)

20세기 초의 화가이자 문필가인 윈덤 루이스_{Wyndham Lewis}의 정의처럼, 활화산처럼 활동하는 은유는 여전히 형상화로 들끓고 있는 은유이다.

Laughter is the mind sneezing.
(웃음은 마음의 재채기이다.)

상투적인 문구로 굳어지는 경향이 있는 휴면기의 은유는 아래의 표현처럼 비유적 본성이 표면 바로 아래에서만 잠자고 있는 은유이다.

We're getting in over our heads.
(우리는 너무 어려워서 다룰 수 없는 상황에 처해 있다.)

사은유(死隱喩)는 은유적 마그마가 결코 다시 올라오지 않는 은유이다. 그 예는 다음이다.

I see what you mean.
(무슨 뜻인지 알겠습니다.)

어원의 아이러니는 어떤 은유가 은유인 것을 덜 인식할수록, 그것은 더 문자적이 된다는 것이다. 이것은 넬슨 굿맨이 관찰한 역설이다. "비유법으로서의 그 생식력을 점차 소실함에 따라,[51] 은유는 덜이 아니라 더 문자적 진리가 된다. 진실성이 아닌 생기가 사라질 뿐이다."

묻혀 있는 어원적 의미를 언제나 초자연적으로 알고 있었던 바필드는 다음과 같이 말하면서 은유의 지질학을 그려냈다.

수천 개의 추상적 용어와 의미 및 연상의 뉘앙스를 가진 모든 현대 언어[52]는 처음부터 끝까지 죽었거나 화석화된 은유의 불합리한 조직에 지나지 않는다 … 사람은 이름이 있거나 이름이 없는 수백 명의 시인의 창작물을 사용하지 않고서는 단 12개의 단어도 내뱉을 수 없다.[53]

새로운 발전, 통찰력 또는 발견이 새로운 명칭을 요구할 때마다 이름이 있거나 없는 시인들은 여전히 바쁘게 활동한다. 가령, 인터넷이 출현한 이후로 전자메일을 묘사할 단어가 필요했을 때 ("가방, 자루, 지갑"을 의미하는 프랑스어 malle에서 나온) mail은 이미 준비가 되어 있었으므로, 우리는 단지 그 앞에 "electronic"이라는 단어를 붙이기만 하면 되었다. 그래서 탄생한 e-mail은 본질적으로 정보를 부호화하는 전자들의 작은 자루이기 때문에, 놀라울 정도로 정확한 용어라 할 수 있다. 은유적 사고로 만들어진 새로운 이름 짓기 방식은 이미 이름이 있지만 한층 더 잘 묘사될 수 있는 사물에도 소급 적용될 수 있다. 따라서 이메일이라는 말이 일단 통용되자, "precarious(남에게 달린)"와 동일한 어근에서 유래된 고대의 단어 "prayer(기도)"는 knee-mail(무릎 메일; 무릎으로 보내는 메일)[*] 이 되었다.

과학자들 또한 유능한 용어 재활용의 전문가들이다. 루이 드 브로이Louis de Broglie는 전자의 '파동(wave)'[54]에 대한 이론으로 1929년에 노벨 물리학상을 받았는데, 파동은 음향학에서 차용한 용어이다. 드 브로이는 실내악을 좋아했기 때문에, 오케스트라에서 각 악기가 서로 다른 파장으로 소리를 내보내는 것과 꼭 같이, 원자가 서로 다른 파장을 가진 서로 다른 음색을 내는 악기인 것처럼 상상했다.

가장 무미건조한 과학이자, 지그재그의 흐름도와 생기가 없는 통계로 이루어진 바싹 마른 경제학의 풍경도 은유로 흠뻑 젖어 있고, 그 중 많은 은유는 돈을 유체역학에 기대어 묘사한다.

---

[*] 이메일은 해상 우편보다 훨씬 빠르고, 배달되지 않는 일이 거의 없다. 따라서 이 합성어는 신이 우리의 기도를 들을 뿐만 아니라 이루어주기도 한다는 것을 암시한다.

자산의 유동성(liquidity)은 자산을 현금으로 재빨리 전환하는 능력이다. 회사가 유동자산(liquid assets)을 많이 갖고 있을 때 지급 능력, 용해능력이 있다(solvent). 현금흐름(cash flow)은 수익 흐름(revenue streams)의 합류점에서 발생한다. 회사는 기업공개 에서 주식을 흐름 위에 띄운다(float)'. 다크 풀(dark pools)은 거래가 끝날 때까지 심지어 참여자에게도 가격을 밝히지 않고 주식 거래를 하도록 하는 저장소이다.

은행은 너무 커서 망하게 할 수 없을 때 물이 퍼내진다(bailed out). 정부는 경제에 돈을 쏟아 넣어서(pour) 펌프질을 준비한다(prime the pump). 당신이 돈이 필요할 때 친구의 도움 수도꼭지를 틀거나tap, 친척을 우려먹고(sponge off), 저축에 손을 담근다(dip). 당신이 파렴치할 준비가 되어 있다면, 총수입에서 약간의 돈을 걷어내면(skim) 그만이다. 성장이 부양되어 있을(buoyant) 때, 밀물은 모든 배를 떠오르게 만든다. 하지만 옵션이 물속에(underwater) 있을 때, 투자 포트폴리오를 점검하는 것은 난파선 안에서 스노클로 잠수하는 것 같은 느낌이다.

단어 "broker(중개인)"[55] 역시 앵글로 프랑스어 brokur(발의자, 제창자)에서 파생된 유체 은유이다. 브로커는 와인이나 맥주의 통을 두드리는 사람이다. 오늘날 broker는 여전히 고객을 위해 유동성(liquidity)*을 두드려 검사하는 일에 종사하는데, 종종은 그 내용물을 빼내어 고갈시키기도 한다.

가장 단조로운 단어들, 즉 우리가 전혀 신경 쓰지 않는 단어들은 항상 깊고 배배 꼬인 어원적 뿌리를 갖고 있다. 용어 "stock"은 그 적절

---

* 기업·금융기관 등 경제 주체가 갖고 있는 자산을 현금으로 바꿀 수 있는 능력. 즉, 현금으로 바꿔 쓸 만한 재산을 얼마나 갖고 있는가를 나타내는 말.

한 예이다. 13세기에 영국 재무부는 납부를 추적하는 방법이 필요했다. 영수증이 아직 발명되지 않아서, 차변과 대변의 증거 없이 분쟁을 수습할 방법이 없었다.

그래서 재무부 관료들은 엄대(tally sticks)를 생각해 냈다. 그것은 돈의 다양한 양을 표시하는 새김 눈이 있는 얇은 개암나무 막대이다. 남자의 엄지손가락 넓이 정도의 새김 눈은 100파운드를 나타냈다. 새끼손가락 넓이 정도의 새김 눈은 20파운드를 나타냈다. 그리고 모든 금융 표현 중 가장 시적인 것 중 하나로, "부푼 보리알 넓이"[56]의 새김 눈은 1파운드를 나타냈다.

엄대에 적절하게 금을 낸 이후에, 그것은 길게 두 개의 막대기가 되도록 쪼개었는데, 각각에는 상응하는 표시가 있었다. "stock으로 알려진 막대기의 한 절반은 재무부에 돈을 예금한 사람에게 주었다. 재무부 관료들은 "foil"로 알려진 그 막대기의 나머지 절반을 보유했다. 계산서를 회계 감사할 때마다 쪼개진 두 막대기가 일치하는지를 보기 위해 맞추어 보았다. 용어 "stock"의 용법은 이 관행으로부터 유래되었고, 원래 잘라낸 식물 조각이나 얇은 목재 조각을 가리킨 용어 "teller"나 "tallier"와 마찬가지로 라틴어 talea를 어원으로 한다.

열정적인 아마추어 어원학자인 랄프 왈도 에머슨Ralph Waldo Emerson은 한 때 돈은 "장미만큼 아름답다."라고 말했다. 에머슨은 자신의 에세이 "시인"에서 언어 자체를 어원학적 인공물의 한 종류, 즉 "화석이 된 시"[57]로 묘사했다. 그러나 에머슨이 다음과 같이 말하듯이, 언어가 화석이 된 시이기 전에, 그것은 화석이 된 은유였다.

시인들은 모든 말을 만들었다.[58] 그래서 언어는 역사의 기록 보관소이
자, 굳이 말하자면, 뮤즈(muse)[*] 의 무덤이다. 우리가 사용하는 말은 그
대부분의 기원이 망각되었음에도, 각 단어는 처음에 천재의 업적이 드
러난 언어적 충격파였고, 그 순간에 그 단어를 최초로 발설한 사람과
최초로 들은 사람에게 세상을 상징해주었기 때문에 지금껏 통용될 수
있었다. 어원학자들은 가장 죽어 있는 단어가 처음 태어났을 당시에는
멋진 그림이었다는 것을 발견한다. 언어는 화석이 된 시이다. 대륙의
석회암이 무한히 많은 미세한 생물들의 껍질들로 구성되었듯이, 그 시
는 지금 원래 부수적이었던 용법으로 쓰이면서 오랫동안 그 시적인 기
원을 떠올리게 해주는 기능을 상실한 이미지나 비유들로 구성되어 있다.

가장 간단한 단어에 매장되어 있는 은유는 단순한 어원적 호기심 거
리가 아니다. 이런 화석은 여전히 숨 쉬면서, 강력하지만 사람들이 잘
눈치 채지 못하는 영향력을 우리에게 발휘한다. 우리는 지구의 지질
구조판의 길고 느린 연마를 보통 느끼지 못하지만, 여전히 땅은 우리
의 발밑에서 이동하고 있다. 경제는 은유의 은밀한 삶이 표면을 깨뜨
리고 나오는, 그래서 그것의 파열과 소동이 강력한 여진을 발생시킬
수 있는 장소 중 하나이다.

---

[*]   고대 그리스로마 신화에서 시, 음악 및 다른 예술 분야를 관장하는 아홉 여신들 중
  하나.

은유와 돈
죽은 고양이는 얼마나 높이 반등할 수 있는가

주식은 가장 놀라운 일들을 한다. 주식은 슈퍼히어로처럼 치솟고, 급등하고, 오르고, 도약할 뿐만 아니라 모든 종류의 통계적인 재주를 부린다. 안타깝지만, 주식은 중력을 비롯한 여러 우울한 법칙의 지배를 받듯이 수직으로 떨어지고, 미끄러지며, 갑자기 내리받이가 되고, 떨어지며, 하락하기도 한다.

경제 기사를 넘기다 보면, 금융 은유의 모둠 요리를 만나게 된다. 베어 마켓(bear market)[*]이 텁수룩한 발로 월가(Wall Street)를 움켜쥘 때 오싹하여 숨이 턱 막히고, 두려움을 모르는 투자가들이 수익을 발톱으로 움켜잡을(claw back) 때, 즉 간신히 회수할 때 환성을 지른다. 나스닥 지수가 새로운 고점으로 도약할(vault) 때 놀란 눈으로 지켜본다. 그리고 그것이 돌처럼 미끄러지고(slip), 넘어지고(stumble), 내려올(drop) 때는 움츠러든다. 시장이 불안감을 털어내는지(shake off the jitters), 불황으로 털썩 주저앉는지(slump into depression), 다시 튀어 오르는지(bounce back) 보기 위

---

[*] 대세상승이 끝나고 주가가 장기적으로 하락하는 추세에 있는 약세 시장을 말한다.

해 염려하며 기다린다.

금융과 경제학은 궁극적으로 숫자 놀이적이지만, 헬싱키에서부터 홍콩에 이르기까지 방송 해설자들은[59] 본능적으로 은유를 사용해서 일어나고 있는 일을 묘사한다. 다음은 금융뉴스에서 당신이 우연히 접했을 법한 더 기이한 은유들이다.

Stock prices took a rollercoaster ride[60] and ended up in the subway.
(주가는 롤러코스터를 탄 듯 오르락내리락 했지만 결국 지하철과 같은 낮은 가격으로 끝났다.)

Optimists saw the makings of a baby bull, but nay-sayers warned it could be a bum steer.
(낙천주의자들은 아기 황소의 이익을 보았지만, 반대론자들은 그것이 의도적인 오보일 수 있다고 경고했다.)

The question every trader will be asking himself this week is: Just how high can a dead cat bounce?
(이번 주에 모든 거래자들이 스스로에게 물어볼 질문은 이것이다. 죽은 고양이는 과연 얼마나 높이 반등할 수 있을까?)

"dead cat bounce(짧은 반등)"는 갑작스러운 가파른 하락에 뒤따르는 주가의 약하고 일시적인 반등을 묘사하는 용어이다. 이 특별한 은유의 어원은 확실하지 않지만, 실제 높은 곳에서 고양이를 떨어뜨려서 충격 후의 반동을 측정하지는 않았기를 바란다. 여전히, 경제학에서 흔하게 사용되는 비유어의 다른 예들(boom(갑자기 경기가 좋아지다), bust(파산하다), bubble anyone(누군가를 속이다))은 은유가 가장 무미건조해 보이는 학문 분야에서 작동하고 있음을 보여 준다.

『경제학의 수사학The Rhetoric of Economics』의 저자 디어드리 맥클로스키 Deirdre N. McCloskey에 따르면, "경제적 수사법[61]에서 가장 중요한 예는 은유이다. 경제학자들은 그것을 '모형(model)'이라고 부른다. 서풍이 '가을 존재의 호흡이다.'라고 말하는 것만큼, 시장을 수요와 공급의 '곡선'으로 나타낼 수 있다고 말하는 것은 은유이다."

하지만 전문가나 예언자들이 오래된 비유 표현을 아무거나 마구잡이로 사용하는 것은 아니다. 이들은 주식시장을 묘사할 때, 특정한 유형의 가격 동향에 대해 일관되게 특정한 은유를 사용한다. 심리학자 마이클 W. 모리스Michael W. Morris와 동료들은 다량의 금융 해설들을 연구하여 두 가지 주요한 시장 은유를 식별했다.

그들이 말하는 "행위자 은유(agent metaphor)"는 "The NASDAQ *climbed* higher(나스닥 지수가 더 높이 올라갔다)" 또는 "The Dow *fought* its way upward(다우 지수는 분투하여 위로 올라갔다)"이라는 예처럼 가격 동향을 생물의 의도적인 행동으로 묘사한다. 이와 대조적으로, "사물 은유(object metaphor)"는 "The NASDAQ *dropped* off a cliff(나스닥 지수가 절벽에서 떨어졌다)" 또는 "The Dow *fell* like a brick(다우 지수가 벽돌처럼 떨어졌다)"처럼 가격 동향을 외부의 힘에 종속된 무생물로 묘사한다. 이 연구가들은 "상승세는 행위자 은유를 불러일으키고,[62] 하락세는 사물 은유를 불러일으키는 경향이 있다"는 것을 발견했다. 이것이 흥미로운 상관관계이지만, 중국의 차茶 가격과도 어떤 관련이 있을까?

모리스와 그의 동료들은 행위자 은유와 사물 은유가 그것에 노출되는 사람들에게 매우 다르게 영향을 미친다는 것을 발견했다. "행위자 은유는 관찰된 경향이 지속적인 내적 목표나 기질을 반영하므로,[63] 그것이 내일도 계속될 것 같다는 것을 암시한다 … 사물 은유는 그런 경향이 내일 다시 표명될 내적 힘을 반영한다는 것을 암시하지 않는다."

인간에게 있어서 인간의 느낌, 동기, 동기부여가 있는 것으로 여겨

지는 "행위자"는 특별하고, 사실 너무 특별해서 행위자 은유를 통해
주가 동향이 행위자의 특성을 가지고 있다고 여기는 것은 우리의 금
융 결정에 실제적인 영향을 미칠 수 있다.[64]

　"나스닥 지수가 더 높이 '타고 올라갔다'"와 같은 은유는 목표를 추
구하는 생물을 생각나게 하므로, 사람들은 하여간 살아 있고 의지를
가지고 있어야 타고 올라갈 수 있으니 그런 상승세가 계속될 거라고
예상하게 된다. 그리고 만약 집값이 높이, 그리고 더 높이 기어오르는
것으로 무자비하게 묘사된다면, 주택 소유자들은 무의식적으로 꾸준
한 상승세를 막을 수 없다고 예상할 수도 있다. 그들은 **마구 치솟는**
(soaring) 부동산 가치가 결국은 지속 불가능한 빚을 현명한 투자로 만
들어 줄 것이라는 기대를 품고, 감당 못할 담보 대출을 자신감 있게
신청할지도 모른다. 가격이 스스로 행동할 수 있는 마음을 가지고 있
다면, 순전한 의지를 가지고 계속 상승할 수 있을 것이다. 바로 이런
사고방식이 2007년 비우량주택담보대출 사태(subprime mortgage crisis)[*]
를 촉진하는 계기가 되었다.

　"다우 지수가 절벽에서 **떨어졌다**"와 같은 사물 은유는 전혀 다른 특
성을 가진 것으로 보인다. 무언가가 절벽에서 떨어질 때 계속 떨어지
는 경향이 있다. 그리고 그것이 바닥에 닿으면, 보통 떨어진 곳에 정
확히 남아 있게 된다. 그래서 주가가 **떨어지다**(drop)', **뛰어들다**(plung)' 또
는 **수직으로 떨어지다**(plummet)와 같은 수동적인 용어로 묘사된다면, 투
자가들은 그런 하락세를 되돌릴 수 없다고 생각하면서 무의식적으로

---

[*]　경제학에서는 서브프라임 모기지 사태라고 부른다. 서브프라임 모기지란 신용등
　급이 낮은 저소득층에게 주택 자금을 빌려 주는 미국의 주택담보대출 상품을 말
　한다.

공황매도(panic selling)*에 끌릴 수 있다. 이런 사고방식은 투자가들로 하여금 가격이 떨어질 때, 곧 주가가 떨어지기 시작하므로 그들이 사들여야 한다고 논리가 규정하는 정확한 시간에, 집단으로 팔아치우도록 압력을 가한다. 이것이 정확히 2008~2009년의 대침체(Great Recession) 동안 발생한 현상이기도 하다.

모리스는 사람들에게 시장 뉴스를 한 아름 읽고, 다음 날의 가격 추세를 예측해 보도록 함으로써 행위자 은유와 사물 은유의 영향력을 테스트했다. 연구자들은 참여자들이 올라가는 가격에 대한 행위자 은유에 노출되었는지, 아니면 떨어지는 가격에 대한 사물 은유에 노출되었는지를 통제했다. 그 결과 행위자 은유에 노출된 사람들은 자신들이 읽은 그 가격 경향이 다음 날도 계속될 것이라는 기대를 더 크게 가지는 경향이 충분히 확실하게 나타났다.

경제학자들은 이런 현상을 예상 편견(expectancy bias)이라고 부른다. 우리는 가령, 꾸준한 집값 증가와 같은 경향을 탐지해 내면, 본의 아니게 그 경향이 계속될 것으로 예상한다. 이것은 행위자 은유의 도움을 받고 그것으로 선동된 예상인 것이다. 이런 편견은 자극이 계속 반복될 때마다 활성화되는 뇌 영역에서 비롯된다. 이런 모듈은 대체로 패턴을 탐지할 수 있는 우리의 능력에 책임이 있다. 이것은 우리의 생존과 은유적 사고의 진화에 결정적인 능력이다.

우리의 뇌는 항상 패턴을 탐지하고 있다.[65] 행동 연구에서는 2개월 정도의 유아가 단지 몇 분 동안만이라도 화면의 왼쪽과 오른쪽의 방

---

* 어떤 특정 증권 혹은 증권 전반에 걸친 혼란스러운 매도현상, 주로 투매라고 한다. 투매는 가격이 더 떨어지기 전에 팔려는 증권 소지자들의 급작스런 행동으로 인하여 대량의 거래와 급격한 가격하락이 수반된다.

향에서 번갈아 시각적 자극에 노출되면 본능적으로 순서에서 예상되는 다음 지점으로 눈을 돌린다는 것을 보여 준다. 3개월 정도에 유아는 훨씬 더 복잡한 패턴을 예상할 수 있다.

　성인의 연구에서는 임의적인 자극이 주어지고, 그 자극이 임의적이라고 명시적으로 알려줄 때도 그들은 여전히 순서에서 패턴을 발견할 수 있다고 주장한다. 뇌는 패턴에 너무 열광적이므로, 그것은 패턴이 존재하는 않는 곳에서도 기꺼이 패턴을 생산할 것이다. 다음 그림을 보자.

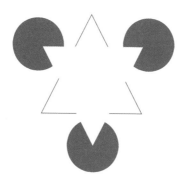

이 이미지에는 겹쳐진 삼각형이 없다. 뇌의 패턴 인식 회로는 그것을 창조한다.
_ 아담 솜러이-피셔Adam Somlai-Fischer, Prezi.com가 제공한 사진

실제로는 세 개의 고집 센 팩맨과 세 개의 뾰족한 괄호만 페이지에 나타나 있다. 하지만 우리가 보는 것은 겹쳐진 두 개의 삼각형이다. 패턴이 불완전하거나 심지어 존재하지 않는 곳에서도 뇌는 기꺼이 빈곳을 채운다. 어떤 연구가들은 "해석자"[66]라고 부르는 특정한 뇌 모듈이 존재한다고 제안한다. 그 모듈은 우리의 두개골을 통해 계속 흘러가는 정보의 흙탕물로부터 패턴을 걸러내는 임무가 부여되어 있다.

진화적 관점에서 볼 때, 패턴 인식은 중요하다. 뇌의 패턴 인식 회로는 감각으로부터 원 자료를 가져와서, 또렷한 패턴을 찾기 위해 그것을 자세히 살펴보고, 패턴을 사용해서 반응을 결정한다. 반복되는 패턴에 기초해서 미래를 정확히 예측할 수 있는 능력은 수렵과 채집(머리가 원통 모양인 뱀은 대체로 해롭지 않다. 머리가 삼각형인 뱀은 나를 죽일 수도 있다)에서부터 배우자 선택(가장 대칭적이고 상당히 패턴이 잘 잡힌 특징을 가진 동물은 가장 적당하고 가장 인기 있는 성적 파트너인 경향이 있다)에 이르기까지 모든 것에 결정적이다.

한 패턴이 충분히 오랫동안 반복되면, 그것은 행동에 영향을 미치기 시작한다. 가령, 싱싱한 목초지는 호수와 개울을 둘러싸고 있는 경우가 많기 때문에, 우리의 뇌는 푸른 잔디를 보면 신선한 물을 연상하게 되었다. 또한 이런 유추적 추론을 사용해서 음식과 물의 지속적인 확보를 위하여 새로운 사물이나 상황이 이전의 사물이나 상황과 충분히 '비슷한지' 비교하기 시작했다. 최적의 패턴 인식 회로를 가질수록 생존에는 유리하다.

뇌에는 1,000억 개 정도의 신경세포가 들어 있고, 각각은 광대한 시냅스의 망을 통해 수만 개의 다른 신경세포와 연결되어 있다. 신경생물학자 겸 노벨상 수상자인 제럴드 에델만Gerald Edelman에 따르면, 대략 성냥 머리부분 크기 정도인 뇌 조직의 반점은[67] 약 10억 개의 연결을 뽑내고 있다. 그는 전형적인 인간 뇌 어딘가에서 가능한 연결의 수가 10뒤에 0이 수백만 개 붙을 정도로 무수히 많다고 추정한다. 이것은 알려진 우주에 있는 것으로 알려진 입자 수를 훨씬 능가하는 수이다.

『제2의 천성: 뇌 과학과 인간 지식Second Nature: Brain Science and Human Knowledge』에서 에델만은 인간 뇌의 놀라운 상호연결성이 의식을 생산하고, 우리 뇌가 만들 수 있는 연상의 천문학적인 수 때문에 패턴 인식은 은유적 사고뿐만 아니라 모든 사고를 위한 기초가 된다는 이론을 제시한다.

> 뇌는 논리에 의해서가 아니라 패턴 인식에 의해 작동한다.[68] 이 과정은 논리학 및 수학만큼 정확하지는 않다. 대신, 그것은 그 활동 범위를 증가시키기 위해 필요하다면 명시성과 정확성을 처분한다. 은유에 의해 진행된 초기의 인간 사고는 나중에 논리나 수학적 사고와 같은 정확도가 높은 방식을 습득한 이후에도 성인의 삶에서 계속해서 상상력과 창조성의 주된 근원이 되고 있는 것 같다.

패턴 인식은 너무 기본적이어서 뇌의 패턴 탐지 모듈과 그것의 보상 회로는 서로 떼어낼 수 없을 정도로 연결되어 있다. 우리가 패턴을 성공적으로 탐지하거나 패턴을 탐지했다고 '생각할' 때마다, 즐거움을 담당하는 신경전달물질은 우리 뇌를 관통하며 뿜어져 나온다. 한 패턴이 충분히 자주, 그리고 성공적으로 반복되었다면, 신경전달물질 방출은 그 패턴의 예상되는 결과가 실제로 발생하기 오래 전에 암시적인 단서의 존재만으로 발생할 수 있다. 임의적인 자극에서 규칙적인 순서를 보았다고 보고한 연구 참여자들처럼, 우리는 패턴 인식의 쾌감을 맛보기 위해 그 어떤 구실도 사용할 것이다.

패턴 인식은 유추의 가장 본원적인 형태이고, 은유를 작동하게 하는 신경회로의 부분이다. 원숭이, 설치류 동물, 새도 패턴을 인식한다. 인간과 다른 종의 차이는 우리 인간은 그런 패턴 인식을 예술로 승화시켰다는 데 있다. 철학자 이사야 벌린Isaiah Berlin이 말했듯이, "이해한다는 것은 패턴을 지각한다는 것이다."

하지만 은유는 단순한 패턴 탐지가 아니라 패턴 창조이기도 하다.

로버트 프로스트_{Robert Frost}는 다음과 같이 말했다.

> 은행은 화창한 날씨에 당신에게 우산을 빌려주고는, 비가 내리기 시작
> 하면 그것을 다시 돌려 달라고 요구하는 그런 곳이다.

그가 이런 말을 했을 때, 그의 뇌는 우산과 은행을 연결하는 패턴을
창조했다. 이것은 다른 누군가라도 이 문장을 읽을 때마다 되풀이할
수 있는 패턴이다. 프로스트는 은유를 이해하는 것이 대학 문학 과목
에서뿐만 아니라 일상생활에서 생존하는 것에도 필수적이라는 것을
열렬히 믿었다.

　1930년에 애머스트칼리지(Amherst College)에서 했던 "시를 통한 교
육(Education by Poetry)"[69]이라는 연설에서 프로스트는 "늘그막에 더욱
더 생각의 모든 것을 은유로 만들고 싶었다."[70]라고 말했다. 그는 학
생들이 은유에 대한 교육을 제대로 받지 않으면 역사가, 과학자, 신문
편집자, 정치 운동가들의 주장을 검증하고 평가할 수 없다고 주장했
다. 더 나아가 사람들이 "언제 은유의 속임수에 넘어가고 있는지 알
지 못한다."라고 경고했다.

> 은유에 편안함을 느끼지 못하고, 제대로 된 은유의 시적 교육을 받지
> 않았다면, 당신은 어디에서도 안전하지 않다. 당신은 비유적 가치에
> 마음이 편안하지 않고, 은유의 장점과 약점을 모르며, 얼마나 멀리까
> 지 은유를 타고 가도 되는지, 또 언제 그것이 고장 날지 알지 못하기 때
> 문이다.

은유를 타고 얼마나 멀리까지 갈 수 있는지, 그리고 그것이 고장 나기
전에 언제 내려야 할지 아는 것은 재정에 대한 비유를 다룰 때도 중요
하다. 진화는 우리의 패턴 인식 능력을 본능적이고 자동적인 것으로

만들었는지도 모르지만, 그런 능력을 실수가 없는 것으로 만들지는 않았다.

주식시장에서처럼 정말로 존재하는 않는 패턴을 탐지할 때 곤란함이 시작된다. 뇌는 죽기 아니면 까무러지기 상황, 싸워야 할지 내빼야 할지를 선택해야 하는 상황에서 즉각적으로 중요한 패턴을 탐지하도록 진화했다. 금융 시장은 데이터의 바다를 만든다. 그것은 수만 개의 주식이고, 각각은 세계의 수십 개 시장에서 수천만 명의 투자가들이 하루에 수천 번씩 거래한다. 우연만으로도 명백한 경향이 모든 곳에서 발생할 것이다.

그러나 주식시장이 일시적인 패턴으로 가득 차 있지만, 그 중 대다수는 적어도 단기적으로는 무의미하다. 가령, 주가의 매시간 변동은 연간 변동보다 훨씬 덜 중요하다. 당신이 포트폴리오(각종 유가 증권 명세표)를 매시간 확인하는 습관이 있다면, 그런 통계자료의 잡음은 실재 패턴을 삼켜버리므로, 당신은 어떤 패턴이라도 알아차릴 수 없다. 여전히 사람들은 이런 패턴이 존재하지 않는다는 말을 명확히 들을 때도 이런 가상의 패턴에 기초해서 결정해야 한다고 주장한다.

오, 가짜 패턴을 지각할 때 우리는 얼마나 빨리 기만당하고 있는가.

아마도 어떤 다른 창조물도 미천한 개구리만큼 깊이 있는 것으로 헤아려지는 패턴 인식 능력을 갖고 있지 않았다. 그리고 그릇된 패턴을 추구해 가는 개구리의 멍청함은 우리가 그릇된 금융 은유에 우롱당할 수 있는 방식을 깨닫게 해주는 번쩍 정신이 들게 하는 유추이다.

개구리에게는 매우 예민한 미각이 없다. 사실, 개구리는 곤충과 비슷한 크기이고 짧고 날카로운 소리를 내며 변덕스럽게 움직이는 것이라면 무엇을 앞에 놓아도 잡아먹으려고 할 것이다. 그것이 파리처럼 보이고 파리처럼 행동한다면, 개구리가 보기엔 그것이 파리임에 틀림없다. 신경생리학자 겸 인공두뇌학 분야의 초기 기여자인 워렌 S. 맥컬로흐Warren S. McCulloch와 동료들은 1950년대 후반에 개구리의 시각 기관을 세밀하게 조사하면서 이를 증명했다.

　맥컬로흐와 동료들은 기진맥진 해 엎드려 있는 개구리 앞에 알루미늄 반구를 놓았다. 이 금속 접시에 자석으로 물건들을 붙여 놓았고, 어린이 쇼의 꼭두각시처럼 접시 뒤의 자석을 움직여서 개구리의 시야를 가로질러 물건들을 움직였다. 이렇게 하면서 개구리의 시신경을 따르는 전기 수송을 기록해서, 어떤 신경섬유가 어떤 시각 자극에 반응해서 활성화되는지를 탐지할 수 있었다. 이런 식으로 그들은 개구리가 무엇을 보고 어떻게 보는지에 대해 많은 것을 알아내었다.

　그 팀의 가장 중요한 한 가지 발견은 시각 이미지가 개구리의 뇌에 도착할 무렵 그것이 상당한 정도까지 분류되고 해석된다는 것이었다. 그래서 가령, 개구리는 벌레 크기의 사물이 짧고 날카로운 소리를 내며 변덕스럽게 움직이는 것을 볼 때, 주저하거나 심사숙고하지 않는다. 개구리는 즉각적으로 혀를 발사하여 그것을 낚아챈다. 연구자들은 이런 식으로 반응하는 신경섬유를 "벌레 지각자(bug perceiver)"[71]라고 불렀다.

　이 과학자들은 포로로 잡힌 양서류 관객을 위해 많은 공연을 펼쳤다. 그들은 불빛뿐만 아니라[72] 개구리가 먹을 마음이 내키게 할 만한 사물, 그것이 도망칠 만한 사물, 잡다한 기하학적 도형들, 정적인 것과 움직이는 것들 등 여러 가지를 보여 주었다. 하지만 개구리 앞에 무엇을 놓든 간에, 그것은 항상 파리처럼 급히 날아오르고 윙윙거리는 것에만 집중했다. 개구리는 그 사물이 움직이지 않거나, 직선으로

만 움직이면 관심을 보이지 않았다.

> 개구리는 주변 세계의 정적인 부분의 세부사항은 보지 못하는 것처럼
> 보이고,[73] 어쨌든 그것에는 관심이 없다. 음식이 움직이지 않는다면 그
> 것에 둘러싸인 채 굶어 죽을 것이다. 그의 음식 선택은 크기와 움직임
> 에 의해서만 결정된다. 그는 벌레나 곤충 크기의 물건이 그것과 유사
> 하게 움직인다면 그것을 붙잡기 위해 도약할 것이다. 개구리는 매달아
> 놓은 음식 조각뿐만 아니라 움직이는 작은 물건에 의해서도 쉽게 우롱
> 당할 수 있다.

맥컬로흐가 결론 내리듯이, 이런 실험은 "눈이 수용기 위의 빛 분포
를 어느 정도 정확하게 복사하여 전달하는 것이 아니라, 이미 잘 조직
되어 있고 해석되어 있는 언어로 뇌에게 말을 한다"[74]는 것을 입증했다.

　이와 같은 보기 방식은 진화론적인 논리를 충족시킨다. 파리는 전
형적으로 개구리의 자연 서식지에서 불규칙한 패턴을 추적한다. 그
것은 주변을 윙윙거리고, 잠시 동안 내려앉았다가 술에 취한 듯 다시
지그재그로 날아오른다. 물건의 모양과 색깔을 분석하는 데 많은 시
간과 지력을 투자하기보다, 간단히 이런 식으로 움직이는 물건을 덥
석 문다면 개구리가 식사를 손에 넣을 수 있는 가능성은 상당히 증가
하게 된다.

> "못에 사는 생물 사이에서 머뭇거리는 놈은 굶어 죽는다."

다시 주가 동향에 관한 이야기로 돌아오면, 우리 역시 개구리의 눈을
가졌다고 할 수 있다. 우리는 부분적으로 행위자 은유와 사물 은유에
의해 암시되는 궤도에 의존한다. 그것이 패턴처럼 보이고 패턴처럼
행동한다면, 우리는 그것이 패턴임에 틀림없다고 생각한다. 주식을

선택하거나 농구를 할 때처럼 수나 확률이 연루될 때마다 패턴에 대한 이런 열정은 우리의 판단을 흐리게 한다.

사람들이 어떻게 금융 판단을 하는지에 관한 이론을 만들기 위해 사회과학에서 나온 통찰력을 사용하는 행동경제학(behavioral economics)[*]을 창시한 대니얼 카너먼_{Daniel Kahneman}과 아모스 트버스키_{Amos Tversky}의 연구팀은 농구에서 발견되는 "핫 핸드(hot hand)"^{**}의 개념을 조사했다. "핫 핸드" 이론은 한 선수가 공을 넣을 가능성이 이전 슛을 놓친 후보다는 득점 이후가 더 높다는 신념이다.

이 연구자들은 필라델피아 세븐티식서스(Philadelphia 76ers)와 보스턴 셀틱스(Boston Celtics)의 상세한 슈팅 기록을 연구하고, 심지어 코넬대학 대표팀의 남자와 여자 선수들로 통제 실험을 했는데, 그 결과 이전 슛의 결과가 선수의 가능성에 대한 예측에 영향을 미쳤지만 실제 성적에는 영향을 미치지 않았다는 결론을 내렸다.

트버스키의 팀은 90% 이상의 팬들이 "한 선수가 마지막 두 번이나 세 번의 슛을 놓친 후보다는, 마지막 두 번이나 세 번의 슛을 성공시킨 후에 공을 넣을 가능성이 더 높다"[75]고 믿었다는 것을 발견했다. 그러나 성공의 확률은 득점을 놓친 이후(54%)보다는 득점 이후(51%)에 실제로 더 낮았다.

이 연구자들은 "핫 핸드"에 대한 널리 퍼진 신념을 "가능성에 대한 일반적인 오해(general misconception of chance)[76]의 탓으로 돌렸다. 임의 순서가 연속 슈팅(streak shooting)으로 지각된다면,[77] 그런 순서에 대한 아

---

[*] 인간의 실제 행동을 심리학, 사회학, 생리학적 견지에서 바라보고, 그로 인한 결과를 규명하려는 경제학의 한 분야이다.

^{**} 한 농구선수가 비교적 짧은 시기 동안 자신의 평균보다 높은 슛 실력을 선보이는 것.

무리 많은 노출 양도 선수, 코치, 팬들에게 그 순서가 사실 임의적이라는 것을 납득시키지 못할 것이다. 우리가 농구를 더 많이 보고 농구를 더 많이 할수록, 연속 슈팅인 것처럼 보이는 것을 관찰할 수 있는 기회가 더 많아지게 될 것이다."

농구 코트에서처럼, 주식시장에서도 패턴과 가능성 간의 동일한 혼동이 사람들에게 그들이 연전연승한다고 생각하도록 만든다.

우리의 뇌는 모든 것에서 심지어 주가를 비롯한 다른 금융 통계의 혼돈에서도 패턴을 탐욕스럽게 추구한다. 우리가 패턴처럼 보이는 어떤 것을 탐지해 낸다면, 개구리가 파리처럼 보이는 것은 무엇이든 잡아채는 것만큼 빨리 그것에 혹하게 된다. 투자가들은 규칙적으로 뜨거운 활황주(hot stock)*와 뜨거운 단기 자본(hot fund)을 쫓고, 그것들이 차가워지기(go cold) 전에 그것에 투자하고자 한다. 이런 현상은 행위자 은유가 작동할 때 더 두드러지게 발생하는데, 그 이유는 행위자는 목표를 추구함으로 인해 특별해 보이기 때문이다.

살아 있는 것의 특징을 조금만 보여주어도, 우리는 생물의 특징을 사물에 할당함으로써 사물을 행위자를 만든다. 이런 속성 해석은 단지 무생물의 행동 패턴이 생물의 행동 패턴 '처럼' 보인다는 것 때문에 발생한다. 심리학자 프리츠 하이더Fritz Heider와 매리-앤 지멜Mary-Ann Simmel은 1940년대 중반에 이것을 인상적으로 증명했다. 그들은 실험대상자들에게 큰 삼각형, 더 작은 삼각형, 원, 한쪽은 열려 있고 한쪽은 닫혀 있는 큰 직사각형과 같은 기본적인 기하학적 모양들이 장식이 없는 흰색 배경 위에서 이리저리 움직이는 간단한 애니메이션 영화[78]를

---

* 대량으로 거래되며 큰 폭의 가격 기복을 가지는 주식.

보여 주었다.

참여자들에게 무엇을 보았는지 질문했을 때, 그들은 한결같이 원과 작은 삼각형이 사랑에 빠졌고, 큰 삼각형이 교묘히 원의 마음에 들게 하려고 노력 중이지만, 원과 작은 삼각형은 큰 삼각형을 큰 직사각형에 가두는 데 성공해서 그 이후로 행복하게 산다는 연극 같은 이야기를 전했다. 이와 같은 의인화는 주가 동향에 행위성을 부여하는 데 수반되는 것과 동일한 종류의 은유적 사고를 수반한다.

이런 의인화 본능은 많은 이들에게 문학적인 상상의 비행을 위한 도약 지점이다. 인지심리학의 용어에서 "관상학적 지각(physiognomic perception)[79]*으로 알려진 그것은 우리가 무생물에게 정서적 특성이나 표현적 특성을 부여할 때마다 작동한다. '화난' 뇌운(雷雲), '미소 짓는' 일광, '애처로운' 멜로디는 모두 관상학적 지각의 은유이다. 관상학적 투영(physiognomic projection)이라는 관련된 현상은 우리가 무생물을 유생물로 다룰 때마다 발생한다. 컴퓨터가 기능을 멈추면 컴퓨터를 꾸짖고, 엔진이 멈춘 자동차를 타이르며, 자동차 내부의 GPS 목소리에 대해 (애정이나 공격성의) 어떤 느낌을 가질 때마다, 당신은 관상학적인 투영을 경험한다.

예일대학교 지각과 인지 실험실(Yale Perception and Cognition Laboratory)의 브라이언 숄Brian Scholl은 하이더와 지멜의 것과 비슷한 간단한 기하학적 모양들이 출연하는 동영상을 몇 편 만들었다. 한 동영상에서는 두 개의 작은 정사각형이 서로를 가로질러 위치하고 있다. 정사각형

---

* 인간의 외양으로 내적 성격, 정서, 태도 등을 지각하는 일. 또는 무생물도 보기에 따라 희로애락의 감정이 있다고 느끼는 일.

A가 정사각형 B를 향해 직선으로 움직인다. 그러나 정사각형 A가 정사각형 B에 가까워지자마자 정사각형 B는 정사각형 A로부터 몇 인치 떨어져 있을 때까지 재빨리 그것으로부터 떨어져 이동한다. 이런 패턴은 반복되고, 관찰자들은 아니나 다를까 그것을 고전적인 추격 장면으로 해석한다. 숄은 실험을 기술하는 한 논문에서 "당신은 A가 B의 이동을 '유발하는' 것을 본다."[80]라고 적었다. "당신은 A와 B가 '살아 있고', 마치 그것들이 어떤 의도를 가진 것처럼 A가 B를 잡고 싶어 하고, B는 벗어나려고 한다고 생각한다."

　물론 숄의 동영상에는 추적 장면이 없다. 하이더와 지멜의 원과 작은 삼각형이 사랑에 빠진 것이 아니고, 고집 센 팩맨과 세 개의 뾰족한 괄호가 겹치는 두 개의 삼각형을 만들지 않는 것처럼, 그것은 단순히 어떤 기하학적 모양들이 화면에서 움직이는 것뿐이다. 그럼에도 불구하고, 우리는 이런 무생물들에서 살아 있는 얼굴 모습들을 지각하고, 패턴이 존재하지 않는 곳에 패턴을 삽입시킨다.

　왜 우리는 패턴에 그렇게 문란하고, 의인화에 대하여 그렇게 난봉꾼인가? 그것은 개구리가 파리처럼 움직이는 것이 무엇이든 그것을 향해 껑충 뛰어오르는 것과 같은 이유이다. 즉, 그것은 생존에 본질적인 것이다.

　진화적 관점에서 겉모습으로 인해 생물을 무생물인 것으로 오해하기보다는 생물처럼 행동하는 무생물에 행위성을 무의식적으로 할당하는 것이 훨씬 더 안전하다.[81] 나무에서 흔들거리고 있는 것은 산들바람일 수도 있고, 공격할 준비를 하며 도사리고 있는 맹수일 수도 있다. 즉, 산들바람을 야수로 착각할 수도 있고, 야수를 산들바람으로 오인할 수도 있다. 당신은 어떤 실수를 하고 싶은가? 그리고 당신이 만약 초기의 인류라면, 어떤 실수가 당신의 생존을 번식에 성공할 때까지 충분히 오랫동안 보장해줄 것 같은가?

사람이 아닌 영장류 동물들은 우리의 패턴 탐지 능력 일부를 공유한다. 1970년대 후반에 심리학자 데이비드 프리맥David Premack과 가이 우드러프Guy Woodruff, 그리고 그들 동료들은 아프리카에서 태어난 침팬지인 사라Sarah[82]에게 간소화한 시각 언어를 사용하고 이해하도록 가르쳤다. 사라의 어휘는 모양, 크기, 질감이 다양하고 색칠한 플라스틱 표시들로 구성되었다. 그녀는 이런 표시들을 "사과는 빨갛다"와 같은 간단한 문장으로 배열하는 법을 배웠다.

프리맥과 우드러프는 사라에게 "같음"과 "다름"을 표시하는 상징을 사용할 수 있게 가르쳤고, 그런 다음 크기, 색깔, 표시가 서로 다른 기하학적 모양(삼각형과 초승달 모양)과 기능이 서로 다른 평범한 가정용품(자물쇠와 병따개)으로 된 두 종류의 사물 집합을 보여 주었다. 첫 번째 집합은 사라의 지각적 일치 능력을 테스트하기 위한 것이고[83](큰 삼각형은 큰 초승달 모양과 "같다"), 두 번째 집합은 사라의 기능적 일치 능력을 테스트하기 위해 고안한 것이었다(병따개는 자물쇠와 "같은" 기능을 한다). 아이들에게 은유적 능력을 평가하기 위해 비슷한 테스트를 했다.

사라는 일관되게 올바른 유추적 패턴을 탐지해 내고, 큰 삼각형과 작은 삼각형, 그리고 큰 초승달 모양과 작은 초승달 모양이 "같다"는 것을 정확히 표현했다. 크고 작은 삼각형과 두 개의 작은 초승달 모양을 제시했을 때는 다르다는 것을 나타내는 상징을 선택했다. 기능적 일치 능력 테스트에서 사라는 자물쇠와 열쇠 그림과 캔과 병따개의 그림에 대해 "같음"을 표시하는 상징을 선택했다. 이것은 자물쇠를 여는 것은 캔을 따는 것과 같은 종류의 활동이라는 것을 그녀가 이해한다는 것을 입증해 주는 것이다.

경제학의 행위자 은유와 사물 은유는 패턴에 대한 이런 원시적인 충동을 활용한다. 행위자만이 자신의 의지대로 움직이기 때문에 행위자는 특별하다. 행위자만이 목적을 가지고 움직이는 것이다. 그리고 패턴 인식은 대체로 생물들의 목적을 예측하도록 진화했다. 모리스와 동료들에 따르면, "궤도를 모래 언덕에서 접했든 주식 차트에서 접했든 상관없이 상승세의 자극 궤도[84]는 자동적으로 유생물 행동에 대한 도식을 유발하고, 하락세는 무생물 이동에 대한 도식을 유발한다."

수십 개의 통계 분석은 '랜덤 워크(random walk)[*]' 은유가 여전히 주식시장에서의 가격 변동을 기술하는 가장 정확한 방법이라는 것을 암시한다. 그러나 사람들은 황소와 곰[**]을 그 안으로 끌고 가야 한다고 고집한다.[85] 가격 동향을 인식할 때로 말하자면, 우리 모두는 양서류의 뇌를 가지고 있다. 모리스 팀이 맥컬로흐의 연구에 대해 말했듯이, "주식 차트를 이해하는 사람들[86]은 궤도에 대한 자동적인 반응의 희생자인 개구리와 같은 곤경에 빠질 수 있다."

모리스는 정보가 궤도 같은 그래프로 제시될 때 예상 편견이 절정에 있다는 것을 관찰했다. 기능적 정보가 수치가 적힌 표로 제시될 때 그것은 더 낮았다. 그들은 미래 성장 예측을 보여주는 것과 같은 그래프가 종종 멈추지 않고 한 방향으로 향하는 추세를 묘사하는 시각적 은유처럼 작동하기 때문에 그러하다고 추측했다. 행위자 은유로 일

---

[*] 주가의 변동은 과거의 변동과 관계없이 독립적으로 움직인다는 것
[**] 각각 시세가 오르리라고 내다보는 사람과 시세 하락을 내다보는 사람을 일컫는 말.

으켜진 예상을 억누르는 한 가지 방법은 정보를 그래프 형식이 아닌 수치가 적힌 표로 보여주는 것이다.

예상 편견을 제한하는 또 다른 방법은 당신의 은유에 주의를 기울이는 것이다. 당신이 다음에 "나스닥 지수가 더 높이 '올라갔다'" 또는 "절벽에서 '떨어졌다'"라는 말을 들을 때, 이것이 나스닥 지수가 증가했거나 감소했다는 것을 의미한다는 것을 기억해라. 후자의 용어는 그렇게 강력한 은유적 연상을 유발하지 않는다. 맥클로스키가 『경제학의 수사학』에서 말했듯이, "검증되지 않은 은유[87]는 생각의 대체물인데, 그런 은유를 검증하는 것은 권장하지만, 그것을 추방해버리려는 시도는 불가능하다." "은유는 확정되어 있지 않고 이성적인 판단의 통제 하에 있는 상황에서 더 훌륭하게 유지되는 태도를 불러일으킨다."

인쇄 매체와 인터넷, 텔레비전의 금융 해설이 급증하는 가운데, 우리는 플라스마 스크린 위의 가격 그래프와 로버트 프로스트가 경고한 은유의 위험에 우리의 혀가 찰싹 붙어버리지 않도록 조심할 필요가 있다.

은유와 마음
눈에 들어간 사과에 대한 상상

우리가 약속했던 템스 강 근처에 있는 런던의 한 카페에 도착했을 때, 레베카가의 손에는 신문에서 오려낸 한 기사가 단단히 쥐어져 있었다. 헤드라인은 다음과 같았다.

BELT TIGHTENING LIES AHEAD.
(허리띠 졸라매기가 앞에 놓여 있다.)

"그게 무슨 뜻이죠?"라고 그녀가 묻는다.

이것은 전체적으로 볼 때 명백한 은유이기 때문에 멋진 헤드라인이다. 그러나 헤드라인 속의 각 단어들도 은유이다. "Belt tightening (허리띠 졸라매기)"은 실수입이 줄어들었기 때문에 가족이 소비를 줄이는 방식을 가리키는 관습적인 은유이다. 이 문구는 너무 친숙하게 되어서 지금은 상투적인 문구가 되었다. 이제 이 표현을 은유로 인식하는 사람은 별로 없다.

하지만 단어 "lies"도 은유인데, 이 단어는 허리띠 졸라매기(예산삭감)라는 추상적인 행동을 은유적으로 물리적 공간에 위치시키기 때문이다. 단어 "ahead"도 은유인데, 이 단어는 '졸라매는 것'을 독자 앞에 있는 물리적 공간에 위치시킴으로써 허리띠 졸라매는 일이 미래에 발생할 것을 은유적으로 전달하기 때문이다. 이 간단한 네 단어의 집합에서 세 가지 다른 은유들이 작동하고 있다.

레베카(가명)는 이 헤드라인이 무엇을 의미하는지 모른다. 그녀는 이 문맥에서 "lies"의 용법을 얼핏 이해할 수 있는데, 그 이유는 전에 이와 비슷한 용법들에 대해 설명을 들은 적이 있기 때문이다. 그러나 "허리띠 졸라매기"? "나는 허리띠를 안 매는데"라고 그녀가 무미건조하게 지적한다. 이 헤드라인을 처음 읽었을 때, 그녀는 많은 허리띠와 그 허리띠를 졸라매는 많은 사람들의 모습을 상상했다고 말한다. "이 기사는 새로운 패션 트렌드에 관한 것인가? 아니면 새로운 다이어트 열풍에 관한 것인가?" 레베카는 실마리를 얻을 수 없었다.

물론 다른 대부분의 사람들은 이 헤드라인이 경기침체가 소비자의 소비 의욕을 약화시켜 가구들의 소비 삭감을 촉발한 것에 대하여 말하고 있다는 것을 즉각적으로 이해한다. 하여간 레베카는 이를 이해하기 위해 전체 기사를 다시 읽어야 했다. 하지만, 그런 후에도 여전히 경제와 바지를 흘러내리지 않게 해 주는 의류의 한 품목 간의 연관성은 도무지 이해되지 않는다.

줄곧 수학교육학 박사학위 취득을 준비하고 하고 있는 레베카에게 이렇게 은유를 이해하는 데 실패하는 일이 일어난다. 한번은, 특별히 활기차게 진행된 한 교실 토론에서 한 학생이 무심코 '방 안의 코끼리(the elephant in the room)*'라는 말을 했다. 놀란 레베카는 그 동물을 발견

---

* 모든 사람들이 심각하다는 것을 알고 있지만 무시하거나 언급하지 않는 문제.

하려고 재빨리 주변을 둘러보았다.

레베카가 처음 교사로 부임한 학교에서 다른 교사들과의 충돌이 몇 차례 이어지자, 결국 그녀는 교장실로 불려가게 되었다. 그런데, 교장이 "So you've been *burning bridges* again(그래서 당신은 다리들을 태워버리는 일을 또 저질렀군요)"이라는 말을 하면서 대화를 시작하려 하자, 그녀는 그가 자신을 방화범으로 지목하고 추궁한다고 확신하고 분개하여 그 방에서 뛰쳐나왔다.

레베카는 아스퍼거 증후군(Asperger's syndrome: 집단에 적응되지 않는 정신 발달 장애)을 앓고 있다. 이것은 손상된 사회적 의사소통, 상호작용, 상상력으로 특징지어지는 자폐증(autism)의 한 유형이다. 그녀는 27살이었을 때인 2007년에 그 병의 진단을 받았다. 아스퍼거를 비롯한 다른 자폐 스펙트럼 장애(ASD)는 약 1%의 인구가 걸리고, 여성보다는 남성에게서 더욱 흔하게 발견된다. 유전적인 요인들이 거의 확실히 관여하긴 하지만, ASD의 원인은 알려져 있지 않다.

아스퍼거 증후군에 걸린 사람들은 전형적으로 사회적 직무를 매우 잘 감당하고 있고, 지능도 평균이거나 그 이상이다. 레베카는 이미 수학과 교육연구 방법론의 박사학위를 가지고 있다. 그러나 ASD에 걸린 사람들이 세계를 이해하거나 다른 사람들과 의사소통하는 데서 겪는 어려움들은 대인관계를 방해할 수 있는 지각적 행동 장애를 유발할 수 있다.

ASD에 걸린 개인들에게는 감정을 표현하는 것과 관계를 시작하고 유지하는 것, 그리고 제스처와 표정 같은 일반적인 사회적 실마리를 이해하는 것 등이 어려울 수 있다. 예컨대, ASD에 걸린 대부분의 사람들에게 하이더와 지멜의 영화를 보여 주었을 때, 그들은 애니메이선에 나오는 기하학 모양에 의도나 동기[88]가 있다고 느끼지 않는다. 모든 것이 엄격하게 문자적으로 해석되는 경향이 있다. 결과적으로 아스퍼거를 비롯한 다른 자폐 스펙트럼 장애를 가진 사람들은 은유를 이해하는 데 엄청난 어려움을 겪는다.

마크 해던Mark Haddon의 『한밤중에 개에게 일어난 의문의 사건The Curious Incident of the Dog in the Nighttime』에서는 ASD가 유발하는 고뇌와 소외감을 능숙하게 진단했다. 이 소설에서 ASD가 있는 어린 소년인 주인공 크리스토퍼 분Christopher Boone은 일상적인 사회적 상황 속에서 어리둥절함을 느낀다. 크리스토퍼는 사람들이 "I laughed my socks off(나는 웃겨서 놀라 자빠졌다),[89] He was the apple of her eye(그는 그녀에게 눈에 넣어도 아프지 않는 사람이었다), They had a skeleton in the cupboard(그들은 감추고 싶은 비밀이 하나 있었다), We had a real pig of a day(우리는 짜증나는 하루를 겪었다), The dog was stone dead(그 개는 딱딱하게 굳어 죽어 있었다)"와 같이 너무 많은 은유를 사용해서 혼란에 빠진다.

크리스토퍼는 은유에 대해 곰곰이 생각하더니 은유는 "당신이 무언가를 말할 때 그것이 아닌 다른 것을 가리키는 말을 사용하는 것"[90]이라는 흡사 아리스토텔레스와도 같은 결론에 도달한다. 그는 궁극적으로 (홉스, 버클리, 로커처럼) 은유는 기만적이고 위험하다고 결론짓는다.

> 돼지는 낮과 같지 않고, 사람들은 찬장에 해골을 두지 않기 때문에, 나는 은유를 거짓말이라고 불러야 한다고 생각한다.[91] 그리고 머릿속에서 그런 표현의 그림을 그리고자 시도하면 나는 더 게 혼란에 빠지는데, 왜냐하면 사과가 누군가의 눈에 들어 있는 것을 상상하는 것과 누군가를 많이 좋아하는 것은 아무런 상관성이 없고, 그것은 그 사람이 무슨 이야기를 하고 있는지를 잊어버리도록 만들기 때문이다.

　ASD가 있는 개인들은 사회화와 의사소통이 너무 어렵다고 생각하는 경향이 있는데, 왜냐하면 예절에서부터 잡담, 사업 협상에 이르기까지 우리의 일상적인 상호작용의 너무 많은 것이 은유의 중재를 받기 때문이다. 레베카는 진단을 받고 나서야 나는 "내가 얼마나 많이 인식하지 못했는지를 인식했다"고 말한다. 그 이전까지 그녀는 다른 사람들도 모두 자기처럼 비유 언어에 혼란을 느꼈다고 생각했었다. 그녀의 병은 가장 간단한 사회적 상황을 놀랍고 당황스러운 경험으로 바꿀 수 있다.

　레베카가 대학 등산 클럽에 가입했을 때, 강사는 "당신에게 등산하는 요령을 가르칠(show you the ropes) 누군가를 보내 줄 거라고 말하면서 그녀의 첫 수업 참석을 따뜻하게 환영했다. 그녀는 "나는 밧줄이 무엇인지 알고, 등산 클럽에서 왜 밧줄이 필요한지 알아. 왜 그들은 나에게 밧줄을 보여줄 필요가 있는 거지?"라고 마음속으로 생각했다. 그녀는 강사가 말하고 있는 것의 사회적 의미를 전혀 이해하지 못했다. 그것은 "나는 여기에서 이루어지는 일을 당신에게 익숙케 해 주기 위해 누군가를 보내 줄 것이다"라는 뜻이었다. 레베카는 "누군가가 무슨 말을 했을 때 잘 이해하지 못한다면 굉장히 이상해 보일 겁니다."라고 털어놓는다.

　누군가가 대화에서 "He's *a big fish in a small pond*(그는 우물 안 개구리이다)"라는 구를 사용할 때, 그녀는 그것이 금붕어 연못에 있는 상어를 가리킨다고 생각했다. 이것은 그녀와 같이 있던 사람들을 즐겁게 해 주었지만, 레베카 자신은 당황했다.

　그녀가 말하길 "이것으로 인해 나는 사람들로부터 분리되었고, 어려움을 유발하는 상황을 피해 다니기 시작했으며, 그로 인해 더 큰 고

립에 빠졌어요. 내가 중요한 무언가를 놓쳤다고 느낀다면, 그것은 매우 속상한 일이에요. 나는 내 직장 생활과 미래가 걱정돼요. 어떻게 사람들과 일을 하고, 정상적인 사회생활을 할 수 있을지 모르겠어요."

레베카는 생활의 모든 측면에서 은유 결손(metaphor deficit)을 느낀다. 그녀는 시를 읽지 못하고, 또한 소설도 잘 이해하지 못한다. 은유는 그녀에게 아무런 의미가 없다. 그녀는 영화에 감정적으로 몰입하는 것에 어려움을 느낀다. 왜냐하면 그녀는 등장인물의 느낌을 드러내 주는 언어적 단서나 물리적 단서를 포착하지 못하기 때문이다. 그녀는 수학의 명료함과 정확성을 선호한다.

레베카는 비유 언어를 담고 있는 표현을 알아채는 법을 배우고 있지만, 그것들을 항상 해독할 수 있는 것은 아니다. 때때로 누군가 은유를 설명해 준다면 그 은유의 의미를 이해할 수 있지만, 이해할 수 없을 때가 더 많다.

그녀는 많은 커닝 전략을 가지고 있다. 누군가가 수업 동안에 자신이 이해하지 못하는 표현을 접한다면, 그녀는 집에 와서 구글 검색을 한다. 하지만 그것이 항상 도움이 되는 것은 아니다. 그녀는 여전히 트로이 목마의 이야기가 어떻게 컴퓨터 바이러스와 관련 있는지를 이해하지 못한다. 은유가 더욱 유별날수록, 즉, 근원영역과 목표영역의 거리가 더 멀수록, 그녀는 그 은유를 이해하는 것이 더 어렵다.

ASD가 없는 개인들처럼, 레베카도 "I *see* what you mean"과 같은 간단한 은유를 사용하거나 이해하는 데는 아무런 문제가 없다. 그러나 레베카가 활동기의 은유와 휴면중인 은유를 이해하고자 할 때는, "허리띠 졸라매기" 헤드라인에서 그러했던 것처럼 자동적으로 그런 은유를 문자적 표상으로 시각화한다. 이것은 사실 현명한 해석 기법인데, 왜냐하면 가장 좋은 은유는 우리에게 웃음이 발로부터 양발을 추진시키고, 사과가 눈알에 박혀 있는 것, 해골이 찬장에서 뛰어 돌아다니고 있는 것과 같은 놀라운 사건을 그림으로 그리도록 유도하기 때문이다.

"진짜 은유를 검사하는 방법[92]은 그 은유를 그림으로 그릴 수 있을 만큼 상세한 것이 있는지를 보는 것이다."라고 18세기 영국 수필가, 시인이자 정치가인 조프리 에디슨_{Joseph Addison}이 말했다. 사람들은 일관되게 생생하고 구체적인 이미지를 가진 은유를 가장 기억하기 쉬운 것[93]으로 평가하는데, 이는 부분적으로 대부분의 사람들이 단어보다는 그림을 더 잘 생각해 내기 때문이다. 키케로 역시 은유의 시각적 양상에 대해 언급했다.

> 모든 좋은 은유는 감각, 특히 가장 예리한 시각에 직접적으로 호소한다. 시각에서 가져온 은유는 훨씬 더 생생하고 우리의 시각에 실제로 보이지 않는 사물을 우리의 정신적인 시각 범위 내에 위치시킨다.[94]

영어에서 코끼리는 사람들이 다루기 싫어하는 너무 큰 이슈를 뜻하기도 한다. 그래서 어느 누구도 논의하고 싶어 하지 않는 중요한 이슈를 '코끼리'라고 말하는 것이 레베카가 코끼리 원정여행을 떠나도록 할지도 모른다. 그녀는 그 동물을 발견하지 못할 때 비유적 의미로 도약하지 못한다. 그런 다음 그녀는 사람들이 무슨 이야기를 하고 있는지 궁금해 한다. 그것이 중요한 것처럼 보인다면, 그녀는 그것을 마음속에 계속 재생하고, 그것이 다른 모든 것을 몰아낼 때까지 그것에 집착한다. "그것은 모든 것을 방해한다. 다른 사람들은 그저 내가 이상하고 약간 기이하다고 생각한다."라고 레베카는 말한다.

　다른 사람들이 ADS가 있는 개인들에 대해 종종 알아채는 이상함은 연구자들이 말하는 "마음 이론(theory of mind)"의 결핍과 관련이 있다. 이것은 다른 사람들의 정신적 상태를 이해하거나 '읽고', 몸짓 언어, 얼굴표정, 비유법과 같은 사회적 실마리에 기초해서 그들의 행동을 예측할 수 있는 능력을 말한다.

　우리들 대부분은 다른 사람들의 마음을 쉽게 읽을 수 있다. 우리는 항상 그렇게 한다. 예컨대, 우리가 팔짱을 꽉 끼고 있는 누군가와 유쾌하게 잡담하고 있다고 생각해 보자. 당신은 본능적으로 그 사람의 자세와 그가 말하고 있는 것 간의 단절에 주목한다. 그 사람의 몸짓 언어는 그가 말하는 것이 거짓임을 전하고 있어서, 당신은 (만약 그가 추워서 그런 것이 아니라면) 그가 보이는 것만큼 행복하지 않을 수 있다고 결론짓게 된다. 우리는 이것을 직관이라고 부른다. 자폐 연구자들은 이것을 마음 읽기라고 부른다. ASD가 있는 사람들은 마음 읽기를 하지 못한다.

　ASD가 있는 개인들은 다른 사람들의 느낌을 애매한 단서로부터 추론해야 하는 사회적 상황에서 쉽게 당황하는 경향이 있다. 한 연구에서 ASD가 있는 사람들에게 한 강도가 집을 강도질한 이후에 도주하는 것을 그린 몇 점의 삽화를 보여 주었다. 경찰 한 명은 누군가 방금 범죄를 저질렀다는 것을 알지 못한 채 우연히 주변을 거닐고 있었다. 그 경찰은 그 강도가 장갑을 떨어트리는 것을 보고 "멈춰!"라고 소리 지른다.[95] 그 강도는 손을 공중으로 들고 돌아서서 포기한다.

　이 연구에 참여한 사람들은 이 이야기의 아이러니를 알지 못했다.[96] 왜냐하면 그들은 각 등장인물의 마음속에 들어 있는 것을 읽을 수 없었기 때문이다. 그 강도는 자신이 현행법으로 체포되었다고 생각했지만, 그 경찰은 그냥 그의 장갑을 돌려주고자 했을 뿐이었다. 연구에 참여한 사람들은 서로 다른 등장인물들에게 서로 다른 신념을 할당하지 못했다. 그들은 스스로 다른 사람의 입장에 있을 수가 없었다.

그러나 다른 사람의 입장에 있는 것은 정확히 사회적 생활의 프로토콜이 우리에게 요구하는 바이다. 우리는 몸짓 언어의 물리적 실마리와 비유 언어의 언어적 단서를 이해함으로써 다른 사람들의 의도와 마음 상태를 이해한다. 영국의 케임브리지에 있는 자폐연구소(Autism Research Centre)의 소장인 사이먼 바론-코헨Simon Baron-Cohen은 『마음맹: 자폐와 마음 이론에 관한 소론Mindblindness: An Essay on Autism and Theory of Mind』에서 사회적 언어는 "화자가 말하지 않은 의미와 의도를 연산하도록 요구하는 비유 표현들 투성이다."[97]라고 말한다. "(아이러니, 풍자, 은유, 유머와 같은) 비유법"[98]을 해독할 때 마음읽기는 한층 더 본질적이다.

마음을 읽을 수 있는 능력은 사람들이 하는 것이 항상 그들이 생각하는 것은 아니고, 사람들이 행동하는 방식이 항상 그들이 느끼는 것은 아니며, 사람들이 의미하는 것이 항상 그들이 말하는 것은 아니라는 것을 우리에게 이해하도록 해 준다. 이것은 가상 놀이(pretend play)와 비슷한 과정으로서, ASD가 있는 사람들이 참여하는 데 어려워하는 또 다른 활동이다.

가상 놀이에서 두 사람은 모두 한 특정한 시나리오가 글자 그대로 사실이 아니라는 것을 안다. 그리고 그 둘은 모두 다른 사람 역시 이것을 안다는 것을 알고 있다. 예컨대, 한 아이는 성인이 장난감 찻잔을 만지고 괴로워하면서 손을 떼어낸다면, 그 찻잔이 정말로 뜨거운 것은 아니라는 것을 안다. 동일한 원리는 은유에서도 작용한다. 레베카와는 달리, 대부분의 사람들은 헤드라인 "Belt Tightening Lies Ahead"가 패션 품목을 소개한다고 생각하지 않는다.

1980년대에 심리학자 앨런 레슬리Alan Leslie는 가상 이론이 뇌에서 어떻게 작용하고, ASD가 있는 사람들이 왜 가상하는 것을 어려워하는지를 이해하는 일에 착수한다. 그는 "어린 아이가 바나나가 전화기인 것처럼 생각하는 것이 어떻게 가능한가?"[99]라는 다소 초현실적인 질문을 제기함으로써 자기 연구를 시작했다.

가상할 수 있는 능력, 다른 사람들의 가상을 이해할 수 있는 능력은 일반적으로 12개월과 24개월 사이에 발달한다. 바나나가 전화기인 것처럼 생각할 수 있기 위해서는 먼저 마음속에 서로 다른 두 가지 개념을 동시에 가질 수 있어야 한다. 그 아이는 자기가 바나나를 집어든다면 발신음을 듣지 못할 것임을 안다. 하지만 로버트 번즈의 사랑이 어떤 면에서 빨간 장미와 비슷한 것처럼, 바나나는 어떤 면에서 전화기와 비슷하다. 이 둘은 대략 크기와 모양이 동일하고, 둘 다 같은 방식으로 손에 딱 맞고, 둘 다 어깨와 턱 사이에 살며시 안긴다.

연구자들은 한 사물에 대한 두 가지 생각을 마음속에 동시에 가질 수 있는 이런 능력을 "이중 지식(double knowledge)"이라고 부르는데, 그것은 아이들이 "가상" 놀이를 하고 첫 번째 단어를 사용하기 시작하는 2세경에 현저하게 된다.

침팬지 사라에 대한 패턴인식 실험에서처럼, 아이들에게서 이중 지식의 두 가지 면은 흔히 기능적 유사성(둘 다 액체를 담을 수 있기 때문에 신발이 찻잔을 겸할 수 있다)이나 지각적 유사성(바나나는 전화기처럼 보인다)을 통해 연결된다.[100]

발달심리학자 장 피아제Jean Piaget는 이런 종류의 이중 지식이 자신의 딸 재클린Jacqueline에게서 작동하는 것을 관찰했다. 이 아이는 한때 굽은 가지에 대해 "그것은 가솔린을 담기 위한 기계와 비슷하다."[101]라고 말했다. 피아제는 이런 현상을 "혼합주의(syncretism)"[102]라고 부르고, 그것을 "몇몇 다른 이미지들이 하나로 녹는 응축과 한 사물에 속하는 특성들이 또 다른 사물로 옮겨지는 전이"로 기술했다. 우리는 패턴인식 능력을 사용해서 이런 기능적·지각적 유사성을 발견하거나 만들어낸다.

레슬리의 이론에 따르면, 가상 놀이는 일차적 표상(실제로 존재하는 사물 그 자체, 즉 바나나)과 이차적 표상(상상적으로 존재하는 사물, 즉 바나나-전화)을 요구한다. 레슬리가 제안했듯이, 아이는 바나나의 일차적 표상을 가져와서 그것을 이차적 표상으로 만든다.

그녀는 지금 마음속에 두 개의 바나나를 가지고 있는데, 하나는 실제 바나나이고 하나는 그것의 복사본이다. 그 아이는 일차적 표상은 건드리지 않고 놔두면서 이차적 표상에 상상적 변화를 도입하여 그것을 전화기로 변형시킨다. 레슬리가 말하듯이, 바나나의 문자적 진리가 "격리됨으로써"[105] 바나나-전화의 상상적 진리가 등장할 수 있다.

따라서 가상 놀이는 "세계의 표상이 아니라 표상의 표상",[104] 즉 상위표상이다. 레슬리는 "가상은 이른바 마음 이론의 초기 표상이다."[105]라고 결론지었다.

상위표상은 은유와 백만 마일 떨어진 것이 아니다. 비교적 간단한 다음 은유를 예로 들어보자.

My job is a jail.
(내 직장은 감옥이다.)

인지적 관점에서 "My job is a jail"이라고 말하는 것은 바나나가 전화기인 것처럼 행동하는 것과 많이 비슷하다. 두 경우에서는 일차적 표상(나의 실제 직업, 실제 바나나)과 이차적 표상(나의 직장-감옥, 바나나-전화)이 있다. 제한된 공간, 따분한 일상, 탈출의 가능성 없음과 같은 감옥의 어떤 특징을 나의 직장 개념으로 접목시킴으로써, 나는 내 직장의 일차적 표상은 본래대로 두면서 내 직장의 상위표상을 창조한다. 나는 내 직장과 관련 있는 것으로 간주하는 감옥의 특징들만을 선택하고 나머지는 무시한다.

이런 과정은 정확히 가상 놀이에서도 발생한다. 바나나의 모양은 나의 전화기 만들기라는 목표에 적절하므로, 나는 그것을 나의 이차적 표상에 포함시킨다. 내가 "My job is a jail"라고 말할 때 물론 내가 우연히 감옥에 고용되어 있는 것이 아니라면 내 말을 글자 그대로 받아들이는 사람은 거의 없는 것처럼, 나는 결코 바나나를 실제 전화기로 착각하지 않는다. 화자와 청자는 둘 다 내 직장이 실제로 감옥이 아니라는 것을 알고, 다른 사람 역시 이를 안다는 것을 안다.

레슬리는 ASD가 있는 사람들은 가상 놀이를 어려워한다고 제안했는데, 왜냐하면 그들은 상위표상을 만들 수 없기 때문이다. 이는 은유에 대한 이해를 방해할 수도 있는 그러한 무능력이다. 은유를 이해하기 위해서는 은유적 진리가 등장할 수 있도록 문자적 진리는 차단되어야 한다. 어떤 연구에서는 ASD가 있는 개인이 거울신경(mirror neuron)[106]으로 알려진 뇌세포의 오작동 때문에 문자적 진리를 차단하는 것을 어려워한다고 제안한다.

거울신경(그 이름에도 은유가 있다는 것에 주목해 보라!)[107]은 처음에 1990년대 중반에 원숭이의 전운동피질(premotor cortex)에서 발견되었다. 그 이후로 거울신경은 인간의 뇌에서도 발견되었다. 이런 거울신경은 동물이 어떤 행동(가령, 바나나를 잡으려고 손을 뻗는 것)을 수행할 때마다, 그리고 또 다른 동물이 그와 동일한 행동을 수행하는 것을 그 동물이 관찰할 때마다 활성화된다.

　거울신경은 또한 감정 반응 동안에도 작동한다. 우리가 불결한 냄새에 대한 반응으로 코에 주름살을 짓고 혀를 내밀 때 활성화되는 것과 동일한 신경은 다른 사람이 코에 주름살을 짓고 혀를 내미는 것을 관찰할 때도 활성화된다. 고통에 대해서도 동일한 일이 발생한다. 즉, 우리가 고통스러워하는 누군가를 관찰할 때 활성화되는 신경은 우리 스스로가 고통스러워할 때도 활성화된다. 우리 자신의 뇌에서 다른 사람들의 행동을 반영함으로써 거울신경은 우리에게 공감을 느끼게 하고, 다른 사람의 감정을 직관으로 알도록 하며, 다른 사람들의 동기를 추측하도록 해 줄 수 있다. 거울신경은 우리에게 다른 사람의 신발로, 즉 다른 사람의 처지에 미끄러져 들어가도록 해 주는 구둣주걱일 수 있다(put oneself in a person's shoes).

　ASD가 있는 사람들에게서 거울신경계가 제대로 기능하지 않는다는 것을 보여주는 실험들이 있다.[108] 한 실험에서는 ASD가 있는 아이들과 그렇지 않은 아이들로 구분된 두 집단에게 두려움, 화, 행복과 같은 다양한 감정을 보여 주는 얼굴의 사진을 보여 주고, 그 얼굴을 관찰하거나 모방하도록 했다. 그 결과 정상적으로 발달하는 아이들의 뇌 스캔에서는 거울신경의 담당 영역이 활성화되는 것이 나타났고, ASD가 있는 아이들의 뇌에서는 그런 것이 관찰되지 않았다.

　거울신경 가설에 아직 밝혀지지 않은 결함이 있을 수도 있지만, 거울신경계 장애와 ASD 간의 상관성[109]은 이런 뇌 세포가 마음 이론과 은유에 대한 신경학적 기초를 제공할 수 있다는 것을 시사한다. 바론-코헨이 말하듯이, "다른 사람의 마음을 읽거나 다른 누군가의 다른 관점으로부터 세계를 상상하기 위해서는 우리 자신의 일차적 표상으로부터 다른 누군가의 표상으로 전환해야 한다."[110] "우리의 일차적 표상과 이차적 표상을 뒤바꾸는 능력이 없다면 단언컨대 공감, 대화, 관계는 모두 불가능하다."

일차적 표상과 이차적 표상, 그리고 문자적인 것과 비유적인 것을 전환하지 못하는 문제는 또한 ASD가 가져오는 은유 결손을 설명하는 것에도 도움을 줄 수 있다. 그러나 은유적 사고의 모든 형태들이 ASD가 있는 사람들에게 접근 불가능한 것은 아니다.

아스퍼거 증후군이 있는, 이른바 '자폐적 석학'인 대니얼 태멧Daniel Tammet은 자신의 전기 『파란 날에 태어나다Born on a Blue Day』에서 자신의 마음이 은유적 사고의 가장 중요한 특징인 연상에 의해 작동하는지 방식에 대해 기술한다. "대화 중에 나오는 우연한 단어나 이름은 도미노 효과처럼 나의 마음속에서 다량의 연상을 유발할 수 있다. 내 사고들의 연속체는 항상 논리적인 것이 아니라, 시각적 연상의 형태로 자주 나온다."[111]

레베카처럼, 태멧도 시각적 상상력을 사용해서 추상적이거나 은유적인 용어를 이해한다. 예컨대, "complexity"라는 단어는 그의 마음속에서 땋아 내리거나 땋은 머리카락을 환기시킨다. 그는 은유 "fragile peace(깨지기 쉬운 평화)"를 유리 비둘기로 상상한다.[112]

태멧은 뛰어난 수학적·언어적 능력을 가지고 있다. 그는 한때 원주율 파이를 약 다섯 시간 동안 소수점 아래 22,514번째 자리까지 암송했다. 지난 몇 년 동안 그는 맨티(Mänti)라는 자신의 언어를 발명하고 있었다.

타멧은 최고의 어원학자 오웬 바필드_{Owen Barfield}를 기쁘게 할 수 있는 방식으로 맨티어를 만든다. 즉, 그는 자신이 묘사하려고 하는 것과 가장 많이 닮은 기존의 단어로부터 새로운 단어를 만든다. 따라서 tardiness는 kellokült[113]("clock"을 의미하는 kello와 "debt"을 의미하는 killt)이고, telephone은 pullo[114](puhe "to speak"와 kello "bell"에서 도출됨)이다.

레베카는 단어도 잘 다룬다. 그녀는 말장난과 웃음을 유발하는 급소가 포함된 말장난이나 농담을 좋아하는데, 이 열정은 때때로 친구와 가족들의 인내심을 시험하기도 한다고 그녀는 말한다. 다음은 그녀가 가장 좋아하는 몇 가지 농담들이다.

> Why do statisticians never have friends?
> (수학자에게는 왜 친구가 없는가?)
>
> Because they're mean people.[*]
> (왜냐하면 그들은 보통 사람들이기 때문이다.)
>
> What did the Dalai Lama say when he got an electric shock?
> (달라이 라마가 전기충격을 받을 때 그는 무슨 말을 했는가?)
>
> Ohm.
> (옴.)
>
> What color is the wind?
> (바람은 어떤 색깔인가?)
>
> Blew.
> (불었다.)

이와 같은 말장난은 은유와 중요한 특징을 공유한다. 둘 다 화자와 청자가 글자 그대로의 의미가 비유적인 의미와 다르다는 것을 이해하

---

* 'mean'이 '비열한'과 '평균'이라는 두 의미를 가지고 있다는 점에 착안한 언어유희이다.

는 이중 지식을 가지고 있어야 해석이 가능하다. 말장난을 "이해하기" 위해서는 많은 은유들과 마찬가지로 대안적인 단어 의미에 접근해야 한다.

하지만 은유와 달리 말장난은 수학 문제처럼 논리적으로 계산될 수 있다. 레베카가 말하듯이, "말장난은 어떤 것이 그것이 아닌 무언가를 의미하는 데 사용된다기보다는, 한 단어의 다른 의미이거나 같은 소리가 나는 다른 단어들을 활용할 뿐이다."

레베카는 또한 그녀가 은유에 대해 겪는 어려움을 기술하기 위해 유추를 사용할 정도로 논리적 추론에는 아무런 곤란함도 겪지 않는다. 레베카는 비유적인 표현을 접할 때, 마치 그녀가 잘 모르는 외국어의 구절을 암기하는 것처럼, 비유적인 표현과 그것의 문자적인 번역을 대응시켜 배울 수 있다고 말한다. 따라서, 그녀가 배웠던 표현을 그대로 다시 본다면, 이미 그것을 암기했기 때문에 그것이 무엇을 의미하는지 알 수 있다.

문제는 은유가 움직이는 목표물이라는 것이다. "사람들은 단어를 바꾸거나, 두 개의 구를 함께 사용하기도 하며, 때로는 그것들을 뒤섞어버리거나 새로 만들기도 합니다. 이렇게 은유를 일관되게 사용하지 않아서 저는 매우 약이 오릅니다."라고 레베카는 말한다. "그것은 내가 이런 구들을 인식하지 못하거나, 의미하는 바를 너무 늦게 풀어낸다는 것을 뜻합니다."

그녀가 설명하듯이, 이것은 그녀가 암기했던 몇몇 단어들을 포함하지만 새로운 단어들도 함께 뒤섞여 있는 외국어 표현을 만나는 것과 비슷하다. 그녀가 어떤 단어들을 인식한다 하더라도, 그 구 전체를 번역하지는 못한다. 한 구의 정확한 의미를 안다는 것이 다른 구의 의미를 추측하는 데 도움이 되지 않는다.

레베카는 비유 언어를 외국어처럼 번역하는 데 도움을 받기 위해 종종 『일상 표현의 아스퍼거 사전*The Asperger Dictionary of Everyday Expressions*』을 가지고 여행을 한다. 이 책에는 5천 개 이상의 구가 수록되어 있고 (엮은이가 서론에서 인정하듯이, 이는 흔히 사용되는 은유 표현 중 일부분만 나타낸다), 이 상한 은유 나라의 이방인을 위한 여행자 사전으로 그 역할을 담당한다.

레베카는 『아스퍼거 사전』으로부터 도움을 받아서 play devil's advocate[115](마귀의 변호사 노릇을 하다; 논의를 활발하게 하려고 일부러 비판자 역할을 하다)가 무엇을 의미하는지 이해할 수 있었다. 이것은 "반드시 믿지는 않으면서도 반대 사례에 대한 찬성 주장"을 나타내는 것으로 정의된다. 이 은유는 성인으로 추앙되는 사람에 대한 반박 증거를 찾는 소임이 위임된 바티칸의 추기경에게 주어진 직함에서 유래되었다.

하지만 레베카는 여전히 "to give someone the *cold shoulder*(누군가를 냉대하다)"[116] 이면의 의미를 이해하지 못한다. 『일상 표현의 아스퍼거 사전』에서는 이 표현을 "환영받지 못하는 느낌을 주는 것"으로 정의한다. 이 표현은 원치 않는 손님이 왔거나 손님이 너무 오래 머무를 때 입맛을 떨어지게 하는 차가운 양고기의 어깨살을 대접했던 중세의 관습에서 유래된 것이다.

레베카나 ASD가 있는 다른 사람들의 경험은 하루하루의 삶이 얼마나 은유로 가득한지를 알게 해준다. ASD가 있는 개인들이 비유 언어를 처리하고 대처하려는 방식은 비유적 사고가 뇌에서 어떻게 작동하는지에 대한 중요한 실마리를 제공하여, 누군가의 눈에 사과가 들어있는 것을 상상할 때 우리 마음속에서 어떤 일이 일어나는지를 잠시 엿볼 수 있게 해 준다.

진짜 두꺼비가 나오는 상상 속의 정원

"당신은 어떤 종류의 연기인가?"

이 질문은 바나나를 전화기라고 생각하는 것이 어떻게 가능한지 질문하는 것만큼 이상하게 들릴 수 있지만, 1950년대에 아이오와 작가 워크숍(Iowa Writers' Workshop)의 회원들은 그것에 답하도록 설계된 "Smoke"[117]라는 게임을 정기적으로 했다.

워크숍 참가자들을 위한 예행연습으로 의도된 Smoke는 (보통은 다소 특별한) 직업을 가진 참가자들의 직업을 추측하기 위해 연예인 패널들이 질문을 했던 텔레비전 게임쇼 "What's My Line?"의 문학적 버전이었다. Smoke에서 한 참가자는 다른 참가자가 알고 있는 한 사람을 머릿속에 떠올리고, "나는 살아 있는 미국인이다" 또는 "나는 죽은 유럽인이다"와 같이 그 사람의 정체에 대한 일반적인 단서를 제공한다. 그러면 다른 참가자들은 "당신은 어떤 종류의 연기인가요?" 또는 "당신은 어떤 종류의 날씨인가요?"와 같은 엉뚱한 질문을 함으로써 그 사람이 누구인지 추측하고자 한다. 그 선수들은 그 사람이 특정한 종류의 연기나 날씨인 것처럼 이런 질문들에 답한다.

　해당되는 그 사람이 가령, 말론 브란도Marlon Brando이면, 그 연기는 황폐하고 빗물로 흠뻑 젖은 선착장에 있는 텅 빈 석유 드럼통의 불에서 나온 것일 수 있다. 날씨는 찌는 듯이 덥고, 연기가 나고 있으며, 검은 구름이 낮게 끼어 있었을 것이다.

　이 게임의 목표는 비유 언어가 어떻게 소설의 성격 묘사에 깊이를 더하는지를 입증하는 것이다. 1950년대 아이오와 작가 워크숍의 회원이자 열렬한 Smoker였던 소설가 존 가드너John Gardner는 다음과 같이 설명했다.

> 어느 누구도 반무의식적인 연상에 호소하지 않고서는 사람(또는 장소)에 대한 심오한 특징 묘사를 달성할 수 없다.[118] 특징묘사를 날카롭게 하거나 강화하기 위하여 작가는 은유나 등장인물의 성격을 드러내거나 등장인물이 반응할 수 있는 날씨, 물리적 사물, 동물 같은 배경의 세부 사항을 강화는 방법을 사용한다. 이 게임은 어떤 논증보다 좋은 은유 사용의 신비한 정당성을 더욱 극적으로 입증해 준다.

물론 은유의 신비한 정당성은 소설이 아닌 다른 예술 분야에서 더 잘 확인된다. 성공적인 광고는 거의 전적으로 목표로 하는 소비자층을 깊이 공감하게 만드는 은유에 의존한다. 광고 책임자, 광고문안 작성자, 그래픽 디자이너는 많은 면에서 전문적인 은유 장인들이다.

　광고 캠페인에서 마케팅 담당자는 규칙적으로 그들 자신과 관심 집단에게 "제품 X가 자동차라면, 그것은 어떤 종류의 자동차인가?"라든지 "제품 X가 술이면, 그것은 어떤 종류의 술인가?"와 같은 질문을 한다. 이런 종류의 질문에 대한 답에서 나온 상업적인 메시지들을 가공하면서, 광고 책임자는 상품에 대한 우리의 평가를 부풀리는 것 이상의 일을 하고 있다. 그들은 구매 결정에 동기를 부여하는 감정적 연상을 이용하는 은유를 찾고 있다.

의인화라는 은유적 기법은 이를 달성하는 주된 한 가지 방법이다. 우리가 하이더와 지멜의 애니메이션 기하학 모양에 간절히 인간의 속성의 부여하려고 한다면, 하물며 브랜드가 찍힌 제품과 회사에 대해서는 더 그렇게 하지 않겠는가? 소비자 조사에서는 이것이 정확히 우리가 하고 있는 일이라는 것을 보여 준다.

예컨대, 앱솔루트 보드카(Absolut vodka)는 근사한 스물다섯 살의 사람으로 의인화되었지만, 스톨리치나야(Stolichnaya)는 더욱 보수적인 나이 든 사람으로 간주되었다. 자동차에는 흔히 인간의 성격(탐험가, 제왕, 전사)이나 동물의 성격(야생마, 퓨마)이 스며들어 있다. 로스앤젤레스 캘리포니아대학교의 마케팅 교수인 제니퍼 아커Jennifer Aaker는 "브랜드의 인간적인 개성(brand personality)"[119]을 다섯 가지 핵심 요소로 제시하기 했다. 성실성, 흥분, 능력, 정교함, 투박함이 그것이다.

이런 종류의 반 무의식적 연상이 의사결정에 미치는 영향은 "정서 휴리스틱(affect heuristic)"으로 알려져 있다. 결정은 우리의 정서 상태로부터 쉽게 영향을 받는데, 정서는 우리가 보는 이미지에서부터 우리가 읽은 단어에 이르기까지의 모든 것에 의해 결정될 수 있다.[120]

정서 상태는 간단히 소비자에게 구매 의도를 질문하는 것과 같이 외관상 악의 없는 것에 의해 동요될 수 있다.[121] 4만 명이 참여한 한 실험에서는 자동차를 구매할 의도였는지 질문하는 것만으로 실제 구매가 35%가량 증가하는 효과나 나타났다. 또 다른 연구에서는 다음 주에 지방이 많은 음식을 피할 의도인지 질문을 받은 사람들이 미각 테스트에서 고지방 스낵(초콜릿 칩 쿠키)보다는 저지방 스낵(떡)을 일관되게 선택한다는 것을 발견했다.

연구자들은 단순히 "고객당 12개로 제한(Limit 12 per customer)"[122] 간판을 토마토 수프 캔의 더미 위에 세워놓는 것만으로 판매량이 증가한다는 것을 관찰했다. 물건을 사는 손님들이 그 간판을 읽을 때, 단어 "limit"은 가치와 희소성의 연관성을 즉각 불러일으킨다. 우리는 그 가게가 구매량을 제한한 것을 보면서 토마토 수프가 매우 좋은 게 틀림없으니 공급량이 있을 때 사두는 것이 더 좋겠다고 생각한다.

우리가 그 가게에 들어갔을 때는 토마토 주스를 구입할 의도가 없었거나 심지어 토마토 수프를 좋아하지 않을 수도 있었지만, 그 간판에서 발생하는 연상의 가닥은 구매를 원하는 정서적 상태를 만들어낸다. 잠재적으로 다이어트를 할 수 있는 사람과 자동차를 구매할 수 있는 사람들에게, 구매 의도를 묻는 질문은 "당신도 알다시피 나는 정말로 스낵을 줄여야 해"와 "와서 생각해봐, 새 차는 좋을 거야"와 같은 생각을 즉각적으로 유발한다.

판매원이 보증연장 보험을 판매하려고 할 때도 같은 일이 벌어진다. 나는 얼마 전에 2백 달러 정도의 디지털 카메라를 한 대 구입했다. 매물로 나와 있는 모든 브랜드를 연구한 뒤에 나는 나의 선택에 매우 만족했다. 하지만, 내가 그 카메라를 계산대로 가져갔을 때 판매원이 "그 제품에 대해 보증연장 보험을 원하시나요?"라고 질문하자 나의 기분은 갑자기 바뀌었다.

솔직히 나는 한 번도 보증연장 보험을 구입한다는 생각을 해 본 적이 없었다. 그 전자제품 가게에 들어갔을 때 속편하게도 나는 새 디지털 카메라에 발생할 수 있는 다양한 위험에 대해 알지 못했다. 모든 것이 잘못될 수 있다는 것을 내가 갑작스럽고 고통스럽게 의식하도록 만들기 위해 판매원이 한 일은 "보증연장 보험"이라는 말을 꺼낸

것밖에 없다. 나의 정서 상태는 극단적으로 바뀌었다.

　　정서 휴리스틱은 우리 모두에게, 심지어 현명한 소비자라고 자처할 만한 사람들에게까지도 영향을 미친다.

　　의사결정 연구가 폴 슬로빅Paul Slovic과 동료들은 증권분석 수업을 듣는 비즈니스 학생들에게 뉴욕 증권 거래소에서 대표되는 산업집단을 평가하도록 했다. 그 학생들은 각 산업집단에 대한 이미지와 정서적 평가를 보고 난 후에 그들이 각 산업집단이 관계하는 회사에 투자할 것인지에 대해 보고했다. 가장 근사하고 매혹적인 느낌을 주는 프로필[123]을 가진 집단(컴퓨터와 기술 분야)이 실제 성과는 가장 빈약했지만 가장 많은 투자를 받았다.

　　"이미지는 정보를 이긴다."

　　사회심리학자들은 정서적 언어와 이미지가 차후 결정에 미묘하게 영향을 미치는 정신적 상태로 우리를 조금씩 몰고 간다고 제안한다. 한 특정한 그림이나 어구는 무의식적으로 연관된 한 부분을 활성화하고, 이런 연상의 영향은 대체로 우리의 통제나 의식을 벗어나 있는 행동을 하도록 우리를 자극한다. 광고는 은유를 사용해서 우리를 구매 프레임에 집어넣도록 설계된 내포의 구름을 창조한다.

　　광고로 불러내지는 연상은 차단될 수 없다. 그런 연상은 우리가 원하든 원치 않든 간에 지각되자마자 작동하기 시작한다. "사람들의 마음속에서 사물과 사건의 표상은 정도의 차이가 있는 다양한 정서의 꼬리표가 붙는다."[124]라고 슬로빅과 공동 연구자들이 결론지었다. "사람들은 판단을 하는 동안 (그런 표상들과 의식적이거나 무의식적으로 연합된 긍정적·부정적 꼬리표들이 들어 있는) '정서 풀(affective pool)'을 참조하거나 문의한다."

연구 및 컨설팅 회사 올슨 잘트먼 사(Olson Zaltman Associates)의 제럴드 잘트먼Gerald Zaltman은 이 정서 풀의 깊이를 측량하면서 지난 몇 십 년을 보냈다. 그는 제품에 대한 소비자 태도를 구조화하고 안내하는 보편적인 이른바 "심층 은유(deep metaphor)"[125]를 가지고 나타났다. 그는 이런 은유를 식별하기 위한 잘트먼 은유추출기법(Zaltman Metaphor Elicitation Technique, ZMET)이라는 방법의 특허를 얻기도 했다. ZMET가 참여자에게 전극이 박혀 있는 헬멧을 쓰도록 요구할 것 같은 인상을 주기는 하지만, 칼 융Carl Jung의 로르샤흐(Rorschach) 검사와 비슷한 온건한 방식이다. 융과 헤르만 로르샤흐는 둘 다 프로이트의 아이디어에 대한 초기 지지자인 오이겐 블로일러Eugen Bleulet와 함께 연구했다. 블로일러는 자신이 원장이었던 스위스의 취리히대학교 부르그홀츨라이 정신병원(Burghölzli Psychiatric Hospital) 직원들에게 무의식을 연구하도록 촉구했다. 융과 로르샤흐는 "자유 연상(free association)"이라는 프로이트의 기법에 매료되었고, 둘 다는 자유 연상을 자신들의 진료에서 사용하는 새로운 방법을 만들어내었다.

정신분석 진료 동안 프로이트는 자주 환자들에게 마음속에 제일 먼저 떠오르는 것을 말하고(즉 자유 연상을 하고), 그 후에 환자가 다른 식으로는 의식적으로 접근할 수 없는 문제에 대한 통찰에 이르게 해줄 것이라고 프로이트가 믿었던 연상의 흔적을 따라가도록 요청했다. 프로이트가 단어를 가지고 작업을 진행했지만, 로르샤흐는 환자들에게 잉크얼룩을 가지고 자유 연상을 하도록 요청했다.

어렸을 때 로르샤흐는 "klecksography"를 많이 했다. 이것은 종이에 잉크를 떨어뜨린 다음 종이를 접어서 잉크 얼룩이 꽃이나 새, 나비와 같은 인식 가능한 모양을 만들어내도록 하는, 스위스 아이들 사이에서 유행하던 활동이다. 재능 있는 예술가인 로르샤흐는 이것에 재능을 보였기 때문에 그에게는 스위스 독일어로 "잉크 얼룩"을 뜻하는 Klecks라는 별명이 붙었다.

로르샤흐는 잉크얼룩에 대한 그의 관심을 성인기까지 유지시켜서, 프로이트의 언어적 기법에 대한 시각적 대용품 역할을 하는 일련의 이미지를 개발했다. 그 과정은 간단하다. 로르샤흐의 잉크얼룩을 본 후에 연구자에게 그들이 무엇을 보았는지 말하는 것이다. 사람들마다 서로 다른 것을 보고, 연구자들은 서로 다른 연상의 의의를 분석한다.

로르샤흐의 방법은 관상학적 지각의 한 형태이지만, 이는 절대적으로 모든 것에서 패턴을 찾으려는 인간 뇌가 가진 성향을 보여주는 또 다른 예이다. 인식 가능한 특징이 거의 없는 이미지가 제시될 때마저[126] 우리는 패턴을 발견한다. 즉, 구름에서 동물의 모습을, 화성의 분화구에서 사람의 얼굴을, 그릴에 구운 치즈 샌드위치에서 성모 마리아의 모습을, 그리고 잉크얼룩에서 나비를 보는 것이다.

융도 잉크얼룩 이미지가 아닌 정신적 이미지를 활용하는 "적극적 상상력(active imagination)"이라는 시각적 자유연상 기법을 고안했다. 적극적 상상력은 융의 꿈에 대한 연구에서 발전한 것이었다. 그는 환자들에게 꿈의 이미지나 연상을 드라마, 무용, 그림, 글, 이야기 등을 통해 꾸미도록 요구했다. 이런 방식으로 융은 집단 무의식에 잠복해 있는 인간 경험의 원형(archetype)을 표면으로 끌어낼 수 있다고 믿었다. "우리가 내면의 그림에 집중하고, 사건의 자연스러운 흐름을 방해하지 않도록 조심할 때, 우리의 무의식적인 의지는 완전한 이야기를 만드는 이미지들의 연속물을 만들어낼 것이다."[127]라고 그는 말한다.

ZMET 연구는 로르샤흐 식의 이미지 분석과 융의 원형 탐색을 결합해서 광고주들이 가장 완벽하고 효과적인 광고 이야기를 구성하도록 돕는다.

완전한 ZMET 연구는 약 12명의 사람들을 필요로 하고, 가령 주방용품과 같은 특정한 제품이나 영역에 초점을 둔다. 각 참여자들은 개별 ZMET 면담을 갖지만, 참석하기 전에 어떤 방식으로든 그 제품이나 서비스에 대한 그들의 생각과 태도를 나타내주는 8개에서 10개의 이미지를 수집하는 데 약 1주일을 보낸다. 그 이미지는 문자적이기보다는 은유적 묘사여야 한다는 것이 유일한 지시사항이다.

그 주제가 주방용품이면, 참여자들은 칼과 포크나 항아리나 냄비 사진을 가져오지 못한다. 그 대신 ZMET 연구가들은 사람들이 자유 연상을 한 후에 주방용품에 대한 그들의 생각, 느낌, 그리고 다른 반쯤 무의식적인 상태에서 연상해낸 것들을 가져오기를 바란다. 예컨대, 당신이 주방용품과 가정을 연관시킨다면, 행복한 가족의 이미지는 알맞은 것이다. 당신이 주방용품과 좋은 음식을 연관시킨다면, 즙이 많은 고기 조각의 그림은 어울릴 것이다. 실험대상자는 자신의 이미지를 수집한 뒤에 ZMET 의사가 진행하는 두 시간 반 동안의 인터뷰에 참석한다. 이 면담이 이루어지는 동안, 상담자는 각 그림에 대해 상세한 질문을 한다. 왜 당신은 이 사진을 골랐는가? 이 그림으로 인해 어떤 것이 연상되는가? 그림들마다 어떻게 서로 관련이 되는가?

인터뷰 이후에 각 사람은 또 다른 ZMET 직원의 도움을 받아 자신이 선택한 이미지들의 콜라주를 만든다. 제품이나 서비스에 대한 그 사람의 느낌을 가장 강력하게 표상하는 하나의 중심적인 이미지가 출발점이 된다. 그런 다음 ZMET 직원은 실험대상자의 관리 하에 다른 그림들을 혼성하여, 점진적으로 자신의 전체적인 태도와 연상에 대한 합성적인 묘사를 완성해 나간다.

그런 다음 공통된 주제를 추출하기 위해 콜라주와 인터뷰 전사 자료를 분석한다. 그 결과 제품과 관련된 12개의 로르샤흐 얼룩과 적극적인 상상으로 만들어진 융의 장식이다.

30개 이상의 나라에서 100명 이상의 고객들에게 12,000번 이상의 ZMET 면담을 수행한 이후에, 잘트먼은 융의 원형처럼 소비자 무의식의 심연으로부터 반복해서 넘쳐 나오는 일곱 개의 반복적인 주제를 식별했다. 균형, 연결, 그릇, 통제, 여행, 자원, 변형이 그것이다. 잘트먼에 따르면, 이것들은 시장의 지침 은유들이다.

잘트먼의 분류법에서 균형의 심층 은유[128]는 "I am *centered*(나는 중심에 있다)"와 "It feels slightly *off*(그것은 약간 벗어난 느낌이다)" 같은 구에서 표현되는 사회적·심리적 평형을 가리킨다. 연결은 소속감에 관한 것이다("*a team player*(단체 작업을 잘 하는 사람)" 또는 "*a loose cannon*(어디로 튈지 모르는 사람)"). 그릇은 심리 또는 감정 상태를 기술한다("*in* a good mood(기분이 좋은)" 또는 "*out* of your mind(제 정신이 아닌)"). 통제는 사건의 지배력을 암시한다("It's *out of my hands*(그것은 '내 책임이 아니다.')" 또는 "We're *on the same page*(우리는 합심한다)"). 여행은 목적지로의 이동이나 목적지에서 멀어지는 이동을 암시한다("We're *on course*(우리는 순조롭게 진행 중이다)" 또는 "We got *waylaid*(우리는 매복당했다)"). 자원은 음식, 가족, 친구, 금융과 같은 기본적인 필요를 가리킨다("*bread and butter* issues(기본적인 문제들)"와 "My job is my *lifeline*(내 직업은 생활의 최저선이다)"). 변형은 물리적 또는 심리적 변화를 포함한다("He turned over a *new leaf*(그는 새사람이 되었다)" 또는 "She's *a different person* now(그녀는 이제 전혀 다른 사람이다)").

융은 기본적인 원형 패턴들이 보통 의식의 통제를 받지 않고 우리의 모든 심리적·감정적 복합성을 생성한다는 이론을 세웠다. 실제로 융은 "자신의 무의식적인 면을 알지 못하는 사람일수록 그것으로부터 더 많은 영향을 받는다."[129]라고 말했다. 잘트먼은 은유가 소비자의 행동에 미치는 영향에 대해 거의 동일한 이론을 제시했다.

어떤 시장 연구에서는 이 주장을 지지한다. 마케팅 자문회사인 스트래티지원(StrategyOne)은 1천 명의 미국인들에게 여론조사를 통해 삶에 대한 그들의 심층 은유를 살펴보았다. 스트래티지원의 조사에서 말하길, 사람들은 본격적인 질문을 시작하기 전에 "당신은 다음 중에서 어떤 것이 당신의 삶을 가장 잘 나타낸다고 생각하는가?"라는 질문을 받으면 보통 자신들의 삶을 묘사하기 위해 은유를 사용한다.

응답자들은 "인생은 여행이다",[130] "인생은 전투이다", "인생은 연극이다"와 같은 약 6개의 은유들 중에서 선택을 할 수 있었다. 전체의 51%에 해당하는 가장 많은 사람들이 "인생은 여행이다" 은유를 선택했다. 11%는 인생이 전쟁이라고 느꼈고, 8%는 인생이 소설이라고 말했으며, 6%는 인생이 경주라고 말했고, 4%는 인생이 회전목마라고 확신했다. 여론조사원은 그 결과를 나이, 성별, 지역별로 분류했을 때의 차이를 거의 발견하지 못했다. 유일한 차이는 연봉이 35,000달러 이하인 사람들은 그 이상을 버는 사람들보다 3배 이상 인생을 전쟁으로 기술할 가능성이 높았다.

잘트먼은 『마케팅 메타포리아: 소비자의 마음과 행동을 지배하는 7가지 은유 Marketing Metaphoria: What Deep Metaphors Reveal about the Minds of Consumers』에서 "심층 은유는 사물을 지각하는 지속적인 방법으로 우리가 접하는 것을 이해하고, 우리의 그 다음 행동을 안내한다."[131]라고 말한다. 잘트먼은 마케팅 담당자들이 소비자의 사고를 구조화하는 정서적 연상을 이해함으로써 이런 은유를 제품 디자인, 쇼핑 환경, 광고 선전에서 판매 도구로 사용할 수 있다고 제안한다. 잘트먼에게 있어서 심층 은유는 숨겨놓은 최후의 설득 수단이다.

나는 나 자신의 심층 은유를 탐구하기 위해 리처드 스미스Richard Smith와 사적인 ZMET 면담을 했다. 그는 업무에 ZMET를 사용하는 런던에 있는 마케팅 상담회사인 Business Development Research Consultants(BDRC)의 부소장이다.

내가 인터뷰를 했을 때, 2008~2009의 대침체가 한창 진행 중이었다. 세계에서 가장 큰 몇몇 은행들은 붕괴 직전이었다. 전문가들은 (자연스럽게 사물 은유를 사용해) 경제가 절벽에서 떨어지고 있다고, 집값, 투자, (나의 것을 포함해) 연금이 불판 위의 침보다 더 빨리 증발하고 있었다고 선언했다. 그래서 나는 금융 서비스 산업을 내 면담의 초점으로 선택했다.

나는 그 미팅 전에 이미지를 수집하면서 그 주를 보냈다. 나의 중심 그림은 『맨 온 와이어Man on Wire』에서 나온 포스터였다. 이것은 1974년 세계무역센터의 쌍둥이 고층빌딩의 꼭대기 사이에서 필리페 페팃Philippe Petit이 펼쳤던 고공 줄타기에 관한 2008년 다큐멘터리이다. 그 홍보 이미지는 뉴욕 거리까지 1,300피트 낙하 거리의 현기증 나는 전망과 함께 팽팽하게 맨 줄 위에 있는 페팃의 발을 클로즈업해서 잡은 것이었다.

나의 다른 이미지는 녹고 있는 부빙(浮氷) 위에 서 있는 사람과 하천에서 바퀴 집까지 잠겨 있는 자기 자동차 옆에 서 있는 한 남자의 사진을 포함하고 있었다. 두 이미지 모두 대침체가 기후 위기의 척도에서 지구전체에 영향을 미친 일종의 자연재해라는 나의 느낌을 나타내었다.

2008~2009년경 금융 서비스 산업에 대한 나의 ZMET 콜라주.
Noleen Robinson의 이미지; 런던의 Business Development Research Consultants의
저작권 승인을 받음.

나는 또한 변덕스러운 주가 차트(세계 경제의 매우 중추적이지 않은 신호를 보여 주는 금융의 뇌전도), 몽땅 불타 버린 1달러 지폐(내 아이들의 대학 자금에 일어나고 있던 거에 대한 거의 문자적인 묘사), 결승선에 도달하고 있는(금융 안전이라는 목표에 대한 나의 희망) 기진맥진 무아지경의 마라톤 선수 등의 이미지를 가져왔다.

　가족 주치의의 마음 든든한 풍채를 가진 다정한 남자 스미스는 나를 BDRC의 장엄할 정도로 별 특징이 없는 면담장으로 나를 안내했다. 그는 그 과정을 설명하고, 내가 이미지를 가져왔는지 질문했다. 나는 테이블에 사진들을 하나씩 펼쳐 보였고, 스미스는 나에게 질문을 시작했다.

"와이어 위에 있는 것은 어떤 느낌인가요?"

"그것은 똥줄 빠지도록 무섭습니다."라고 나는 인정했다("scared shitless (몹시 겁먹은"). 은유는 가령 영양이 사자에게 쫓기는 것처럼 스트레스가 많은 상황에서 동물들이 체중을 줄여 더 빨리 도망가기 위해 무심결에 배변을 하는 생리적 현상에서 유래한 것이다).

"당신은 어디로 가고 있나요?"

나는 한 안전한 장소에서 또 다른 안전한 장소로 걸어가고 있었지만, 그곳에 도착하는 유일한 방법은 무저갱을 가로지르는 이 위태로운 길을 따라가는 것뿐이었다. 나의 현 위치는 팽팽하게 맨 줄 가운데였고, 성인초기(경제적 책임이 거의 없고 자녀도 없는 시기)의 상대적인 안전함과 중년기 후반(융자금은 다 갚고 빈 둥지만 남은 시기) 사이의 중간이었다.

나는 이 여행의 중간쯤에 와 있는데, 20년간의 학교 수업료가 내 앞에 있고, 내가 생계를 유지하는 수단인 산업(저널리즘과 출판)은 겉으로 보기에 파국을 향하고 있는 상황이었다. 나는 완전히 비바람을 맞았다. 한 번 발을 잘못 디디면 나는 끝이었다.

"현실적인 면에서 그 사진은 당신에게 무엇을 의미하나요?"

비유적인 것에서 사실로의 전이는 나를 불안하게 했다. 갑자기 와이어 위의 그 남자가 너무나 생생하게 느껴졌다. 나는 내가 무심하게 잡지에서 뜯어내고 지난 한 주 동안 인터넷에서 인쇄했던 그 이미지들이 나에 대해 많은 것을 드러내준다는 것을 깨달았다.

많은 사람들처럼, 나는 경제에 일어나고 있던 일 때문에 정말로 무서웠다. 이미 실업을 한 번 경험했기 때문에 나는 나의 수익의 원천을 다시 잃고, 내 아이들의 수업료를 내지 못하며, 우리 집이 위험에 처하게 될까 무서웠다. 이런 근본적인 두려움과 함께 어머니의 신중함과 검약, 아버지의 쾌활한 낙천주의적안 돈 씀씀이, 그리고 말년에 겪으신 재정난 등에 대한 기억이 되살아났다. 나는 언제라도 금융이라는 마법의 양탄자가 내 밑에서부터 빠져나와서 내가 넘어지고, 넘어지면서 내 가족을 건사하지 못하게 될까봐 걱정했다.

나는 나의 금융에 대한 자유 연상이 그렇게 애를 먹이는 이슈를 건져 올려 주리라고는 기대하지 않았다. 면담이 끝난 후에 나는 걱정이 되었고 매우 흔들렸다.

나의 콜라주는 명확히 균형, 통제, 여행이라는 잘트먼의 심층 은유 중에서 적어도 세 가지를 활용했고, 이런 연상들을 떠올리게 한 나의 성장 과정에 영향을 준 방송을 생각나게 했다.

사랑스러운 교외의 집이 굳센 두 손바닥 위에 조심스럽게 받들어져 있는 그림이 딸린 올스테이트(Allstate)의 고전적인 결구 "You're in good hands with Allstate"는 모두 통제와 안위에 관한 것이다. 프루덴셜Prudential의 "Get a piece of the rock"과 지브롤터(Gibraltar) 같은 곳(串)에 딸린 이미지는 균형과 안정의 개념에 뿌리를 두고 있다. 이 두 광고 모두가 1970년대 이후로 내 마음속에 붙박여 있었다는 사실은 그들이 심층에 있는 원형을 잘 포착해냈다는 것을 입증해 준다.

어떤 원형적인 마케팅 이미지는 너무 빈번하게 사용되어서 시각적으로 상투적인 문구가 된다. 도토리는 장기적인 성장의 상징이고, 시계는 규칙성과 신뢰성의 상징이며, 심장은 사랑과 애정의 상징이다. 초콜릿에서부터 자동차와 맥주 등이 굴의 껍질 속에 자리 잡고 있는 광고는 진주가 고가의 것을 의미하는 고대의 은유를 촉진시킨다.[132]

한 연구에서는 사람들이 특수한 상징과 낯선 문화에서 비롯되어 그 자체에 의식적으로 친숙하지는 않다하더라도 한때 널리 알려졌던 상징이라면 반응할 가능성이 더 높다는 것을 발견했다.[133] 연구자들은 20개로 구성된 두 개의 이미지 묶음을 만들었다. 하나는 한때는 유명했지만 지금은 잊힌 다양한 문화에서 실제로 사용되었던 상징(깃발, 상표, 기장)들이고, 다른 하나는 특히 실험을 위해 만든 이런 상징들의 변이형들이었다. 20쌍의 이미지 중 15쌍에 대하여 참여자들은 원래의 상징이 더 친숙하고 매력적이라고 느꼈다. 이런 종류의 진부한 이미지는 생명력이 강하며 언제고 다시 살아나는 특성이 있다. "왜냐하면 이런 이미지들은 신화와 형태에 대한 우리 집단의식에 호소하는 본질적인 진리를 담고 있기 때문이다."[134]라고 그래픽 디자이너 필립 톰슨과 피터 대번포트Philip Thompson & Peter Davenport는 『시각언어 사전The Dictionary of Visual Language』에서 말했다. 다시 말해, 이런 이미지들은 심층 은유를 잘 활용하고 있는 것이다.

내가 만약 실제 ZMET 연구에 참여했다면, 스미스는 나의 의견을 12개 정도의 다른 인터뷰와 맞춰보고, 나의 콜라주를 12개 정도의 다른 콜라주와 비교해 보았을 것이다. 각 인터뷰의 전사는 적어도 네 명의 사람들이 만든 모든 연상을 추출하는 소프트웨어 프로그램에 넣고 돌렸을 것이다. 이런 연상들은 금융 서비스 산업에 대한 소비자 태도를 스냅 사진으로 나타내는 "공유 개념도(consensus map)"로 집계될 수 있다. 공유 개념도는 마케팅 전략이나 신제품 출시를 계획하는 데 사용될 것이다.

한 대규모의 농업 회사를 위해 시행한 ZMET 연구는 광고의 전략에 대해 완전히 다시 생각하게 하는 계기가 되었다.[135] 농작물 종사를 위한 광고는 전형적으로 질병 저항이나 높은 수확량을 강조한다. 그러나 그들의 ZMET 면담에 참여한 농부들은 매우 감정에 호소하는 그림을 가져왔고, 농업이 부모로부터 물려받아 자손들에게 계승해주기 원하는 여러 세대에 걸친 여행이라고 말했다.

　결과적으로 그 종자 회사는 선전광고를 기능적인 것에서 가족적인 것으로 바꾸어 버렸다. 한 인쇄 광고에서는 밭에 있는 농부와 그의 아버지가 토양 표본을 연구하고 있는 그림 아래에 다음과 같은 글을 썼다. "닭이 먼저인가, 달걀이 먼저인가? 둘 다 아니다. 농부가 먼저다." 그 회사는 실용적인 이미지라기보다는 아버지의 이미지를 강조하여 판매량을 증가시킬 수 있기를 희망했다.

　많은 대량 판매용 상품의 경우에, 경쟁업체들의 상품들 간에 심오하거나 식별 가능한 차이는 거의 없다. 시리얼이나 탈취제, 운동화의 품질은 대부분 다 거기서 거기다. 따라서 대표적인 브랜드의 가치를 만들어 성배라 할 수 있는 '제품 차별화'는 특유한 Smoke처럼 연상을 만들어 활용할 필요가 있다. 광고주는 아침식사 시리얼을 홍보하는 것이 아니라 "아침식사 경험"을 홍보한다. 비슷한 무리들로부터 돋보이기 위해 회사는 상품을 파는 것만큼 은유도 판다.

　때때로 상품 자체가 은유를 구체화한다. 예컨대, 필립스(Philips)의 센세오(Senseo) 커피메이커[136]는 나비넥타이를 맨 한 웨이터가 따뜻한 김이 나오는 신선한 에스프레소 커피를 내려놓기 위해 카페 테이블 위에 숙이고 있는 이미지를 불러일으키기 위해 아래를 내려다보는 매끄러운 검은색의 휘어진 활 모양으로 디자인되었다. Hourglass 커피메이커는 모래시계의 모양으로 디자인되었다. Hourglass는 커피를 내리기 위해 열이나 전기를 사용하지 않는데, 이것은 신맛을 줄여주지만 약 12시간이 걸리는 과정이다. 사용자들은 자기 전에 커피를 만들기 시작하고, 아침에 일어날 때쯤에 커피가 준비된다. 이 커피메이커의 모래시계 모양은 모든 좋은 것, 적어도 좋은 커피는 기다리는 사람에게 온다는 것을 시각적으로 환기시킨다.

주디스 윌리엄슨Judith Williamson은 자신의 고전적인 단행본『광고 해독하기: 광고의 이데올로기와 의미Decoding Advertisements: Ideology and Meaning in Advertising』에서 광고가 정서적 연상을 구성하는 방식을 분석했다. 칼 마르크스Karl Marx와 광택이 나는 여성 잡지의 열렬한 독자인 윌리엄슨은 완벽한 ZMET 실험대상자가 될 것이다. 광고에 대한 그녀의 관심은 광고가 그녀에게 미치는 효과를 연구하기 위해『보그Vogue』와 같은 잡지에서 광고를 뜯어내는 습관에서 시작되었다. 그녀가 결론짓기로, 그런 효과는 정서, 즉 인간의 성질과 특징을 소비 제품으로 전이하는 것을 통해 달성된다.

윌리엄슨은 어떤 광고에서든 항상 두 가지 의미가 작동한다고 주장한다. 제품 자체와 그것과 연결된 반무의식적인 연상들의 묶음이 그것이다. 광고는 은유를 통해 작동한다. 즉 의미를 앞뒤로 전이함으로써 작동한다. 윌리엄슨이 말하듯이, 광고는 "사물의 언어를 인간의 언어로, 또는 그 역으로 변형할 수 있는 구조를 제공한다 … 이런 연결이 일단 만들어지면 우리는 다른 방식으로 번역하고 실제로 번역을 완전히 건너뛰기 시작한다. 기호를 그것이 의미하는 것으로 간주하고, 사물을 느낌으로 간주한다."[137]

따라서 아침식사 시리얼은 아침식사 시리얼이 아니라 더 없는 가정의 행복이다. 씨앗은 종자가 아니라 가족을 통해 열매 맺는 유산의 전달자이다. 보험회사는 보험회사가 아니라 격동의 혼란한 시기에 영향을 받지 않는 안전한 바위이다. 광고는 제품이 목표영역이고, 이미지, 연상, 원형과 같은 일련의 정서가 근원영역인 은유이다.

BDRC의 스미스는 ZMET 연구를 해석하는 것과 시를 해석하는 것과 비교한다. 즉, 예술은 단어가 글자 그대로 기술하는 것을 이해하는 데 있는 것이 아니라, 그것이 감정적으로 실현하는 것을 이해하는 데 있다. 윌리엄슨 역시 광고가 우리 마음속에서 아이콘의 지위를 달성하는 방식을 설명하기 위하여 "객관적 상관물(objective correlative)"이라는 개념을 환기시키면서 광고를 시와 연결짓는다.

T. S. 엘리엇T. S. Eliot은 자신의 평론 『햄릿과 그의 문제Hamlet and His Problems』"에서 객관적 상관물[138]을 다음과 같이 정의한다.

> 예술 형식에서 정서를 표현하는 유일한 방법은 "객관적 상관물"을 발견하는 것이다. 다시 말해, 그 특별한 정서를 만들어내는 공식이 될 일군의 사물, 상황, 사건들의 연쇄를 찾아내는 것이다. 감각 경험에서 종결되어야 하는 외적 사실들이 주어질 때, 그런 정서는 즉각적으로 환기된다 … 예술적 "불가피성"은 외적인 것들이 정서를 표현하기에 완전히 적절하다는 것에서 발견된다.

윌리엄슨은 광고가 대량 소비를 위한 객관적 상관물[139]을 창조한다고 제안한다. 제품은 강력한 정서적 연상과 원형을 통해 지위, 섹스, 부에서부터 친밀감, 공동체, 안전에 이르는 다양한 열망이라는 정서적 상태와 연결된다. 이런 연결들이 일단 만들어지면, "'객관적 상관물'은 결국 그것들이 환기시키기 위해 사용되었던 바로 그 설명하기 힘든 성질이 되면서 임무를 마친다."라고 윌리엄슨은 말한다.

따라서 탈취제는 악취를 숨기는 것이 아니라 냄새에 성적인 효능이 있다는 느낌을 창조한다. 자동차는 당신을 한 장소에서 또 다른 장소로 운반해줄 뿐만 아니라 당신에게 위엄과 권력도 제공한다. 이와 같은 정서적 연상의 효과는 미묘하지만 멀리까지 퍼져서, 광고하는 특정 제품에 국한되지 않는 영향력을 갖게 된다.

맥도널드(McDonald)의 "황금 아치(M)", 코카콜라의 로고, KFC의 얼굴인 커널 샌더스Colonel Sanders는 세계에서 가장 즉각적으로 인식 가능한 상징들이다. 그리고 패스트푸드를 재미있고 간편한 것으로 묘사하는 판에 박힌 광고는 매우 효과적이다. 텔레비전 광고가 음식 소비에 미치는 영향에 관한 한 연구에서는 아이들이 칼로리는 높지만 영양가가 낮은 음식 광고에 노출되었을 때 45% 더 많은 스낵을 소비한 것을 발견했다.[140] 게다가 그런 광고들은 참여자들이 배가 고팠는지 안 고팠는지와 상관없이 광고에 나오지도 않은 모든 유형의 음식 소비를 증가시켰다. 그 연구가들은 또한 음식을 흥분되고 경쾌한 것으로 묘사하는 광고가 가장 많은 군것질을 유발했다고 결론지었다. 이와 같은 광고는 잘트먼의 "연결"과 "자원" 은유에 명확히 접근한다.

한편, 광고는 우리가 먹는 것에만 영향을 주는 것이 아니다. 또 다른 연구, 즉 패스트푸드 로고가 잠재의식에 끼치는 영향에 관한 연구에서는 주요 패스트푸드 체인점의 회사 이미지에 노출된 사람들의 조급함이 증가했으며, 돈을 절약하려는 의지를 감소시켰다는 것을 발견했다.[141]

연구자들은 참여자들이 부지불식간에 맥도널드와 KFC의 로고, 혹은 비슷한 가격으로 패스트푸드가 아닌 비슷한 음식을 제공하는 두 식당의 로고에 노출되도록 만들고 읽기 과제를 수행하도록 했다. 그 결과 시간제한이 없었음에도 불구하고 패스트푸드 로고를 본 사람들이 다른 식당 로고를 본 사람들보다 읽기 과제를 더 빨리 완수하는 것이 관찰되었다. 패스트푸드 집단은 또한 1주일을 기다렸다가 더 많은 돈을 받는 것보다 짧은 시간 안에 저 적은 돈을 받기로 선택하는 경우가 더 많았는데, 이는 그들이 더 큰 만족을 위해 기다리는 것보다 작아도 즉각적으로 주어지는 만족을 더 선호한다는 것을 보여준다.

연구팀은 패스트푸드 로고에 대한 노출이 사람들을 더 폭식하게 만들 뿐만 아니라, 조급하고 서두르며 즉각적인 만족을 더 추구하도록 만든다고 결론지었다. 이런 행동들은 모두 패스트푸드와 연결되어 있다. 이 실험에 참여한 사람들은 기호를 그것이 상징하는 성질로 받아들였다.

메리앤 무어Marianne Moore는 자신의 시 "시(Poetry)"[142]에서 시인들이 "진짜 두꺼비들이 있는 상상 속의 정원들"을 보여주는 "상상의 직역주의자"여야 한다고 주장했다. 광고 제작자 역시 능숙한 상상의 직역주의자로서, 우리 안에 깊이 숨어 있는 정서를 환기시키고 만족시킬 수 있는 실물, 즉 궁극적인 객관적 상관물을 제공함으로써 소비를 북돋는다.

"잠깐, 내가 정말로 이것이 필요한가?" 디지털 카메라에 대한 보증 연장 보험을 사기 직전에 드는 생각이었다. 무언가가 잘못될 수 있다는 생각은 나를 넘어가기 쉽게 만들었다. 그러나 생각해 보니 디지털 카메라 때문에 문제를 겪은 사람은 주변에 아무도 없었다. 실제로 그 물건은 놀라울 정도로 견고해 보였다. 설사 그 카메라가 고장 나는 일이 발생한다 하더라도, 구입가의 10%에 달하는 20달러를 지불할 정도로 그런 일이 일어날 가능성이 충분한 것일까? 그런 일이 일어날 가능성은 희박해 보였다. 그래서 나는 보증 기간 연장을 포기하기로 결정했다. 그 카메라는 아무 이상 없이 정말 잘 작동한다.

광고와 판매 활동에서 객관적 상관물을 해독한다고 해서 그 효과가 완화되는 것은 아니다. 오히려 광고 방송에서 심층 은유를 인식하는 것은 우리에게 구매를 의식적으로 결정할 수 있는 선택의 순간을 끼워 넣는다. 나는 이 제품을 정말 사고 싶은가? 만약 그렇다면 나는 그것이 필요해서 사려고 하는가? 아니면 그것을 원하기 때문에 사려고 하는가? 그것도 아니라면 그것이 나에게 적절한 물건인지와 상관없이 강력한 정서적 연상 작용을 활용했기 때문에 사려고 하는가?

시에서건 광고에서건 은유는 우리의 적극적인 결탁이 있어야만 작동한다. 은유는 타고난 음모자이고, 우리는 그들의 열렬한 공모자다. 은유는 탈취제와 성적인 효능, 패스트푸드와 즉각적인 만족감, 진짜 두꺼비와 상상의 정원 간의 결속을 완성하기 위해 독자와 소비자로서의 우리를 필요로 한다. 우리는 이미지와 정서의 거듭되는 상술 바깥으로 걸어 나감으로써 우리의 실제 필요와 바람이 표면으로 떠오르도록 할 수 있다.

연기는 항상 우리 눈으로 들어올 수 있지만, 연기가 있는 곳에 항상 불이 있는 것은 아니다.

은유와 뇌

밝은 재채기와 시끄러운 햇빛

헛기침(cough)과 재채기(sneeze) 중에서 어떤 것이 더 밝은가? 햇빛과 달빛 중에서 어떤 것이 더 시끄러운가? 이런 질문들은 "당신은 어떤 종류의 연기인가요?"나 "아이가 어떻게 바나나를 전화기로 생각할 수 있는가?"라고 질문을 하는 것만큼 이상하게 보일 수 있다. 하지만 예일대 공중보건대학(Yale School of Public Health)의 로렌스 E. 막스Lawrence E. Marks 교수는 사람들에게 바로 이런 질문들을 하고, 성인들이 거의 항상 밝은 것을 높은 음조의 소리와 동일시한다는 것을 발견했다.[143] 헛기침과 재채기의 상대적인 밝기에 대해 질문 받았을 때 설문 조사에 참여한 사람들은 대부분 즉각적으로 재채기가 더 밝다고 응답다. 햇빛과 달빛의 시끄러움을 비교하라고 질문 받았을 때도 즉각적으로 햇빛이 더 시끄럽다고 말하는 사람들이 압도적으로 많았다. 네 살 된 아이들도 높은음의 소리를 밝은 것과 연관시키고, 낮은음의 소리를 어두움과 관련지었다.[144]

   bright sneezes(밝은 재치기)와 loud sunlight(시끄러운 햇빛)는 공감각(共感覺) 은유의 예이다. 공감각은 한 감각 기관의 자극을 다른 감각계를 통해서도 지각할 수 있는 능력이다. 어떤 공감각자는 모양을 보면서 맛을 지각하고, 다른 공감각자는 수를 보면서 소리를 듣는다. 어떤 사람은 데님이나 사포와 같은 특정한 직물과 접촉하면서 강력한 느낌을 경험한다. 색청(色聽, colored hearing)은 공감각의 가장 일반적인 형태인데, 2천 명 중 1명 정도는 단어나 글자, 수의 소리를 듣거나 생각하면서 독특하고 생생한 색채를 본다.

우리가 매일 사용하는 많은 은유는 공감각적인 것으로서, 한 감각 경험을 또 다른 감각 경험에 속하는 어휘로 기술한다. 침묵은 **달콤하다**(sweet). 얼굴표정은 **시큼하다**(sour). 성적 매력이 있는 사람은 **뜨겁다**(hot). 성적 매력이 없는 사람은 우리를 **차갑게**(cold) 한다. 세일즈맨이 속사포처럼 내뱉는 말은 **부드럽다**(smooth). 사무실에서 보내는 하루는 **거칠다**(rough). 재치기는 **밝다**(bright); 헛기침은 **어둡다**(dark). 패턴 인식과 함께 공감각은 은유를 구성하는 신경학적인 벽돌 중 하나이다.

어느 누구도 공감각이 어떻게 작용하는지 확실히 알지 못한다. 어떤 연구자들은 우리는 모두 공감각자로 태어나고, 공감각은 원래부터 우리가 세계를 경험하는 방식이라고 제안한다. 갓 태어난 유아는 뇌에 다양한 감각중추(sensory center)들 사이를 이어주는 풍부한 신경의 연결을 가지고 있는데, 이 연결은 시간이 지나면서 조금씩 풀어지게 된다. 이 이론에 따르면, 공감각은 대규모로 복잡하게 연결된 이런 신경들 사이의 연락망에서 발생하는 혼선의 자연스러운 결과이다. 대뇌피질이 충분히 성숙하고 과도한 신경 연결들이 끊어지기 시작하는 약 4살이 지난 후에야 이런 선천적인 공감각은 희미해지기 시작한다.

공감각 은유는 두드러지게 일관된 패턴을 따른다.[145] 즉, 촉각, 미각, 후각과 같은 더욱 즉각적인 감각에서 도출되는 단어는 시각과 청

각 같은 덜 즉각적인 감각에 대한 경험을 기술한다. 촉각, 미각, 후각
은 "경험에 기반을 둔 감각"이지만, 시각과 청각은 "사물에 기반을 둔
감각"이다. 예컨대, 불쾌한 맛은 불쾌한 색채보다 훨씬 더 불가항력
적으로 경험된다. 전자는 몸 안에 있는 것처럼 느껴지고, 후자는 외부
사물로부터 흘러들어오는 것처럼 느껴진다.

공감각 은유에서 근원영역이 더욱 즉각적인 감각으로부터 나오고
목표영역은 덜 즉각적인 감각에서 나오는 경우가 훨씬 더 빈번하다.

어떤 연구자들은 덜 즉각적인 것에서부터 더 직접적인 것으로의
이런 이동이 기본적인 지각 방식을 반영하는 감각 자체의 생리적 발
달 과정과 평행하다고 제안한다.[146] 실제로 몇몇 연구에서는 사람들
이 이런 방향성의 원리를 따르는 은유가 이해하기 훨씬 더 쉽다고 생
각한다는 것을 보여 준다. 이것이 바로 (미각이 소리를 수식하는) "달콤함
침묵"은 일반적이지만 (소리가 미각을 수식하는) "조용한 달콤함"은 그렇
지 않고, (촉각이 시각을 수식하는) "부드러운 밝음"은 말이 되는 것 같지만
(시각이 촉각을 수식하는) "밝은 부드러움"은 그렇지 않은 이유를 설명해
준다.

19세기의 영국, 프랑스, 헝가리 시와 히브리어의 20세기 시는 다양
한 언어와 문화권 사람들이 동일한 감각 척도에 맞추어져 있다고 제
안한다.[147] 이들 텍스트에서 조사된 대부분의 은유들은 더 직접적인
것에서부터 덜 직접적인 것으로 향하는 동일한 방향성을 가지고 있
다. 한 실험에서 텔아비브대학교(Tel Aviv University)의 대학원생들에게
히브리어로 쓴 시에서 나온 표준적인 방향성을 따르는 40개의 공감
각 은유와 방향이 바뀐 동일한 공감각 은유를 해석하도록 했다. 학생
들은 표준 은유("거친 흰색(coarse whiteness)"과 "향기로운 보라색(fragrant purple)")

가 비표준 은유("흰색의 거침(white coarseness)"과 "보라색의 향기(purpled fragrance)")
보다 해석하기가 훨씬 더 쉽다는 것을 발견했다.

공감각 은유의 방향성은 일반적인 은유의 방향성을 따른다. 은유
적 사고는 일반적으로 사고, 느낌, 감정, 생각과 같은 추상적인 것을
묘사하기 위해 구체적인 언어, 즉 일상의 경험이나 물리적 사물과 감
각을 위해 사용하는 단어를 적절히 골라 사용하는 단일한 방향으로
움직인다. 줄리엣은 태양이지만, 태양은 줄리엣이 아니며 절대로 줄
리엣이 될 수도 없다. 마그테틱 필즈(The Magnetic Fields)의 멤버인 스테
핀 메리트Stephin Merritt가 지은 "Love Is Like a Bottle of Gin"[148]이라는 노
래에서도 이런 특징이 나타난다. 이 노래는 사랑이 진(Gin, 과일주스와 섞
어 마시는 독한 술인)과 유사하게 느껴지는 다양한 방식을 열거한다.

> It makes you blind, it does you in.
> (그것은 너를 눈멀게 하고 다치게 한다.)
>
> It makes you think you're pretty tough.
> (그것은 당신이 꽤 거칠다고 생각하게 만든다.)
>
> It makes you prone to crime and sin.
> (그것은 당신이 죄를 저지르기 쉽게 만든다.)
>
> It makes you say things off the cuff.
> (그것은 당신이 즉흥적으로 떠벌리게 만든다.)

그러나 노랫말의 마지막 부분은 은유의 단일 방향성을 인정한다.

> You just get out what they put in.
> (그들이 넣은 것을 너는 빼낸다.)
>
> And they never put in enough.
> (하지만 그들은 결코 충분히 넣지 않는다.)
>
> Love is like a bottle of gin.
> (사랑은 진과 같다.)
>
> But a bottle of gin is not like love.
> (하지만 진은 사랑과 같지 않다.)

대니얼 태멋Daniel Tammet은 서번트 증후군이 있을 뿐 아니라 공감각자이기도 하다. 그의 자서전의 제목은 『파란 날에 태어나다Born on a Blue Day』인데, 왜냐하면 그의 생일인 1979년 1월 31일이 수요일이고, "수요일은 숫자 9와 논쟁하는 목소리의 소리처럼 항상 파랗기" 때문이다.[149] 태멋은 특히 풍부한 유형의 공감각을 가지고 있는데, 여기에서 그는 1만 개까지나 되는 개별 숫자가 특정한 색채, 모양, 감촉, 운동, 심지어 감정 상태를 가지는 것으로 경험한다. 태멋에게 있어서, "5는 천둥소리나 파도가 바위에 부딪치는 소리이다. 37은 죽처럼 덩어리지고, 89는 나에게 떨어지는 눈을 생각나게 한다."[150]

태멋의 능력을 연구한 신경과학자 빌라야누르 라마찬드란Vilayanur Ramachandran은 은유가 공감각으로부터 진화했을 수 있다고 제안한다.[151] 뇌에 있는 시각적 경로와 청각적 경로는 해부학적으로 매우 가까이 있다. 진화가 진행되는 동안 뿔뿔이 흩어진 시각적 신경들은 소리에 대한 반응으로 시각적 신호를 방출하기 위해 인접해 있는 청각 부위로 가지를 뻗어나갔을 수 있다.

따라서 글자 소리를 부호화하는 신경이 색청을 가진 누군가에게서 활성화될 때마다, 그에 대응하는 색채를 부호화하는 신경의 활성화가 있을 것이다. 라마찬드란은 "가장 일반적인 공감각이 문자소[글자, 수, 구두점 등]와 색채의 관계에서 발생하고, 문자소와 색채를 담당하는 뇌 부위가 서로 바짝 붙어 있는 것이 우연일 수 있는가?"[152]라고 질문한다.

독일계 미국인 심리학자인 볼프강 쾰러Wolfgang Köhler가 1929년에 발견한 "부바-키키 효과(bouba-kiki effect)"를 통해 보여준 것처럼, 우리 모두는 어떤 공감각 능력을 보유하고 있다.[153]

어떤 것이 부바이고 어떤 것이 키키인가?
Image courtesy of Adam Somlai-Fischer, Prezi.com.

쾰러는 침팬지들이 도구를 사용한다는 것을 증명한 것으로 가장 잘 알려져 있다. 하지만 그는 1920년 후반에 테네리페섬(Tenerife)에 사는 침팬지들을 연구하는 동안 원주민들을 대상으로 한 다른 실험도 수행했다. 그는 섬사람들에게 둥글고 아메바 같은 모양과 날카롭고 뾰족뾰족한 모양의 두 형상을 보여 주고, 만들어 낸 단어 "takete"와 "baluba"를 두 형상과 관련짓도록 했다. 그 결과 압도적으로 많은 실험 참여자들이 "takete"과 날카롭고 뾰족한 모향을 관련짓고, "baluba"와 둥글고 아메바 같은 모양을 관련지었다.

약 80년 이후에 라마찬드란과 인지심리학자 에드워드 허버드 Edward Hubbard는 "takete"와 "baluba"를 "kiki"와 "bouba"로 바꿔서 쾰러의 실험을 반복했고, 그들은 동일한 결과를 얻었다. 실험대상자들 중 약 98%는 곡선 모양이 "bouba"이고 톱니 모양이 "kiki"라고 생각했다. 이것은 언어나 문화에 상관없이 동일한 연상이 존재한다는 것을 발견한 것이기도 하다. 2년 6개월 된 아이들도 동일한 선택을 한다는 다른 연구들도 있다. 라마찬드란은 "이런 결과는 인간의 뇌가 별 모양의 그림과 "kiki"라는 소리에서 '뾰족뾰족함'이라는 속성을 추출하는 것처럼 모양과 소리로부터 추상적인 속성을 어느 정도 추출해 낼 수 있다는 것을 보여준다."라고 결론을 내린다.[154]

밝은 재채기/시끄러운 햇빛 연습문제는 결국 부바-키키 테스트의 변이형이다. 재채기는 헛기침보다 음이 높기 때문에 밝음의 속성이 추출되고, 햇빛은 달빛보다 더 강렬한 조명을 제공하기 때문에 시끄러움의 특성이 추출된다.

실제로 재채기와 햇빛은 각각의 빈도 범위에서 상위 대역을 차지한다. 이와 비슷하게, 부바-키키 테스트에서 아메바 같은 모양과 "부바" 소리는 둥긂의 양상을 공유하지만, 날카로운 모양과 "키키" 소리는 뾰족함의 양상을 공유한다. 이와 같은 연상을 만들 때, 우리는 본능적으로 패턴을 발견하거나 만들어낸다. 이런 패턴들은 다시 공감각 은유에서 이질적인 감각의 묘사들을 연결한다.

이런 근본적인 지각적 결속은 우리 뇌에 태어날 때부터 존재하는 것일 수 있는데, 왜냐하면 매우 어린 아이들도 시각적 자극과 청각적 자극을 관련짓기 때문이다.[155] 한 연구에서는 유아들이 지겨워할 때까지 (유아들이 지겨워하는지는 심박 수를 통해서 측정되는데, 심박 수는 자극에 익숙해질 때는 줄어들고, 더욱 흥미로운 자극을 지각할 때는 증가하는 경향이 있다) 맥박 소리(pulsing tone)를 들려주었고, 그런 다음 연구자들은 유아들에게 맥박 소리의 시각적 등가물인 점선을 보여주거나 맥박과 대조되는 일정한 소리를 들려주었다.

유아의 심박 수는 맥박이 없는 일정한 소리에 대한 반응으로 늘어났는데, 이는 유아들이 점선을 맥박 울림과 유사한 것으로 지각하여 연속적인 울림보다 흥미를 느끼지 않았다는 것을 암시한다. 따라서 어떤 은유는 언어를 습득하기 전부터 갖추어져 있는 공감각적 패턴 인식 능력으로부터 도출될 수 있다.

공감각이 뇌의 감각 영역들 사이의 교차 연결(cross-connectivity)의 결과라면, 그 연결은 왜 그렇게 많은 은유들이 보편적으로 공유되는 물리적 감각의 세계를 근원영역으로 취하고, 생각, 느낌, 사고, 감정의 사적이고 추상적인 세계를 목표영역으로 취하는지를 설명할 수 있다.

"She has a warm personality"와 "He's as cold as ice"라는 흔한 은유를 예로 들어보자. 따뜻함과 차가움은 시간이 지나면서 감정 상태와 결속되는, 자궁 속에서부터 존재하는 원시적인 감각이다. 어머니가 안아줄 때의 온기는 유아의 마음속에서 애정이나 안정과 연결되고, 안아주지 않았을 때의 냉기는 거부나 두려움과 연결된다. 따뜻함은 너무나 본질적인 감각이라서, 인간이 아닌 영장류 동물의 새끼들도 음식보다는 열을 더 좋아한다. 한 실험에서 어린 짧은꼬리원숭이는 가열되지 않은 철사 대리모가 음식을 제공하는 유일한 통로였음에도 불구하고 (100와트 백열전구로 인해) 따뜻해진 천으로 된 대리모를 더 좋아했다.[156]

은유는 이런 물리적 경험의 어휘를 동일한 종류의 느낌을 야기하는 다른 상황으로 확장시킨다. 따라서 우리는 친절한 사람을 따뜻하다고 말하고, 불친절한 사람을 차갑다고 이야기한다. 이러한 기본적이고 보편적인 물리적 경험이 평범한 은유적 연상을 결정한다는 증거가 있다.

사람들이 어떻게 첫인상을 형성하는지에 대한 고전적인 연구에서 사회심리학자 솔로몬 애쉬Solomon Asch는 두 집단에게 한 개의 용어만 빼고 모두 동일한 성격 특성들이 들어 있는 2개의 목록을 제시했다. 참여자들 중 절반은 "intelligent(지적)," "skillful(능숙한)," "industrious (근면한)," "determined(단호한)," "practical(현실적인)," "cautious(신중한)," "warm(따뜻한)"를 포함하는 형용사의 목록을 받고, 나머지 절반은 단어 "cold"를 단어 "warm"으로 교체한 것만 제외하고는 동일한 목록을 받았다. 그런 다음 각 집단은 그렇게 묘사된 사람에 대해 간략하게 진술했다. 목록에 단어 "warm"이 포함되어 있던 사람들은 목록에 단어 "cold"가 포함되어 있던 사람들보다 그 사람에 대해 더 긍정적인 첫인상을 형성했다.[157]

애쉬는 단어 "warm"과 "cold"가 사람들의 의견에 극적으로 영향을 끼치는 것을 관찰하고, 이런 사소한 두 단어에서 나오는 연상들이 성격을 평가할 때 특별히 중요하다고 결론지었다. 그는 또한 "warm"과 "cold"를 이런 감각들이 우리의 어릴 적 경험에서 차지하는 형성적 역할에 연결시켰다. 애쉬는 다음과 같이 썼다. "우리가 감정, 생각, 성향 등의 작용을 기술할 때는 거의 항상 자연계에서 관찰 가능한 특성과 과정을 나타내는 용어를 사용한다."[158] "모든 사람들은 심리적 문제에 대해 이야기할 때 소박한 물리학의 언어를 이용한다."

애쉬의 실험을 발전시킨 또 다른 실험에서 연구자들은 별생각 없이 참여자들에게 실험할 방으로 가는 도중에 뜨거운 커피 잔이나 차가운 커피 잔을 잠시 들고 있도록 했다.[159] 도착 후에 그들 각자는 가상의 인물에 대한 묘사를 읽고 그 사람의 품성에 대한 질문에 답을 했다. 뜨거운 커피 잔을 들고 있던 사람과 차가운 커피를 들고 있던 사람들 모두는 동일한 내용을 읽었지만, 뜨거운 커피를 들고 있던 사람은 차가운 커피를 들고 있던 사람들보다 그 사람이 더 사려 깊고 관대하며 친절한(더 따뜻한) 것으로 묘사했다.

또 다른 실험에서는 누군가에게 냉대의 경험을 느끼게 하는 것이 실제로 그 사람의 체온 하강을 지각하도록 만들 수 있다는 것을 보여주었다. 이 실험에서 한 그룹의 참여자들은 사회적으로 배척되었던 경험을 생각하면서 그들이 앉아 있던 방의 온도를 평가했다. 다른 집단은 환대를 받았던 사회적 경험을 회상하면서 앞의 집단과 동일한 방의 온도를 평가했다. 그 결과 배척받는 경험을 회상했던 사람들이 포용적인 경험을 떠올렸던 사람들보다 방 온도를 섭씨 3도 더 낮게 평가한 것으로 나타났다.

이와 관련된 다른 실험에서 연구진은 참여자들을 "catch"[160]라는 가상 게임에 참가하도록 했다. 실험대상자들은 세 명으로 추정되는 사람들과 함께 온라인으로 공을 던졌다. 실제로 컴퓨터 프로그램은 그런 던지기를 통제하여, 두 번 잡고 난 뒤에는 배척 집단의 실험대상자들이 나머지 게임 시간 동안 공을 받지 않도록 조작했다. 나중에 참여자들은 표면상 무관해 보이는 마케팅 여론조사를 했다. 게임에서 배척된 사람들은 게임 내내 간헐적으로 공을 받았던 통제집단의 사람들보다 따뜻한 음식과 음료(사과와 크래커라기보다는 뜨거운 커피와 따뜻한 수프)를 훨씬 더 선호할만한 것으로 평가했다

냉담한 시선의 약사들은 조심하기를. 당신은 그 싸늘한 시선을 받는 사람을 실제로 더 춥게 만들 수 있다.

이런 은유적 효과는 실험실 안에서만 볼 수 있는 것이 아니다. 캠벨수프(Campbell's Soup)가 제품의 포장을 변경했을 때, 그 회사는 이전에 감자 크림, 치킨 누들, 토마토 수프의 사진 위에 피어오르는 김을 추가했다. 그로 인해 소비자들은 그 제품이 따뜻하다는 느낌을 받았고, 그것에 정서적으로 더 연결된다고 말했다.

따뜻함과 그것이 만들어 내는 감동적인 증기는 광고에서 너무나 인기 있는 속성이기 때문에, 런던에 있는 마케팅상담회사인 컨퀘스트(Conquest)사는 은유를 통해 그것을 측정하는 방법을 고안했다. 컨퀘

스사(社)는 마케팅 캠페인의 효율성을 측정하기 위해 소비자 심사원단에게 특정 브랜드에 대한 그들의 태도를 표현하기 위해 온라인 아바타를 사용하도록 요구한다.[161] 그래서 컨퀘스사는 "상표 X에 대해 어떻게 생각합니까?"라고 묻는 대신에 "브랜드 X에 대해 어떻게 느끼는지를 보여 주기 위해 당신 아바타를 옮기세요."라고 안내한다. 소비자가 아바타를 더 가까이 옮길수록, 그 브랜드에 대한 그녀의 느낌의 더 따뜻한 것이다. 그리고 컨퀘스트사에 따르면, 광고가 만들어내는 정서적 따뜻함은 시장에서의 성공을 예견해 준다.

　사물의 무게와 같이 외관상 사소해 보이는 것도 어떤 이슈의 중요성을 지각하는 데 공감각적인 영향을 줄 수 있다.

　많은 일반적인 은유는 무게와 중요성을 동일시한다.[162] 우리는 중요한 결정을 내리기 전에 조심스럽게 찬반양론의 **무게를 단다**(weigh). 우리가 역경에 직면해서 경솔하게 되면 그 상황의 **중력**(gravity), 즉 무거움을 인식하지 못한다. 큰 책임감이 요구되는 자리를 차지할 능력이 거의 없는 누군가는 **가벼운**(lightweight) 사람이다. **무거운**(heavy) 문제는 많은 심사숙고와 반성을 요구한다.

　어떤 네덜란드 연구자들은 대학생들에게 외국 화폐의 추정 가치와 금융 지원금의 분배를 담당하는 대학 위원회와 상담하고 싶어 하는지에 대하여 묻는 설문지를 작성하도록 클립보드를 건네주었다. 어떤 클립보드(2.29파운드)는 다른 것(1.45파운드)보다 무게가 훨씬 더 무거웠다. 더 무거운 클립보드를 가지고 있는 사람은 외국 화폐 가치를 더 높이 평가하고, 지원금 분배에 대해 저울질(weigh in) 해보겠다는 말도 더 자주 했다. 더 무거운 클립보드를 가진 참여자들은 더 가벼운 클립보드를 가진 참여자들보다 그 질문을 더 **무거운**(weightier) 것으로 판정했는데, 이는 우리가 **무거운**(heavy) 것을 다룰 때 더 많은 인지적 노력을 필요로 한다는 것은 암시한다.

이와 비슷한 다른 연구들은 더 있다. 무거운 클립보드를 손에 쥐고 취업 지원자들과 인터뷰를 한 사람들이 가벼운 클립보드를 쥐고 인터뷰를 한 사람들보다 지원자들을 더 중요한 재원으로 평가한다는 것을 보여준 연구도 있었다.[166] 또 다른 연구에서 거친 조각으로 퍼즐 맞추기를 한 사람들은 부드러운 조각을 사용했던 사람들보다 사회적 상호작용을 더 힘들게 느끼는 것으로 묘사했다. 그리고 딱딱한 의자에 앉아 있는 사람들은 부드러운 의자에 앉아 있는 사람들에 비해 가격 협상에 더 엄격하게 임했다. 연구자들은 이런 기본적인 촉각 감각으로부터 발생하는 은유적 연상 작용이 사회적 상황에 대한 참여자들의 지각에 영향을 미친다는 것을 발견했다.

라마찬드란의 이론이 예측하듯이, 이런 종류의 연구에서 관찰되는 연상에는 전형적으로 구체적 정보와 추상적 정보 모두를 처리하는 뇌 부위가 관여한다. 예컨대, 앞뇌섬 피질(anterior insula)* 은 체온(body temperature; 물리적 따뜻함)과 대인적 경험(심리적 따뜻함)을 관장하는 데 모두 관여한다. 라마찬드란도 각회(angular gyrus)를 특정한 형태의 은유적 사고에 필수적인 부위로 식별했다.[164]

라마찬드란과 그의 팀은 각각 뇌졸중이나 종양으로 인해 왼쪽 각회의 기능이 손상된 네 명의 환자들에게 약 24개의 속담과 은유의 의미를 설명하도록 했다. 각회는 다른 여러 기능도 있지만 시각, 청각,

---

* 뇌 측두엽에 위치한 삼각형 형태의 뇌 부분 중 앞쪽 영역으로 다양한 감정과 관계한 기능을 담당하며, 통증자각 및 자율신경 조절에 관여한다.

촉각의 처리도 담당한다. "The grass is always greener on the other side of the fence(울타리 저편의 잔디가 항상 더 푸르다; 남의 떡이 더 커 보인다)"와 "An empty vessel makes more noise(빈 그릇이 더 시끄럽다; 무식한 사람이 말이 많다)" 같은 속담을 받은 환자들은 그 구절을 글자 그대로 해석했다.

예컨대, 한 참여자에게 속담 "All that glitters is not gold(반짝이는 것이 모두 금은 아니다)"에 관해 설명하도록 했을 때, 그는 그것이 보석을 구입할 때는 매우 신중해야 한다는 경고라고 말했다. 통제집단과의 비교를 위해, 그 연구자들은 뇌의 다른 부위가 손상된 환자들을 테스트했다. 그 환자들은 이 속담들을 정확히 해석해 냈다. 왼쪽 각회가 손상된 네 명의 환자들은 부바-키키 테스트에서도 실패했지만, 왼쪽 각회가 온전한 다른 집단의 사람들은 그 텍스트를 통과했다. 라마찬드란은 공간적 정보를 처리하는 오른쪽 각회도 "He has a *massive* ego(그는 육중한 자신을 가졌다. 자존심이 강하다)" 또는 "She has a *big* heart(그녀는 큰마음을 가졌다. 마음이 너그럽다)"와 같은 은유에 결정적일 수 있다고 단정한다.

철학자 로저 스크루턴Roger Scruton은 음악을 감상하는 것처럼 물리적이지 않은 과정도 물리적 공간에 대한 우리의 경험에 의존한다고 제안한다. 그는 높은음과 낮은음, '상승조'와 '하강조'같은 음악 용어를 인용하면서, 우리가 오직 공간적 은유를 통해서만 음악을 이해할 수 있다고 주장한다. 스크루턴이 말하길, "음악에 대한 우리의 가장 기본적인 이해의 저변에는 은유의 복잡한 체계가 있다." "은유를 제거한다면, 음악에 대한 경험을 말할 수 없게 된다."[165]

어떤 실험에서는 수학적 사고도 적어도 부분적으로는 몸에 토대를 두고 있다는 증거를 제시한다.[166] 연구자들은 12명의 오른손잡이 실험대상자들에게 1과 30 사이에서 40개의 다른 수를 무작위로 열거하도록 하고, 그러는 동안 그들의 안구 운동을 관찰했다. 그들은 참여자들이 위쪽이나 오른쪽을 본다면 이전보다 더 높은 수를 고르고, 왼쪽이나 아래쪽을 보면 더 낮은 수를 고르는 경우가 많다는 것을 알게 되었다.

연구팀은 '수'라는 탈 신체화된 영역도 공간에서의 몸의 경험과 연결되어 있다고 결론지었다. 그런 연결은 태어날 때부터 우리가 경험하는 기본적인 물리적 현상들, 가령 뭔가가 더 많아질수록 높게 쌓이게 되는 것과 같은 사실로부터 도출된다. 이것은 레고 블록에서부터 고층건물에 이르기까지 모든 것에 적용되는 관찰이다. 따라서 수를 포함해 다른 무언가보다 더 큰 것은 높은 것을 연상하게 만든다.

이와 비슷하게, 그 팀은 오른손잡이의 사람들이 몸의 오른쪽을 사용할 때 경쟁력이 있기 때문에 몸의 오른쪽을 선호한다고 결론을 내렸다. 그리고 대부분의 사람들은 오른손잡이이기 때문에, 이러한 선호도는 "*my right-hand* man"과 같은 은유나 라틴어에서 파생된 "왼쪽"을 가리키는 단어 "sinister"에서 왼쪽을 사악하거나 더 작은 것과 연관시키는 것의 기원일 수 있다.

소리/빛 간의 상관성처럼 음악/공간과 수/무게 간의 공감각적 연결[167]은 닮지 않은 것들로부터 비슷한 특성을 추출할 수 있는 우리의 능력 때문일 수 있다. 우리가 소리가 빈도가 "낮기" 때문에 베이스 노트(bass note)로부터 "깊이"를 추출하듯이, 그것이 더 적은 수 "그 이상"이기 때문에 더 큰 수로부터 "높이"를 추출한다.

신경생물학적인 경제성 측면에서 물리적인 것과 은유적인 것의 혼합은 의미가 있다. 우리가 구체적인 감각 정보뿐만 아니라 더욱 추상적인 사고도 처리하도록 진화하면서, 이런 과제들을 처리하기 위해 새로운 신경 회로가 만들어지지는 않았다. 그 대신, "비계(scaffolding)"
[168]라고 불리는 진화 과정에서 원래 존재하던 회로가 두 가지 임무를
수행하도록 적응되었다.

　따라서 외부의 온도를 감지하는 데 헌신하던 뇌 모듈은 감정적인
외부 온도를 감지하는 업무도 담당하도록 가지를 쳐 나갔다. 물리적
공간과 무게를 평가하는 것이 본업이었던 모듈들은 심리적 공간과
무게를 평가하는 부업을 시작했다. 이런 방식으로, 심리적 따뜻함의
개념은 물리적 따뜻함의 개념을 발판으로 만들어졌고 심리적 공간과
무게의 개념은 물리적 공간과 무게의 개념을 발판으로 만들어졌다.

　인지심리학자 스티븐 핑커가『생각의 재료*The Stuff of Thought*』에서
관찰한 바와 같이, 이러한 추상적인 것과 구체적인 것 간의 공감각적
연결은 은유보다 더 많은 것들의 근원일지도 모른다.

> 모든 추상적인 사고가 은유적이고, 모든 은유가 생물학적인 기반을 가
> 진 개념으로부터 조립된다면, 우리는 인간 지능의 진화를 설명할 수
> 있게 된다. 인간 지능은 은유와 조합의 산물일 것이다. 은유는 마음에
> 게 몇 가지 기본적인 생각을 사용하여 더 추상적인 영역을 이해하도록
> 해 준다. 조합은 유한한 수의 간단한 생각들이 무한한 수의 복잡한 생
> 각을 발생시키도록 해 준다.[169]

생물학적 경험이 은유적 사고, 또는 실제 모든 사고의 토대를 형성한
다는 이론은 "신체화된 인지(embodied cognition)"로 알려져 있는데, 이는
인지과학자인 조지 레이코프Mark Johnson와 마크 존슨Mark Johnson에 의해
현대적인 형식을 갖추게 되었다. 레이코프와 존슨은 우리가 본능적
이고 무의식적으로 일상에서 사용하는 은유인 가장 일반적인 은유가
모두 우리의 생리적인 특성에 깊이 뿌리를 두고 있다고 말했다.

레이코프와 존슨이 주장하듯이, "I'm feeling *up* today"나 "I'm *high*"와 같은 표현은 행복과 높음의 은유적 등가로부터 도출되고, "I'm feeling down today"이나 "I'm low"와 같은 표현은 우울함과 낮음의 은유적 등가로부터 도출된다. 그 이유는 무엇일까? 왜냐하면 우리가 활동하거나 깨어 있거나 초롱초롱할 때는 글자 그대로 수직으로 서 있거나 위쪽에 있고, 우리가 동작이 느리거나 졸리거나 아플 때는 글자 그대로 땅에 가까운 아래쪽에 있기 때문이다.

일상 언어는 그러한 추켜세워진 표현과 아래로 눌린 표현으로 가득 차 있다. 콧대가 높은(high and mighty) 사람들은 콧대를 꺾어줄(taken down a peg) 필요가 있다. 당신은 누군가를 치켜세우고 받들어 모시고(put someone on a pedestal), 그들은 종종 바닥을 치거나 바닥으로 가라앉는다(sink to new lows). 누군가 추락해서 타버릴(crashes and burns) 때까지, 당신은 그를 우러러본다(look up to).

모든 종류의 연구들이 높고 낮음 간의 물리적–생리적 연결을 보여준다. 사람들은 높은 위치에서보다는 낮은 위치에서 부정적 단어를 더 빨리 인식하고, 낮은 위치에서보다는 높은 위치에서 긍정적 단어를 더 빨리 인식한다.[170] 회사의 조직도에서 수직선이 더 높을수록, 사람들은 그 회사의 중역간부가 더 힘이 있다고 판단한다.[171] 우울증의 증상을 보고하는 사람들은 시각장의 더 높은 구역보다는 더 낮은 구역에 있는 사물에 더 빨리 반응한다.[172] 심지어 더 낮은 위치에서 더 높은 위치로 구슬을 옮기는 것과 같은 세속적인 물리적 행동도 긍정적 기억의 회상과 상관성을 이루지만,[173] 더 높은 위치로부터 더 낮은 위치로 구슬을 옮기는 것은 부정적 기억의 회상과 상관성을 이룬다.

바람직함과 크기 간의 연결에서도 동일한 공감각적 효과가 나타난다. 연구 참여자들은 더 큰 글꼴 크기로 제시될 때 긍정적인 단어를 더 빨리 평가하고, 더 작은 글꼴 크기로 제시될 때 부정적인 단어를 더 빨리 평가한다.[174] 이런 상관성은 "He has a *big* salary(그는 월급이 많다)"와 "She has a *small* mind(그녀는 마음이 좁다)" 같은 일반적인 은유 표현 이면에 있는데, 이는 "bigger is better"라는 자명한 이치에 대한 물리적 근거와 "특대(super-sized)" 식사의 인기에 대한 그럴듯한 심리학적 해명을 제공한다.

레베카가 그렇게 힘들게 느꼈던 "Belt Tightening Lies Ahead"라는 헤드라인은 추상적 개념이 물리적 특성을 통해 기술되는 공감각 은유의 또 다른 예이다. "She's *out in front* on this issue(그녀는 이 문제에서 '앞서고' 있다)"나 "We're all *behind* you(우리는 모두 당신보다 늦다)"와 같은 표현은 전방과 후방의 공간적 은유를 숨기고 있다. "보는 것은 아는 것이다(seeing is knowing)" 은유도 공감각적인데, 이것은 시각의 구체적 경험과 이해의 추상적 경험을 동일시한다. 그러나 [보는 것은 아는 것이다] 은유는 시각이 정보의 주요 근원인 종의 구성원에게만 의미가 있다.

영국 작가 올라프 스테이플던Olaf Stapledon은 정보의 주된 근원이 되는 감각이 우리와 다른 종은 어떤 종류의 은유를 사용할지에 대해 궁금해 했다. 그래서 1937년에 출간된 자신의 환영 소설 『스타 메이커 *Star Maker*』에서 그는 주로 미각을 통해 세계와 상호작용하는 또 다른 인간 종족을 만들어 냈다. 또 다른 인간은 혀와 입뿐만 아니라 손, 발, 심지어 생식기에도 미뢰(味蕾, taste bud)가 있다. 그리고 그들의 공감각 은유는 비슷하게 미각적이다.

미각은 그들의 이미지와 개념에서 우리의 시각만큼 중요한 역할을 한다. 지상에 사는 인간이 시각을 통해 도달하고, 가장 추상적인 형태일 때에도 여전히 시각적인 기원의 흔적을 가지고 있는 많은 개념들을 그 종족들은 미각에 의해 이해한다. 예컨대, 사람이나 생각에 적용되는 "brilliant(현명한/밝은)"를 그들은 문자적 의미가 "맛있는"인 단어로 번역할 것이다 … 우리의 많은 비시각적 개념 또한 미각에 의해 표현되었다. "complexity(복잡함)"는 "many-flavored(맛이 다양한)"였는데, 이는 원래 다양한 동물들이 항상 모이는 물웅덩이 부근에서 느껴지는 미각의 혼란을 의미하던 단어이다.[175]

레이코프와 동료들은 이른바 수십 개의 "개념적 은유(conceptual metaphor)"[176]를 밝혀냈는데, 이는 생리학과 물리적 경험의 언어를 사용해서 근본적인 추상적 개념을 기술하는 비유 표현들이다. 예컨대, "Your claims are *indefensible*(당신의 주장은 방어할 수 없다)"와 "He *shot down* all of my arguments(그는 나의 모든 논증을 격추했다)"는 개념적 은유 [논쟁은 전쟁이다]의 실례이다. "This relationship is *a dead-end street*(이 관계는 막다른 골목이다)"와 "We'll just have to *go our separate ways*(우리는 갈라진 길을 가야할 것이다)"는 은유 [사랑은 여행이다]의 실례이다. "This plan is *half baked*(그 계획은 덜 구워졌다)"와 "Let me *chew it over* for a while(잠시 동안 그것을 곱씹어 보자)"은 [생각은 음식이다]의 실례이다.

레이코프와 신체화된 인지를 지지하는 다른 이들이 믿는 것처럼, 이와 같은 개념적 은유가 없다면 우리는 사랑, 아름다움, 고통, 기쁨과 같은 추상적 개념에 대해 이야기하거나 생각할 방법이 없을 것이다. 레이코프와 또 다른 인지과학자인 마크 터너Mark Turner는 다음과 같이 말한다.

기본적인 개념적 은유[177]의 한 문화의 구성원들이 공유하는 개념적 장
치의 부분이다 … 우리는 흔히 그것을 공통된 경험에 의해 이해한다.
개념적 은유에 주의를 기울일 수는 있지만, 그것은 대체로 무의식적이
다. 인지에서 그것의 작용은 대체로 자동적이다. 그리고 개념적 은유
는 언어에서 널리 관습화되어 있다. 즉, 그 해석이 우리 언어에서 이런
개념적 은유에 의존하는 단어와 관용 표현들은 매우 많다는 것이다.

개념적 은유에는 신경학적 기초가 있을 수도 있다. 1960년대에 폴란
드 신경생물학자 예르지 코노르스키Jerzy Konorski는 "식별 신경세포
(gnostic neuron)"라고 부르는 것을 식별했는데, 이것은 특정한 사람이나
사물의 이미지에 대한 반응으로 활성화되는 뇌 세포이다. 이런 신경
세포는 나중에 특정한 뇌 세포가 참여자의 할머니의 사진에 반응한
다는 것이 관찰된 한 실험 때문에 "할머니 세포"로 알려지게 되었다.
더욱 최근의 연구에서는 이런 신경세포는 물리적 표상뿐만 아니라
그런 표상 이면에 있는 개념에도 반응한다는 것을 보여 주었다.

　연구자들은 손으로 쥐는 것을 담당하는 부위를 식별하기 위해 뇌
에 전극을 심어둔 8명의 뇌전증 환자에게 유명한 사람이나 장소의 그
림들을 보여 주었다. 그런 다음 그 팀은 어떤 신경세포가 어떤 사진에
반응해서 활성화되는지를 기록했다. 그들은 특정한 신경세포가 특정
한 이미지에 반응해서 활성화된다는 것을 발견했다.

　예컨대, 어떤 신경세포는 빌 클린턴의 사진에만 반응했다. 다른 신
경세포들은 비틀즈나 농구스타 마이클 조던이나 『심슨 가족The Simpsons』
에 나오는 캐릭터들의 사진에만 반응했다. 동일한 신경세포가 사람
의 이름에도 반응했다. 한 참여자는 "할리 베리 신경세포(Halle Berry
neuron)"[178]를 가지고 있었는데, 이것은 그 배우의 사진뿐만 아니라 그

녀의 이름 글자에 반응하여 활성화되기도 했다. 이 신경세포들은 할리 베리의 이미지뿐만 아니라 할리 베리의 개념에도 반응하는 것을 알 수 있다.

연구자들은 식별 신경세포가 장기기억을 형성하는 것뿐만 아니라, 특정한 물리적 자극과 특정한 추상적 표상의 반복적인 결속으로부터 발생하는 개념을 유지하는 것에도 결정적인 역할을 할 것이라고 믿는다. 예컨대, 원숭이 실험에서는 어떤 신경세포가 사물들 간의 상관성에 반응한다는 것을 보여 준다.[179] 원숭이에게 서로 관련 없는 사물들을 반복적으로 보여 줄 때는 다양한 신경세포들이 각각의 사물을 부호화한다. 그러나 이런 사물들이 함께 제시되거나 순서대로 반복하여 제시되면, 동일한 신경세포들이 그 사물들을 부호화한다. 서로 다른 사물들에 대한 신경들이 서로 연결되는 것이다. 인간에게서, 이것은 은유적 연상이 형성되는 방식일 수 있다.

어떤 과학자들은 그런 뇌 세포가 행동학적으로 중요한 환경의 특징들을 부호화하면서 우리가 물리적 공간과 개념적 공간을 자유롭게 전환할 수 있도록 해주는 역할도 한다고 추측한다. 그런 제안이 옳다면, 이런 세포들은 문자적 사고와 은유적 사고를 처리하는 데 필요한 바로 그 이중 임무를 수행하기 위해 진화하거나 비계를 형성해 왔을 것이다. 하나의 신경세포 다발이 할리 베리의 개념을 부호화할 수 있다면, 왜 [사랑은 여행이다]나 [생각은 음식이다]에서는 그럴 수 없겠는가?

대부분의 개념적 은유 표현은 오래 전에 진부한 표현으로 굳어졌다. 하지만, 그것이 공감각적 연결이나 맨 처음 그런 연결을 유발했을 수 있는 할머니 세포가 전혀 활동하지 않고 있다는 말은 아니다. 인지

언어학자 졸탄 케베체쉬Zoltán Kövecses가 지적한 바와 같이, '사은유'의 관점[180]은 깊이 고착되어 있고, 거의 인식되지 않으며, 아무 노력을 들이지 않고도 사용되는 것은 우리의 사고에서 가장 활동적인 것이어야 한다는 중요한 사실을 놓치고 있다.

공감각은 한 감각에 대한 경험을 또 다른 감각의 맥락에서 창조한다. 은유적 사고는 한 개념이 또 다른 개념의 맥락에서 이해되는 일종의 개념적 공감각을 창조한다. 추상적인 것은 구체적인 것의 맥락에서 감정적인 것은 생물학적인 맥락에서 이해된다. 은유를 통해 몸과 마음은 불가분하게 뒤얽혀 있다.

은유와 몸
화는 그릇 속의 뜨거운 액체이다

시간이 **날아간다**(Time *flies*)'. 하루가 **더디게 간다**(The day *drags* by). 이와 같은 이동의 공간적 은유는 시간을 기술할 때 매우 흔하게 사용된다. 하지만 시간은 이런 종류의 일을 하지 않는다. 레이코프와 존슨이 주장하듯이, 각각의 이런 비유적 어구는 [시간은 이동이다]라는 개념적 은유의 예이다.

시간의 물리적 이동은 그 어원이 공간에 뿌리를 둔 "then"과 "when"과 같은 기본적인 시간 용어에서도 자명하게 나타난다. "then"과 "when"은 모두 "그 장소로부터"라는 뜻을 가진 독일어 단어에서 나온 것이다. 뇌를 스캔해 보면 우리가 시간에 대해 생각할 때, 이동과 공간적 관계를 담당하는 부위도 활성화되는 것을 알 수 있다. 어떤 간단한 실험은 시간에 대한 우리의 개념이 실제로 어떻게 신체에 기반하고 있는지를 증명했다.

실험은 참여자들에게 밧줄이 붙어 있는 의자 그림을 보여주는 것으로 시작된다. 실험대상자들 중 절반은 밧줄로 그 의자를 자기 쪽으로 끌어당기는 것을 상상했고, 다른 절반은 의자에 앉아서 밧줄을 끼고 스스로를 앞으로 끌어당기는 것을 상상했다. 그런 다음 두 집단 모두는 "Next Wednesday's meeting has been *moved forward* two days(다음 주 수요일 회의가 이틀 앞으로 옮겨졌습니다)."[181]라는 말을 듣고, 일정이 새로 잡인 회의 날짜가 언제인지를 묻는 질문을 받았다.

다음 주 수요일의 회의에 대한 이 말에는 두 개의 공간 이동의 은유가 들어 있다. 첫째, 회의 자체는 이동될 수 있는 물리적 사물이다. 둘째, 회의 일정을 다시 잡는 것은 회의를 공간상에서 앞으로 옮기는 것을 뜻한다. "일정이 새로 잡힌 회의 날짜가 언제인가?"라는 질문에 대한 답은 명확하지 않은데, "미래"와의 관계에서 "앞으로"의 개념이 중의적이기 때문이다. 회의 일정을 다시 잡을 때, 그것이 당신에게 더 가까이 이동하는가, 아니면 당신이 그것을 향해 더 가까이 이동하는가?

답은 은유적으로 시간이 이동하면서 당신에게 접근한다고 해석하는지, 아니면 시간이 당신을 옮기면서 함께 이동한다고 해석하는지에 달려 있다. 전자의 시나리오에서 시간이 다음 주 수요일 회의를 더 가까이로 옮길 때 당신은 정적인 채로 있다. 실험에서 이것은 밧줄로 의자를 당신 쪽으로 잡아당기는 것에 대응한다. 후자의 시나리오에서 당신은 시간과 함께 다음 주 수요일 회의라는 정적인 사물 쪽으로 이동한다. 이것은 의자에 앉아서 밧줄을 끼고 스스로를 앞으로 끌어당기는 것에 대응한다. 연구자들은 사람들이 상상한 물리적 공간에서의 위치가 다음 주 수요일 회의의 은유적인 이동에 대한 그들의 반응에 영향을 미친다는 것을 발견했다.

의자를 스스로에게 끌어당기는 것을 상상한 참여자들은 회의가 월요일로 옮겨졌다고 대답하는 경우가 더 많았는데, 이것은 시간이 사건을 그들 쪽으로 옮긴다는 은유적 개념과 일치한다. 밧줄을 끼고 스스로를 끌어당기는 것을 상상한 참여자들은 회의가 금요일로 옮겨졌다고 대답하는 경우가 더 많았는데, 이것은 사건이 정적인 사물이고, 시간이 그들을 그 사물 쪽으로 이동시킨다는 개념과 일치한다.

식당에서 줄을 서고 있는 학생들과 움직이는 기차를 타고 있는 사람들에게도 똑같은 실험을 했다.[182] 두 경우 모두 결과는 같았다. 가장 앞줄에 서 있는 학생과 여행의 목적지에 가장 가까이 온 승객들처럼 전방 이동 경험을 가장 많이 한 사람일수록 회의가 금요일로 옮겨졌다고 말할 가능성이 더 높았는데, 이것은 시간상의 사건이 우리가 다가가는 정적인 사물이라는 은유적 이해와 일치한다.

이런 실험들은 공간의 구체적인 경험과 시간의 추상적 경험이라는 우리의 개념들을 연결하는 개념적 공감각을 증명한다. 공간을 통한 물리적 이동이라는 우리의 개념은 시간을 통한 연대기적 이동이라는 우리의 개념으로 안내하는 비계의 역할을 하게 된다. 신체화된 인지이론이 제안하듯이, 어떤 것에 대한 경험이나 생각은 다른 것에 대한 경험과 생각에도 영향을 미친다.

은유는 가장 추상적 개념조차 우리 몸의 생리적 조건에 근거를 두게 만든다. "점화(priming)"로 알려진 과정을 통해, 이런 생리적 조건들은 우리가 알아채지 못하는 사이에 우리의 신념과 행동을 형성한다.

점화는 은유적 연상의 과정을 통해 물리적인 것이 심리적인 것에 심오하게 영향을 미치고, 그 역도 성립한다고 상정한다. 감각, 사물, 경험은 내적 상태와 반복적으로 함께 발생하여, 우리 마음속에 연결된다. 예컨대, 밀접성은 신체적 따뜻함과 감정적 따뜻함 모두의 원인이 된다.

그래서 시간이 지나면서, 우리는 그 둘을 연결하게 되어, 사랑하는 사람을 'near and dear(가깝고 소중한)'로 묘사하고, 가장 친한 친구를 'bosom (buddies, 가까운 친구)'로 묘사한다.

비슷한 과정은 뇌에서도 일어난다. 신경세포들의 다발이 함께 반응하는 일이 많아질수록, 그것들 간의 연결은 더 강해진다. 특정한 신경 집단이 시간이 지나면서, 가령 할리 베리의 경우처럼, 반복적으로 동일한 자극에 반응한다면, 그런 연결들은 고정된다. 신경과학에서 이것은 "함께 활성화되는 신경세포는 함께 엮인다."라는 원리로 알려져 있다.

점화에서 물리적인 것은 심리적인 것과 융합된다. 근접성과 감정적 따뜻함의 결속에서처럼 일단 이런 재배선(rewiring)이 발생하면, 통신은 양방향으로 (마음에서 물질로, 그리고 물질에서 마음으로) 흐른다. 우리의 내적 상태는 우리가 가깝고 친하게(up close and personal) 되는지, 또는 차갑고 거리가 멀게(cold and distant) 남아 있는지 결정한다. 그러나 외적인 상황은 우리의 내적인 상태를 또한 결정한다. 단서가 아무리 사소하거나 관련이 없어 보인다 할지라도, 우리는 그것이 점화시키는 것과 일치하는 방향으로 생각하고 행동하는 경향이 있다.

따라서 선 위에 상대적으로 멀리 떨어져 있는 점들을 표시하라는 요청을 받은 사람들은 상대적으로 가까이에 있는 점들을 표시하는 사람들보다 가족과의 유대가 더 약하다고 보고했다.[183] 직립 자세로 앉아 있는 사람들은 구부정한 자세로 앉아 있을 때보다 더 많은 자부심을 느낀다고 전한다.[184] 전자의 경우에, 물리적 거리는 심리적 거리의 징후를 보인다. 후자의 경우에, 물리적 자세는 심리적 자세를 강화한다. 은유는 또한 점화로도 기능한다. 속도에 대한 은유("on a *fast track to success*(성공으로 가는 빠른 길에서)")를 담고 있는 텍스트를 본 사람들은 느림에 대한 은유("on a *slow path* to success(성공으로 가는 느린 길에서)")를 담고 있는 텍스트보다 그것을 더 빨리 읽는다.[185]

　인상 형성에 관한 유명한 연구에서 솔로몬 애쉬는 물리적인 것이 어떻게 은유적인 것과 상관성을 이루는지 지적했다. "warm"과 "cold", "dull"와 "bright", "straight"와 "crooked", "bitter"와 "sweet"와 같은 물리적인 것과 은유적인 것에 둘 다 적용되는 형용사의 목록을 수집했다. 그런 다음 그는 특히 구약성경 헤브라이어, 호머의 그리스어, 타이어, 말라얄람어(남서 인도에서 사용하는 언어), 하우사어(서아프리카에서 사용하는 언어), 버마어처럼 매우 다양한 언어들을 연구하고,[186] 정확히 동일한 단어가 정확히 동일한 방식으로 사용된다는 것을 발견했다.

　단어 "sweet"는 애쉬가 발견한 것을 맛보도록 해 준다. 초콜릿 같은 달콤한 것을 먹는 것은 유쾌한 물리적 감각뿐만 아니라 유쾌한 심리적 상태도 만들어낸다. 이런 두 가지는 너무 밀접하게 연결되어 있어서, 심리적 상태를 유발하는 것은 무엇이든 물리적 상태를 유발한 것에 의해 묘사된다. 어원학자 오웬 바필드의 말을 바꿔서 설명해 보면, 새로운 심리적 상태가 의식이 되면, 그것은 그것과 가장 밀접하게 닮은 물리적 상태에 의해 기술된다.

　그래서 고대 헤브라이어에는 "sweet to the soul(영혼의 달콤함)"이 등장한다. 그리스어에는 "sweet laughter(달콤한 웃음)"가 있다. 하우사어 화자들은 몸이 좋지 않을 때 "I don't taste sweetness(단맛이 안나)"라고 말한다. 중국 사람들은 너무 많은 초콜릿을 먹으면 아프듯이 "sweet words(달콤한 말)"이 당신을 속일 수 있다고 경고한다. 애쉬가 말하듯이, 이와 같은 단어들은 "경험의 '원재료'만 전적으로 가리키는 것은 아니다." 이런 단어들은 개념의 이름이기도 하다.[187]

세상에서 우리 몸에 대한 경험이 매우 보편적이기 때문에 이런 개념들은 보편적인 경향이 있다. 그럼에도 이러한 신체화된 인지의 종류에는 문화적 변이가 들어설 수 있는 여지가 많다("여지(room)"도 물리적인 은유라는 것을 생각해 보라).

서양에서는 미래에 대해 이야기할 때 몸의 앞쪽을 향해 몸짓언어를 한다. 한 연구에서 미래에 대해 심사숙고하는 참여자들은 심지어 앞으로 기울이는 경향이 있지만, 과거를 회상하는 사람들은 뒤로 기울이는 경향이 있었다.[188] 미래를 우리 앞에 있는 무언가로 간주하는 경향을 무시할 수 없는 것처럼 보인다.

하지만 남아프리카에서 아이마라어의 화자들은 미래에 대해 이야기할 때 스스로의 뒤로 제스처를 한다.[189] 왜 그런가? 아이마라 문화(Aymaran culture)에서는 과거가 앞에 있는데, 왜냐하면 과거는 이미 알려져 있으므로 볼 수 있기 때문이다. 이와 대조적으로 미래는 알려져 있지 않고 볼 수 없으므로, 화자 뒤에 위치하고 있는 것이다. 과거와 미래에 대한 아이마라와 서양의 신체화된 개념은 모순되지만, 동일하게 신체적 은유에 기초를 둔다.

"다음 주 수요일 회의" 실험을 후원했던 레라 보로디츠키Lera Boroditsky라는 인지과학자도 영어와 만다린 화자들이 시간에 대해 생각하고 이야기할 때 사용하는 공간 관련 은유들의 차이를 연구했다.[190]

"앞 = 미래"와 "뒤 = 과거"의 수평 은유는 양 언어 모두에서 일반적이다. 하지만 만다린어 화자는 연대기적 순서를 언급하기 위해 수직 은유도 사용한다. 시간상에서 일찍이 발생하는 사건은 "위(up)"에 있다고 하지만(April is *above* May(4월은 5월 위에 있다)), 시간상 더 늦게 발생하는 사건은 "아래down"에 있다고 말한다(May is *under* April(5월은 4월 아래에 있

다)). 영어 화자들도 Her birthday is coming *up*(그녀의 생일이 다가오고 있다)
나 The watch was handed *down* from generation to generation(그 시계는
대대로 전해졌다)과 같이 비슷한 표현을 사용하지만, 그 수는 만다린어
화자들보다 훨씬 더 적다. 만다린어의 수직 편향은 또한 그 언어가 전
통적으로 위에서 아래로, 오른쪽에서 왼쪽으로 진행하면서 필기된다
는 사실에서도 드러난다.

보로디츠키는 두 언어의 화자들을 수평 점화나 수직 점화에 노출
시켰다. 그것은 검은색 벌레가 흰색 벌레 앞에 있고, 방향을 암시하는
화살표와 함께 "The black worm is ahead of the white worm(검은색 벌레
가 흰색 벌레 앞에 있다)"이라는 문장이 붙어 있는 그림과, 검은색 공이 흰
색 공 위에 있고, "The black ball is above the white ball(검은색 공이 흰색
공 위에 있다)"이라는 문장이 첨부된 그림이었다. 그녀는 참여자들에게
"Is March earlier than April?"와 "Is April later than March?"와 같이 공
간 은유를 포함하지 않는 시간에 관한 질문을 했다. 영어 화자들은 수
평 점화 이후에 더 빨리 대답했고, 만다린어 화자들은 수직 점화 후에
더 빨리 대답했다. 만다린어 화자들은 영어로 대답했다는 사실에도
불구하고 수직 점화 이후에 더 빨리 대답하는데, 이는 그들이 사용한
언어와는 상관없이 수직 점화에 대한 그들의 선호가 활동적이라는
것을 암시한다.

보로디츠키는 또한 영어 화자들에게 시간에 대해 이야기할 때 수
직 은유를 사용하도록 교육을 시켰다. 그들은 가령, "Cars were invented
above fax machines"와 "Wednesday is lower than Tuesday"와 같이 말
하는 법을 배웠다. 만다린어 화자들처럼, 이와 같은 교육을 받은 영어
화자들은 수직 점화에 노출된 이후에 이루어진 시간 관련 질문에 더

빨리 대답하기 시작했다. 이는 보로디츠키에게 "언어의 차이가 실제로 사고의 차이를 유발한다"[191]는 것을 시사해 주는 결과였다.

　보로디츠키는 공간 은유가 공간 은유를 포함하지 않고 있는 질문에 답할 때도 시간에 대해 이야기하는 방식에 영향을 미친다고 결론지었다. 그녀가 말하길, 사람들은 "시간에 대해 이야기하기 위해 그들의 언어에 널리 퍼져 있는 특정한 은유와 일치하는 (혹은 그것에 의해 조장되는) 방식으로 공간적 지식을 사용한다."[192]

　모든 종류의 신체화된 은유에도 동일한 것이 적용된다. 우리가 본능적으로 "위"와 긍정적인 것을 연관 짓고, "아래"와 부정적인 것을 연관 짓듯이, 우리는 "앞"을 좋은 것과 연관 짓고, "뒤"를 나쁜 것과 연관 짓는다. 우리는 일상적으로 어려운 협상에서 이루어낸 진척을 "moving *forward*(진척되다)"한 것으로 기술하고, 불미스러운 개인적 관행의 재발을 "going *back* to old habits(옛날 습관으로 되돌아가다)"했다고 묘사한다. 이와 마찬가지로, 가장 좋은 것이 여전히 우리 '앞에' 있고 가장 나쁜 것이 이미 우리 '뒤에' 있을 때 우리는 가장 행복하다.

　이런 은유들은 우리의 감각이 대부분 우리 앞쪽을 향한다는 사실로부터 나온다. 결과적으로 그것은 세계에 대한 정보가 우리에게 도달하는 방향이다. 우리 앞에 있는 것은 명확하고 쉽게 볼 수 있다. 물론 당신이 아이마라 사람이 아니라면, 우리 뒤에 있는 것은 잘 안 보이고 헤아릴 수 없다. 우리의 손과 발 역시 뒤로 갈 때보다는 앞으로 갈 때 훨씬 더 잘 작동한다.

　하지만 올라프 스테이플던이 『스타 메이커』에서 보여 주었듯이, 우리의 몸이 다르다면 우리의 은유도 다를 것이다. 예컨대, 게는 옆으로 걷는다. 게가 말을 할 수 있다면, 틀림없이 어려운 협상에서의 진척을 합의를 향한 옆걸음이라 묘사하고 가장 좋은 날들이 아직 그들의 '옆에' 있다고 말하면서 더 좋은 미래를 희망할 것이다.

우리의 몸은 은유를 점화하고, 우리의 은유는 우리가 사고하고 행동하는 방식을 점화한다.

이런 종류의 연상적 점화는 항상 이루어진다. 한 연구에서 연구자들은 참여자들에게 서류가방, 회의실 테이블, 만년필, 여성과 남성 정장과 같이 비즈니스 환경에서 흔히 볼 수 있는 사물들의 사진을 보여주었다. 또 다른 집단은 연, 악보, 칫솔, 전화기와 같이 특정한 환경과 관련 없는 사물들의 사진을 보았다. 그런 다음 두 집단은 다양한 방식으로 묘사될 수 있는 애매모호한 사회적 상황을 해석해야 했다. 비즈니스와 관련된 사물 사진으로 점화를 받은 사람들은 연과 칫솔 사진을 본 사람들보다 일관되게 그 상황을 더 경쟁적인 것으로 해석했다.[193]

이 집단의 마음에 있는 경쟁적인 생각의 틀은 단어 완성 과제에서도 드러난다. "wa_", "_ight", "c_p __ tive"와 같은 미완성 단어를 완성하도록 했을 때, 비즈니스 점화는 "war", "fight" "competitive"와 같은 단어를 더 자주 생산했고, "was", "light", "cooperative"와 같은 단어는 멀리했다. 그들은 또한 작은 통에 들어 있는 현금을 공정하게 나누어줄수록 더 보상을 받는 게임에서는 더 인색한 행동을 보이기도 했다.

화는 점화의 또 다른 주요 목표 중 하나이다. "She's about to *blow her top*(그녀는 막 뚜껑을 날려버릴 것 같다)", "He's all *steamed up*(그는 완전히 김이 차올랐다)", "She is a *hot head*(그녀는 성미가 급하다)", "In the *heat* of the moment(그 순간의 열기에서)"는 모두 또 다른 레이코프-존슨의 개념적 은유 [화는 그릇 속의 뜨거운 액체이다]의 변이형이다.[194] 실제로 화의 비유적 묘사는 은유 표현과 물리적 경험 간의 가장 명확한 공감각적 연결 중 몇 가지를 보여 준다.

물리적 열에 대한 경험은 앞뇌섬 피질에서 처리되는데, 이는 또한 분노와 관련된 개념이 사용되거나 감정적인 따뜻함이 경험되는 동안 활성화되는 뇌 부위이다. 열 관련 이미지가 사람들의 마음속에서 화의 개념을 촉진하는지를 발견하기 위해 심리학자 벤저민 M. 빌코브스키Benjamin M. Wilkowski와 동료들은 실험대상자들에게 10개의 분노 관련 어휘들의 집합("angry", "annoyed", "furious")과 10개의 중립적인 어휘의 집합을 보여 주었다. 빌코브스키는 중립적인 단어가 가능한 한 덤덤한 것이기를 원해서, "armchair", "bench", "bookcase"와 같은 가구 관련 용어들을 선택했다.

어떤 실험대상자들은 열을 환기시키는 이미지와 함께 제시된 단어들을 보았다. 즉, 글자 꼭대기에 불꽃이 깜박이거나, 캠프파이어가 단어들의 배경을 이루었다. 다른 실험대상자들은 차가움을 환기시키는 이미지와 함께 제시된 단어들을 보았다. 즉, 고드름이 어떤 글자에 매달려 있거나, 단어들이 쌓인 눈더미에 부분적으로 가려져 있도록 나타내었다.

참여자의 과제는 간단하다. 분노 관련 단어와 분노와 관련되지 않은 단어를 가능한 한 빨리 구분하는 것이다. 실험대상자들은 분노와 관련 단어에 차가운 이미지보다 뜨거운 이미지가 수반된 경우에 이것을 훨씬 더 빨리 구분했다. 단어 "angry"는 눈으로 덮여 있을 때보다 불꽃에 덮여 있을 때 화와 관련 있는 것으로 더 빨리 인식되었다.

ANGRY **BOOKCASE**

ANGRY **BOOKCASE**

열이 느껴지나요? 실험대상자들은 차가운 이미지보다는
열 이미지가 수반될 때 분노 관련 단어를 더 빨리 인식합니다.
_ Benjamin M. Wilkowski 저작권 승인을 받은 이미지

실험대상자들은 또한 가구의 이름을 열 이미지와 함께 제시했을 때 가구 관련 단어와 분노 관련 단어를 더욱 빈번하게 오해했다. 다른 연구들에서는 실험대상자들이 용암류 사진과 같은 열 이미지로 점화된 이후에 화 관련 단어를 더 빨리 식별한다는 것을 보여 주었다.[195] 빌코브스키와 동료들이 결론짓듯이, 물리적 단서인 열은 실제로 분노라는 정신적 개념을 촉진한다. 그리고 이런 은유적 촉진은 물리적인 결과도 발생시킨다.

실험대상자를 분노 관련 단서나 가구 관련 단서로 점화한 이후에, 빌코브스키와 동료들은 그들에게 현재의 방 온도나 낯선 도시의 온도를 추정하도록 했다. 분노와 관련된 점화에 노출된 사람들은 가구에 대해 이야기하는 사람들보다 일관되게 더 뜨거운 온도를 제시했다. 얼굴에 대해서도 비슷한 효과가 관찰되었다. 열과 관련된 이미지에 노출된 사람들은 슬프거나 중립적인 것으로 범주화 될 수도 있는 애매한 얼굴표정을 화난 표정으로 범주화하는 경우가 더 빈번했으며, 범주화의 속도도 더 빨랐다.

열 경험과 분노 개념 간의 상관성은 공간을 통한 이동과 시간 경과 간의 유사성처럼 육체적인 것과 은유적인 것 간에 연결이 있다는 것을 암시한다. 끓는 액체가 그릇에서 넘쳐흐르듯이, 억눌렸던 분노가

폭발할 때 우리는 **뚜껑이 열린다**(flip our lid). 물리적이고 은유적으로 열을 감지할(feel the heat) 때 우리는 더욱 쉽게 평정심을 잃는 경향이 있다.

색채 역시 물리적 영향뿐만 아니라 은유적 의의를 갖는다.[196] 우리는 일상적으로 더 어두운 색채와 강함을 연상시키고, 더 밝은 색채와 약함을 연상시키는 경향이 있는데, 이것은 여러 문화에 걸쳐 보편적으로 적용되는 연상이다.

한 연구에서 참여자들은 어두운 프로축구와 하키 유니폼을 입은 팀을 더 밝은 유니폼을 입은 팀보다 더 거친 것으로 평가했다.[197] 연구자들은 반칙을 받은 횟수를 측정하여 이런 연상이 실제의 거친 행동과 상관성이 있는지 조사했다. 그 결과 1970년에서 1986년까지 17시즌 동안 더 어두운 유니폼의 팀들이 더 밝은 유니폼의 팀들보다 더 많은 반칙을 했다는 것이 드러났는데, 그런 반칙들 중에는 아이스하키 등에서 상대편에게 스틱을 휘두르는 공격적인 행동도 포함되어 있었다.

1979~1980 시즌 동안, 피츠버그 펭귄스(Pittsburgh Penguins) 하키 팀은 연구를 위한 최적의 조건을 제공했다. 선수들은 그 시즌의 첫 절반 동안은 파란색 유니폼을 입었고, 나머지 절반 동안은 검은색 유니폼을 입었다. 그들 팀이 파란색 유니폼을 입었을 때 반칙은 평균 8분이었고, 검은색 유니폼을 입었을 때는 평균 12분이었다. 선수들은 실제로 검은색 유니폼을 입고 있을 때 더 많은 반칙을 했고, 심판들도 더 어두운 운동복을 입은 선수들을 더 경계하고 더 조심스러워했을 수 있다. 어떤 식으로든 색채의 은유적 연상은 물리적 반응을 유발시켰던 것이다.

빨간색은 우리의 판단에 다른 방식으로 영향을 미친다. 전형적으로 공격성, 지배성, 성적 매력과 연상되는 빨간색은 자연 속에서 이러

한 특성을 자주 보여준다. 특히 남자들 사이에서 새빨개진 얼굴은 분
노나 격력한 신체 활동과 연상된다. 우리가 화가 나면 실제로 붉으락
푸르락해지는 듯하다.

50개 이상의 영국 축구 리그 시즌에 대한 분석에서는 빨간색 운동
복을 입은 팀이 다른 색채의 운동복을 입은 팀보다 더 높은 순위로 시
즌을 마무리하고, 홈게임에서 더 많이 이겼다는 것을 보여 주었다. 고
전적인 하이더와 지멜 영화의 정적인 변이형인 또 다른 연구에서 연
구자들은 자원자들에게 다양한 색의 원들을 보여 주고, 어떤 것이 물
리적 경쟁에서 더 우세할 것 같은지 질문했다. 승자는 빨간색이었다.

경제학에서 빨간색은 그다지 긍정적인 함의를 내포하지 않는다.
시장 지표는 보편적으로 증권 가격의 저하를 빨간색으로 묘사하고, 성
과는 항상 녹색이다. 당신이 돈을 잃고 있다면 **적자이거나**(in the red),[198]
적자에 빠져 있다(drowning in red ink). 물론 빨간색은 글을 교정할 때 선택
하는 색채이기도 하다. 선생님들은 빨간색 펜을 사용해서 학생들 논
문의 실수를 표시하고, 컴퓨터 맞춤법 검사 프로그램은 전형적으로
오타에 빨간색으로 밑줄을 친다. 한 연구에서는 파란색 펜보다는 빨
간색 펜을 사용하는 사람들이 에세이를 채점할 때 더 낮은 점수를 부
여할 뿐만 아니라,[199] 비즈니스 점화 실험에서 사용된 것과 같은 단어
완성 과제에서 더 많은 오류 관련 용어를 내놓는다는 것을 발견했다.
연구자들이 결론짓듯이, 빨간색 펜을 사용하는 것은 실패와 저조한
성과와 관련된 개념들에 대한 접근성을 증가시켰다.

이런 연상은 맥박과 혈압을 높이고, 근육 긴장을 증가시키며, 땀샘
을 자극하는 등 빨간색이 자율신경계에 미치는 효과 때문일 수 있다.
빨간색은 부지불식간에 스트레스에 대한 주관적 인상을 촉진시켜서,

사람들에게 더 큰 압박을 느끼면서 결정을 하도록 조장한다. 이것이 바로 어떤 주식 투자자들이 빨간색 펜을 쓰거나, 심지어는 그것을 만지는 것조차 꺼려하는 는 것은 말할 것도 없이 그것을 갖거나 심지어 만지는 것을 거부하는 이유이며, 또한 매사추세츠의 일부 교육청에서 선생님들에게 자주색 잉크의 펜을 제공하는 이유이기도 하다.

거울 신경세포에 관한 연구에서 보여 주었듯이, 우리 몸과 은유 간의 연결은 행동을 수행할 때 활성화되는 것과 동일한 뇌 부위가 그 행동을 정신적으로 시뮬레이션할 때도 활성화된다는 사실로 설명될 수 있다. 예컨대, 신체적인 혐오감에 책임이 있는 신경계는 도덕적 혐오감에 책임이 있는 신경계와 겹쳐진다.[200]

주식 투자자들이 붉은색을 보면 스트레스를 받는 것처럼, 우리의 심장 박동과 호흡은 위협적인 사물의 그림을 볼 때뿐만 아니라 그런 사물을 정신적으로 시각화할 때도 가속화된다.[201] 뇌의 시각회로는 무언가를 우리의 눈으로 보든 마음으로 보든 상관없이 반응한다.[202]

참여자들이 눈을 감고서 기억한 길을 되돌아가야 하는 한 연구에서 연구자들은 정신적인 시뮬레이션을 하는 것이 가장 간단한 길을 몸으로 걸어보는 것만큼 효과적이라는 것을 발견했다.[203] 실제로 걷는 것과 시뮬레이션 걷기의 지속 시간조차 거의 같았다. 실험대상자들에게 특정한 거리를 걸어가는 것을 상상하도록 요구할 때, 가상의 목표에 도달하는 데 걸리는 시간은 실제로 그 거리를 걸어가는 데 걸리는 시간과 동일하다.[204]

이 모든 연구의 최종적인 결론은 이것이다. 생각이란 우리가 상상하는 것을 더욱 생생하게 만드는 은유가 관여하는, 시뮬레이션을 통한 세상과의 상호작용의 일종이다.[205] 정신적 이미지는 몸과 마음에 실제 물리적 사물과 동일한 영향을 미칠 수 있다. 그리고 은유는 정신적 이미지를 제작하는 데 탁월함(excellence)이 있다(이것은 라틴어 excellere를 어원으로 하여 "to rise above", "to project from", "to stick out"를 의미하는 프랑스어를 거쳐 나온 또 다른 물리적 은유이다). 은유는 경험의 몸 대역이며, 실제 사물과 사건을 대신하는 역할을 한다.

은유에서 암시되는 물리적 행동을 정신적으로 시뮬레이션함으로써 비유 언어를 이해할 수 있는지를 확인하기 위해[206] 심리학자 레이몬드 깁스Raymond Gibbs Jr.는 참여자들을 다양한 아이콘이 나타나 있는 컴퓨터 모니터 앞에 앉혔다. 각각의 아이콘은 던지기, 발 구르기, 밀기, 차기, 쥐기와 같은 간단한 몸동작을 나타내었다. 아이콘이 모니터에 나타날 때마다 실험대상자들은 그것을 신체적 행동으로 수행해야 했다.

그 이후에 단어들의 연속체가 나타났는데, 절반은 수행한 행동과 관련된 관습적 은유였다. 실험대상자들이 가령 발을 차도록 요청받았다면, "*kick around* an idea"라는 단어의 연속체가 나타날 수 있다. 다른 단어 연속체는 문자적 의미나 은유적 의미가 없는 임의적인 결합체였다. 참여자들은 어떤 것이 어떤 것인지를 가능한 한 빨리 결정해야 했다. 깁스는 실험대상자가 단어들을 보기 전에 그것과 관련된 행동을 수행한 경우 그 어구를 유의미한 것으로 파악하는 데 시간이 덜 걸릴 것이라는 가설을 세웠다. 그리고 그 가설은 정확히 맞는 것으로 확인되었다.

어구 "*kick around* an idea"은 실험대상자들이 실제로 발로 차는 행동을 한 이후에 더 빨리 식별되었다. 마찬가지로, 사람들은 실제로 손으로 쥐는 동작을 한 이후에 "*grasp* the concept"를 더 빨리 인식했다.

"어떤 행동을 수행하는 것은 그 행동을 나타내는 단어를 포함하고 있는 은유적인 어구를 이해하도록 촉진한다."[207] 깁스와 팀 동료들이 내린 결론은 은유를 이해하고 그와 관련된 동작을 수행하는 데 동일한 신경세포들이 관여한다는 것을 암시한다. 다른 실험들에서도 그에 상응하는 결과를 내놓았다. 즉, 어떤 행동을 수행하는 것은 그와 관련된 은유에 대한 이해뿐만 아니라 이런 은유 이면에 있는 개념에 대한 접근 가능성도 촉진시킨다. 이런 연구결과들은 "kick"과 "walk" 같은 동사의 문자적 의미가 차기와 걷기의 물리적 행동에 관여하는 뇌 부위에서 신경세포를 활성화시킨다는 것을 보여 주는 이전 연구를 확장한 것이다.[208] 뇌에서 언어, 행동 은유적 사고를 위한 연결망들은 서로 중첩된다.

연구자들은 주먹을 내는 것(그 게임에서 "바위" 손 내는 차례)이 힘의 개념에 더 쉽게 접근하게 만드는지를 평가하기 위해 참여자들에게 어린이들이 하는 가위바위보 게임을 하도록 했다.[209] 그들은 실험대상자들이 "보"나 "가위"를 낼 때보다는 "바위"를 낼 때, 힘 관련 단어("rule", "win", "mighty", "strong")를 더 빨리 식별한다는 것을 발견했다. 그 팀이 결론지었듯이, 힘의 개념은 주먹을 내지 않은 사람들보다는 주먹을 낸 사람들에게 더 쉽게 접근되었다.

사실, 제스처는 은유와 몸이 상호작용하는 또 다른 분야이다. 누군가에게 주먹을 흔드는 것은 물리적 위협일 뿐만 아니라 은유적 경고이기도 하다. "언어가 생각을 숨기기 위해 사람들에게 주어지는 것이라면, 제스처는 생각을 드러내기 위한 것이다"[210] 『손Hands』이라는 적절한 제목이 붙은 책에서 손 역사가인 존 네이피어John Napier가 말했다. 은유적 제스처는 천 단어의 가치가 있다.

엄지손가락을 코에 대고 손가락들을 흔드는 "nose thumb"[211]은 실상 어느 곳에서나 비웃음과 경멸을 의미한다. 그것의 알려진 최초의 사용은 15세기였는데, 그때 그것은 정교하고 긴 코로 풍자적인 모양의 밀랍 인형을 만드는 관행으로부터 도출되었을 수 있다.

중지(中指)를 집게손가락 위에 포개는 "fingers crossed"는 보호나 행운을 기원하는 것인데, 예외적으로 코루푸 섬과 터키에서는 이것이 우정의 유대를 깨뜨리는 것을 의미한다. 그것은 기독교인들 사이에서 이루어지던 일종의 은밀한 악수 행위로 십자가를 위장한 상징을 사용한 관습에서 비롯되었을 수 있다.

엄지손가락과 집게손가락으로 동그라미를 만들고 나머지 세 손가락은 밖으로 펴는 "OK sign"은 "모든 것이 좋다"를 의미하는 더욱 가변적인 의의를 가지고 있는데, 이것이 튀니지(Tunisia; 위협을 의미), 프랑스와 벨기에("영"을 의미), 독일과 브라질(신체의 구멍과 관련된 모욕)에서는 예외이다. 이와 같은 상징들은 물리적 신호 또는 제스처가 근원영역이고, 추상적 생각이나 마음 상태는 목표영역인 시각적 은유이다.

은유적 제스처는 규칙적으로 말을 동반한다. 누군가가 당신에게 기분이 어떤지 질문했을 때, 기어들어가는 소리로 "어..."라고 대답하면서 손바닥을 시소처럼 움직인다면, 당신은 하우사 사람들이 말하듯이 인생의 단맛을 별로 느끼지 않고 있는 것이다.

그러나 제스처는 그 자체로도 풍부한 은유를 가지고 있다. 누군가가 당신에게 손가락 욕을 할 때, 그것이 얼마나 은유적으로 전달되는지와 상관없이 표현되는 감정에 대해서는 거의 의심이 있을 수 없다. 이런 제스처의 은유적 내포는 너무 명확하고, 너무 명확하게 시시한 것이어서, 가운뎃손가락을 가리키는 해부학적 용어인 impudicus(상스

러운)도 그것으로부터 유래했다. 행동은 때때로 언어보다 더 크게 말한다.[212]

제스처와 사고 간의 관계에 대한 전문가인 데이비드 맥닐David McNeill은 말이라는 음악에 대한 신체적인 꾸밈음에 불과한 것이 아니라고 주장한다. 제스처, 특히 은유적 제스처는 말하기에 없어서는 안 되는 부분이다. 『제스처와 사고Gesture and Thought』에서 그는 "언어는 이미지와 분리할 수 없고," 이미지는 "말과 함께 보편적이고 자동적으로 나타나는 제스처에 구현되어 나타난다."[213]고 말한다. 신경과학자 자코모 리촐라티Giacomo Rizzolatti와 마이클 A. 알비브Michael A. Arbib는 기본적인 은유적 제스처의 어휘는 언어 자체를 위한 비계를 형성했다고 제안한다.

뇌 영상 연구에서는 제스처 인식을 위한 거울신경계가 원숭이와 인간에게 존재한다는 것을 보여 준다. 인간에게 있어서, 그것은 뇌의 언어 중추와 같은 구역에 위치하고 있다. 그리고 몇몇 연구에서 제안하듯이, 언어 중추는 손과 팔 동작의 실행뿐만 아니라 이런 동작들의 정신적 시뮬레이션 동안에도 활성화된다. 거울신경은 사고와 행동을 연결하는 것처럼 보이므로, 리촐라티와 알비브는 거울신경계가 몸짓을 통한 의사소통과 입말 언어 간의 빠진 연결이라고 단정한다.[214]

리촐라티와 알비브는 거울신경이 초기 영장류 동물이 자신의 행동과 다른 동물의 행동을 매치시킬 수 있게 해 주었다는 설을 제안했다. 우리에게 "마음읽기" 능력을 제공하는 거울신경의 특성에 힘입어 초기 영장류 동물은 내적 상태들을 특정한 신체적 움직임에 결속시켰다. 그래서 그들은 손바닥을 위로 한 채로 손을 뻗는 것이 누가 그리하건 간에 동일한 것을 "의미할" 것 같다는 것을 알았다.

리촐라티와 알비브는 연상 학습과 모방의 과정을 통해 제스처의 시각적 언어가 창조되었다고 제안한다. 그렇다면, 손이 도구 사용을 위해 더욱 전문화됨에 따라 우리의 언어도 그것을 담당하는 동일한 뇌 회로로부터 진화해 왔을 것이다. 그리고 언어는 협력하고, 정보를 공유하며, 더 복잡한 사회집단을 조직할 수 있는 거대한 진화적 이점을 가지고 왔을지도 모른다. 알비브는 말한다. "우리를 인간으로 만드는 과정은 결정적으로 한 시점에서 제스처에 의존했었다."[215] "제스처는 행동의 화석이 아니라 계속되고 있는 언어 체계의 불가결한 부분이다."

제스처와 말의 공진화는 왜 우리의 말 중에서 많은 것이 특정한 손이나 얼굴 동작을 수반하는지 설명할 수 있고, 은유가 언어만의 문제만이 아니라 사고 자체의 문제이기도 하다는 추가 증거를 제공할 것이다.

맥닐에 따르면, 입말 기술 중 90%만큼이나 일종의 제스처를 수반한다.[216] 시각장애인들은 말하는 동안 시력이 정상인 사람들과 동일한 빈도로 제스처를 취한다.[217] 수어는 동일한 언어적 공간 은유를 신체적 행동으로 번역하기까지 한다. 예컨대, 미국 수어(American Sign Language)에서 "의사소통"은 사물이 한 사람에게서 또 다른 사람에게로 이동하는 것으로 묘사된다. "권위"는 높은 곳으로, "애정"은 근접성으로 시각화된다.[218]

은유적 제스처는 통상적으로 그에 상응하는 언어 표현을 교체한다. 아무도 이해하지 못하는 농담을 한 후에(나에게는 납득이 안 갈 정도로 자주 발생하는 일이다) 나는 그 자체로 몸짓 언어로 표현되는 또 다른 은유인 "I guess that went *over your head*(머리 위로 지나갔나 보네요/이해하지 못했나 보네요)"라고 말하는 대신 휘파람 소리를 내면서 머리 위에 손바닥을 재빨리 휘젓는다. 실제로 성인들이 말하는 동안 손발이 제지될 때는 손발이 자유롭게 제스처를 할 때보다 덜 생생한 이미지를 생산한다.[219]

그러나 맥닐은 제스처가 단어에 의존하지 않는 그 자체의 의미를 가진다고 지적한다(point out; point out도 동사에 들어 있는 제스처 은유이다!). 은유적 제스처의 신체적인 움직임은 이미 전달하고자 하는 의의를 포함하고 있다고 그는 주장한다. "은유적 제스처에서[220] 추상적 의미는 형태와 공간으로 제시된다... 그런 제스처들은 형상이 없는 것들을 위한 형상을 제공한다."[221]

말을 할 때 발생하는 많은 제스처는 신체화된 개념적 은유로부터 도출되는 듯하다. 언어학자 코르넬리아 뮐러Cornelia Müller는 이전 남자친구와의 관계에 대한 한 여성의 묘사를 토대로 몸짓언어 사전을 만들면서, 일상 언어에 수반되는 무의식적인 은유적 제스처의 존재를 입증했다.[222]

독일어를 사용하는 그 여성은 전 남자친구를 우울하다(depressive)고 묘사했는데, 이는 독일어와 영어에서 "내리 누르다"를 의미하는 라틴어 동사에서 도출된 단어이다. 그녀는 이 단어의 어원을 알지 못했지만, 손바닥을 아래로 한 채로 손을 뻗고, 말을 하면서 천천히 바닥을 향해 움직였다. 뮐러는 개념적 은유 "신체적 아래 = 심리적 아래"가 이 여성의 마음속에 있는 어떤 무의식적인 층위에서 활성화되었다고 결론지었다.

시간에 대한 은유적인 생각들처럼, 은유적 제스처도 문화마다 다를 수 있다. 뮐러 연구에 참여한 그 여성은 학교 야유회 기간 중 버스

위에서 남자친구와 처음 만났던 흥분을 묘사할 때, "It sparked"(Es hat gefunkt)[223]라는 말을 사용하면서 둘 사이에 전기 스파크가 지나가는 것 같았다고 말했다. 독일어로 이 어구는 사랑에 빠지는 것을 가리키는 구어적 표현으로, 영어 표현 "It was love at first sight"와 비슷한 것이다. 뮐러는 그녀가 단어 gefunkt를 발화할 때 실제 스파크가 확 타오른 것을 모방하여 손가락들을 합쳤다가 재빨리 풀어 놓는 것을 관찰했다.

케냐 북서부의 투르카나어 화자들은 지식의 개념을 전달하기 위해 비슷한 제스처를 사용한다.[224] 서양에서 지식은 전형적으로 한 사람이 다른 사람에게 전달하거나 넘겨주는 대상으로 표현된다. 하지만 투르카나 문화에서 지식은 눈썹에서 뽑아서 공중으로 방출하는 어떤 것으로 묘사된다. 투르카나어 화자들은 지식에 대해 이야기할 때 손가락으로 눈썹을 집어서 뽑는 동작을 하고 나서 나비를 공중으로 놓아 주듯이 손가락을 재빨리 편다.

은유적 말처럼 은유적 제스처는 생각과 느낌의 내면세계, 즉 신체적인 경험에 확고히 뿌리박고 있는 형이상학적인 세계를 볼 수 있는 창문을 열어 준다. 추상적 개념은 몸의 언어라는 말뚝에 묶여 있어야만 날아오를 수 있다.

은유와 정치
프리덤 프라이와 자유 양배추

1959년에 작고한 프랑스 신경정신과학자 쟈크 쟝 레미테Jacques Jean Lhermitte는 "레미테 징후(Lhermitte's sign)"를 발견한 것으로 가장 잘 기억된다. 이것은 턱을 가슴에 닿게 하려고 머리를 앞으로 숙일 때 나타나는 고통스러운 감각이다. 종종 전기충격의 감각과 비교되는 이런 고통은 다발성 경화증(multiple sclerosis)의 한 증상이다.

레미테는 레미테 징후뿐만 아니라 환시(幻視)와 귀신들림 같은 현상처럼 신경학적인 이상에 대한 연구를 전문화했다. 그는 또한 발작의 더욱 생생한 부작용도 공부하고, 환자를 슬쩍 찔러 보기도 했던 스위스 신경학자 에두아르 클라파레드Édouard Claparède처럼 어떻게 보면 장난과도 같은 실험을 몹시 좋아했다.

한 즉흥적인 연구에서 레미테는 계획과 행동 제어를 관장하는 뇌 부위의 전전두피질에 발작으로 인한 피해를 입은 두 명의 환자를 자신의 방으로 초대하여 초기 점화 테스트를 수행했다. 그 환자들이 그의 방 주변에서 빙빙 돌아다니고 있을 때, 레미테는 불쑥 "박물관"[225]이라는 단어를 언급했다. 두 환자는 벽에 걸린 그림과 포스터를 꼼꼼히 보고, 테이블 위의 다양한 물건을 매우 흥미롭게 조사하면서 갑자기 실제로 박물관 안에 있는 것처럼 행동했다. 두 환자 모두 자신의 행동이 이상하다고 생각하지 않았다.

사회심리학자 존 바그John Bargh는 아무도 발작으로 인한 뇌손상을 입지 않은 대학생들에게 이와 비슷한 실험을 했다. 표면적으로는 언어 테스트의 일부인 것처럼 가장하여, 참여자들에게 단어 목록을 읽어 주었다. 한 집단은 '무례함'의 유의어들이 포함된 목록을 읽었고, 다른 집단은 '정중함'의 유의어들이 포함된 목록을 읽었다.

그런 다음 바그는 두 집단에게 복도를 따라 걸어가도록 지시했고, 그들은 그곳에서 무례하거나 정중하게 반응할 수 있도록 설정된 상황을 만나게 되었다. 무례함의 유의어를 읽은 집단은 더욱 무례하게 반응하는 경향이 있었던 반면, 정중함의 유의어를 읽은 집단은 더욱 정중하게 반응하는 경향이 있었다. 참여자들 모두 그들 행동과 그들이 읽은 단어의 관련성을 인식하지 못했다.

이런 실험들은 암시의 힘을 입증하지만, 그 외에도 더 많은 무언가를 보여준다. 이와 같은 유인(誘因)은 가장 평범한 단어들로부터 발생하는 연상의 소용돌이 안에 내재한다. 그것은 흔히 우리의 의식적인 지식 없이 우리의 태도와 행동에 직접적으로 (그리고 때로는 극적으로) 영향을 미칠 수 있는 연상이다. 이것을 위해 아무런 전전두엽 손상도 요구되지 않는다.

별도의 실험에서 바그는 두 집단을 소집해서 한 집단에게는 "gray", "bingo", "Florida"와 같이 노인들의 전형인 단어들을 미리 알려주었다(점화했다). 그런 다음 다시 두 집단의 실험대상자들을 복도를 따라 걷게 했다. 점화된 참여자들은 실제 노인들처럼 통제 참여자들보다

더 천천히 걸었다.[226]

다른 종류의 점화 실험에서도 동일한 일이 발생했다. 가령, 협동과 관련된 단어들로 점화된 실험대상자들은 그렇게 점화되지 않은 사람들보다 테스트 과제에서 더 협동하는 모습을 보였다. 성취와 관련된 점화를 받은 실험대상자들은 그런 점화를 받지 않은 사람들보다 테스트를 더 잘 수행했다.[227] 바그의 결론은 점화로 촉진되는 연상된 전형과 행동 규범이 사람들에게 동일한 전형과 규범에 따라 생각하고 행동하도록 촉진한다는 것이다.

점화는 객관적이고, 편파적이지 않고, 완전히 독립적인 것이어야 하는 판단에도 영향을 미칠 수 있다. 독일의 한 예심 판사들의 모임은 피고가 유죄로 밝혀진 동일한 형사 사건의 세부내용을 읽었다.[228] 그런 다음 연구자들은 한 집단에게는 검찰관이 징역 2개월을 구형했다고 말하고, 다른 집단에게는 검찰관이 징역 34개월을 구형했다고 말했다. 그런 다음 판사들은 권고를 요청받았다.

검찰관이 2개월을 구형한 것을 들었을 때의 평균 형량은 9개월이었고, 34개월을 구형한 것을 들었을 때는 29개월이었다. 심지어 34개월 형기를 요구한 사람이 검찰관이 아니라 학교를 1학기만 다닌 컴퓨터공학 학생이라고 들었을 때는 상당히 더 긴 형을 내리기도 했다.

물론 컴퓨터공학 학부생의 요구보다는 훨씬 약했던 검찰관의 요구는 형의 길이에 아무 영향을 주지 않아야 한다. 하지만 독일 판사들은 상대적으로 가혹하거나 상대적으로 관대한 수감 기간에 대한 요청에 의해 명확히 동요되었다. 아무리 관련 없는 요청이어도, 이러한 요청들을 가늠하고 스스로의 견해에 대비하여 평가하는 것만으로도 그들의 실제 결정은 영향을 받았다.

퍼시 비시 셸리Percy Bysshe Shelley가 "시인은 마땅한 인정을 받지 못한 이 세상의 법률제정가다."[229]라고 선언했을 때, 사실 그 말에는 틀린 구석이 있었다. 은유가 이 세상의 인정받지 못한 법률제정가라고 말하는 것이 더 정확한 것인데, 왜냐하면 은유는 그토록 많은 우리의 의견, 태도, 신념에 구석구석 스며들어 점화하기 때문이다. 셸리는 다음과 같이 썼을 때 그의 논거는 더욱 확고했다.

> 언어는 필연적으로 은유적이다.[230] 즉, 언어는 이전에 이해되지 않았던 사물들의 관계를 표시하고, 그런 이해를 나타내는 단어가 시간이 지나면서 완전한 생각의 그림 대신 사고의 부분이나 부류를 가리키는 신호가 될 때까지 그런 이해를 영속시킨다.

점화 연구들은 은유적 언어의 생명력에 대한 사례 연구들이라고 할 수 있다. 누군가가 이전에 이해되지 않았던 사물들 간의 관계를 이해할 때 은유가 발생한다. 시간이 지나면서 핵심적인 연상이 형성될 때까지 은유는 이런 신선한 이해를 영속시킨다. 이런 연상들은 단어에 빠르게 달라붙고, 마침내 너무나 일상적인 것이 되어, 원래의 관계가 의식적으로 이해되지 않게 된 이후에도 오랫동안 계속 나타난다. 그렇기 때문에, "박물관"이라는 단어는 "귀중한 물건들로 가득 찬 건물"을 의미할 수도 있지만, 또한 정숙한 공손함을 요구하는 범주를 나타내기도 한다. 단어 "빙고"는 "일종의 복권식 놀이"를 의미하지만, 길가에 야자수가 줄지어 심어져 있는 플로리다의 거리를 따라 천천히 걷고 있는 운동복 차림의 은퇴자 같은 부류를 암시하기도 한다.

"임의적 일관성(arbitrary coherence)"[231]으로 알려진 비슷한 현상은 재정적인 추론에서도 발생한다. 사람들에게 그 마을의 인구와 같은 어떤 수를 알려주고, 그런 다음 "당신은 집을 구입하기 위해 최대 얼마를 지불할 것인가요?"와 같이 물어보라. 그 답은 인용한 수치의 영향을 받을 것이다. 5십만이라는 인구를 들은 사람은 1백만의 인구를 들은 사람들보다 5십만 달러에 훨씬 더 근접한 액수를 부르고, 1백만의 인구 수치를 받은 사람은 1백만 달러에 훨씬 더 근접한 액수를 부를 것이다. 우리는 모두 무관해 보이는 것으로부터 영향을 받는다.

하지만 은유적 점화의 일관성은 결코 임의적이지 않다. 은유적 점화는 일관성을 이루는데, 이는 개념과 행동을 연결하는 연상의 패턴이 맞물리기 때문이다. 모든 결정처럼, 범죄에 대한 형량의 결정은 부적절한 세부사항에 의해 영향을 받지 않아야 한다. 하지만 사실은 그렇지 않다. 이것은 정치적인 논쟁에서 사활을 걸 정도로 중요한데, 왜냐하면 개념적 은유 이론가인 레이코프와 존슨Lakoff & Johnson이 말했듯이, "문화에 자신들의 은유를 부과하는 사람들은 우리가 참이라고 간주하는 것을 한정하게 되기"[232] 때문이다.

레이코프와 존슨의 말은 프리드리히 니체Friedrich Nietzsche를 떠올리게 한다.

> 그러면 진리란 무엇인가?[233] 은유, 환유, 의인화의 이동하는 군대. 요컨대, 시적으로, 그리고 수사학적으로 강화되고, 탈바꿈되며, 장식되고, 오래 사용된 후에는 한 국가에게 고정되고, 정전화되고, 결속적인 것처럼 보이는 인간적인 관계들의 집합. 진리는 우리가 환상이라는 것을 망각해버린 환상이다. 닳고 닳아서 감각에 영향을 미칠 수 없게 된 진부한 은유.

심리학자 토머스 길로비치Thomas Gilovich는 스탠포드 대학생들에게 그들이 미국 국무부에서 일하는 고급공무원이라고 상상하도록 함으로써 이런 진부한 은유가 우리의 판단에 미치는 영향력을 증명했다. 그는 학생들에게 미국의 국가 안보에 아무런 중요한 이익이 되지 않는 한 작은 민주주의 국가가 제법 힘 있는 공산주의나 파시즘 국가로부터 공격을 받아서 미국에게 도움을 요청했다고 알려주었다.[234] 이때 미국은 무엇을 해야 하는가? 아무것도 하지 않아야 하는가, 유엔에 호소해야 하는가, 아니면 개입해야 하는가?

그런 다음 길로비치는 각 학생들에게 이런 가상의 외교정책 위기에 대해 세 가지 다른 묘사를 제시했는데, 각각의 묘사는 서로 다른 역사적 유추를 촉발시키도록 고안된 몇 개의 가벼운 연상과 친숙한 이름들을 포함하고 있었다. 한 시나리오는 2차 세계대전에 대한 암시를 특징적으로 포함했고, 또 다른 시나리오는 베트남전에 대한 암시를 특징적으로 포함했으며, 세 번째 시나리오는 역사적으로 중립적이었다.

2차 세계대전 시나리오에서 소수민족은 화물 열차의 화물칸에 실려 도망가고, 국무부 브리핑은 윈스턴 처칠 회관에서 개최되는 것으로 기술되었다. 베트남전 시나리오에서 소수민족은 작은 배를 타고 해안으로 도망가고, 국무부 브리핑은 베트남전 동안 린든 존슨Lyndon Johnson 대통령의 국무장관의 이름을 딴 딘 러스크 회관(Dean Rusk Hall)에서 개최되는 것으로 기술되었다.

물론 이런 역사적 단서들은 참여자들이 내려야 할 결정과는 전적으로 무관했다. 그럼에도 불구하고, 2차 세계대전 시나리오를 받은 실험대상자들은 다른 두 집단보다 간섭주의를 더욱 많이 추천했다. 베트남전 집단과 통제 집단 모두는 불간섭주의 접근법을 추천하는 경향이 있었다. 길로비치는 나중에 학생들에게 질문을 했고, 어느 누구도 이런 묘사에 끼워 넣어진 역사적 암시들을 알지 못했다. 아무도 이런 연상이 그들의 결정에 영향을 미쳤다는 사실을 인정하지 않았다.

길로비치가 말하기로, "사건의 진행에 대해 결정을 해야 할 때 우리는 기존 상황과 아마도 정보원이 될만한 과거사건 사이에서 유추를 이끌어낸다."[235] "이 과정 자체는 그렇게 놀라운 일이 아니다. 놀라운 것은 주어진 상황에서 형성되는 특정한 연상이나 유추가 그러한 일시적이고 우연적인 요인에 의해 영향을 받을 수 있다는 것이다 … 이런 연구에서 사용된 조작들은 실험대상자들에게 일단 형성되면 무시하기가 어려운 연상을 만들도록 유도했다."

"스트룹 효과(Stroop effect)"를 증명하는 고전적인 실험을 현명하게 변형한 심리학자 샘 그룩스버그Sam Glucksberg의 실험이 보여 주듯이, 은유를 무시하기 어렵기로 악명이 높다.

스트룹 효과[236]는 존 리들리 스트룹John Ridley Stroop의 이름을 딴 것으로서, 그는 1935년에 우연히 인지심리학의 역사에서 가장 널리 인용되는 연구를 발표한 독실한 기독교 목사 겸 종교학 교수이다. 실험대상자들은 다양한 색채의 잉크로 인쇄된 색깔의 이름을 보고, 가능한 한 빨리 특정한 단어가 인쇄된 잉크의 색깔을 명명해야 한다.

단어와 잉크의 색깔이 같을 때는 이 과제는 쉽다. 단어 "녹색"이 녹색 잉크로 인쇄되어 있을 때는 쉽게 "녹색"이라고 술술 말한다.

색깔의 이름과 단어가 인쇄된 색깔이 다를 때는 더욱 까다롭다. 예컨대, 단어 "녹색"이 검은색 잉크로 인쇄되어 있을 때가 그런 경우이다. 따라서 실험대상자들은 색깔 "청색"을 명명하기보다는 단어 "녹색"을 읽는 경향이 있다. 실험대상자가 정확한 잉크 색깔을 말하는 데는 시간이 더 오래 걸리는데, 이는 단어 자체의 의미가 잉크 색깔을 명명할 수 있는 능력을 방해하는 "인지적 불일치(cognitive dissonance)"를 만들어낸다는 것을 암시한다(http://cognitivefun.net/같은 스트룹 테스트를 경험해 볼 수 있는 사이트들이 인터넷에 있다).

스트룹의 결론은 단어의 문자적 의미가 틀린 답을 내놓을 때도 우리가 단어의 문자적 의미를 무시하는 것은 불가능하다는 것이다. 그룹스버그는 우리가 단어의 은유적 의미를 무시하는 것도 불가능하다고 단정했다. 이를 입증하기 위해 그와 그의 팀은 문자적으로 틀린 진술문과 은유적으로 참인 진술문을 사용해서 은유로 스트룹 테스트를 수행했다.

이 연구자들은 네 가지 유형의 문장을 목록으로 만들었다. 문자적으로 참인 문장("Some birds are robins"), 문자적으로 거짓인 문장("Some birds are apples"), 은유("Some jobs are jails"), 쉽게 해석되지 않는 문장인 "뒤틀린 은유(scrambled metaphors)"("Some jobs are birds")가 그것이다. 참여자들은 문자적으로 거짓인 문장을 가능한 한 빨리 식별해야 했다.

그룹스버그는 실험대상자들이 은유적 의미를 무시할 수 있다면, 그런 은유를 뒤틀린 은유만큼 재빨리 거부할 수 있어야 한다고 추론했는데, 그 이유는 둘 다 문자적으로는 거짓이기 때문이다. 하지만 사람들이 은유적 의미를 의지와 상관없이 인식하게 된다면, 뒤틀린 은유보다는 은유를 거짓으로 거부하는 데 더 오래 걸려야 하는데, 이는 은유가 비유적으로는 참이기 때문이다. 그룹스버그는 은유적으로 참인 진술문을 거짓으로 거부하는 것이 단어 "녹색"이 청색 잉크로 인쇄되어 있을 때 그것을 "청색"이라고 명명하는 것과 동일한 종류의 인지적 불일치를 구축할 것이라고 믿었다.

그룹스버그는 스트룹 효과가 실제로 은유에서 작동한다는 것을 발견했다. 참여자들은 문자적으로 거짓인 진술문이나 뒤틀린 은유를 거부하는 것보다는 은유를 거짓으로 거부하는 데 더 오래 걸렸다. 그들은 문장 "어떤 직장은 감옥이다"를 문장 "어떤 새는 울새이다"만큼 빠르게 노력을 들이지 않고 이해했다.

그룩스버그는 은유와 문자적으로 거짓인 문장이 한 단어에서만 달랐던 경우에서도 스트룹 효과의 증거를 발견했다. 참여자들은 "모든 외과의사는 도축자이다"라는 진술문을 재빨리 문자적으로 거짓으로 식별했다. 그들은 문장 "어떤 외과의사는 도축자이다"를 문자적으로 거짓으로 식별하는 데 더 오래 걸렸다. 이는 아쉽게도 이 문장이 은유적으로 참이기 때문이다. (물론 문제의 외과의사가 우연히 고기도 판매한다면 이 문장은 문자적으로 참일 수 있다.) "은유적 의미는 효력이 있다면 언제나 이해된다."[237]라고 그룩스버그는 결론 내렸다. "우리는 문자적으로 이해하는 기계를 끌 수 없는 것만큼 은유적으로 이해하는 기계도 끌 수 없다."

은유를 이해하는 기계가 항상 켜져 있다는 것은 놀라운 일이 아니어야 한다. 즉, 브리핑이 윈스턴 처칠 회관에서 열리는지, 아니면 딘 러스크 회관에서 열리는지와 같은 덧없고 무관한 연상들이 전쟁에 참여할지의 여부와 같은 주요한 결정에 영향을 미치는 것은 놀라운 일이 아니다. 어쨌든, 잘 알려진 바와 같이, 로미오가 줄리엣을 태양에 비교하기 오래 전에도 줄리엣 자신은 "이름에는 무엇이 들어있나요?"라고 질문한다. 그 이름이 강력한 정치적 연상을 지닐 때, 분명히 그 안에는 꽤 많은 것이 들어 있다.

미국이 주도한 이라크 침략 직전인 2003년 3월에, 하원의 카페테리아를 담당하던 위원장인 공화당 국회의원 로버트 W. 네이Robert W.

Ney는 이제부터 하원 식당에서 나오는 튀긴 감자 조각들이 "프리덤 프라이(freedom fries)"라고 불릴 것이고, 계란으로 반죽된 튀긴 식빵들은 "프리덤 토스트(freedom toast)"로 알려질 것이라고 선언했다. 프랑스는 이라크에 저항하는 군사 행동에 대한 지지를 거부했고, 네이는 그의 결정이 "소위 동맹국의 행동에 대한 강한 불만을 보여 주려는 연방 의회 사람들의 작지만 상징적인 노력"[238]이라고 말했다.

이와 같이 요리에 대한 대담한 독립 선언을 하는 과정에서 네이는 북캐롤라이나 패스트푸드 매점인 Cubbie's 식당의 사장인 닐 롤랜드 (Neal Rowland)의 선례를 따랐다. 사우어크라우트(sauerkraut; 독일식 김치)는 "자유 양배추(liberty cabbage)"로 바꾸고, 햄버거는 "자유 스테이크(liberty steaks)", 프랑크푸르트 소시지는 "핫도그(hot dogs)"로 바꾼, 1차 세계대전을 일으킨 독일 음식 이름에 대한 완곡어법에 의해 영감을 받은 롤랜드는 프렌치프라이와 프렌치토스트를 자기 메뉴에서 지워버렸다.

그런 상징적 개명은 충돌의 시대에는 흔하고, 떠들썩한 프랑스인들은 종종 그것을 싫어도 받아들일 수밖에 없는 입장에 있는 것처럼 보인다. 1990년대 후반, 프랑스가 태평양에서 핵무기 시험을 다시 시작한 이후에, 프랑스의 빵은 뉴질랜드에서 "Kiwi loaves(뉴질랜드 사람들의 빵)"가 되었다. 많은 이슬람교도들이 신성모독으로 간주한 마호메트를 그린 만화들이 덴마크의 한 주요 일간지에 실렸을 때, 그 분노로 인해 덴마크의 제과 상품들도 이름이 바뀌었다. 그에 대한 응수로, 몇몇 이란 사람들은 덴마크의 빵·과자류를 "roses of the prophet Muhammad (선지자 마호멧의 장미)"라고 불렀다.

이름은 우리의 반응이 특정한 방식을 향하도록 준비시키기 때문에 중요하다. 어떤 사람은 "지구 온난화(global warming)"[239]라는 용어가 너무 부드러우며, 긴급하고 잠재적으로 큰 재앙을 일으킬 수 있는 조건이라기보다는 긴장이 풀려 있고 유쾌한 여건을 암시한다고 주장한다. 대신, 그들은 "기후 위기(climate crisis)"나 심지어 "기후 암(climate cancer)"과 같은 용어가 더 정확하고, 행동 변화에 동기를 부여할 가능성이 더 높다고 제안한다.

은유는 행동뿐만 아니라 태도를 바꾸는 문제와 관련해서도 중요하다. 평범한 유권자에게 정부에 대해 어떻게 생각하는지를 묻는다면, 답 대신에 조롱하는 웃음소리를 들을 가능성이 높다. 그것은 로드아일랜드의 프로비덴스에 본사를 둔 Cultural Logic(문화논리)이라는 회사의 조 그래디Joe Grady와 동료들이 공공서비스 공급에 관여하는 비영리단체에 대한 연구 프로젝트의 일환으로 바로 이 질문을 사람들에게 했을 때 발견한 것이다. Cultural Logic은 인지과학과 사회과학에서 나온 통찰력을 사용해서 비영리단체에게 공공의 관심을 끄는 이슈를 효율적으로 전달하는 방식에 대해 조언하는 컨설턴트 사업이다. "일차적 은유(primary metaphor)"라는 용어를 만들고, 개념적 은유 이론인 조지 레이코프George Lakoff와 연구를 함께 했던 언어학자 그래디는 정치적·사회적 중요성을 가진 이슈들을 논의하는 더욱 생산적인 방법을 고안하기 위해 Cultural Logic을 공동 창립했다. 은유는 그들이 사용하는 도구들 중 하나이다.

그래디가 말하듯이, "기후변화, 정치, 경제 급락과 같은 우리가 당면한 가장 중요한 과제들은 인간의 인지에는 형편없는 목표영역이다." "전문적인 설명은 복잡하고, 전문용어로 가득하며, 대중들의 흥미를 끌지 못하거나 심지어 그들에게 정보도 주지 못하는 일이 많다. 대중의 관심과 이해는 해결책을 찾는 데 반드시 고려해야 할 중요한 열쇠이다. 은유는 그런 공백을 메우도록 도움을 준다."

"온실가스(greenhouse gases)"라는 용어가 처한 현실은 이것을 보여주는 적절한 예다. Cultural Logic은 기후변화라는 주제에 관해 수백 번의 소비자 인터뷰를 했지만, 어느 누구도 답변에서 온실가스를 자발적으로 언급하지 않았다. 특히 이 용어에 대해 질문을 받았을 때 그것이 어떻게 지구 온난화와 관련이 있었는지 설명할 수 있는 사람은 거의 없었다. 아마도, 요즈음 온실에 대해 직접적인 지식을 가진 사람이 거의 없기 때문에 이것은 놀라운 아닐지도 모른다. Cultural Logic 연구에 참여한 실험대상자들은 일반적으로 온실을 "식물이 사는 좋은 장소"라고 묘사했는데, 이것은 지구 온난화의 문제를 논의하기에는 전혀 올바른 함축이라고 하기 어렵다. Cultural Logic에 근무하는 사람들은 "온실가스"는 도움이 되지 않는 은유라는 결론에 도달했다. 그래서 그들은 "이산화탄소 담요(carbon dioxide blanket)"라는 더욱 생산적인 은유를 우연히 발견했는데, 이것은 해로운 가스(CO_2)를 명시적으로 명명하는 장점도 있지만, 그것이 따뜻하고, 꼭 껴안고 싶은 대상이라는 것을 암시하는 단점도 있다.

부를 어떻게 생각하는지에 대해 사람들에게 질문할 때, Cultural Logic은 (조롱하는 웃음이 진정되기를 기다린 후에) 대부분의 응답자들의 반응이 "우리와 그들" 은유에 따라 작동한다는 것을 발견했다. 정부(그들)는 법, 세금, 규정 등의 형태로 사람들(우리)에게 일을 하고, 우리(사람들)는 투표의 형태로 매 4년 정도마다 그들(정부)에게 일을 한다. 이 은유가 작동한 결과, 유권자들은 필요한 공공서비스를 유지하는 역할과 같이 똑같이 타당한 정부의 다른 양상들보다는 (탐욕스럽고, 부패하고 무책임한) 개인으로서 세간의 이목을 끄는 당선된 공무원들에게만 전적으로 집중하면서 정부를 의인화하는 경향을 가지게 되었다. 정부를 이런 방식으로 간주함으로 인해 공익(common good)이라는 개념은 재앙을 겪게 되었다. 그래디는 말한다. "대부분의 미국인들은 공익에 대한 어떤 개념을 가지고 있지만, '우리와 그들' 은유는 그들에게 이런 중요한 개념을 표현하거나 심지어 그것에 대해 생각할 수 있는 기회를 주지 않는다." 그래서 기후변화의 문제에서처럼, Cultural Logic 은 "공공 구조(public structures)"[240]라는 더 좋은 은유를 내놓았다.

은유적 언어의 멋지고 아름다운 사용이라는 측면에서 "공공 구조"는 "줄리엣은 태양이다"나 "나의 사랑은 빨간 장미 같다"와 경쟁할 수 없다. 그러나 공익의 개념을 정부의 논의에 끌어들이기 위한 방편으로서, 그것은 매우 성공적이었다. 회사의 공동 창립자 액슬 오번Axel Aubrun은 인류학자이기 때문에 Cultural Logic도 이것을 알고 있으며, 그로 인해 현장 조사는 모든 프로젝트에서 중요한 부분을 차지한다.

실세계에서 은유를 시운전하기 위해 Cultural Logic은 어린이들의 전화 게임과 비슷한 것을 버전을 한다. 전화 게임에서 한 사람은 다른 사람에게 무언가를 말하고, 그 다른 사람은 그것을 가능한 한 정확히 또 다른 사람에게 반복해야 하며, 그 사람은 그런 다음을 그것을 또 다른 사람에게 반복해야 한다. 게임을 충분히 큰 집단에서 할 때, 처음 메시지는 보통 완전히 왜곡되거나 종종은 인식할 수 없게 처음 화자에게 되돌아간다. Cultural Logic은 게임의 이 버전을 "말 이어받기(talkback chain)"이라고 부른다. 효과적인 은유는 쉽게 기억되고 재발송되는 경향이 있기 때문에, '말 이어받기'는 좋은 척도가 될 수 있다. 이것은 실제로 이런 은유들이 상투적인 문구가 되도록 하는 것이다.

그래디와 동료들은 약 120명의 사람들을 모집하여 다음과 같은 단락을 가지고 '공공 구조' 말 이어받기에 참여하도록 했다.

> 경제학자들은 지금 미국을 그렇게 성공적이게 만든 것이 공공 구조의
> 효율성이라는 것에 동의한다. 미국인들이 창조한 법, 고속도로, 건강
> 과 안전을 돌보는 기관, 학교와 대학 같은 공공 구조는 미국의 성공과
> 높은 수준의 생활을 생산하는 기계이다. 그것들이 없다면, 많은 중요
> 한 일을 진행하는 것이 어렵거나 불가능할 것이다. 개발도상국들은 많
> 은 똑똑하고 성실한 개인들을 많이 가지고 있지만, 포괄적인 번성에
> 필수적인 공공 구조를 가지고 있지 않다.

말 이어받기 시험은 이와 같은 단락이 순리대로 손상되지 않고 본래
모습대로 살아남았고, 참여자들이 공익의 맥락에서 정부에 대해 생
각하기 위해 공공 구조 은유를 명시적으로 사용했다는 것을 보여 주
었다. 단어 "정부(government)"를 단순히 언급만 해도 연구자들 앞에서
웃었던 동일한 사람들은 공공 구조에 대한 질문에 신중하고 침착한
답변을 제시했다. 예컨대, 공공 구조가 무엇인지를 설명하도록 했을
때, 한 응답자는 다음과 같이 말했다. "우리나라가 돌아가도록 만드
는 우체국 등과 같이 우리가 필요로 하는 것들 … 이런 것들이 없다
면, 우리는 무언가를 하기 위해 개인에게 의지해야 할 것입니다." 공
공 구조가 어떻게 유지되는지에 대해 질문했을 때, 또 다른 응답자는
다음과 같이 말했다. "글쎄요, 그건 확실히 세금이지만, 또한 그것이
유지되어야 한다는 모든 사람들의 공통된 신념, 모든 사람들의 합의
라고 할 수 있죠. 신호등은 공공 구조이지만, 모든 사람이 빨간색이
정지를 의미한다는 것에 동의하지 않는다면, 그것은 기능하지 않을
것입니다 … 그래서 나는 정부의 재정적 지원과 그것이 필요하다는
공공의 신념이 결합되어야 한다고 생각합니다."

물론, 원본 텍스트에서는 "정부(government)"라는 단어를 전혀 언급하지 않았다. 하지만, 공공 구조 은유는 응답자들에게 공공 서비스를 제공하고 유지하는, 다시 말해 공익을 위해 일하는, 눈에 잘 안 보이지만 중요한 정부의 핵심적인 역할에 초점을 맞추도록 촉진한다. 공공 구조의 개념은 사람들이 정부를 "애완용 고양이"나 "유모 국가(nanny state)"로 의인화할 가능성은 더 낮추고, 정부를 책임을 나누어 가진 공공의 업무를 처리하는 기업으로 틀 부여할 가능성은 더 높아지게 만들었다. 공공 구조라는 개념은 참여자들이 스스로를 공화당으로 여기건 민주당으로 생각하건, 혹은 보수주의자로 여기건 진보주의자로 여기건 상관없이 세금 관련 이슈에 대한 합의를 만들어 냈다. 공공 서비스 은유를 포함하지 않은 정부 서비스에 관한 단락을 읽게 한 경우, 19명 중에서 75%가 세금에 대해 부정적이거나 비판적인 견해를 표현했다. 반면, '공공 구조' 텍스트에 응답한 50명 중에서는 단지 4%만이 세금에 대해 부정적이거나 비판적인 입장을 밝혔다.

하지만 은유가 성공적이기 위해서는 과도하게 은유적이어서는 안 된다. 개념이 너무 새롭거나 언어가 너무 화려하면, 사람들은 그 은유를 단지 장식적인 것으로 간주하여, 그 은유에서 설명적인 힘을 박탈한다. 그래서 고상한 정치 수사학은 고무적으로 들릴 때도 있지만 들리는 것만큼 종종은 무미건조하게 들릴 수 있다. 실세계와의 실용적인 관련이 없다면, 유권자는 그것이 단지 장식적인 단어일 뿐이라고 재빨리 결론 내리게 된다.

가장 좋은 은유는 점착성이 있다. 한 특별한 개념에 부착되면 그런 은유는 그러한 개념과 관련된 모든 것들을 이해하는 조직 원리로 작동하기 시작한다. 공공 구조 은유가 매우 단조로운 것처럼 보일 수 있지만, 그것은 덜 친숙하지만 더욱 중요한 정부의 역할에 대해 사람들의 사고를 효과적으로 안내한다.

성공적인 은유의 가장 확실한 신호는 재생할 수 있는 능력이다. Cultural Logic 프로젝트에서 실험대상자들은 공공 구조 은유를 상례적으로 확장하고 꾸몄으며, 자발적으로 그것을 정부의 또 다른 영역(사무실과 교통신호)에 적용하고, 공공생활의 다른 분야(세금)에 대한 그것의 함축을 어떻게 해서든 공들여 추출해 낸다. 실제로 다른 연구에서는 사람들이 텍스트의 실제 어법보다 은유를 더 잘 기억할 뿐만 아니라, 동일한 주제에 대해 더욱 심오하게 생각할 때 이런 은유를 계속 사용하기도 한다는 것을 보여 주었다.

한 연구에서 참여자들은 경제에 관한 짧은 단락을 읽었다. 그것은 경제 발달과 자동차 경주를 명시적으로 비교하는 단락 또는 그렇게 하지 않은 단락이었다.[241] 자동차 경주 집단의 실험대상자들은 가령, "China and India have turbocharged ahead economically(중국과 인도 경제는 터보 출력 엔진을 장착하여 앞으로 나아갔다)"를 읽었지만, 통제 집단의 실험대상자들은 "China and India have pulled ahead economically(중국과 인도는 경제적으로 앞으로 나아갔다)"를 읽었다. 명시적인 자동차 경주 은유가 있는 단락을 읽은 사람들은 원래 단락의 정확한 내용을 흐릿하게만 기억할 수 있는 며칠이 지난 후에도 경제에 대해 이야기할 때 계속 자동차 경주 은유를 사용했다. 이 은유가 "Economic development is like auto racing(경제 발달은 자동차 경주 같다)"과 같은 직유로 표시될 때 그 효과는 가장 뚜렷했다.

그래디가 말하듯이, "은유는 정보에 근거한 의사결정에 필수적인 도구이다." 기후 변화나 좋은 통치 방식(good governance)과 같은 매우 복잡한 이슈에 직면할 때, "우리의 책임이 무엇일 수 있는지 상상하는 것은 매우 어렵다. 은유는 상황을 인간 척도 위에 놓음으로써 도움이 된다. 모든 은유는 왜곡이지만, 어떤 은유는 다른 은유보다 더 건설적이다. 우리는 어느 정도 도움이 되는 은유를 발견해야 하는 과제를 직면하고 있다."

오바마 행정부는 아무런 도움이 되지 않는 것으로 판정된 은유를 폐기하였다. 백악관은 취임 직후에 "테러와의 전쟁(war on terror)"이라는 용어를 해체하고 있다고 발표했다. 거의 같은 시기에, 백악관 마약통제국장 Gil Kerlikowske 역시 "마약과의 전쟁(war on drugs)"[242]이라는 어구를 포기하고 있다고 말했다. "당신이 사람들에게 '마약과의 전쟁'이나 '제품과의 전쟁'이라는 것을 어떻게 설명하려고 하는지와는 상관없이, 사람들은 그것을 사람들과의 전쟁으로 여긴다."라고 Kerlikowske는 『월스트리트저널Wall Street Journal』에서 말했다. "우리는 이 나라에 있는 '사람들'과 전쟁을 하면 안 된다."

실제로 전시 상황은 그와 관련된 은유의 군대를 불러모으는 경향이 있다. 그리고 대부분의 이런 은유는 미식축구와 관련된다.

흔히 사용되는 스포츠 은유는 약 1,700여 개에 이른다. 걸프전 동안 활용된 비유 언어에 관한 한 연구에서는 미식축구 은유만 59개를 식별해 냈다.[243] Diplomats *fumbled* relations with Saddam Hussein before he attacked Kuwait(외교관들은 쿠웨이트 공격이 있기 전에 사담 후세인과의 관계에서 헛발질을 했다). Opponents of the war *sat on the sidelines* as air strikes *kicked off* hostilities(전쟁 반대론자들은 공습이 적개심의 경기시작을 알릴 때 경기장 밖에 앉아 있었다). President George H. W. Bush *huddled* with advisors while his generals worked out a *ground game* for the army's advance(그의 장성들이 군대의 전진을 위하여 경기장에서 게임을 펼치는 동안 부시 대통령은 고문들과 스크럼 선 뒤에 모여 있었다). General Norman Schwarzkopf ("Stormin" Norman; hey, what's in a name ...) told his troops, "Iraq has won the toss and elected to receive(슈바츠코프 장군은 그의 군대에게 "이라크는 동전 던지기에서 이겨서 리시브를 받는 것을 선택했다."라고 말했다)."

슈바츠코프Schwarzkopf는 측면 작전으로 군인들을 이라크군 주변으로 보내는 전략을 "해일 메리 패스(Hail Mary pass)"라고 명명했다. 미식축구에서 해일 메리 패스(long bomb; 실제로 이름이 무슨 문제겠는가)는 지고 있는 팀이 경기가 끝나기 전에 점수를 내기 위해 펼치는 결사적인 마지막 승부수를 말한다.

이와 같은 은유의 선택은 매우 독특한 것이었는데, 왜냐하면 미국이 실제로 걸프전에서 질 가능성은 매우 희박했기 때문이다. 이라크군은 미국군보다 수적으로 우세했고, 그 당시에 사담이 화학무기를 사용할 수 있다는 우려가 있었지만, 미국은 화력과 정보력에서 훨씬 더 우위에 있었다. 또 하나, 해일 메리 패스는 보통 경기가 끝날 무렵에 나온다. 슈바츠코프는 처음에 그것을 사용했다. 아무리 부정확할지라도, 이 은유는 그것을 들은 사람들에게 미국을 패배자로 간주하여, 역전승을 거두는 강한 감동을 주고 집요한 팀에 대한 본능적인 동정을 활용하도록 점화했기 때문에 효과적이었다.

코미디언 조지 칼린George Carlin이 미식축구 충돌과 야구 경기를 비교하기 위해 그가 자주 사용하는 유명한 말을 통해 미식축구 은유에 들어있는 전쟁의 속성을 잘 깨닫게 해주었다.[244] 그는 야구에는 "세븐스 이닝 스트레치(seventh-inning stretch)[245]"가 있지만, 미식축구에는 "투미닛 워닝(two-minute warning)[246]"이 있다고 지적했다. 미식축구에서는 "penalty

(페널티)"를 받지만, 야구에서는 "실수error", 즉 "아뿔싸!(Oops!)"를 한다.

　칼린이 말했듯이, "야구는 새 인생의 계절인 봄에 시작된다." "미식축구는 모든 것이 죽어가는 가을에 시작된다 … 미식축구는 '다운(down)'에 관한 것이다. 그것은 어떤 '다운'인가? 야구는 '업(up)'에 관한 것이다. 누구의 '업'인가?" 칼린은 두 게임의 근본적으로 다른 목적을 고찰하면서 그의 비교-대조 작업에 대한 결론을 내렸다.

　　미식축구에서는 야전 장군이라 불리기도 하는 쿼터백이 대대적인 공습을 펼치는 동안 샷건을 사용하는 한이 있더라도 아무도 막을 수 없는 정확한 공격으로 수비수들을 혼란에 빠뜨리면서 공중 폭격으로 목표물을 잘 겨냥하여 처리하는 것이 목적이다. 짧은 총알 패스와 롱 패스를 이용하면서, 그는 적 방어선의 앞쪽 벽에 구멍을 내는 이 공습 공격과 지속적인 지상공격의 균형 맞추면서 군대를 적 영토로 행군시킨다.

　　농구에서는 집에 가서 안전하게 지내는 것이 목적이다.

은유적 선택은 특히 정치에서는 웃어넘길 수 있는 문제가 아니다. 예컨대, 이란의 핵 야심을 다룰 때, 완전히 다른 점화가 "악의 축(axis of evil)"(부시 대통령)과 "If countries like Iran are willing to unclench their fist, they will find an extended hand from us(이란과 같은 나라들이 기꺼이 쥐었던 주먹을 펴고 철권통치를 포기한다면, 그들은 기꺼이 손을 내밀어 도와주는 우리의 손을 보게 될 것입니다)"(오바마 대통령)와 같은 어구로부터 초래된다.

　"축"이라는 단어는 2차 세계대전 동안 독일, 일본, 이탈리아라는 전쟁 도발의 축이 되었던 강대국들을 생각나게 하려는 저의가 담긴 용어이고, '악'이라는 단어는 사람들에게 상황을 흑백논리로 보도록 부추긴다. 이와 대조적으로, 편 주먹과 내민 손은 협상, 타협, 화해의 연상을 유도한다. 정치적 위기는 물론 단지 대안적 은유를 선택한다고 해서 해결되는 것은 아니다. 길로비치 실험에서 입증했듯이, 은유는 다양한 연상과 유추를 연주함으로써 연주를 왜곡하고, 이렇게 서로 다른 연상과 유추는 다시 서로 다른 태도와 행동을 촉진시킨다.

가장 널리 퍼져 있는 정치 은유 중 하나는 [국가는 몸이다]로서, 이것은 다름 아닌 바로 토마스 홉스Thomas Hobbes라는 은유적 언어의 재앙에 의해 대중화되었다. 『리바이어던Leviathan』은 심지어 "국가라는 몸(body politic)"의 이미지를 포함한다. 국가는 그것에 예속된 더 작은 몸들이 거주하고 있는 거인 군주와도 같다. "나라 = 몸" 은유는 종종 이민이라는 끊이지 않고 논란이 되는 이슈에 대한 논쟁에서 종종 발생한다. 이 유추에 따르면, 나라가 몸이면, 그것은 "외국의" 몸으로부터 나오는 전염과 오염에 취약하다.

1920년대 초에, 신체적 은유는 이민 규제 법안과 출신국가 할당제에 관한 신문 기사와 특집란에서 특히 눈에 띄었다. 그 당시에 한 기자는 다음과 같이 이민과 관련된 법안을 통과시킬 것을 촉구했다.

> 미국에게 그렇게 많이 자신에게 부담스럽게 의존하는 동화되지 못하고, 환영받지 못하는 수백만 명의 외국인들을 소화할 수 있는 가능성을 미국에게 주는 법안을 주어야 한다.[247]

현재 국가의 몸 은유는 1920년대의 그것보다 더 가공이 많이 되기는 했지만 영향력이 덜한 것은 아니다.

"국가 = 몸" 은유의 점화 효과를 탐구하기 위해 특별히 고안된 한 실험[248]에서 한 집단의 참여자들은 부유 세균이 만연해 있고 사람의 건강에 해롭다고 기술하는 대중 과학 잡지의 기사인 것처럼 꾸며진 글을 읽었다. 또 다른 집단은 부유 세균이 만연해 있지만 사람의 건강에는 해롭지 않다는 비슷한 기사를 읽었다.

그런 다음 두 집단은 이민 문제가 아닌 미국 국내 문제의 역사에 관한 비슷한 다른 기사들을 읽었다. 두 기사 간의 유일한 차이는 한 기사는 "국가 = 몸" 은유를 포함하고 있었고(가령, "After the Civil War, the United States experienced an unprecedented *growth spurt*, and is *scurrying* to create new laws that will give it a chance to *digest* the millions of innovations(남북 전쟁 이후에, 미합중국은 전례 없던 급성장을 경험했으며, 수많은 혁신들을 소화할 기회를 갖기 위한 새로운 법들을 창조했다)"), 다른 기사는 그런 은유를 포함하고 있지 않았다(가령, "After the Civil War, the United States experienced an unprecedented period of innovation, and efforts are now under way to create new laws to control the millions of innovations(남북 전쟁 이후에, 미합중국은 전례 없던 혁신의 시기를 경험했으며, 수많은 혁신들을 통제하기 위한 새로운 법들을 창조하려는 노력이 진행 중이다)")는 점이다.

그런 다음 두 집단은 두 개의 설문지에 답했다. 첫 번째 설문지는 이민과 최저임금에 관한 진술문에 대한 그들의 동의의 정도를 측정했다(가령, "It's important to increase restrictions on who can enter the United States(미국에 들어올 수 있는 사람에 대한 규제들을 증가시키는 것이 중요하다)"와 "It's important to increase the minimum wage in the United States(미국의 최저임금을 증가시키는 것이 중요하다)"). 두 번째 설문지는 오염에 관한 그들의 우려를 평가했다(가령, "To what extent did the article on airborne bacteria increase your desire to protect your body from harmful substances?(부유 세균에 대한 기사는 해로운 물질들로부터 당신의 몸을 지키고자 하는 욕구를 얼마나 증가시켰습니까?)"). 부유 세균을 해로운 것으로 기술하는 기사를 읽은 실험대상자들은 오염에 대해 더욱 걱정한다고 보고했다. 이 결과는 전혀 놀랄만한 것이 아니다.

그러나 똑같은 사람들이 또한 미국이 은유적으로 몸으로 묘사되었을 때 이민에 대해 더욱 부정적인 견해를 표현했다. 미국의 국내 문제에 대한 더욱 중립적인 묘사를 읽은 사람들은 부유 세균이 기사에서 해로운 것으로 기술되었음에도 불구하고 이민에 대해 더욱 긍정적인 견해를 가지고 있었다. 최저임금에 대한 두 집단의 견해는 거의 같았는데, 왜냐하면 이민과 달리 "국가 = 몸" 은유가 이 문제에 끼어들지 않기 때문이다. 연구자들은 한 이슈(개인 건강)에 대한 사람의 태도를 조종하는 것이 전혀 무관한 논제(이민)에 대한 그 사람의 태도에 영향을 미친다고 결론 내렸다. 만약 그 두 논제가 은유적으로 연결되어 있다면 말이다.

당신이 오염에 대한 한 사람의 우려를 증가시키고, "국가 = 몸" 은유를 점화한다면, 이민에 대한 의견이 바뀐다. 더 문자적인 기술은 이런 효과를 가지지 않는다. 그리고 레미테와 바그 실험의 실험대상자들처럼 사람들은 그런 전이를 인식하지 못한다.

국가는 사회적 이슈에 대한 서로 다른 개념들이 여론을 식민지화하기 위하여 다투는 은유적 전쟁터이다. 이런 은유들은 더욱 반복될수록 더욱 이로워질 수도 있고 해를 끼칠 수도 있다. *The Woman in the Body: A Cultural Analysis of Reproduction*(몸 속의 여인: 번식의 문화적 분석)에서 에밀리 마틴Emily Martin은 사실로 추정되는 기술을 담고 있는 은폐된 가정들을 드러내기 위해 월경의 역사적인 은유들을 연대기적으로 열거했다. 이 주제에 관한 대부분의 의학 교재를 남성이 집필했음을 지적하면서, 마틴은 한 가지 표준적인 참고문헌을 다음과 같이 인용한다.

> 수태작용이 발생하지 않을 때 자궁내막은 버려지고, 새로운 주기가 시작한다. 이것이 "월경은 아기를 원하는 자궁의 울부짖음이다."라고 가르침이 횡행했던 이유이다.[249]

마틴은 교재들마다 반복되는 이와 같은 은유가 월경을 실패, 특히 번식 실패의 틀로 바라보고, 그 과정에 대한 역사적으로 부정적인 견해 형성에 기여했다고 주장한다. 월경이 번식에 대한 한 차례의 실패라면 갱년기는 번식에 대한 영원한 실패이기 때문에, 갱년기에 대해서도 동일한 설명이 적용되었다.

따라서 의학 교재는 여성 인생의 이 단계를 노화의 자연스러운 부분이라기보다는 병리학적 상태로 기술했다. "그 체계의 모든 시점에서 기능은 '실패하고' 비틀거린"라고 마틴은 말한다.[250] "Follicles 'fail to muster the strength' to reach ovulation(난포가 배란에 도달할 힘을 발휘하는 것에 실패한다). As functions fail, so do the members of the system decline: 'breasts and genital organs gradually atrophy,' 'wither,' and become 'senile.'(기능들이 실패하면서, 그 체계의 구성원들도 위축된다: '가슴과 생식기관이 점차 쇠퇴하고', '시들고', '노쇠해진다')"

수잔 손택Susan Sontag은 암과 HIV/AIDS의 은유를 조사하면서 책에서 비슷한 주장을 했다. 그녀가 지적했듯이, 이 은유들은 주로 군사적인 침입이나 외계로부터의 오염을 바라보듯이 그 질병을 묘사한다. 손택은 이런 은유적 묘사로 인해 촉발되는 연상이 두려움에 대한 무익하고 정당화되지 않은 의미를 창조한다고 주장했다. 손택이 말하기를, "질병은 은유가 아니다."[251] "질병을 대하는 가장 진실된 방법, 가장 건강하게 아플 수 있는 방법은 은유적 사고를 최대한 씻어내고 그것에 최대한 저항하는 것이다."

그러나 그룩스버그의 스트룹 테스트가 보여 주었듯이, 은유는 표면 아래에서 발생하는 측면이 너무 강하기 때문에 은유적 사고에 저항하는 것은 어렵다. 심리학자 게리 셔먼Gary Sherman과 제랄드 클로어

Gerald Clore는 은유적 연상이 우리의 가장 근본적인 판단에 미치는 영향을 증명하기 위해 도덕적 스트룹 테스트를 실시했다.[252]

셔먼과 클로어는 실험대상자들에게 비도덕성을 암시하는 50개 단어(greed; 탐욕, cheat; 속임수, liar; 거짓말쟁이)와 도덕성을 암시하는 50개 단어(honesty; 정직, justice; 정의, virtuous; 고결한)를 보여 주었다. 이 각각은 정해진 방식 없이 검정색이나 흰색으로 제시되었다. 참여자들은 단어가 인쇄된 잉크의 색깔을 가능한 한 빨리 명명해야 했다. 실험대상자들은 비도덕적인 단어들이 검은색으로 인쇄되어 있고, 도덕적인 단어가 흰색으로 인쇄되어 있을 때 색깔을 더 빨리 명명할 수 있었다. 예컨대, 흰색 잉크로 쓴 단어 "greed(탐욕)"를 보는 것은 파랑색(blue) 잉크로 쓴 단어 "green(녹색)"을 보는 것과 동일한 종류의 인지적 불일치를 만들었다.

이 실험의 변이형에서 어떤 참여자들은 손으로 비윤리적인 진술문을 몽땅 베꼈다. 그 진술문을 몽땅 베낀 사람들은 그렇게 하지 않은 사람들보다 검은색으로 쓴 단어를 더 빨리 식별했다.

연구자들은 우리의 도덕적 판단이 어둠과 빛의 개념과 밀접한 관련이 있다고 결론 내렸다. 이러한 빛-어둠 관계는 "She's pure as the driven snow(그녀는 눈보라처럼 순결하다)"나 "He's whiter than white(그는 흰색보다 더 하얗다)"와 같은 은유에서 자명하게 드러난다. 이런 관계는 곤란함과 투쟁의 시대를 "*dark* times(어두운 시기)"로 기술하고, 평화와 번성의 시대를 "*sunlit* uplandsc(햇빛 비치는 고지)"로 기술하는 판에 박힌 문구들을 통해서 눈에 띈다. 이 은유는 또한 왜 신부가 전통적으로 흰색으로 옷을 입고, 왜 동화에서 기사가 반드시 흰색 말을 타고 도착하는지를 설명해 준다.

일본, 독일, 아프가니스탄, 타이를 포함해 20개국 나라에서 온 사람들을 포함한 한 연구에서는 흰색이 긍정적인 연상을 가지고, 검은색이 부정적인 연상을 가진다는 것을 일관되게 발견했다.[253] "단어 'lemon'이 'yellow'를 활성화하듯이,[254] 비도덕적인 단어는 'black'을 활성화하고, 도덕적인 단어는 'white'를 활성화한다"고 셔먼과 클로어는 보고했다.

클로어와 다른 연구 팀은 또 다른 은유적 스트룹 테스트를 수행했는데, 이번에는 도덕적 단어와 비도덕적 단어를 밝기(brightness)와 결부시키는 변화를 주었다. 참여자들은 도덕적 단어가 더 밝을 때 그 단어를 더 빨리 식별하고, 부정적인 단어가 어두울 때 그 단어를 더 빨리 식별했다. 미래가 '밝을(bright)' 때 희망의 '희미한 빛(glimmer)'을 보고, '어둠(gloom)'의 아우라가 '어두운 쪽(dark side)'으로 간 사람들을 에워싸는 것은 놀라운 일이 아니다.

클로어의 연구팀은 사람들이 자동적으로 밝은 물건은 좋고, 어두운 물건은 나쁘다고 가정한다고 결론을 지었다.[255] 심지어 어린이들이 검은색 박스에는 부정적인 물건이 들어 있고, 흰색 박스에는 긍정적인 물건이 들어 있다고 가정하는 경향이 있다는 것을 보여 주는 연구들도 있다.[256]

이런 연상은 우리의 신념과 행동으로도 이어진다. 점화 연구에서는 부지불식간에 검은색 얼굴을 미리 보여준 사람들이 흰색 얼굴을 미리 보여준 사람들보다 경쟁을 요하는 게임을 하는 동안 더 적대적이라는 것을 보여 준다.[257] 비슷한 실험을 했던 네덜란드 연구자들은 부지불식간에 검은색 얼굴에 노출되었던 백인이 어떤 색의 얼굴에도 노출되지 않은 백인들보다 흑인들에 대해 더욱 부정적인 태도를 가

지고 있다는 것을 발견했다.[258]

또 다른 실험에서 에모리대학교의 심리학자 드루 웨스턴Drew Weston 과 다른 연구자들은 버락 오바마를 위한 가상의 캠페인 광고를 두 가지 다른 버전으로 제작했다.[259] 한 버전에서는 밝은 피부의 흑인 가족을 등장시키고, 다른 버전에서는 더 어두운 피부의 흑인 가족을 등장시켰다. 더 어두운 피부의 가족이 있는 광고 버전을 본 실험대상자들은 밝은 피부의 가족이 실린 광고 버전을 본 사람들보다 오바마를 지지할 가능성이 더 낮게 나타났다.

이와 같은 결과는 차별에 관한 통계자료와의 연관성을 보여준다. 예컨대, 스탠포드대학교의 심리학자 제니퍼 에버하트Jennifer Eberhardt는 흑인 피고인과 백인 살인 피해자가 연루된 사건에서 배심원들이 피고인이 넓적한 코와 두꺼운 입술, 검은 피부와 같은 전형적인 흑인의 특징을 보이는 정도에 의해 영향을 받는다는 것을 발견했다. 더 어두운 피부의 아프리카계 흑인 피고인들은 더 밝은 피부의 아프리카계 흑인 피고인들보다 백인 피해자가 연루된 동일한 범죄에 대해 사형선고를 받을 가능성이 두 배 이상 더 높다.[260]

에브하트와 또 다른 스탠포드대학교의 심리학자인 애네타 라탄 Aneeta Rattan은 보통 아프리카계 흑인으로 간주되는 이름의 목록을 읽음으로써 흑인에 대해 생각하도록 점화된 백인들이 짧은 동영상에서 고릴라를 알아차릴 가능성이 더 높다는 것을 보여 주는 연구를 수행했다.[261] 이 동영상은 농구공을 패스하고 있는 학생들의 집단을 촬영한 비디오에 기초한 것이다(이것은 http://viscog.beckman.illinois.edu/flashmovie/15.php 에서 볼 수 있다). 시청자가 해야 할 과제는 검은색 셔츠를 입은 선수들이 한 패스는 배제하면서 흰색 셔츠를 입은 선수들이 하는 패스만 카운트하는 것이다. 동영상의 약 중간쯤에서 고릴라 옷을 입은 한 사람이 그 집단 중간에서 태연하게 어슬렁어슬렁 걷는다. 보통, 그 패스를 카운트하는 데 여념이 없는 시청자들 중 절반 이하만이 고릴라를 알아차리는 경향이 있다. 하지만 에버하트와 라탄 실험에서 전형적인 아프리카계 흑인 이름으로 점화된 백인 참여자들은 전형적인 백인 이름으로 점화된 참여자들보다 고릴라를 더 자주 알아차렸다. 이 연구자들은 은유적 연상은, 아프리카계 흑인과 원숭이를 연결시키는 일탈적이고 무례한 것이라 할지라도, 우리가 보는 것을 결정할 수 있고, 만약 저지되지 않는다면 무의식적인 편견을 강화하는 데 작용할 수 있다고 결론 내렸다.

"맥베스 효과(Macbeth effect)[262]는 은유적 연상이 어떻게 우리의 행동에 무의식적인 층위에서 중력을 발휘하는지를 보여주는 또 다른 예이다. 이 실험에서 참여자들은 도덕적 시나리오나 비도덕적 시나리오를 담고 있는 이야기를 읽었다. 비도덕적 행동에 대한 이야기를 읽은 참여자들은 테스트가 끝난 이후에 세척제를 사서 살균 청소를 할 가능성이 더 높았다. 이 연구자들은 심지어 손을 씻는 행동이 실험대상자들이 비도덕적인 것에 관한 이야기를 읽은 후에 느꼈던 불쾌함을 덜어 주었다는 것을 발견했다. 손 씻기와 같은 간단한 행동은 또한 과거 결정에 대한 후회를 제거한다는 것이 밝혀졌다.[263] 따라서 맥베스 부인이 그녀의 손에서 살인의 얼룩을 비벼 빨기 위해 헛되이 노력하는 셰익스피어의 희곡에서처럼, 도덕적 순수성에 대한 위협의 감응은 실제의 물리적인 세척을 촉진할 수 있다. 그리고 맥베스 부인의 경험과 대조적으로, 깨끗한 손은 깨끗한 의식을 촉진시킬 수 있다.

토론토대학교의 연구자들은 대학생들을 새로운 실험에 두고서,

그들 중 절반에게 키보드나 마우스를 만지기 전에 일회용 항균 물티슈로 손을 닦도록 했다.[264] 그런 다음 모든 참여자들에게 흡연, 불법마약 사용, 포르노와 같은 이슈들을 "매우 도덕적이다"에서부터 "매우 비도덕적이다"에이르는 11점 척도로 평가하도록 했다. 손을 깨끗이 한 참여자들은 손을 깨끗이 하지 않는 참여자들보다 이런 이슈들을 더욱 비도덕적인 것으로 평가했는데, 이로써 연구 팀은 깨끗함과 미덕 간의 은유적 연상이 일회용 항균 물휴지를 사용한 참여자들에게 더욱 가혹한 도덕적 판단을 내리도록 점화시켰다는 결론을 내리게 되었다.

일종의 후각 스트룹 테스트였던 또 다른 실험에서는 밀감 냄새가 나는 세제에 노출된 실험대상자들이 청소와 관련된 단어를 더 빨리 식별할 뿐만 아니라,[265] 이어진 간식 시간 동안 그들의 주변 환경을 더욱 깔끔하게 정리하는 것을 발견했다. 또 다른 연구에서는 밀감 냄새가 나는 세정제 향이 나는 방에 있는 실험대상자들이 그런 향이 나지 않는 방에 있는 참여자들보다 익명의 신뢰 게임(trust game)에서 딴 돈을 더 많이 나누어준다는 것을 발견했다.[266]

방의 상대적인 밝기도 행동에 영향을 미칠 수 있다. 한 연구에서 어두운 방에 있는 참여자들은 조명이 밝게 켜진 방에 있는 참여자들보다 익명의 신뢰 게임에서 속임수를 더 자주 사용했고,[267] 선글라스를 쓴 참여자들은 깨끗한 안경을 쓴 사람들보다 더 이기적으로 행동했다.

이와 같은 연구는 "밝음 = 도덕"과 "어둠 = 비도덕" 또는 "깨끗함 = 선함"과 "더러움 = 사악함"과 같은 은유들이 단순한 수사적 장치 그 이상이라는 것을 시사한다. 이런 개념들을 중심으로 다발을 이루는 연상들은 우리의 판단과 행동에 영향을 미친다. 어둠은 비도덕적인 것을 생각나게 하고, 또한 더욱 비도덕적인 행동을 하도록 부추긴다. 깨끗한 냄새는 미덕의 개념에 대한 접근성을 더 높이고 더욱 덕이 높은 행동을 촉진한다.

손택이 역설한 바와 같이, 은유적 사고를 완벽하게 차단하는 것은 불가능하다. 하지만 우리가 사용하는 은유를 신중하고 의식적으로 선택하고, 다른 사람들이 사용하는 은유에 대해서는 부단히 경계하는 것이 절대로 필요하다. Cultural Logic의 연구에서 보여 주었듯이, 서로 다른 은유는 매우 다른 태도와 행동을 촉발할 수 있다.

은유적 선택은 의견과 행동을 반영하는 것만이 아니라, 그것들의 모양이 갖추어지도록 돕기도 한다. 그래서 어떤 은유가 작동하고, 왜 그런지를 아는 것은 정치적 논쟁에서 필요한 현실에 대한 깨달음을 제공한다. 은유적 의미를 표면으로 가져가는 것은 우리에게 그것을 평가하고, 그것이 영향력을 끼치는 범위를 직접 결정하도록 해 준다.

조지 오웰George Orwell은 그가 느끼기로 그의 시대를 특징지었던 정치적 혼돈이 언어의 부패와 연결되어 있다고 믿었다. "사고가 언어를 타락시킨다면, 언어 또한 사고를 타락시킬 수 있다"[268]고 그는 말했다. 그는 정치적 언어가 "거짓을 진실처럼 들리게 하고, 살인을 숭상할만한 것으로 만들며, 순수한 바람을 단단해 보이도록 고안된 것"[269]이라고 기술하면서, 정치적 언어에 대한 특별한 혐오감을 드러냈다.

당신이 정치적 슬로건에 의해 이리저리 나부끼거나 정렬적인 수사법에 의해 운반되는 느낌이 들 때, 이런 은유들에 대해 곰곰이 생각할 시간을 가지길 바란다. 은유의 뒤에 숨어 있는 동기와 그것이 제기하는 연상을 조사한 뒤에, 당신은 그 전만큼 희망에 차 있을 수도 있고 그렇지 않을 수도 있다. 하지만 레미테와 바그의 실험대상자들과는 달리, 당신은 그런 효과가 어떻게 달성되었는지 확실히 알게 될 것이다.

언어의 부패를 중지시키고, 정치가 혼돈으로 떨어지지 못하게 막도록 도와주기 위해, 오웰은 우리에게 정치적 논쟁을 살아있는 은유로 유지하라는 셸리Shelley의 충고를 받아들임으로써 니체의 경고에 유념하도록 촉구했다.

> 새로 발명한 은유는 시각적 이미지를 환기시킴으로써 사고를 돕지만, 다른 한편으로, 기술적으로 "죽은" 은유(가령, iron resolution(강철 같은 다짐))는 실제로 평범한 단어로 되돌아갔고, 일반적으로 생생함의 소실 없이 사용될 수 있다. 그러나 이 두 부류 사이에는 모든 연상시키는 힘을 잃고, 단지 사람들이 스스로 말을 만들어서 써야 하는 골칫거리를 덜어주기 때문에 사용되는 진부한 은유들이 거대한 더미를 이루고 있다.[270]

닳아빠진 정치적 은유는 역사의 쓰레기통으로 들어가는데, 왜냐하면 사람들을 스스로 해야 할 말을 발명하는 곤란함으로부터 구해주는 언어는 또한 사람들에게서 스스로 사고하는 곤란함도 덜어주기 때문이다. 그리고 그것은 혼돈으로 들어가는 미끄러운 경사면의 첫 단계이다. 다루기 힘든 정치적 논제에 직면할 때, 다음 단계가 sudden death(단판 승부)인지 아니면, extra innings(연장전)인지가 이 세계에 모든 차이를 가져온다.

은유와 즐거움

경험은 자연이 대머리에게 주는 머리빗이다

잠바티스타 비코Giambattista Vico는 나폴리에서 태어나 대부분의 삶을 그곳에서 살았다. 그가 7살이었던 어느 날, 그는 사다리에서 거꾸로 떨어져 중상을 입었고 회복되는 데 3년이 걸렸다. 회복 기간 동안에 그는 학교를 다닐 수 없었기 때문에 비코의 아버지는 그 어린 소년의 교육을 집에서 담당했다. 비코는 마침내 어린 나이로 나폴리 대학에서 법학 학위를 받고 졸업했는데, 거기서 그는 수사학 교수가 되었다.

　『새로운 과학』이라는 책에서 비코는 말하기와 글쓰기의 진화에서부터 제국의 흥망성쇠에 이르는 인간의 역사 전체를 설명하는 소소한 작업을 시작했다. 수사학 교수로서 비코는 특별히 언어에 관심이 있었고, 은유가 언어의 진화뿐만 아니라 문명의 발전에도 중요한 역할을 했다고 믿었다.

　비코는 역사를 신들의 시대와 영웅들의 시대, 그리고 인간의 시대로 구분했다. 각각의 시대는 인간 발전의 단계에 적합한 특정한 언어의 형태를 가졌다. "미개한 인간들이 이제 막 문명을 수용하기 시작할 무렵에"[271] 가장 초기의 언어가 생겨났다. 다음은 비코의 글이다.

우리는 그것(초기의 언어)이 소리를 사용하지 않았으며, 그들이 나타내기 원했던 생각들과 자연적인 관계를 형성하고 있는 몸짓언어나 물리적인 대상들을 사용했다는 것을 발견한다. 두 번째 언어는 직유, 비교, 영상, 은유, 자연에 대한 묘사 등과 같은 영웅적인 상징들을 영웅들이 다스리던 시대에 사용된 영웅 언어의 기본적인 어휘 목록으로 삼았다. 세 번째 언어는 일반인들이 사용하는 관습에 의해 합의된 어휘들을 사용하는 문명화된 언어, 혹은 인간의 언어이다.

비코는 몸짓언어와 언어의 연관성을 거울신경(mirror-neuron) 이론가들인 리졸라티Rizzolatti와 아르빕Arbib보다 훨씬 이전에 주목했다. 그리고 그는 얼마나 일상적인 발화들이 비유로 가득 차 있는지에 매우 예민했다. 그는 "모든 언어에서 무생물에 대한 표현들은 인간의 몸이나 신체 부위, 혹은 인간의 감각이나 감정에서 끌어온 은유를 이용한다."[272]라고 쓰면서 주전자의 입(the lip of a pitcher), 병의 목(the neck of a bottle), 강의 입구(the mouth of a river)와 같은 흔한 예를 제시했다.

비코는 또한 어원학의 보편적인 원리를 그가 발견했다고 확신했는데, 그 원리란 단어들이 물리적인 대상이나 그 속성에서 개념적이고 영적인 것을 나타내는 쪽으로 의미가 바뀐다는 것이었다.[273] 그의 견해는 오늘날 널리 알려진 개념적 은유와 신체화된 인지의 많은 부분을 예측하고 있는 것이었다.

비코는 나폴리를 떠난 적이 거의 없었다. 그는 극도의 가난과 좋지 않은 건강을 감내했지만, 언어학과 철학에서 그가 남긴 업적과 은유에 대한 새로운 생각들은 대부분 관심을 받지 못했다. 그러던 중, 1825년에 이르러 이탈리아의 혁명론자 조아키노 데 프라티Gioacchino de Prati는 영국의 시인 사무엘 테일러 콜리지Samuel Taylor Coleridge에게 비코의 '새로운 과학'을 소개하게 된다.

1820년대 중반 2년에 걸쳐 영국에 망명 생활을 하고 있던 프라티는 북런던의 하이게이트에 있는 콜리지의 집에 일주일에 두 번씩 드나들곤 했다. 그 당시 콜리지는 알콜과 아편 추출물을 혼합하여 제조한 아편정기 중독에 대한 치료의 일환으로 제임스 길맨James Gilman이라는 외과의사의 집에 거주하고 있던 중이었다.

프라티는 길맨의 목요 저녁 모임에 정기적으로 참석했는데, 이곳에서 콜리지는 정치, 종교, 문학, 과학에 대한 자신의 생각을 장황하게 늘어놓곤 했다. 두 사람은 길맨의 집에 있는 정원을 오랜 시간 산책하거나 콜리지의 서재에 앉아 담소를 나누었다. 말이 많기로 이름난 콜리지가 주로 말을 하는 쪽이었다. 프라티는 그 시인과의 대화가 마치 플라톤과의 대화인 것 마냥 완전히 넋을 잃은 채로 경청했다.

"콜리지는 청산유수로 자신의 생각을 펼쳐나갔다."[274] 프라티의 자서전은 이렇게 말한다. "그의 주변 사람들은 모두 그의 말에 매료되어 있었고, 그가 모인 사람들에게 이야기하는 동안 한 마디 말이나 속삭임조차 거의 들리지 않았다. 가장 정제되고 고매한 새로운 생각들이 피어오르는 가장 시적인 어구와 풍자, 상징을 통해 쏟아져 나왔는데, 그것은 때로 소크라테스식의 반어법이 곁들여지기도 하고, 때로는 면밀하게 모든 것을 꿰뚫는 논증으로 보강되기도 했다. 이를 통해 나는 이곳만이 아니라 유럽 대륙 어디에서도 맛볼 수 없는 지적인 만찬을 누릴 수 있었다."

프라티와 콜리지의 산책 중 한번은 이야기가 무명의 사상가인 비코에게로 흘렀다. 콜리지가 비코의 업적에 대한 관심을 표시하자, 프라티는 그 다음 만남에서 콜리지에게 '새로운 과학'이라는 책을 빌려

주었다. 이번에는 콜리지가 그 책을 통해 지적인 만찬을 누렸다.

　콜리지는 상상력과 은유에 대한 자신의 아이디어보다 앞서 있는 비코의 견해를 즉시, 그리고 열렬히 받아들였다. "비코는 나를 점점 더 기쁘게 한다."[275] 그가 프라티에게 쓴 글이다. "그의 책 상권을 정독하면서 나는 스무 번이나 연달아 이런 말을 외칠 수밖에 없었다. 'Pereant qui ante nos nostra dixere(우리의 기발한 생각을 우리보다 먼저 발설하는 자들은 사라질 지어다)'" 비코의 생각들이 영국에서 영향력을 가지게 된 것은 거의가 콜리지의 열정 덕분이다.

　비코는 은유적인 사고가 철학에서 필요할 뿐만 아니라 또한 강렬한 즐거움을 유발하는 데도 필요하다고 믿었다. 『수사학의 기술The Art of Rhetoric』이라는 책에서 그는 은유의 즐거움이 원천(source)과 목표(target)을 잇는 숨겨진 연결 속에 있다고 제안했다. 이 연결은 비코는 'ligamen'이라고 불렀는데, 이것은 '묶다'를 의미하는 라틴어 단어 'ligare'에서 유래한 것이다('ligare'는 다시 ligament(인대), ligature(혈관을 묶는 실), religion(종교)과 같은 단어를 구성하는 어원소가 된다). 비코의 설명은 아래와 같이 이어진다.

　　연설가는 아름다움을 만들되 그것을 청자가 스스로 발견할 수 있도록 방치한다. 왜냐하면 그 아름다움은 청자가 발견해야만 하는 합리적인 연결[ligament]이라는 덕목에 의해 발현되기 때문이다. 청자는 연결된 것들 간의 유사성을 심사숙고하여 찾아내고 연설가가 의도했던 아름다움을 밝혀낸다. 그로 인해 청자는 자신만의 독창적인 해석을 만들어낼 수 있고, 솜씨 있는 말은 듣는 사람이 직접 그 의미를 알아냄으로써 환희를 느끼게 만든다.[276]

ligamen은 은유를 농담과 연결시킨다. 은유와 농담은 둘 다 무언가를 알아차리는 과정의 인식적 충격을 전달한다. 은유와 농담은 둘 다 예상치 못한 반전과 기대의 깨뜨림을 수반한다. 놀라움과 경악 다음에 깨달음이 뒤따르고 끝난다. 농담을 이해하는 순간이 있듯이 은유도 이해하는 순간이 있다. 은유를 해석하는 것은 스포츠를 관람하는 것과 다르기 때문에 이해한다는 말은 매우 적절한 표현이다. 웃음 유발 지점(punch line)에서 청자가 농담의 부조화를 해소해야 하듯이, 은유도 말하는 사람이 의도했던 의미를 청자가 능동적으로 다시 찾아내는 과정이 필요하다.

테드 코헨Ted Cohen에 따르면 은유는 은유의 의미를 발생시키는 연결, 즉 숨겨진 ligamen을 찾아내는 "이해의 상호협력적 행위"[277]를 수반한다. 말하는 사람은 은유를 만들지만 듣는 사람은 그것의 의미를 만든다. 한쪽이 포장하면 다른 쪽이 풀어야 하므로, 말하는 이와 듣는 이는 한패인 것이다. 창의성 측면에서 은유를 생성하는 것과 그 의미를 간파해 내는 것은 거의 같은 행위에 속한다.

은유는 그것을 이해하는 데서 오는 즐거움으로 인해 상당히 오락적 요소가 있다. 아래 이어지는 격언은 나이가 들면서 생기는 지혜의 무상함에 대한 교훈을 재미있게 담아내고 있다.

경험은 자연이 대머리에게 주는 머리빗이다.[278]

아니면, 하프시코드의 음색에 대한 영국의 지휘자 토마스 비첨의 묘사를 보라.

물결 모양의 골이 진 양철 지붕 위에서 두 해골이 교합하는 것 같은[279]

그것도 아니면, '로지와 사과주를(Cider with Rosie)'에 나오는 현란한 직유는 어떤가? 다음은 평생 코를 쿵쿵거리는 버릇이 그래니 트릴 (Granny Trill)의 비강에 어떤 영향을 주었는지 묘사하는 부분이다.

> 그녀의 콧구멍은 마치 오소리가 파놓은 굴과 같았다.[280]

각각의 은유들은 경험과 대머리의 머리빗, 교합하는 해골과 하프시코드, 그리고 헐어버린 콧구멍과 오소리 굴을 연결해주는 가느다란 실을 (그것이 얼마나 가늘든 상관없이) 찾아낼 것을 요청하고 있다. 일단 그 연결선을 찾기만 하면, 우리는 허둥지둥 그것을 건너가 완전히 닮지 않은 두 대상의 연결을 완성하게 될 것이다. 창작자는 이미 그의 마음속에서 이와 같은 줄타기를 마친 상태이다. 은유를 만들 때 우리는 이와 같은 묘기를 부려야 한다. 은유 체육관은 기분을 좋게 만들고 우리의 정신적인 능력을 날카롭게 하므로 우리에게 유익하다.

네덜란드에 소재한 라드바우드대학(Radboud University)의 연구자들은 한 그룹의 학생들에게 서로 다른 영상의 집합을 보여주며 실험을 진행했다. 첫 번째 세트의 영상들은 폭행 장면이나 자동차 사고, 마약 중독과 같은 부정적인 상황을 묘사한 것이고, 두 번째 세트의 영상들은 교통수단의 사진, 기하학적인 모양, 표정 없는 얼굴과 같은 중립적인 상황을 묘사한 것이었다. 영상들을 보여준 뒤에 학생들에게 어렵거나 쉬운 수학 문제를 풀게 했는데, 충격적인 영상을 본 후에 더 어려운 수학 문제를 푼 학생들이 같은 영상을 보았지만 덜 어려운 문제를 푼 학생들보다 불안감을 덜 느꼈다.

라드바우드 연구팀은 이번에는 수학 문제 대신에 (농담이나 만화 같은) 유머러스한 자극을 사용하여 동일한 실험을 반복했다. 다시 실험 대상자들은 중립적이거나 부정적인 그림들을 보았고, 그 후에 농담이나 만화, 혹은 갓 태어난 아기를 안고 있는 아버지의 사진처럼 웃기지는 않더라도 긍정적인 자극들을 보았다. 그 결과, 기분 나쁜 그림들을 본 후에 농담을 읽거나 만화를 본 학생들이 같은 그림을 보고 아버지와 그 아이를 본 학생들보다 불안감을 더 적게 보였다.

　이 연구들은 단순히 농담이나 수학 문제가 기분을 좋아지게 하는지를 말하려는 것이 아니다. 정말로 당신을 기운 나게 하는 것은 바로 농담과 수학 문제 안에 내재된 인지적 불협화를 해결하려는 노력이라는 것이 연구자들의 결론이다.[281]

　농담을 이해하거나 수학 문제를 풀기 위해서는 많은 인지적 노력이 동원된다. 부조화를 해결하고, 변수가 검토해야 하며, 불일치는 조정되어야 한다. 농담과 수학 문제, 그리고 은유는 인지적 불협화의 요소를 해결해야 한다는 공통점을 지니고 있다. 인지적으로 더 진력할수록 그로 인한 긍정적인 느낌이 증가한다는 것을 연구자들은 밝혀냈다.

　재미있는 시트콤을 시청하거나 뉴요커의 만화를 보다가 웃음을 터뜨리는 사람들의 뇌를 스캔해 보면,[282] 뭔가 재미있는 걸 발견하는 것이 음식을 먹을 때나 성적인 즐거움을 느낄 때 촉발되는 원시적인 쾌락 중추의 활성화를 유발하는 것을 알 수 있다. 더 나아가, 농담은 언어의 이해나 부조화의 해결, 개념 연합의 형성 및 은유의 처리 과정에 관여하는 두뇌 영역을 활성화시킨다.

　이처럼 농담과 은유가 즐거움을 주는 이유는 무엇인가? 그것은 우리가 불명확성을 잘 견디지 못하기 때문이다. 인지적 불협화는 우리를 불안하게 만드는데, 그것은 세상을 최대한 예측 가능하게 만드는 것이 생존에 유리하기 때문이다. 그래서 우리가 무언가를 알아내거나 무질서한 것에 질서를 부여할 때, 우리는 심리적인 안도의 한숨을 내쉰다. 일관성을 재건하는 것은 주로 비코라면 '본능적인 연결[ligamen] 짓기 능력'이라고 명명했을 우리의 오래된 패턴 인식 능력을 통해 달성된다.

특별히 본 에코노모Von. Economo라는 특정한 유형의 뇌세포는 부조화를 탐지하고 해결하는 능력이 뛰어나다.[283] 콘스탄틴 본 에코노모 Constantin von Economo와 게오르그 코스키나스Georg Koskinas가 1925년에 발견한 이 세포들은 주로 전두 뇌섬엽 피질(frontoinsula cortex, FI)과 전방대상피질(anterior cingulate cortex, ACC)에 위치한다. 전방대상피질은 인간이나 유인원, 그리고 어떤 종류의 고래나 코끼리에서만 발견된다. FI와 ACC는 (농담과 같은) 유머러스한 자극을 처리하는 동안 활성화되며, ACC는 애매함이나 오류를 알아차리는 것, 예를 들면 인지적 부조화를 해소하는 것과 결부된 것으로 여겨져 왔다.[284]

본 에코노모 세포는 부조화를 재빠르게 해결하는 능력과 은유적 사고 능력의 핵심을 담당하는 것으로 보인다. 아스퍼거 증후군이나 자폐 범주성 장애(autism spectrum disorders, ASD)가 있는 개인들은 그렇지 않은 사람들보다 본 에코노모 세포가 부족한데, 이것은 어째서 ASD를 가진 많은 사람들이 비유적 언어로 인해 힘겨워 하는지 그 원인을 설명하는 데 도움이 된다.

본 에코노모 세포는 이야기의 흐름 속을 달리고 있는 은유의 말馬들을 뒤바꾸는 유쾌하게 뒤죽박죽이 된 비교들, 즉 혼유(混喩, mixed metaphor)*를 이해하는 데도 중요한 역할을 할지 모른다. 위대한 로마

---

* 혼유란 두 개 이상의 은유가 서로 조화롭지 않게 혼용된 것을 말한다.

의 수사학자 퀸틸리안(Quintilaian)은 혼유의 위험성을 아래와 같이 경고했다.

> 무엇보다도 주의해야 할 것은, 어떤 은유를 가지고 시작했든지 간에 같은 것으로 마무리를 해야 한다는 것이다. 하지만 폭풍으로 시작해 놓고 불이 나거나 건물이 무너지는 것으로 끝을 맺는 화자들이 많은데, 이러한 부조화는 가장 불쾌한 것이다.[289]

애석하게도 우리는 퀸틸리안의 충고에 그다지 주의를 기울이지 않았다. 뉴요커(New Yorker)[*]는 1959년부터 '신문 쉼터'라는 제목 밑에 "이런 은유만은 제발"[286]이라는 코너를 운영해 왔다. 독자의 참여가 활발했던 신문 쉼터는 주로 다른 출판물에서 발췌해 온 재밌는 내용이나 실수로 구성되었으며, 원래는 신문의 남은 자투리 칸을 채우기 위해 시작되었지만 얼마 안 가서 신문에서 확실히 자리를 잡은 인기 코너가 되었다. 아래의 "이런 은유만은 제발"에 소개된 털사 월드(Tulsa World)에서 발췌한 헤드라인이 그 이유를 보여준다.

> STEP UP TO THE PLATE AND FISH OR CUT BAIT[287][**]
> (타자석으로 가서 낚시를 하든지 미끼를 잘라내라.)

뉴요커의 '우리 고장'에서 찾은 아래의 문장도 그렇다.

> 당신이 범죄의 시궁창의 겨드랑이의 창자 속으로 걸어 들어가는 순간 당신은 바로 움츠리게 된다.[288]

---

[*]　풍자만화와 다양한 문학 작품을 선보이는 미국의 고급 주간 잡지.

[**]　여기서 PLATE는 접시가 아니라 야구 경기의 타자석에 있는 홈 표시를 뜻한다. 이 은유가 어색한 이유는 야구의 은유와 낚시의 은유가 혼합되어 있기 때문이다.

빌라노바(Villanova) 대학의 영어학과 교수인 카린 홀리스Karyn Hollis는 고등학교 영어 신문에서 골라 모은 예들을 모아 자신만의 "사용하지 말아야 할 은유"[289]의 기록 저장고를 만들었다. 다음 은유들은 확실하게 혼합되지는 않았지만 지나치게 흔들리고 휘저어졌다.

> She grew on him like she was a colony of E. coli and he was room-temperature Canadian beef.
> (그녀는 마치 그녀가 E. Coli의 식민지인 것처럼 그의 마음에서 자라났고 그는 방과 온도가 같은 캐나다 소고기였다.)

> He was deeply in love. When she spoke, he thought he heard bells, as if she were a garbage truck backing up.
> (그는 깊이 사랑에 빠졌다. 그녀가 말할 때 그는 마치 그녀가 후진하고 있는 쓰레기 청소차인 것처럼 자신이 종소리를 들었다고 생각했다.)

이와 같이 뒤죽박죽 섞이고 향방이 없는 은유들은 우리의 본 에코노모 세포들이 그 코를 인지적 불협화라는 맷돌에 걸치고 피땀을 흘리게 만들기 때문에 큰 즐거움을 준다.

그 비교가 얼마나 터무니없건 간에 우리는 여전히 ligamen으로 연결을 지을 수 있다. 우리가 더 오래 생각하고 더 힘들게 고민해야 그 연결을 찾을 수 있기 때문에 이 은유들은 오히려 더 큰 즐거움을 선사한다. 비코의 표현을 사용한다면, 은유는 "말하는 이가 건네주는 것보다 듣는 이가 알아내야 하는 것이 더 많기 때문에" 즐거운 것이다.

높은 수준의 인지적 불협화를 담고 있는 부조리주의 문학도 동일한 효과를 만들어 낸다.[290] 심리학자들이 대학교 학부생들로 구성된 토론 집단에게 프란츠 카프카의 단편소설 '시골 의사'의 수정판을 읽게 했다. 이 소설은 한 의사가 아픈 소년과 그 가족의 호출을 받아 기이한 왕진을 하는 악몽과 같은 이야기이다. 한 집단은 이야기가 서서히 와해되다가 갑자기 합리적으로 추론할 수 없는 일련의 황당한 반전들로 끝나고, 기이하고 완전히 관련 없는 삽화들이 곁들여져 있는 수정판을 읽었다. 다른 한 집단은 관습적으로 말이 되고 합리적인 추론을 벗어나는 반전이 없으며 이야기와 관련된 삽화들이 딸려 있는 상응하는 이야기를 읽었다.

연구자들은 두 그룹에 각각 6~9개로 구성된 60개의 서로 다른 문자열을 주고 그 중의 절반이 어떤 패턴을 가지고 있다고 말했다. 그들에게 내려진 과제는 패턴과 패턴을 담고 있는 모든 문자열을 알아내라는 것이었다. 그 결과 더 이상한 '시골 의사'의 수정판을 읽은 집단이 더 정상적인 수정판을 읽은 집단보다 거의 두 배 정도 더 정확한 답안을 제출했다.

연구자들은 농담과 같은 비논리적인 이야기의 부조화가 뇌의 패턴 탐색에 더 박차를 가하게 한 것으로 결론을 내렸다. 이런 일은 우리가 뭔가를 밝혀내도록 요청하는 광고를 볼 때도 발생한다. 이상한 이야기나 터무니없는 은유적 비교가 제시되면, 우리는 재빨리 평형을 되찾기 원하게 되고, 본능적으로 연결되는 부분이 어디인지 찾게 된다.

하지만, 우리가 언제 좋은 연결을 찾았는지 어떻게 알 수 있을까? 철학자이자 스스로를 "은유 추종자"[291]라고 밝히는 맥스 블랙Max Black이 그 답을 제안한다.

블랙에 따르면, 은유는 두 개의 다른 것에 대한 두 개의 생각을 동시에 활성화시키는데, 이것은 심리학자인 앨런 레슬리Alan Leslie가 묘사하는 '상위표상(metarepresentation)'이 작동하는 방식과 유사하다. 은유의 의미는 이 두 생각의 상호작용에서 비롯된다. 블랙은 그의 책에서 그의 '상호작용 이론(interaction theory)'을 설명하기 위해 가장 오래된 은유들 중 하나를 사용했다.

남자는 늑대다.

블랙은 우리가 남자를 늑대라고 부를 때, 그 은유의 원천과 목표에 관련된 의미의 복잡한 연결망이 활성화된다고 주장한다. 이 은유가 의미를 가지기 위해서 우리는 두 가지 의미를 동시에 주의를 기울여야 한다. 원천(늑대)은 목표(남자)를 대신하거나 장식하는 것이 아니다. [남자는 늑대다]라는 은유를 이해하는 과정에서 우리가 늑대에 대해 아는 것과 남자에 대해 아는 것은 상호작용을 한다. 그 결과는 이렇다. '늑대-남자'.

블랙은 이렇게 적었다. "독자는 늑대의 사전적인 의미나 문자적 의미를 아는 것보다 내가 '연관된 공유지점들의 체계(the system of associated commonplaces)'라 부르는 것을 아는 것이 더 중요하다. 은유의 효과를 위해 중요한 것은 그러한 연관된 것들이 참인지 거짓인지가 아니라 손쉽고 자유롭게 불러일으켜져야 한다는 것이다."[292] 블랙은 은유의 추종자답게 연관된 흔한 것들이 어떻게 작동하는지를 설명하기 위해 다음과 같은 은유를 사용했다.

내가 어떤 선 모양으로 깨끗하게 닦여진 부분만 빛이 투과가 되는 검게 그을린 유리판을 통해 밤하늘을 본다고 가정해 보자. 이때, 나는 그 유리판 위에 미리 나 있는 선 위에 놓일 수 있는 별들만 보게 될 것이고, 그 별들은 그 유리판에 묻은 자국의 구조에 따라 형태가 부여될 것이다. 우리는 은유를 이런 스크린이나 초점 단어의 '연관된 공유지점들'의 체계로 이해할 수 있다. 여기서 연관된 공유지점들은 검게 그을린 유리판 위에 있는 투명한 선의 연결망과 같은 것이다. 우리는 일차적 주제를 은유적 표현을 '통해서 본다.'라고 말할 수도 있고, 일차적 주제가 부차적 주제의 장(場)에 투사된다고 말하는 것을 더 선호할 수도 있다.[293]

따라서, 우리가 "남자는 늑대다"를 읽을 때는 즉시 남자를 늑대와 연관된 공유지점의 프리즘을 통해서 보게 된다. 우리는 남자에게 적용되는 늑대의 (음흉하고 약탈적이며, 언제나 굶주려 있고 사나운) 특성들을 확대해서 보고, 남자에게 적용되지 않는 특성들(다리가 넷이고, 털이 많고, 주변을 지저분하게 만들고, 숲속에 사는)은 배경으로 사라지게 만든다.

　은유는 무언가를 더 분명해 보이게 하거나 왜곡시키기도 하는 렌즈와도 같다. 은유는 공유지점들과 연관된 특정한 집합에 주의의 초점을 맞추게 하지만, 그렇게 하면서 우리의 시야를 좁아지게 만들기도 한다. 블랙의 은유 모형이 어떻게 작동하는지를 매우 명쾌하게 보여준 실험들이 있다. 영국에서 수행된 한 연구에서는 참가자들에게 북아일랜드에 거주하는 도널드 리비스Donald Leavis에 관해 물었다. 그들에게 리비스가 "북아일랜드의 조지 월리스George Wallace"[294]라는 은유적 묘사 외에 어떤 정보도 주어지지 않았다.

　그러자 그들은 리비스에 대해 믿고 있는 것들을 급히 적어 내려갔다. 29명의 참가자들 중 11명은 월리스의 복잡한 애정편력에 대해 언급했고, 단지 2명만 결혼 생활에 대해 말했다. 마찬가지로, 29명 중의 24명은 월리스의 무능함에 대해 거론했으나, 단지 7명만이 그것을 리비스와 관련지어 말했다. 거의 대부분의 사람들이 리비스는 심한 편견을 가진 보수적인 정치인이라고 결론을 내렸다. 참가자들이 알지 못했던 것은 실제로 도널드 리비스라는 인물은 존재하지 않았다는 것이다. 그는 그 연구의 수행자들에 의해 만들어진 철저한 가상의 인물이었다. 이 실험은 우리가 은유를 이해하기 위해 연결된 공유지점들을 어떻게 활용하는지를 잘 보여준다.

월리스의 보수성과 심한 편견은 북아일랜드의 정치로 잘 전이된다. 아프리카계 미국인들에 대한 그의 반감은 가톨릭에 대한 보수적인 신교도들의 반감과 유사하다. 결혼 생활의 문제점들이나 무능함과 같은 월리스의 다른 특성들은 북아일랜드와 그다지 연관이 없기 때문에 로날드 리비스에게로 넘겨지지 않는다. 리비스는 조지 월리스에 관한 연결된 공유지점들의 망을 통해 투시되고 있는데, 다른 말로 이 공유지점들은 그에게 "투사되고 있다(projected upon)"고 있다고 할 수도 있다. 리비스와 월리스 둘 모두에게 공명되는 연결은 부각되고, 그렇지 않은 것은 시야에서 사라진다.

연관된 공유지점들이 사실인지는 블랙이 지적한 대로 중요하지 않다. "국가 = 몸" 은유가 보여준 것과 같이, 은유의 효과는 연결된 것들의 사실성이 아니라 그것들이 얼마나 쉽게 접근 가능한지에 더 의존한다.

일단 은유가 별들을 특정한 별자리로 정렬하고 나면, 우리는 정확히 그런 관점에서 우선적으로 그 별들을 보게 된다. 그리고 원천(source)과 목표(target) 간에 숨겨져 있던 유사성을 끝까지 추적하여 밝혀내고 통합하는 순간, 우리는 스스로가 독창적이라고 느끼면서 대단히 기뻐하게 된다. 키케로는 이러한 지적인 추리가 은유의 본질적인 즐거움을 발생시키는 원리라고 보았다.

은유적인 표현은, 그것이 만약 좋은 은유라면, 사람들에게 더 많은 즐거움을 준다. 나는 그 원인이 은유적 표현이 당연한 것들은 뛰어넘고 서로 거리가 먼 것을 이어붙이는 총명함을 드러내기 때문이라고 생각한다. 또한, 듣는 이의 생각이 길을 잃지 않으면서도 다른 어떤 것에 이끌어지는 것도 매우 큰 만족을 준다.[295]

물론, 은유가 언제나 좋기만 한 것은 아니기 때문에 우리가 연결점을 찾다가 길을 잃어버리게 되는 안 좋은 상황도 있다. 사실은 이것이 성공적인 은유와 실패한 은유를 구별해 준다.

가장 성공적인 은유는 가장 예상을 벗어나는 은유이다. "은유의 힘은 새로움과 적절함, 특이한 것과 빤한 것의 조화를 요구한다."[296] 예술사가인 넬슨 굿맨의 지적이다. "좋은 은유는 놀라움을 주면서도 납득이 된다." 이런 측면에서 은유는 연금술하고도 닮았다. 그것은 완전히 새로운 것을 찾지 않고도 이미 익숙한 것들을 조합해서 새로운 것을 만들어 낸다(예를 들면 오소리 굴과 같은). 원천이 (콧구멍과 같은) 목표로부터 거리가 멀수록 은유의 놀라움과 기쁨은 더 커진다. 하지만, 원천과 목표를 묶어주는 개념적인 끈은 있어야 하는데, 그것이 없다면 그 결과는 초현실주의가 된다.

콧구멍과 오소리 굴보다 더 거리가 먼 두 대상을 생각해 내는 것은 어려운 일이다. 그럼에도 불구하고 이 묘사는 즉시 정확하고도 생생한 이미지를 전달한다. 두 개의 구멍은 거칠게 보면 타원형이라는 형상의 유사성이 있다. 그 입구는 둘 다 어둡고 잘 보이지 않으며, 이 비교를 어느 정도까지 더 깊이 파고드느냐에 따라 코털과 오소리 굴의 천장에 달려 있는 나무뿌리들의 유사성이 발견될 수도 있다. 이 모든 것들이 로리 리Laurie Lee의 은유를 더 성공적인 것으로 만들어준다.

이어지는 시행은 우루과이에서 태어나 파리로 이사하여 『*Les Chantes de Maldoror*』라는 놀랄 만큼 아름다운 책을 쓴 이시도르 루시앙 뒤카스Isidore Lucien Ducasse, 혹은 로트레아몽 백작Comte de Lautréamont이 1870년 24세의 나이로 죽기 전에 지은 것으로, 성공적인 은유는 아니다.

> Beautiful like the accidental meeting of an umbrella and a sewing machine on a dissection table.
> (해부대 위에서 우산과 재봉틀이 우연히 만나는 것처럼 아름답다.)[297]

우산과 재봉틀, 그리고 해부대는 콧구멍과 오소리 굴과 마찬가지의 있을 법하지 않은 조합이다. 하지만, 이 셋을 이어주는 연결은 많은 무게를 감당하기에는 너무나 빈약하다. 이미지는 생생하지만, 연결은 더 이상 유도되지 않는다.

아리스토텔레스는 수사학에 대한 그의 논문에서 연결 조직의 필요성에 대해 언급했다. "이름 없는 것들에게 이름을 주기 위해 은유를 사용할 때, 우리는 그것들을 요원한 것이 아닌 동종이거나 유사한 것에서 끌어내야 한다."[298] 그는 "그로 인해 그 말을 하자마자 그 관련성이 인식될 수 있어야 한다."라고 썼는데, 좋은 은유는 단순한 병치로 충족되는 것이 아니기 때문이다. 병치된 것들은 서로 잘 엉겨 붙어야 한다. 콜리지는 그의 문학적 소신에 대해 두서없고 산만하게 설명한 『문학적 자서전*Biographia Literaria*』이라는 책에서 이러한 은유적 융합이 어떻게 작용하는지를 묘사했다.

문학적 자서전은 원래 콜리지의 인생에 대한 일화들을 담은 책의 서문으로 기획되었던 것이다. 하지만, 콜리지 특유의 장황함으로 인해 그 서문은 한 권의 책으로 부풀어졌다. 그는 길맨의 집에 머물던 1816년에 그 책을 탈고했다.

　콜리지는 비코처럼 생각의 정수는 은유라고 믿었다. 그는 이 새로운 융합을 나타내기 위해 새로운 형용사를 하나 만들어냈는데, 그것이 바로 'esemplastic'이다. "내가 직접 그것을 만들었다."[299] 그는 그 용어에 대해서 썼다. "그리스어 esem은 '하나'를 의미하고, plastic은 '모양을 만들다'를 의미하므로, 이것은 '하나로 만들다'를 의미한다."

　콜리지는 그의 노트에서 어떻게 이 '하나로 만드는' esemplastic의 힘이 작동하는지에 대해 거의 신경과학적인 묘사를 제공한다. 그 내용은 마치 '본 에코노모 세포'에 대해 생각하면서 쓴 것 같다.

> 나는 플라토닉하게, 혹은 심리학적으로 말해서, 나의 뇌 섬유들 하나하나, 혹은 뇌의 골수 안에 깃들어 있는 영적인 빛 안에 있는 모든 것들이 마치 가시광선들이 잡다한 썩은 고등어나 다른 내던져진 물건들에게 하는 것처럼 편재하고 있는 모든 것들과 너무나 보편적인 밀착관계를 가지고 있다는 것을 너무나 강렬하게 느낀다. 비록 그것은 모든 것들의 차이를 인식하긴 하지만, 궁극적으로는 그들 가운데 공통적이거나 유사한 것을 추적해 잡아낸다.[300]

끊임없이 유사성을 추적하면서, 뇌는 은유의 미로를 통해 따라온 연관된 유사성의 단서를 뽑아낸다. 뇌는 모든 가능한 조합들을 뒤섞어가며, 모든 가능한 경로를 탐색하고, 실제로 어딘가로 인도해 주는 생각의 가닥들을 묶는다. 은유는 마음속의 위대한 엉클어짐이다.

　아편정기는 콜리지가 선택한 마약이었지만, 폴란드의 과학 소설 작가 스타니스로 렘Stanislaw Lem은 훨씬 더 중독성이 강한 물질을 발견했다.

　『미래학 회의The Futurological Congress』라는 책에서 렘은 지식이 직접적인 경험이 아닌 환각제로부터 추출되는 미래의 종말론적인 환상을 묘사한다. 믿음을 가진 사람들은 정신 식품점에서 영적인 각성을 위한 약인 제누플릭스(genuflix)를 구입한다. 알게브린(algebrine)은 복용하는 사람에게 고등수학에 대한 백과사전적인 지식을 부여하는 약이고, 암네솔(amnesol)은 원치 않는 기억을 제거하는 약이다. 오센티움(authentium)은 일어나지 않았던 일들에 대한 기억을 창조해 낸다. "누구라도 단티네(dantive) 몇 그램이면 자신이 신곡 『*The Divine Comedy*』*을 썼다는 확신을 가지고 거들먹거리며 다닐 수 있다."[301]

모든 환각제의 어머니는 분명히 메타모르핀(metamorphine)이다. 렘은 그것을 복용하는 자들이 염소를 밀로의 비너스라고 생각하고 염소와 밀애를 나누게 할 수 있다며 메타모르핀을 칭송했다.

사실상 우리는 모두 언제나 메타모르핀을 복용하고 있으며, 어린아이였을 때 처음 그 습관을 들이게 된다.

---

*   저승 세계로의 여행을 주제로 13세기 이탈리아의 작가 단테가 1308년과 1321년 사이에 쓴 서사시로, 인간의 속세 및 영원한 운명을 심오한 그리스도교적 시각으로 그리고 있는 작품이다.

은유와 어린이
하늘을 뭐라고 부를 것인가

스노리 스툴루손Snorri Sturluson의 13세기 아이슬란드 서사시『산문 에다
Prose Edda』는 전통적인 운문 형태에 정통하고 싶은 포부가 있는 시인
들을 위한 핸드북이다. 그것은 후원자가 될 사람을 가장 많이 감동시
킬 만한 언어의 관습과 시의 불문율에 대한 지식을 제공한다. 1179년
또는 그 무렵에 태어난 스툴루손은 의심할 바 없이 이 예술의 거장이
었다.

스툴루손은 아이슬란드 민족 영웅인 에길 스칼라그림손Egil Skalla-
grímsson의 자손이었다. 하지만 그는 다른 가족에게서 길러졌다. 아이
슬란드의 가장 막강하고 교양 있는 지도자중 한 사람인 존 로프트손
Jon Loptsson은 집안의 불화를 해결하기 위해 어린 스노리Snorri를 양자로
삼았다. 스툴루손은 아이슬란드에서 가장 부유한 여자와 결혼하고
나라에서 가장 부유한 남자가 되면서 잘 살아갔다.

그러나 스툴루손은 노르웨이에 머무는 동안 정치적 음모에 휩쓸리
게 되었다. 1241년, 그는 고향에서 배신자라는 낙인이 찍힌 채 두 전
사위들에 의해 도끼로 암살당했다.

단어 "saga"는 "tale"을 가리키는 고대 노르드어 이고,『산문 에다』
에 수록된 것을 포함해 대부분의 saga들은 11세기와 14세기 사이에
쓰여진 스칸디나비아 민족 역사를 미화한 이야기들이다. 이런 이야
기들은 대략 800년과 1100년 사이의 바이킹 시대(Viking Age)로 거슬러
올라가는 구전 전통에 기초를 둔다.

하지만『산문 에다』는 다르다. 평범한 무용담 외에, 스툴루손은 왕
실 후원을 구하면서 음유시인으로 알려진 궁정 시인들에게 조언을
제공한다. 단연 음유시인들이 알아야 하는 가장 중요한 것은 어떻게
적절한 완곡 대칭법(kenning)을 만드는가 하는 것이었다.

완곡 대칭법은 쌍을 이룬 명사나 명사구로 구성된 은유적 완곡어
법(circumlocution)이다. 예컨대, 고대 아이슬란드 시에서 칼은 칼이 아니
라 "피의 고드름(icicle of blood)"[302]이고, 배는 배가 아니라, "바다의 말
(horse of the sea)이며, 눈은 눈이 아니라 "이마의 달(moons of the forehead)"이
다. 이와 비슷하게, 땅[303]은 "바람 홀의 바닥(the floor of the hall of the winds)"
이나 "동물들이 밟아 으깬 바다(the sea trodden on by animals)"이다. 불[304]은
"삼림의 파괴자(destroyer of timber)"나 "집의 태양(the sun of houses)"이다.

『산문 에다』에는 다양한 신화와 전설을 차지하고 있는 인물들을
위한 가장 대중적인 완곡 대칭법의 목록이 들어 있다. 그래서 그것은
고대 아이슬란드 민간전승의 신과 여신, 영웅과 악인을 위한 일종의
『버크의 귀족계급과 신사계급Burke's Peerage and Gentry』이기도하다.

단어 "kenning"은 고대 노르웨이어 동사 kenna에서 나온 것인데,
이것은 또한 "알다, 인식하다, 지각하다"를 의미하는 "보는 것 = 아는
것"의 은유이다. 이 어원은 다양한 스칸디나비아 언어들뿐만 아니라
독일어와 네덜란드어에서 "알다"를 뜻하는 단어들에 남아 있다.

kenna는 또한 영어 "can"뿐만 아니라 "beyond my knowledge"를 의미하는 표현 "beyond my ken(나의 이해 범위 밖)"이란 표현에서 발견되는 다소 불가사의한 "ken"의 근원이기도 하다.

　고대 아이슬란드 음유시인들이 만들긴 했지만, 완곡 대칭법은 지금도 매우 흔하다. "house plant", "head ache", "brain storm", "pay wall"과 같은 간단한 구는 you are not you but a "pain in the ass"의 "pain in the ass"에서처럼 아무리 산문적이라 할지라도 모두 기본적인 완곡 대칭법이다. 내가 개인적으로 선호하는 것은 "대초원의 범선(prairie schooner)"으로 이것은 19세기의 정착자들이 미국서부로 타고 들어갔던 포장마차에 대한 완곡 대칭법이다.

　어린이들 역시 능숙한 음유시인이고, 간단한 완곡 대칭법과 유사한 새로운 이름 붙이기는 종종 그들이 처음 만들어내는 은유들 가운데 속한다. 나는 큰아들 질레스Gilles가 2살 즈음에 함께 창가에 서 있던 일을 기억한다. 질레스는 태양을 가리키면서 "big sky lamp"라고 불쑥 말했는데, 이것은 마치 옛날에 있었던 고전적인 완곡 대칭법과 흡사한 것이다.

　다른 아들인 트리스탄Tristan은 어느 크리스마스에 새끼 고양이를 받은 후에 재치 있는 완곡 대칭법을 떠올렸다. 그는 점심으로 즐겨먹던 샌드위치 같은 부리토에 영감을 받아서, 애완동물 대소변통에서 고양이 똥을 치우기 위해 사용하는 작은 비닐봉지를 "crap wraps(똥 포장지)"이라고 불렀다.

　은유의 발전에 있어서 완곡 대칭법이 첫 번째라는 것에 대한 더 뚜렷한 증거는 인간과 가장 가까운 살아 있는 영장류로 간주되는 보노보 침팬지(bonobo)로부터 나온다.[305] 보노보 침팬지는 손짓뿐만 아니라 발성법을 통해서도 의사소통하고, 적어도 칸지(Kanzi)라는 보노보 침팬지는 은유를 만들 수 있다.

영장류동물학자 수 새비지 럼버Sue Savage-Rumbaugh는 칸지에게 기하학적 상징으로 구성된 키보드를 사용해서 의사소통하도록 가르쳤다. 그는 수백 개의 구두 영어 단어를 이해할 수 있고, 키보드를 통해 수백 개의 다른 영어 단어를 사용할 수 있다. 칸지는 키보드 위에서 이런 상징들을 결합해서 간단한 완곡 대칭법을 만들 수도 있다. 그는 가령, "물"과 "새"에 대한 상징을 결합해서 "오리"에 대한 완곡 대칭법을 만들었다.

어린이들은 보노보 침팬지와 같은 본능적인 은유 제작 능력이 있다. 모든 부모는 자녀들이 말하는 감탄할 만한 은유적인 것들을 열거할 수 있다. 발달연구에서는 어린이들이 민첩하고 쉽게 은유를 만들어낸다는 것을 줄곧 발견한다. 한 연구에서 한 어린이는 손전등 배터리를 "sleeping bag all rolled up and ready to go over to a friend's house (친구 집에 갈 준비가 된 둘둘 말린 침낭)"라고 표현했다.[306] 또 다른 어린이는 헤어브러시를 "a park with grass(잔디가 있는 공원)"로 표현하고, 또 다른 어린이는 대머리가 "barefoot head(맨발바닥 머리)"를 가지고 있는 것으로 표현했다.

대부분의 유아기 은유는 간단한 명사-명사 대치, 즉 원형적 완곡 대칭법이다. 이런 은유는 가상 놀이 중에 처음으로 등장하는 경향이 있는데, 이때 아이들은 나이가 12개월에서 24개월 사이이다. 심리학자 앨런 레슬리Alan Leslie가 마음 이론에서 제안했듯이, 이 나이의 어린이들은 주변에 있는 사물과 그 사물에 대한 그들의 생각을 상상에 의해 조작하면서 상위표상(metarepresentation)을 만들어내기 시작한다. 이 단계에서 은유는 글자 그대로 어린이의 놀이이다. 가상 놀이를 하는 동안 어린이들은 쉽게 사물을 다른 사물로 말하고 나서 그것을 그것인 양 사용한다. 빗은 지네가 되고,[307] 콘플레이크는 주근깨가 되며, 빵 껍질은 재갈이 된다.

이와 같은 은유는 귀엽지만 물리적 사물들 간의 지각적 유사성에 전적으로 기초한 초보적인 것이다. 질레스가 "big sky lamp" 완곡 대칭법을 떠올린 비슷한 시기에, 저녁 식사를 하던 중 접시에서 브로콜리 한 조각을 들어 올리고는 잠시 동안 그것을 찬찬히 보더니 "나무!"라고 외쳤다. 이것은 사물에게 어떤 다른 것에 속하는 이름을 부여하는 아리스토텔레스의 고전적 방식이다.

어린 아이들은 관습화된 범주화에 가두어지지 않은 패턴 인식 회로가 최대한도로 작동하고 있기 때문에 다작의 은유 생산자이다. 그래서 어린이들은 언제나 많은 은유적 실례들을 떠올리지만, 그러나 그 중에서 몇 가지만 적중한다.

한 연구에서 연구자들은 미취학 아동에서부터 대학생 연령 범주에 있는 아이들에게 짧은 이야기를 들려주었다. 그것은 누군가가 매우 조용하다거나 매우 슬프다는 것에 대한 이야기였다. 그런 다음 연구자들은 아이들에게 이야기를 끝내기 위해 적절한 직유를 제시하도록 했다.[308] 미취학 아동들은 단연 가장 많은 은유를 내놓았지만, "quiet as a nose"나 "sad as a shirt"와 같이 많은 은유들이 뜻이 통하지 않았다. 어린 아이들은 사물에 다른 것에 속하는 이름을 부여하는 데는 매우 뛰어나지만, 비유 언어의 더욱 복잡한 형태에 대해서는 덜 능숙하다.

성인들처럼 어린이들은 지각적 유사성에 기초한 은유에 능숙하다. 심리학자 엘렌 위너Ellen Winner는 3세에서 10세 사이의 어린이들에게 다양한 모양의 블록, 잡다한 주방도구들, 빨래집게, 크레용과 같은 다양한 물건들을 제시하고, 각 물건에 대해 세 가지 가능한 이름을 제공했다. 문자적 이름, 변칙적인 이름(뒤집힌 대걸레는 "토스터"라고 불렀다), 은유적 이름(뒤집힌 대걸레는 "꽃"[309]이라고 불렀다)이 그 세 가지 이름이다. 세 살 된 아이들도 성공적으로 은유적 이름을 변칙적인 이름보다 더 정확한 것으로 선택했다.

그러나 아이들은 은유에 담겨 있는 덜 명확한 지각적 유사성은 알아차리지 못할 수 있다. 나는 한때 다섯 살 된 우리 딸 헨드리케Hendrikje가 정원에서 인형 하나를 가지고 놀고 있는 것을 관찰했다. 그녀는 식물 줄기들 사이에 그 인형을 눕히고 마른 잎과 풀의 담요로 인형을 덮기 시작했다. 내가 헨드리케에게 무엇을 하고 있는지 물었을 때 그녀는 "It's time for my doll's nap in the flowerbed(내 인형이 화단에서 낮잠 잘 시간이야)"이라고 대답했다. 헨드리케는 이 대칭법의 은유적 의미를 알지 못한 채로 "화단"을 문자적으로 해석했다.

한 연구에서는 아이들이 더욱 복잡한 은유에 직면할 때 이렇게 문자적으로 기우는 것이 일반적이라는 것을 발견했다. 아이들은 문자적인 문장이나 은유적인 문장으로 끝나는 짧은 이야기를 들었다. 예컨대, 집으로 돌아가고 있는 한 작은 소녀에 대한 이야기에서 문자적 결말은 "Sally was a girl running to her home(샐리는 집으로 달려가고 있는 소녀였다)"이었고, 은유적 결말은 "Sally was a bird flying to her nest(샐리는 둥지로 날아가고 있는 새였다)"[310]였다.

연구자들은 아이들에게 인형을 사용해서 그 이야기들을 행동으로 옮기도록 했다. 5살에서 6살 아이들은 마지막 문장이 "샐리는 둥지로 날아가고 있는 새였다"였을 때 그것을 문자적으로 간주하면서 샐리 인형을 공중을 가르며 움직이는 경향이 있었다. 하지만 8살에서 9살 아이들은 그 문장을 은유적으로 간주하면서 인형을 땅을 가로질러 재빨리 움직이는 경향이 있었다.

은유가 더 개념적이 되면 될수록, 아이들은 훨씬 더 머뭇거리게 된다. 연구자들은 6살과 12살 사이의 아이들에게 은유적 문장 "After many years of working at the jail, the prison guard had become a hard rock that could not be moved(감옥에서 수년간 근무한 후에 교도관은 옮길 수 없는 단단한 바위가 되었다)"[311]을 제시했다. 그런 다음 그들에게 이 문장을 바꾸어 말하도록 했다.

가장 어린 아이들은 교도관이 물리적으로 바위로 변형되었거나, 감옥 자체가 어쨌든 바위들로 가득 차 있었다고 말했다. 8살 아이들은 교도관 자신이 어떤 점에서 바위 같다는 것을 인식했다. 그러나 그들은 교도관이 바위만큼 단단한 근육을 가지고 있었다고 하면서 물리적인 것에도 집중했다. 10살 이상의 아이들만이 교도관이 심리적으로 바위와 비슷하게 되었다는 것을 인식했다. 즉, 무감각하고 냉담하게 되었다는 것이다.

1960년대에 솔로몬 애쉬Solomon Asch와 그의 동료 해리엇 너러브Harriet Nerlove는 애쉬가 이전에 사물의 물리적 특성뿐만 아니라 사람들의 심리적 특징을 기술했던 것으로 여겨지는 "warm", "cold", "bitter", "sweet"와 같은 소위 "이중 기능 용어(double function term)"가 아이들에게서 발전하는 방식을 탐구했다. 그들은 우리가 유사성의 직접적인 경험 때문에 심리 상태를 기술하기 위해 물리적 용어를 사용한다고 이론화했다. 그들은 누군가를 "cold"하다고 말하는 첫 번째 사람은 어떤 사물(아마도 얼음 덩어리)과 어떤 인간 간의 닮음을 지각한 것이라고 했다.

애쉬와 너러브[312]는 아이들의 이중 기능 용어의 발달을 추적하기 위해 아이들에게 얼음물, 각설탕, 파우더 분첩과 같은 다양한 사물들을 주고, 차거나 달콤하거나 부드러운 것을 식별하도록 했다. 물론 아이들은 이것을 쉽게 할 수 있었다.

애쉬와 너러브는 그런 다음 아이들에게 사람은 차가울 수 있는지, 사람은 달콤할 수 있는지, 사람은 부드러울 수 있는지 질문했다. 미취학 아동은 문자적인 물리적 언급은 이해했지만, 은유적인 심리적 언급은 이해하지 못했다. 그들은 차가운 사람을 따뜻한 옷을 입지 않은 사람, 단단한 사람은 근육이 단단한 사람이라고 했다. 한 미취학 아동은 자기 엄마를 "달콤한" 것으로 말했지만, 이는 그녀가 친절하기 때문이 아니라 달콤한 것을 요리했기 때문이다.

애쉬와 너러브는 7살과 10살 사이의 아이들만이 이런 표현들의 심리적 의미를 이해하기 시작한다는 것을 관찰했다. 7살과 8살 아이들 중 일부는 단단한 사람들은 거칠고, 밝은 사람은 쾌활하고, 비뚤어진 사람은 나쁜 일을 한다고 말했다. 그러나 11살과 12살 아이들의 일부만이 실제로 물리적 조건과 심리적 상태 간의 은유적 연결을 기술할 수 있었다. 예컨대, 어떤 9살과 10살 아이들은 태양과 밝은 사람들 모두 "빛났다(beamed)"라고 설명할 수 있었다. 아이들의 은유 능력은 적어도 사춘기 때까지 기본적인 지각적 은유에 국한되는 것처럼 보인다.

막스 블랙Max Black의 연관된 공유지점 이론(theory of associated commonplaces)은 왜 아이들이 더 복잡한 은유로 어려움을 겪는지 제안한다. 뒤집힌 대걸레가 어떻게 꽃과 같은지 알기위해서 아이는 단지 이 두 사물이 닮았다는 것을 알아야한다. 이러한 은유는 보기 쉽게 바로 표층에 있다. 하지만 교도관이 어떻게 바위와 같은지 이해하는 것은, 특히 가혹한 환경이 어떻게 사람들을 감정적으로 냉담하게 만들 수 있는지를 경험해 본 적이 없는 상태에서 물리적 상태가 눈으로 보기 훨씬 더 어려운 심리적 상태와 어떻게 닮았는지를 이해하는 것을 포함한다.

　　아이들은 연관된 공유지점이라는 관련된 저장물을 획득하는 데 필요한 인생 경험이 없기 때문에 더욱 정교한 은유를 이해하는 데 어려워한다. 그들은 바위처럼 딱딱한 사람들과 몇 번 싸우고 나서야 교도관이 어떻게 단단한 바위가 될 수 있는지를 이해하게 될 것이다.

　　유아 발달 연구에서 심리학자 장 피아제는 동일한 것을 발견했다.[313] 그는 9살과 11살 사이의 아이들에게 "Little streams make mighty rivers(작은 시냇물이 모여 큰 강을 이룬다)"와 "When the cat's away the mice will play(고양이가 없으면 쥐가 왕이다)" 같은 속담 열 개를 제공했다. 그는 또한 그들에게 임의적인 순서대로 문장들을 주었는데, 어떤 문장은 속담의 의미를 다른 형식으로 표현했다. 그 아이들은 속담을 읽고 가장 적절하게 일치되는 것을 찾아야 했는데, 그들은 항상 실패했다. 하지만 속담을 위한 적절한 문맥을 제공받았을 때 아이들의 성과는 향상되었다. 후속 연구에서는 가능한 속담 해석의 그림을 보여주고 올바른 이미지를 선택하도록 했을 때 아이들이 훨씬 더 잘한다는 것을 발견했다.[314]

　　그 대칭법 전문가이자 음유시인으로 싹트기 시작한 트리스탄이 11살 때 학교 입학시험을 위한 버넌 스캐널Vernon Scannell의 시 「Nettles(쐐기풀)」[315]에 대한 에세이를 써야 했을 때 나는 그에게서 이러한 아동기 은유 결손을 직접 경험했다.

My son aged three fell in the nettle bed.
(3살 난 내 아들이 쐐기풀 침대에 넘어졌네.)

"Bed" seemed a curious name for those green spears,
('침대'는 이상한 이름처럼 보여, 그 녹색의 창들에게)

That regiment of spite behind the shed:
(헛간 뒤에 있는 그 심술 사나운 병사들에게 말이야)

It was no place for rest. With sobs and tears
(그것은 휴식이 아닌 흐느낌과 눈물이 있는 곳)

The boy came seeking comfort and I saw
(그 소년은 위안을 찾기 위해 왔지만 나는 보았네.)

White blisters beaded on his tender skin.
(하얀 물집들이 방울져 있는 그의 연약한 피부를)

We soothed him till his pain was not so raw.
(우리는 쓰라림이 가라앉을 때까지 그를 달래주었네.)

At last he offered us a watery grin,
(마침내 그는 우리에게 물기 머금은 웃음을 선사했고,)

And then I took my billhook, honed the blade
(그리고 나는 나의 낫을 들고 그 날을 갈았어.)

And went outside and slashed in fury with it
(그리곤 밖으로 나가 그것으로 닥치는 대로 베었어.)

Till not a nettle in that fierce parade
(그 맹렬한 낫질의 행진으로 단 하나의 쐐기풀조차)

Stood upright any more. And then I lit
(다시 일어설 수 없을 때까지. 그리고 나는 불을 지폈네.)

A funeral pyre to burn the fallen dead,
(그 쓰러진 사체들을 태울 장작더미에)

But in two weeks the busy sun and rain
(하지만 채 두 주가 지나기도 전에 부지런한 태양과 비는)

Had called up tall recruits behind the shed:
(헛간 뒤에 다시 키 큰 신병들을 모집했고)

My son would often feel sharp wounds again.
(내 아들은 다시 날카로운 상처를 종종 입게 되었지.)

　대칭법을 사용하는 학교 입학시험은 11살 아이들에게는 해악이다
(단어 "bane"은 우연히 "to slay or wound(죽이거나 다치게 하다)"를 의미하는 아이슬란
드어 bani로부터 온 것이다). 나는 거의 1년 동안 트리스탄이 시험 준비를
하도록 함께 일했다. 나는 내가 수학에 많은 도움이 되었을지 의심스
럽지만, 문학에서는 실제로 기여를 할 수 있다고 생각했다. 우리는 수
십 편의 시와 이야기를 거듭 살폈고, 은유는 제법 길게 논의한 문학
장치 중 하나였다.

　에세이를 위한 과제는 "Nettles"가 무엇에 관한 것인지 설명하는
것이었다. 트리스탄은 그 시가 한 소년이 헛간 뒤에 있는 쐐기풀에 찔
려서 그 아빠가 쐐기풀을 잘라서 태우지만 다시 자란다는 것에 관한
것이라고 대답했다. 여기까지는 괜찮다.

　"Nettles"는 실제로 한 소년이 쐐기풀에 찔리는 것에 관한 것이다.
하지만 또한 실제 쐐기풀과 이후의 삶에서 소년을 기다리고 있는 모
든 은유적 쐐기풀로부터 아들을 보호하려는 아버지의 바람에 관한
것이기도 하다. 시의 끝에서 아버지는 결코 그렇게 할 수 없을 것임을
깨닫는다. 트리스탄은 그 시의 은유적 의미를 완전히 놓쳤다. 그러한
공유지점은 아직 그에게 아직 존재하지 않았고, 그 자신이 언젠가 아
버지가 되지 않는 이상, 결코 그렇게 되지 않을 지도 모른다. 말할 필
요도 없이 아이는 시험에서 좋은 점수를 받지 못했다.

　은유와 아동에 관해 광범위한 연구를 했던 인지과학자 데드르 겐
트너Dedre Gentner는 점점 복잡해지는 직유의 슬라이딩 스케일을 바탕으
로 어린이 은유 발달의 타임라인을 만들었다.[316] 그녀는 5살에서 6살,
9살에서 10살, 대학생이라는 세 가지 다른 연령집단에게 세 가지 다
른 종류의 직유를 제시했다.

"Pancakes are like nickels(팬케이크는 5센트짜리 동전과 같다)"라는 속성적 직유(attributional simile)는 물리적 유사성에 기초한 것이었다. 즉, 둘 다 둥글고 편평하다. "A roof is like a hat(지붕은 모자와 같다)"과 같은 관계적 직유(relational simile)는 기능적 유사성에 기초한 것이었다. 즉, 둘 다 무언가를 보호하기 위해 그것의 꼭대기에 놓여 있다. "Plant stems are like drinking straws(식물의 줄기는 빨대와 같다)"와 같은 이중적 직유(double simile)는 기능적 유사성뿐만 아니라 물리적 유사성에 기초한 것이었다. 즉, 둘 다 길고 원통 모양이며, 둘 다 생명체에 자양분을 주기 위해 아래로부터 액체를 가져온다.

겐트너는 모든 연령집단들 중에서 가장 어린 아이들이 속성적 직유를 이해하는 데 전혀 문제가 없다는 것을 발견했다. 그러나 나이가 더 든 아이들만이 관계적 직유와 이중적 직유를 이해했다. 뒤이은 연구에서 겐트너는 어린이들에게 추가적인 맥락 정보를 제공하면 더 복잡한 은유의 특징인 관계적 비교를 선택할 수 있는 그들의 능력이 향상된다는 것을 발견했다.

겐트너와 동료들은 미취학 아동들에게 사진들을 보여 주었는데, 이 각각의 사진들은 특정한 공간적 배열을 이루고 있는 동물들을 묘사한 것이었다.[317] 어떤 그림은 생김새의 유사성을 보여 주었다. 즉, 동물들은 일치했지만, 공간적 배열은 그렇지 않았다(가령, 흰 고양이 위의 검은 고양이와 흰 고양이 옆의 검은 고양이). 다른 그림들은 관계적 유사성을 보여 주었다. 즉, 공간적 배열은 일치했지만, 동물들은 그렇지 않았다(가령, 흰 고양이 위의 검은 고양이와 흰 개 위의 검은 개). 실험이 진행되는 동안 연구자들은 관계적 유사성을 묘사하는 카드를 아이들에게 보여 주고, "This is a zimbo"라고 하면서 그것에 이름을 지어주었다. 그런 다음 그들은 아이들에게 하나는 관계적이고 다른 하나는 물리적인 다른 카드 두 개를 보여 주고, "이 중에서 어떤 것이 짐보(zimbo)인가요?"라고 질문했다.

아이들은 가령, 흰 고양이 위에 검은 고양이가 있는 짐보의 한 예만 받았을 때, 물리적 일치를 선택하는 경향이 있었고, 흰 고양이 위에 검은 고양이가 있는 사진이 흰 고양이 옆에 검은 고양이가 있는 사진과 같다고 말했다. 그러나 흰 고양이 위에 검은 고양이가 있거나 흰 개 위에 검은 개가 있는 짐보의 두 가지 예를 받았을 때는 개나 고양이의 그림보다는 흰색 새 위에 검은색 새가 있는 그림을 선택하면서 관계적 일치를 선택하는 경향이 있었다. 겐트너와 동료들은 추가 문맥이 아이들에게 비교를 하도록 해 주고, 이것은 다시 그들에게 새로운 관계적 개념을 찾아내도록 해 주었다고 결론 내렸다.

애쉬와 너러브 실험처럼 겐트너의 결과는 은유 만들기는 일찍 시작되지만, 은유 이해는 단계별로 발달하여, 기본적인 물리적 비교로 시작해서 더욱 개념적이고 심리적인 영역으로 나아간다고 제안한다. 아이들의 세상에 대한 지식이 자라면서 그들의 은유적 범위도 커진다.

성인들도 마찬가지다. 어떤 은유라도 그것이 도출되는 영역이 친숙한 경우에만 이해 가능하다.

예컨대, 『산문 에다Prose Edda』에서 "하늘을 뭐라고 불러야 하는가?"라는 질문에 대한 대칭법 형태의 대답은 "Ymir's skull(이미르의 두개골)"[318]이다. 몸이 세계를 형성했던 것으로 믿어지는 원시시대 거인인 이미르의 두개골이 하늘의 둥근 천장이었고, 그의 피는 바다였다는 것을 알아야만 그 대답은 뜻이 통한다. 고대 노르드 신화와 전설을 포함하는 연관된 공유지점이 없다면, 이 은유를 이해하고자 하는 어느 누구나 "Nettles"의 심리적 의미를 이해하려는 트리스탄과 같은 입장에 있게 될 것이다.

본질적 맥락의 이러한 결핍은 『스타 트랙: 넥스트 제너레이션*Star Trek: The Next Generation*』[319]의 "Darmok" 에피소드에서 은하계 우주 탐사선 엔터프라이즈(Enterprise)의 타마리아인들(Tamarians)을 만난 승무원들을 당혹하게 했던 그것이기도 하다. 타마리안인들은 어느 누구도 완벽하게 해독하지 못한 언어를 사용한다. 타마리안 언어는 그들 외계 종족의 신화와 역사에서 나온 대칭법들로만 구성되어 매우 암시적이기 때문에 의미를 규정하기가 매우 어렵다.

예컨대, 타마리안어에서 "협동"은 어구 "Darmok and Jalad at Tanagra"로 표현되는데, 이는 타마리안 민간전승에 Tanagra 섬에서 공동의 적과 싸우기 위해 함께 동맹을 한 두 전사인 Darmok와 Jalad의 이야기가 있기 때문이다. 다른 타마리안 대칭법으로는 외로움을 가리키는 "Darmok on the ocean"과 실패를 가리키는 "Shaka, when the walls fell", 침묵을 가리키는 "The river Temarc in winter", 이해를 가리키는 "Sokath, his eyes open", 이해 거부를 가리키는 "Kiteo, his eyes closed"가 있다. 스노리 스툴루손Snorri Sturluson이라도 이보다 더 잘할 수는 없었을 것이다.

은유를 이해할 때는 맥락이 왕이다. 행동경제학의 개척자인 아모스 트버스키Amos Tversky는 맥락이 우리의 유사성 지각에 어떻게 영향을 미치고, 우리의 유사성 지각이 어떻게 아이와 어른 모두를 포함해 우리의 은유 해석 방식에 영향을 미치는지를 보여주었다.

트버스키는 성인들에게 네 개의 국가들의 이름을 제시하고, 그들에게 그 국가들을 가장 비슷한 쌍으로 분류하도록 했다. 가령, 오스트리아, 스웨덴, 폴란드, 헝가리가 주어졌을 때 실험대상자들은 오스트리아와 스웨덴을 함께 분류하고(두 개의 서유럽 국가), 폴란드와 헝가리를 함께 분류했다(두 개의 동유럽 국가).[320]

그러나 트버스키가 "폴란드"를 "노르웨이"로 대신했을 때는 다른 대답을 얻었다. 오스트리아, 스웨덴, 노르웨이, 헝가리가 주어졌을 때, 실험대상자들은 스웨덴과 노르웨이를 함께 묶고(두 개의 북유럽 국가), 오스트리아와 헝가리를 함께 묶는 경향이 있었다(두 개의 중부유럽 국가). 심리학에서 이러한 맥락 전이는 틀 부여(framing)로 알려져 있는데, 이것은 막스 블랙의 검게 그을린 유리판 위에 새겨진 선들을 깨끗하게 하는 것과 비슷한 과정이다. 비교의 맥락은 우리가 어떤 선에 초점을 두는지 결정하고, 이런 선은 다시 우리가 보는 것의 경계를 정한다.

어떤 대안들이 제공되는가? 어떤 단어가 그런 대안들을 묘사하는 데 선택되는가? 그런 선택이 어떤 연관된 공유지점을 환기시키는가? 이렇게 질문에 틀이 부여되는 방식은 사람들이 하는 대답에 강력한 영향을 미친다. 예컨대, 도널드 리비스Donald Leavis가 "북아일랜드의 넬슨 만델라(the Nelson Mandela of Northern Ireland)"로 묘사되었다면 그 반응을 상상해 보라.

은유가 불러내는 대응들은 고정되어 있지 않다. 이런 대응들은 맥락에 기초해서 앞으로 나오거나 뒤로 물러난다. 틀이 바뀌면 연관된 공유지점도 바뀐다. 따라서 트버스키는 유사성의 평가는 은유의 해석과 동일한 방식으로 즉석에서 만들어진다고 결론 내렸다. 이것은 그가 직유를 사용해서 입증한 관찰내용이다.

좋은 은유는 좋은 탐정소설 같다. 해결은 독자의 관심을 유지하기 위해 미리 나오면 안 되지만, 그것은 소설의 일관성을 유지하기 위해 사실이 밝혀진 후에 그럴싸하게 보여야 한다. "An essay is like a fish(에세이는 물고기 같다)"라는 직유를 생각해 보라. 처음에 이 문장은 당혹스럽다. 에세이는 비린내 나거나 미끄럽거나 축축할 것으로 예상되지 않는다. (물고기처럼) 에세이는 머리와 몸통이 있고, 종종 꼬리의 퍼덕거림으로 끝난다는 것을 생각하면 수수께끼는 풀린다.[321]

심리학자 샘 그룩스버그는 트버스키 실험의 변이형을 수행했는데, 이 실험에서 틀 뒤집기(frame flipping)는 의심할 여지없이 명확해 보인다. 그는 성인들에게 그림, 광고판, 여드름, 사마귀라는 네 개의 사물을 제시하고, 그들에게 가장 비슷한 것들로 짝지으라고 했다.[322] 대부분의 사람들은 그림과 광고판을 함께 묶고, 여드름과 사마귀를 함께 묶었다. 이것은 충분히 명확한 선택이다. 어쨌든, 그림과 광고판은 모두 시각적 전시물이지만, 여드름과 사마귀는 둘 다 피부과적인 결함이다.

그러나 이때 그룩스버그는 틀을 뒤집어서 "여드름"을 "조각상"으로 대신했다. 그림, 광고판, 조각상, 사마귀라는 새로운 집합을 받았을 때, 대부분의 사람들은 그림과 조각상을 함께 분류하고, 광고판과 사마귀를 함께 분류했다. 그림과 조각상은 둘 다 시각예술 형식이지만, 혹과 광고판은 둘 다 흠집인 것이다. 전자는 사람의 몸에 난 것이고, 후자는 풍경에 생긴 것이다. 교체의 결과로, 연관된 공유지점의 새로운 네트워크가 등장했다. 새로운 틀은 새로운 은유적 의미를 생산했다. "같은 쌍의 사물들은 지시되는 틀의 선택에 따라 비슷해 보일 수도 있고 달라 보일 수도 있다"[323]는 것을 트버스키는 관찰했다.

은유는 틀을 부여하는 게임이고, 틀을 재빨리 바꿀 수 있는 우리의 능력은 나이가 들면서 증가한다. 존 던John Donne의 유명한 시구를 보자.

No man is an island.
(어떤 사람도 섬이 아니다.)[324]

이 문장은 놀라울 정도로 흔한 은유 중 하나이고, 문자적으로도 맞는다. 물론 어떤 사람도 모든 면이 물로 둘러싸인 땅 덩어리가 아닌 것은 아주 분명하다. 그러나 이런 단어들은 다른 틀을 통해서 보면 전혀 다른 연상의 공유지점들의 집합을 불러들인다. 하지만 "교도관 = 바위"의 비교처럼, 이런 연상들이 제자리에 들어가기 전에 연관된 감정적 경험과 심리적 지식을 가져야 한다.

이것은 은유의 경이로움들 중 하나이다. 신선하고 성공적인 은유는 관습적이고 선재하는 연상에 의존하지 않는다. 그 대신 최소한 은유가 스스로 그것들을 알려줄 때까지 특별히 근원(source)이나 목표(target)의 특징이 아닌 새로운 예상 밖의 유사성을 부각시킨다.

인지심리학자 로저 투란고Roger Tourangeau와 랜스 립스Lance Rips는 랜들 자렐Randall Jarrell의 시「*90 North*(북위 90도)」에서 나온 아름다운 예를 하나 인용한다.

Like a bear to its floe, / I clambered to bed.[325]

외견상으로, 침대와 부빙은 많은 공통된 특징을 공유하지 않는다. 하나는 차갑고 다른 하나는 따뜻하다. 하나는 딱딱하고 다른 하나는 부드럽다. 하나는 전형적으로 북극에서 떠다니고 다른 하나는 그렇지 않다. 그러나 잠시 그 직유를 생각해 보면, 숨겨진 유사성이 등장한다.

곰이 부빙으로 기어 올라가는 행동은 사람이 침대 위로 기어 올라가는 행동과 비슷하다. 부빙과 침대는 모두 색깔이 옅고, 편평하고, 부드럽고, 하얗다. 이런 연상들의 새로움, 즉 서로 다른 두 가지 사물들임에도 불구하고 그런 놀라운 유사성을 공유한다는 사실은 이러한 직유를 놀랍고 아름답게 만든다. 가장 훌륭한 은유는 전이하는 중에 변형된다.

가장 좋아하는 은유에 대해 연구 참여자들에게 질문할 때 투란고와 립스는 사람들이 명확한 연상보다는 불시의 연상에 기초하는 은유를 압도적으로 선호한다는 것을 발견했다. 투란고와 립스는 성인 집단에게 적합성과 이해도의 측면에서 여러 은유들을 평가하도록 했다. 모든 은유는 동물에 관한 간단한 X = Y 식의 서술들이었다. 이 은유들 중에서 "The eagle is a lion among birds(독수리는 새들 사이에서 사자이다)"[326]는 가장 좋고 가장 이해하기 쉬운 은유로 평가되었지만, "The gorilla is a troop transport among land mammals(고릴라는 육상 포유동물들 사이에서 병력 수송차이다)"는 가장 부적당하고 가장 이해하기 어려운 것으로 평가되었다.

"The eagle is a lion among birds"의 은유에 대해 연구자들은 또한 도널드 리비스Donald Leavis의 실험에서처럼 참여자들에게 근원(사자)과 대상(독수리)이 연관되는 특성을 제시하도록 했다. 사자의 경우 가장 인기있는 연상은 아프리카에 살고, 고양잇과이며, 색깔이 금색이고 크고 강하고, 육식동물이라는 것이다. 독수리의 경우, 가장 인기 있는 연상은 멸종 위기에 처해 있고, 깃털이 있으며, 하늘을 날고, 크고, 육식성이라는 것이다.

빙원-침대 직유의 적합성처럼 이 은유의 적합성은 소수의 공유된 연상에 의존하고, 이런 연상들은 근원이나 대상을 따로 떼어서 생각할 때 전형적으로 마음에 맨 처음 떠오르는 것이 아니다. 막스 블랙이 말했듯이 "은유가 기존의 유사성을 드러낸다고 말하기보다는 유사성을 창조한다고 말하는 것이 더 설득력이 있을 것이다."[327]

그래서 당신이 제멋대로인 7살 아이를 "Look before you leap(뛰기 전에 잘 보아라)"라는 현명한 말로 훈계할 때, 당신을 맞이하는 것이라곤 멍하게 바라보는 것뿐이라도 놀라지 마라. 이런 말의 지혜는 스스로 몇 번 넘어질 때까지는 충분히 이해되지 않을 것이다. 이와 비슷하게, 첫 번째 짝사랑에서 회복 중인 의기소침한 10대는 자신이 좋아하는 다른 누군가와 친해질 때까지는 "There are plenty of fish in the sea(바다에는 잡을 물고기가 많다)"라는 말이 도움이 된다는 것을 알지 못할 것이다. 우리는 막스 블랙의 검게 그을린 유리판을 통해 세상을 어둡게 본다. 아이들이 그 유리판에 하늘을 볼 수 있는 선을 깨끗하게 닦아낼 때까지 시간과 많은 실생활의 경험이 필요하다.

세상은 우리가 잘라내는 만큼 빨리 다시 자라는 찌르는 쐐기풀로 가득하다. 독일 시인 하인리히 하이네Heinrich Heine가 한 때 비꼬아 말했듯이, "경험은 좋은 학교이다. 그러나 수업료는 비싸다."

은유와 과학
지구는 라이스 푸딩 같다

뛰어난 학자이자 비평가요, 기독교 변증가인 루이스C. S. Lewis는 은유학교의 영민한 학생이었다. 1939년의 에세이『블루스펠스와 플래랜스피어스*Bluspels and Flalansferes*』"에서[328] 그는 세계가 우리가 인식할 수 있는 3차원이 아닌 4차원이라고 가정하는 생각 실험*에 대해 묘사하고 있다. 3차원의 세계는 인식이 불가능해 보이지만, 그는 그 과제를 앞과 뒤, 왼쪽과 오른쪽과 같은 2차원의 세계만을 아는 '납작이 나라' 백성들에게 세계가 구의 모양이라는 것을 설명하는 것에 견주어 이해를 도왔다.

　납작이 나라 백성들은 그들이 모든 방향으로 끝없이 펼쳐지는 평면 위에 살고 있다고 생각한다. 그들은 높이나 깊이에 대한 단어는 물론 개념도 없다. 그렇다면, 누가 그들에게 위와 아래의 개념을 알려주

---

*　생각 실험이란 상상력을 통해 사물의 이치에 대하여 탐구하는 방법이다. 생각 실험의 목적은 점검하려는 어떤 가정이나 가설, 원리의 가능한 결과를 탐구하려는 것이다. '슈레딩거의 고양이'는 양자 불확정성을 설명하기 위해 고안된 잘 알려진 생각 실험의 예이다.

겠는가? "당신이 보기에 납작이 나라 백성들이 그런 것처럼, 당신은 3차원을 인식하도록 만들어진 창조물일 수도 있다"[329]라고 루이스는 썼다. 그의 비유 덕분에 그 이전에는 인식조차 불가능해 보였던 것, 즉 4차원의 세계가 어느 정도 외관상의 의미는 갖추게 되었다.

세월이 지난 후, 루이스는 "Flatlanders' sphere, 즉 납작이 나라의 구(球)"라는 비유가 4차원 세계라는 생각에 대한 일종의 지적인 약칭으로, 문화의 일부가 될 것이라고 제안했다. 시간이 지나면서, "납작이 나라의 구(球)"는 "Flalansfere(납작이구)"로 줄어들고, 원래의 비유적 의미나 인식은 점차 기억에서 사라질지도 모른다. 그렇게 되면, "납작이구"라는 말은 은유로서의 활동을 멈추게 되고 그것의 어원적 의미는 다시 복원될 수 없게 될 수도 있다.

납작이구는 "처음부터 신비롭고 수수께끼 같은 구석이 있었다." 루이스는 생각에 잠겼다. "종말이 오기 전에 나는 아마도 그것을 위한 신전을 짓고 나의 동포들에게 납작이구를 위해 싸우고 죽으라고 강권해야 할 것이다. 하지만, 납작이구는, 우리가 그 속에 담긴 은유를 잊어버린다면, 의미 없는 소음에 지나지 않게 될 것이다."

루이스가 말한 납작이구의 짧은 역사는 은유가 실제로 어떤 과정을 통해 변화하는지를 보여주는 것 같다. 이런 과정은 어원학 자체를 통해서도 뒷받침되고 있으며, 스트룹 테스트(stroop test)*와 아모스 트

---

* 스트룹 효과는 과제의 반응 시간에 관여하는 간섭을 말한다. '파랑', '빨강', '초록' 과 같은 색상의 이름이 그 색상과 일치하지 않는 색으로 인쇄되어 있을 때, 그 색 상을 말하는 시간이 이름과 색상이 일치하는 글자를 읽을 때보다 더 오래 걸리고 실수가 많아지는 것이 스트룹 효과라고 하는데, 이런 식으로 과제의 반응 시간에 관여하는 간섭을 이용해 수행하는 실험을 스트룹 실험이라고 한다. 스트룹 실험 이라는 이름은 이 효과를 1935년에 발표한 존 리들리 스트룹(John Ridley Stroop)

버스키Amos Tversky의 틀 뒤집기 실험(frame-flipping experiment)을 적용한 샘 그룩스버그Sam Glucksberg에 의해서도 설명되었다.

글룩스버그는 몇 그룹의 사람들을 한 방에 모아 놓고 마땅한 이름을 가지고 있지 않은 새로운 기하학적 형상들에 대하여 서로 이야기를 나누도록 요청했다. 참가자들은 그 형상에 대해서 자유롭게 원하는 방식으로 묘사할 수 있었다. 그들은 압도적으로 비유를 통해 묘사하는 방식을 선택했고, 매우 신속하게 그 비유를 은유로 압축했다.

예를 들어, 한 형상은 하나의 삼각형이 다른 삼각형 위에 포개어진 모습으로, 위에 있는 뒤집어진 삼각형으로부터 양쪽으로 곡선이 흘러내려오고 있었다. 많은 참가자들이 이 형상을 "양쪽에 다리가 달린 모래시계"[330]와 같은 식으로 묘사했다. 이런 식으로 이 형상이 여러 번 묘사된 후에, 참가자들은 "다리 달린 모래시계", "모래시계 모양의 것", 아니면 그냥 "모래시계"로 이 묘사를 최대한 단축하였다. 그리하여 은유가 탄생한 것이다.

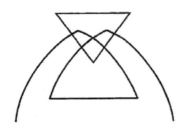

형상 이름짓기: '모래시계'인가? 아니면, '위에 있는 뒤집어진 삼각형으로부터 양쪽으로 곡선이 흘러내려오는 두 개의 삼각형'인가?

의 이름을 딴 것이지만, 그 이전에도 1929년 독일에서 이런 효과에 대한 연구가 발표된 일이 있으며, 19세기의 제임스 멕킨 카텔(James McKeen Cattell)이나 빌헬름 막시밀리언 분트(Wilhelm Maximilian Wundt)의 연구에서도 그 기원을 찾을 수 있다.

　루이스의 생각 실험과 글룩스버그의 실제 실험의 요점은 아직 알지(양쪽으로 곡선이 흘러내려오는 두 개의 삼각형'인가?) 못하는 것들이 오직 은유나 비유를 통해서만 '앎'의 영역에 들어올 수 있게 된다는 것이다. "우리가 지각할 수 있는 개별적인 사물들을 손가락으로 가리키는 영역을 넘어서게 되면, 즉 원인이나 관계, 정신적 상태나 행동 등에 관하여 사고하기 시작하면, 우리는 걷잡을 수 없이 은유적으로 변하게 됩니다"[331]라고 루이스가 말한다. "우리는 은유를 통하지 않고 이러한 것들 중 어느 것도 이해할 수 없습니다."

　은유의 비유적 형태는 과학자들이 새로운 발견에 대해서 이야기할 때 특별히 유용하다. 과학의 역사는 사실 좋은 비유 찾기의 역사다. 1665년에 로버트 후크Robert Hooke가 펴낸 현미경그림보고서(Micrographia)는 원시적인 현미경을 통해서 관찰한 파리의 눈과 코르크 조각 등의 모든 것들을 담고 있다. 후크는 식물이 "세포(cell)"[332]라 불리는 작은 칸들로 이루어졌다는 것을 관찰한 최초의 인물인데, 그가 이런 이름을 붙인 이유는 세포들의 모양이 (cell이라 불리는) 수도사들이 사는 방의 모양과 흡사했기 때문이다.

　프랑스의 수학자 장바티스트 조제프 푸리에Jean-Baptiste-Joseph Fourier가 발견한 "온실 효과(greenhouse effect)"[333]는 지구의 대기를 열을 간직하여 표면의 온도를 계속 상승시키는 거대한 반구형 유리 지붕과 비교하여 만들어진 것이었다. 하지만, 이 은유는 문화적 논리(Cultural Logic)에서 보여 온 바와 같이 설명력을 많이 잃어버렸다. 뛰어난 피아니스트이자 첼리스트이기도 했던 독일의 물리학자 막스 플랑크Max Planck가 양자 이론(quantum theory)을 만들 수 있었던 것은 부분적으로 전자의 궤도를 진동하는 현악기의 줄로 상상했기 때문이다.[334]

중력, 전자기, 약한 상호작용과 강한 상호작용 등의 본질적인 힘과 물질을 하나의 틀로 묶어 설명하려고 시도한 끈이론(string theory)도 우주를 11차원의 진동하는 줄의 격자와 비슷하다고 보는 것이다. 이것을 납작이 나라 사람들에게 설명할 수 있을까?

알버트 아인슈타인Albert Einstein은 그의 작업 방식에 대한 설문지에 응답하면서, 비유적 사고의 속성에 대하여 손수 만든 또 하나의 비유에 기대어 묘사했다.

> 입말이건 글말이건 간에, 언어는 내 사고의 과정에서 아무런 역할을 하지 않는 것처럼 보인다. 사고 과정에 사용되는 존재들은 자발적으로 재생산되거나 서로 결합할 수 있는 어떤 기호니 다소 분명한 영상인데, 이러한 결합 놀이는 생산적인 사고에서 중대한 역할을 하는 것으로 보인다.[335]

아인슈타인에게 '결합 놀이'는 창의적 사고의 본질이었다. '결합 놀이'는 또한 비유의 본질이기도 하다. 비유의 과정에서 이미 알고 있는 관계는 새로 발견된 관계나 상정된 관계의 네트워크와 쾌활하게 상호작용하고 결합하여, 후자에 대하여 알 수 있는 길을 열어 준다. 유추적 사고는 아직 지도로 제작되지 않은 지형을 이미 길들여진 것에 비교함으로써 그 난폭성을 덜어준다.

철학자 수잔 랑어Suzanne K. Langer가 은유에 대하여 쓴 것은 비유(analogy)에 대해서도 성립한다. "언어를 문자적으로 수용할 때, 그것은 진정으로 새로운 생각에 대하여 표현할 때 적합하지 않은 뻣뻣하고 관습적인 매개물이다. 새로운 생각은 곧잘 강력하고 당혹스럽게 하는 은유를 통해 우리의 마음을 뚫고 들어온다."[336]

비유의 필요성은 기원전 4세기에 중국에 살았던 철학자 혜자(Hui Tzu (惠施))의 이야기에서 잘 드러난다.[337] 혜자는 "오늘 월나라로 가서 오늘 도착했다", "정오의 해는 지는 해이고, 태어난 존재는 죽는 존재이다" 와 같은 궤변과 역설로 유명한 중국의 제논과 같은 사람이었다.

혜자는 웅변술로 유명했다. 사람들이 바람, 비, 천둥과 같은 자연 현상을 설명해 달라고 했을 때 혜자는 "머뭇거림 없이 대답하고, 생각하지 않고 답했으며, 쉬지 않고 멈추지 않고 계속 가면서 모든 무수한 것들을 설명했고, 여전히 그것을 거의 생각하지 않고 그것에 어떤 놀라운 것을 추가했다."[338]

고대 중국의 현자인 맹자와 관련된 혜자의 특별한 이야기는 그가 루이스의 납작이구(flalansfere) 이야기에 대해 매우 익숙하게 느꼈을 거라고 상상하게 해준다.

어떤 간신이 양왕(梁王)에게 혜자의 비유적 논리의 위험성에 대해 경고했다. "회자는 그의 의견을 개진할 때 비유를 사용하는 것에 능숙합니다. 만약 주군께서 그에게 비유를 사용하지 못하게 하신다면, 그는 할 말을 잃게 될 것입니다."라고 말이다. 그러자 왕은 대답했다. "좋소. 그렇게 하리다." 다음 날 혜자가 왕을 접견했을 때, 왕은 그에게 말했다. "만약 그대가 무슨 할 말이 있거든, 앞으로는 비유에 기대지 말고 평이하게 있는 그대로 말하시오." 그러자, 회자가 여쭈었다. "만약 탄궁(彈弓)이 무엇인지 모르는 이에게 '탄궁은 탄궁과 같은 것이오.'라고 설명한다면 그가 이해를 하겠습니까?" 왕이 "못 할 것이오."라고 대답하자 그는 다시 말을 이었다. "그러면 왕께서 그에게 '탄궁이란 활과 비슷한 것인데 다만 활시위를 대오리로 대신한 것이다.'라고 설명한다면 그가 이해하겠죠?" 이에 왕이 대답했다. "그래, 그렇겠지." 그러자 회자는 "자고로 설명하는 사람은 상대방이 모르는 것을 이미 알고 있는 것에 빗대어 깨닫도록 해주어야 합니다."라고 간언했다.[339]

　　루이스는 모르는 것을 아는 것에 비교하는 이런 유형의 유추를 "교사의 은유(master's metaphor)"[340], 혹은 가르치는 도구로서의 은유라고 불렀다. 랑어와 마찬가지로 루이스는 '교사의 은유'가 혁신적이고 창의적인 생각을 전달할 때 언제나 필수적임을 주장했다.

　　플래랜스피어(납작이구)의 예에서 루이스는 우리가 4차원의 세계에 대하여 직접적으로 연구하고 더 나아가 상상할 수 있어야만 유추를 사용하지 않을 수 있다고 했다. 하지만, 우리는 그렇지 못하다. 이론 물리학의 고도로 전문화된 어휘에 친숙하지 못한 우리들에게 유추는 납작이구를 이해하는 유일한 통로다. 루이스는 "우리가 사용하는 은유가 필수적이지 않은 선까지는 생각이 은유로부터 자유로울 수 있다. 다시 말해, 은유 없이도 은유가 의미하는 것과 같은 것을 생각할 수 있다면 말이다."[341]라고 말한다. 하지만, 경이롭고 어려운 과학적 진실에 대하여 이해하고 알리는 일에 관한 한, 유추를 거치지 않은 생각은 존재하기 어렵다.

　　인간의 유추적 사고 능력은 매우 어린 시절부터 관찰되기 시작한다. 비유적 사고가 발생하는 시기를 정확하게 알기 위하여 연구자들은 아이들에게 마법의 양탄자를 말아 튜브를 만들어 그 속으로 보석들을 굴려 넣음으로써 한 병에서 다른 병으로 귀중한 보석들을 옮긴 (램프에 사는 요정) 지니genie의 이야기들 들려주었다.[342] 그런 후에 그들은 아이들에게 하나는 몇 개의 공이 들어 있고 다른 하나는 비어 있는 두 개의 그릇, 알루미늄으로 된 지팡이, 무거운 종이로 된 한 장의 큰 종이, 가위, 테이프, 종이 클립들, 고무줄 등을 보여주었다. 이제 아이들은 이 도구들을 이용해서 한 그릇에 들어 있는 공들을 다른 그릇으로 옮기는 방법을 최대한 많이 찾아내야 했다.

연구자들이 이야기 속의 무언가가 도움을 줄 수도 있다고 안내해 주었음에도, 4세에서 6세까지의 아이들 중 10퍼센트만이 지니처럼 종이를 말아서 공을 옮기는 방법을 생각해 냈다. 10세에서 12세까지의 모든 아이들은 (비록 몇몇은 약간의 도움이 필요했지만) 이 해결책을 찾아 냈다. 이 연구는 비유적 사고가 사춘기 초기에 확립되며, 비슷한 시기에 아이들은 더 복잡한 개념적 은유들을 이해할 수 있게 된다는 것을 보여준다.

이러한 타이밍은 유추가 복잡한 개념적 은유처럼 근원과 목표가 일반적으로 매우 멀리 떨어진 영역에 속해 있는 경우에 속하기 때문에 우연의 탓으로 돌리기는 어렵다. 복잡한 개념적 은유를 이해하기 위해서는 연결된 공유지점들의 적절한 묶음이 제자리에 있어야 하듯이, 유추가 목표에 대한 정보를 어떻게 잘 알려주거나 잘못 알려주는지를 이해하기 위해서는 유추의 근원에 대해서 무언가를 알고 있어야 한다.

이론 물리학자인 리차드 파인만Richard Feynman은 혜자처럼 주로 극도로 추상적이고 어려운 개념들을 설명할 때 적절한 비유를 찾아내는 능숙함으로 인해 칭송받는 강연자였다. 그는 2,000배 확대해서 본 물 한 방울을 "멀리서 볼 때 한 덩어리가 되어 바글거리는 풋볼 선수들"[343]과 같다고 비유하기도 했다. 이 묘사는 좋은 물리학과 시가 요구하는 모든 정확성을 갖추고 있었다.

전자기장의 작용을 설명하기 위해,[344] 파인만은 풀장에 떠 있는 코르크 두 개의 '교사 은유'를 사용했다. 만약 하나의 코르크를 물속에서 움직인다면, 다른 코르크도 이동하게 된다는 것을 즉시 알아차릴 수 있다. 이 두 개의 코르크만을 보면서 움직임을 야기한 코르크와 그 반응으로 움직이게 된 다른 코르크 사이에 모종의 상호작용이 있었으리라고 생각한 순진한 물리학자는 용서받아도 될 것이라고 파인만은 설명한다. 하지만, 두 번째 코르크는 직접적으로 첫 번째 코르크에 의해 움직인 것이 아니라 물의 움직임에 의해 움직인 것이다. "만약 우리가 그 코르크를 흔들면 물결이 멀리 퍼져나간다." 파인만은 설명한다. "그 흔듦으로 인하여 진동의 영향이 매우 멀리까지 미치게 된다. 이것은 직접적 상호작용으로는 이해될 수 없다. 그러므로 직접적 상호작용이라는 아이디어는 물의 존재로 대체되어야 하며, 전기의 경우에는 그것이 우리가 자기장이라고 부르는 것으로 대체되어야 한다."

하지만, 은유의 결합 작용이 적용되는 모든 분야에서와 마찬가지로 과학의 영역에서 언제나 유추보다는 사실이 먼저라는 것에 주의할 필요가 있다. 두 개의 코르크 이야기가 정확한 비교라는 것을 알기 위해 파인만은 자기장의 작동 원리를 이미 알고 있었어야 했다. 이는 "남자는 늑대이다."라는 말의 의미를 이해하기 위해 먼저 그 야위고 배고픈 표정을 알고 있어야 하는 것과 마찬가지다. 헝가리 태생의 수학자 조지 폴리어George Pólya의 말처럼, "당신 스스로가 먼저 어떤 이론이 그럴듯하다는 생각이 들어야 그것을 증명하기 시작한다."[345]

옥스퍼드 대학교의 이론 물리학자 데이비드 도이치David Deutsch에 따르면, 발견이란 바로 이런 방식에 의해 이루어진다. 그 과정은 두 개의 아이디어나 이론들 간의 충돌이 일어나는 문제와 함께 시작된다. 문제를 푸는 첫걸음은 현존하는 두 이론을 비틀어서 맞추는 것이다. 만약 그것이 실패한다면, 그러한 불일치를 해소하기 위해 또 다른 이론을 도입해야 한다.

당신이 이런 일을 잘 할 거라는 가정하에 도이치는 그 결과에 대하여 말한다. "당신은 그 결과를 도출한 이론을 이해하지 못한다. 그것은 이론적인 문제점들을 해결해 주지만, 그것이 무엇을 뜻하는지는 모르는 것이다. 당신은 어떻게 그것이 실제 세계에 대한 묘사일 수 있는지, 그것이 사실이 되기 위해 이 세상이 어때야 하는지 이해할 수 없다. 이때가 바로 유추에 대해 생각하게 되는 시점이다."

도이치는 대륙이동설을 그 예로 든다. 16세기부터 이미 자연 철학자들은 대륙들, 특별히 아프리카와 남아메리카의 형상이 서로 꼭 들어맞는다는 것을 관찰해 왔다. 하지만, 20세기 초까지 그 누구도 땅의 일부가 떨어져 나와 다른 부분과 멀어지게 하는 적절한 메커니즘을 생각해 내지 못했다. 마침내 1960년대에 이르러서야 판 구조론(plate tectonic)이 그 답을 제공했다.

하지만, 도이치가 지적하듯이 올바른 이론을 만드는 것이 다가 아니다. 우리는 그 이론이 현실에 대하여 말하는 바가 무엇인지, 그리고 판 구조론이 지구의 실제 역사와 관련하여 의미하는 것이 무엇인지를 알 필요가 있다. 유추가 빛을 발하는 것은 바로 이 지점이다.

"어쩌면 지구는 라이스 푸딩(rice pudding)과도 같다." 도이치는 판 구조론에 이어 이와 같은 유추적 논증을 전개한다. "표면은 딱딱하고 잘 부서지지만, 그 아래는 유연하고 액체에 가깝다. 그래서 때로는 표면이 파열되고 갈라져 나간다. 이 은유는 왜 그런지를 이해하게 해주므로 유용하다. 이렇게 비슷한 다른 것을 통해 이 이론은 더 이해하기 쉬워진다."

만약 유추가 판 구조론에 따라 세계를 이해하는 데 단지 유용한 정도였다면, 도이치의 전문성이 더욱 두드러지는 양자 물리학(quantum world)처럼 가장 추상적이고 직접적 관찰이 어려운 과학에서는 불가결한 것이라 할 수 있다.

파인만은 양자 물리학의 세계에서 양자들이 물결이나 입자, 구름, 당구공, 스프링 위의 물체 등 우리가 본 어떤 것과도 다르게 행동하기 때문에 추상적이고 상상력을 동원한 방식으로 그것에 대하여 알아나가야 한다고 말한다.[346] 이런 추상과 상상에 의존하는 방식이 바로 유추인데, 유추는 우리가 직접 경험할 수 없는 원자보다 작은 세계와 다른 사람들의 경험에 대하여 알 수 있는 유일한 수단이다.

철학자 토마스 네이글Thomas Nagel은 "박쥐가 된다는 것은 무엇일까?"[347]와 같은 호기심을 자극하는 질문을 제기했다. 그는 유기체가 의식을 가지고 있는 한, 그것이 유기체이기에 느끼는 것이 있다고 주장했다. 모든 의식이 있는 유기체들은 그 유기체가 되는 것이 어떤 것인지를 규정해주는 사적인 영역의, 직접적으로 이해되는 정신적 상태를 가지고 있어야 한다. 퀄리아(qualia)라고 알려진 이러한 주관적인 경험의 특질들은 어딘가에 발가락이 다쳤을 때의 고통이나 붉은 장미의 빨강색과 같은 특질을 포함한다.

네이글은 박쥐가 우리와 매우 다르기 때문에 박쥐가 된다는 것이 어떤 것인지 알기 원했다. 그들은 주로 음파탐지를 통해 세계를 지각하며, 물체에 반사되는 소리의 파동을 통해 크기와 모양, 움직임 등을 알 수 있다. 이것은 우리가 세계를 지각하는 방식과 닮은 점이 없기 때문에, 박쥐가 되는 것이 어떤 것인지를 짐작하게 해주는 직접적인 경험이란 거의 존재하지 않는다. 박쥐는 우리가 접근하기 어려운 퀄리아를 가지고 있다.

이 사고 실험을 통해 네이글은 인간이 박쥐가 되는 것이 어떤 것인지 절대 알 수 없으며, 인간이 이해하거나 언어로 표현할 수 없는 사실들도 존재한다는 결론을 내렸다. "나는 박쥐가 된 기분이 박쥐에게 어떻게 느껴지는지 알고 싶다. 하지만, 내가 그것을 상상한다고 해도 나는 내 마음이 가지고 있는 자원의 제약을 받을 수밖에 없고, 그런 자원들을 활용하는 것은 반칙이다."[348]

플래랜스피어의 차원이나 누군가 발가락을 부딪혔을 때의 고통을 이해하는 것이 어렵듯이, 우리가 가진 자원들을 가지고 박쥐의 경험을 직접적으로 이해하기는 어려운 것이 사실이다. 우리는 절대로 박쥐가 되는 것이 어떤 것인지 알 수 없다.

하지만, 은유는 언제나 우리 자신의 경험으로부터 알맞은 비유를 끌어와 그것이 무엇과 같은지 설명해줄 수 있다. 박쥐가 되는 것은 무엇과 같은가? 4차원의 우주는 무엇과 같은가? 판 구조론이 맞다면 지구는 무엇과 같아야 하는가? '-와 같다'라는 말없이는 이런 질문을 제기조차 할 수 없다는 사실로부터 비유가 세상의 가장 다루기 어렵고 심원한 국면을 이해하는 데 얼마나 큰 역할을 하는지 알 수 있다.

그러면, 박쥐가 된다는 것은 무엇과 같은가? 그것은 그랜드캐니언을 눈을 가린 채 지나가면서 벽에 반사되는 목소리의 울림만을 안내자로 삼아 펄럭이는 스카프의 위치를 정확하게 탐지해내는 것과 같다.

두 입자 사이를 물리적으로 지극히 먼 거리가 갈라놓고 있음에도 불구하고, 한 입자에 생기는 변화가 다른 입자에 직접적인 영향을 끼치는 '양자 얽힘(quantum entanglement)'의 상태는 무엇과 같은가? 이것은 마치 명왕성에 사는 사람이 재채기를 했을 때 피오리아(Peoria) 지역에 있는 사람이 갑자기 감기에 걸리는 것과도 같다.

과학에서의 유추의 역할에 대한 강연에서 또 다른 물리학자인 로버트 오펜하이머J. Rober Oppenheimer는 이렇게 말했다.

> 우리는 친숙하고 오래된 것에 바탕을 두지 않고 어떤 새로운 것에 대하여 논하기 어렵다. 우리가 무엇이 어떠해야 하는지에 대한 견해를 가지고 있지 않다면 그것으로 인해 놀라워하면서 배우는 일도 없을 것이다. 그리고 그 견해는 거의 확실히 유추이다. 우리가 실수할 수 없다면 우리가 실수해 왔다는 것을 배울 수 없다. 우리의 실수는 거의 언제나 다른 어떤 경험의 조각에 대한 유추의 형태로 존재한다.[349]

과학적인 유추는 유용하게 쓰이기 위해 먼저 경험과학적으로 증명되어야 한다. 사랑이 붉은색인지를 확인하는 것과 달리 지구가 라이스푸딩과 비슷한지 확인하는 것은 가능하다. 실험은 더 풍부하고 유용한 정보를 얻게 해주고, 이를 통해 다시 더 좋은 유추를 이끌어낼 수 있다. 마침내, 충분한 실험과 수정을 거쳐 새롭고 더 좋은 유추가 구체적인 물리적 실제에 대해 유용한 개념적 묘사를 제공하기 위하여 등장하게 된다.

하지만, 도이치는 섣부른 은유의 적용에 대해 경고하기도 한다. 오펜하이머가 지적한 바와 같이, 어떤 것이 다른 것과 완벽하게 같을 수는 없기 때문에 유추는 결함을 가질 수밖에 없다. 하나의 이론이 타당성을 인정받은 다른 이론과 유사하다는 이유만으로 타당성을 인정받을 수 없기에 유추는 결코 증거로 받아들여지지 못한다. "은유는 먼저 가설이 확립된 후에 그것의 심오한 의미를 이해하는 데 도움을 줄 수 있다." 도이치는 말한다. "만약 은유를 가설보다 앞세운다면, 유추의 어떤 측면이 옳고 그른지 알 수 없기 때문에 많은 오류가 발생할지도 모른다."

과학에서 은유는 그것이 '무엇과 비슷한지' 말해주지만, 그것이

'무엇인지'는 말해주지 않는다. 도이치는 발견의 과정에서 유추 이후의 최종 단계는 "은유에 기대지 않고 현상을 있는 그대로 이해하는 것"이라고 말한다. 그런 후에 당신은 은유 없이 세상을 있는 그대로 이해할 수 있게 된다.

 "과학 혁명의 구조"라는 책에서 토마스 쿤Thomas Kuhn은 은유가 과학적인 언어와 세상의 연결 지점을 만드는 데 빼놓을 수 없는 역할을 한다고 강조한다.[350] 하지만, 그는 그 연결이 고정불변의 것은 아니라는 것도 강조한다. "이론의 변화는 특히 그와 관련된 은유 변화와 용어가 속성을 묘사할 때 활용하는 유사성의 네트워크에 속한 대응 구조의 변화에 동반된다." 그러므로, 루이스에 따르면 플래랜스피어와 같은 유추의 위험성은 그것의 부정확함이 아니라 사람들이 그것이 유추라는 것을 잊는 것에 도사리고 있다.

 "나 역시 은유를 활용한다."[351]라고 수학자이자 천문학자인 요하네스 케플러Johannes Kepler는 아인슈타인의 과학적 창조성에 대한 비유를 예견하며 말했다. " 하지만, 나는 그것이 유희의 일종이라는 것을 잊지 않는다. 만약 비유가 단순한 기호가 아니라 두 사물이 연결되는 방식과 그 원인에 대한 묘사라는 것이 타당한 사유(思惟)를 통해 입증되지 않는다면, 단지 기호에 의해 증명되는 것은 아무 것도 없다고 할 수 있기 때문이다."

 은유는 그것이 은유라는 사실이 잊혀지거나 무시되면서 쉽게 객관적인 사실과 혼동된다. 만일 과학에서 그런 일이 발생하면, 유추는 그것을 유용하게 만들어주던 애초의 탄력성을 잃고 도그마로 굳어지게 된다. 과학은 라이스 푸딩과 같다. 표면은 견고한 모습으로 채워져 있지만, 그 밑은 유연하고 유동적이다.

    은유적 사고를 높게 평가하는 철학자가 드물었던 19세기의 철학자 존 스튜어트 밀John Stuart Mill은 은유가 "주장으로 여겨져서는 안 되며, 어떤 주장이 존재한다는 주장으로 여겨져야 한다"[352]고 말했다. 확실히 루이스도 이 제안에 동의할 것이다. 은유와 유추는 아무 것도 증명하지 않는다. 다만, 그것들은 과학적 증거들이 참일 때 그것이 무엇과 비슷한지를 설명하는 유일한 수단이다. 루이스는 은유가 실제 그 자체가 아니라 실제에 대한 모형일 뿐이라는 통찰을 잃어버리지 말아야 한다고 강조한다.

    "우리가 은유를 창조하고 창조한 은유를 새롭게 이해하면서 듣는다면, 우리는 절대 은유의 노예가 아니다."[353] 루이스는 브루스펠스와 플래랜스피어에서 이렇게 썼다. "우리가 납작이 나라 백성에 대해서 잘 생각해 본다면, 그리고 동시에 그것이 은유라는 것을 잘 안다면 우리는 플래랜스피어에 대하여 이야기 하면서 자신이 문자적이고 직설적이라고 생각하는 사람보다 비교할 수 없을 정도로 훨씬 더 나은 상황에 있는 것이다. 만약 우리의 생각이 계속 맞는다면, 우리의 생각을 가능하게 만들어준 은유들은 좋은 은유였을 것이다."[354]

은유와 우화와 속담
끝내주게 좋은 거짓말

몇 년 전에 한 스페인 미술가는 내 아내와 나에게 그림 한 점을 보내주었다. 그것은 자기를 며칠 동안 우리 집에 묵게 해 준 것에 대한 감사의 선물이었다. 우리는 그 작품의 발랄함과 상쾌함이 정말 좋았다. 우리는 그 그림을 몇 점의 묵화들이 있던 거실 한 곳에 걸었다. 그 그림은 방의 그 모퉁이 전체를 훤하게 해 주었다. 그러나 새로 취득한 그 그림이 거실을 완전히 새로운 빛에 던져 넣고 있음에도 그로 인해 다소 더 어두운 다른 생각이 움트게 되었다.

살인 현장의 시체 주변에 그어놓은 분필 선처럼, 옛날 액자가 걸려 있던 벽 위의 검은 먼지 테두리가 지금은 명확히 보였다. 나는 그것에 덧칠을 해야겠다고 생각했다.

그리고 우리 딸 헨드리케가 아팠던 그날 밤에 손상이 생겼고 가습기 물이 그녀의 그 위층 방바닥에 엎질러져서 온통 적셔버린 천장 모퉁이 근처의 벽토 구역도 어떻게 했어야 했다. 방의 그 부분은 마치 이상한 피부질환이 걸린 것처럼 보였다.

그런데 벽토 덩어리가 무너진 천장의 깊이 갈라진 틈은 몇 해 전에 생긴 것이었다. 도대체 왜 우리는 지금까지 그것을 고치지 않았을까?

그리고 우리가 그 수리를 하는 동안, 나는 카펫이 닳은 계단의 가장 자리에서 계속 넘어지는 것이 정말 진절머리가 났다. 계단 전체를 위한 새 카펫을 구입하자.

우리가 최근에 취득한 물건이 자리를 잡기도 전에, 집을 고치기 위해 해야 하는 작업의 목록은 끝이 없는 것처럼 보였다. 그렇다, 그 그림에 대한 우리의 열정이 채 식기도 전에, 우리는 그 두려운 "디드로 효과(Diderot effect)"에 굴복했다.

디드로 효과는 18세기 프랑스 철학자 드니 디드로Denis Diderot의 이름을 딴 것이다. 그는 계몽주의의 설립 문서 중 하나인 부피가 큰 『*Encyclopaedia*』를 편집하면서 25년을 보냈다. 디드로는 또한 "Regrets on Parting with My Old Dressing Gown(내 오래된 수면 가운과의 결별에 대한 후회)"이라는 매력적인 에세이의 저자이기도 하다. 이 에세이에서 그는 아름다운 주홍색 가운의 선물이 어떻게 그에게 빚을 지게하고 자기 인생을 뒤집어엎었는지를 묘사한다.

처음에 예상 밖의 선물에 기뻐한 디드로는 자신이 어떻게 새 옷을 받았던 그날을 곧 후회하게 되었는지를 기술한다. 그의 품격 있는 새 가운에 비하면 나머지 소유물들은 모두 천박해 보였다. 예컨대, 그의 오래된 밀짚 의자는 뭔가 부족해 보였다. 그래서 그는 그것을 모로코 가죽에 덮인 안락의자로 교체했다. 그리고 그의 논문 아래에서 신음하고 있는 무너질 듯한 오래된 책상은 어떠한가? 그것도 역시 치웠고, 비싼 새 필기용 테이블을 들여왔다. 그의 벽에 걸려 있던 소중한 그림도 더 새롭고 비싼 작품에게 자리를 내줘야 했다.

디드로는 자기 숙소를 업그레이드하면서 감당할 수 있는 것보다 더 많은 돈을 소비한 후에야, 화려한 예복이 실제로는 독이 든 성배였다는 것을 알아차렸다. 디드로는 부제가 "A Warning to Those with More Taste than Money(돈보다 미적 감각이 더 많은 사람들에게 하는 경고)"인 에세이에서 "I was absolute master of my old dressing gown, but I have become a slave to my new one ... Beware of the contamination of sudden wealth. Let my example be a lesson to you. The poor man may take his ease without thinking of appearances, but the rich man is always under a strain"(나는 옛날 수면 가운의 절대적인 주인이었지만, 새 수면 가운의 노예가 되었다 ... 갑작스러운 부의 오염을 조심하라. 나의 예가 당신에게 교훈이 되도록 하라. 가난한 사람은 외관을 생각하지 않고서 몸을 편안히 하지만, 부유한 사람은 항상 긴장 하에 있다)[355]이라고 적었다. "Regrets on Parting with My Old Dressing Gown(오래된 수면 가운과의 이별을 슬퍼하며)"는 유쾌한 에세이이다. 그것은 또한 우화(parable), 즉 이야기 형식을 하고 있는 은유의 뛰어난 예이기도 하다.

은유처럼, 우화는 이중 의미를 지닌다. 디드로의 에세이는 아름다운 주홍색 수면 가운을 선물로 받아 야기된 재정 파탄에 관한 것이다. 그러나 또한 새 차, 새 옷, 새 연인과 같은 인생의 작은 콩고물이 어떻게 현기증 나고 잠재적으로 파멸을 초래하는 더 많은 것들을 욕망하게 하는 악순환의 출발점이 될 수 있는지에 관한 것이기도 하다.

우화는 다양한 형식으로 다가온다. 버니언Bunyan의 『천로역정Pilgrim's Progress』이나 단테Dante의 『신곡Divine Comedy』과 같은 풍유(allegory)는 다양한 등장인물들이 많이 출연하는 연극적 우화이다. 그리고 영어에서 동물이 등장하는 우화는 "fable"이라고 한다. 신화(myth)는 단지 서사적인 우화일 뿐이다. 『뉴욕타임스New York Times』가 "목소리의 불쾌한 특색과 다소 괴상한 매너리즘"[356]의 주인공으로 묘사했음에도 불구하고 대서양의 양쪽에서 대중적인 인기를 누린 19세기 후반 영국의 목사 에드윈 팩스턴 후드Edwin Paxton Hood는 다음과 같은 최고의 정의를 제공했다.

> 어원적으로 [우화]는 단지 옆에 나란히 놓는 것을 의미한다. 그리고 그것은, 사실, 사실 옆에 나란히 놓인 상상이다. 그것은 자연적인 진리와 나란히 있는 영적인 진리이다. 그것은 비옥하고 꽃과도 같은 진리이다.[357]

우화는 이야기가 된 은유이다. 그것은 허구적 이야기를 삶의 사실적인 면 옆에 둔다. 특정한 사람이나 사물의 이미지에 대한 반응으로 활성화되는 신경세포인 할머니 세포가 사람이나 사물의 실제 이미지와 추상적 개념 모두를 부호화하는 것처럼, 우화는 실제 경험과 경험의 추상적 범주 모두를 부호화한다. 따라서 "Regrets on Parting with My Old Dressing Gown(오래된 수면 가운과의 이별을 슬퍼하며)"는 빚을 진 디드로의 슬픈 이야기일 뿐만 아니라 소유욕이 자산의 양을 넘어설 때 어떤 일이 일어나는지에 대한 실례이기도 하다.

우화는 가르침이 깃든 이야기이다. 우리는 우화를 통해 가장 위대한 기회, 즉 다른 사람의 실수로부터 배울 수 있는 기회를 얻는다. 그리고 이런 교육은 디드로가 결코 염두에 두지 않았던 경고인 "항상 소득에 맞는 생활을 하라"와 같은 감상적인 지혜의 말보다 더 많은 것들로 이루어져 있다. 신경영상학은 우리가 이야기를 읽을 때마다 실제 학습도 발생한다는 것을 보여 준다.

우리가 이야기를 읽을 때, 우리의 뇌는 등장인물의 공간적인 위치에서부터 환경 속 대상과의 상호작용, 그리고 다양한 심리적·감정적 목표의 추구에 이르기까지 진행 중인 모든 것을 계획한다.[358] 읽을 때 활성화되는 많은 뇌 부위는 실생활에서 비슷한 상황에 실제로 참여하거나 그것을 관찰할 때도 활성화된다. 예컨대, 목표 지향적 활동의 처리와 사물 조작에 관여하는 부위는 상상하는 경우와 실제의 경우 모두 작동한다. 은유가 기술하는 것을 정신적으로 시뮬레이션해서 은유를 이해하는 것처럼, 우리는 이야기를 우리 마음속에서 상상을 통해 실연함으로써 이야기를 이해한다. 이야기는 실생활의 리허설이다.

사실과 허구의 이런 합병은 본질적인 정보를 전달하는 효율적이고 생생한 수단으로 발전했을 수 있다. 데니스 듀턴Denis Dutton은 『예술 본능: 미와 즐거움, 그리고 인간의 진화The Art Instinct: Beauty, Pleasure and Human Evolution』에서 이야기와 은유 등의 진화적 측면에서의 장점은 다른 사람들의 내면적인 삶과 사회적 관계의 복잡성, 우리 자신의 숨겨진 동기를 이해하도록 해 주는 것이라고 주장한다.[359]

우화는 가장 압축되고 농축된 이야기 형식이다. 그것은 실세계의 본질적인 심리적·사회적 문제를 풀도록 도와주는 간결한 은유적 사고실험이다.

우화는 모든 나라와 문화에 흔하지만, 그 관행을 파푸아 뉴기니(Papua New Guinea)의 오로 주(Oro Province)의 산악지대에 거주하는 마나갈레스(Managalese) 부족처럼 극단으로 가져간 문화는 거의 없다.

마나갈레스 부족은[360] 50에서 250명으로 구성된 마을에서 산다. 가족이 확장된 혈족은 사회, 정치, 경제 조직의 기본 단위 역할을 한다. 마나갈레스 부족은 친목을 유지하기 위해, 그리고 협상을 하거나 논쟁을 초래하는 분쟁을 해결하기 위해 완곡한 표현을 사용한다. 결혼을 중매하고, 친척을 훈계하고, 친척에게 사랑하는 사람의 죽음을 알리는 것과 같이 가장 까다로운 이슈에 직면할 때는 간접성을 선호한다. 그래서 그들은 우화를 사용한다. 실제로 우화는 매우 높이 평가되기 때문에, 마나갈레스 부족은 누가 가장 좋은 우화를 내놓을 수 있는지 보기 위해 종종 경쟁한다.

　　마나갈레스 부족의 한 여자는 자기 아들이 미망인과 눈이 맞아 달아난 후에 그것과 관련된 다음과 같은 우화를 이야기해 주었다. 이것은 인류학자 겸 마나갈레스 우화 전문가인 윌리엄 H. 맥켈린William H. McKellin이 기록한 것이다.

> 내가 젊은 여자이고 사람들의 집을 방문했을 때, 사람들은 내가 씹을 수 있는 신선하고 즙이 많고 익지 않은 구장(蒟醬) 견과를 주었다. 이제 나는 나이가 더 들었다. 내가 방문할 때 오래되고 딱딱한 구장 견과를 받는다. 내가 그것을 씹으면 내 이와 잇몸이 다치고 피가 난다. 이것은 나를 불행하고 화나게 만든다.

구장 견과[361]는 마나갈레스 부족들 사이에서 결혼을 상징한다. 이 어머니는 아들이 함께 눈이 맞아 달아난 미망인을 오래되고 딱딱한 구장 견과에 비하면서, 아들의 결정을 분명히 반대하고 있다. 그러나 그녀는 우화를 통해 자신이 결혼을 승인하지 않는다는 것을 대결을 피하는 방식으로 표현하고 있다.

　　마나갈레스 부족은 감정적으로 북받친 상황에서 긴장을 완화하기 위해 담화의 은유적 방식을 선택한다. 우리는 더욱 직접적인 화법 대신에 완곡어법을 선택할 때마다 동일한 것을 한다. 우리는 "dead civilians(죽은 민간인)" 대신 "collateral damage(부수적 피해)"에 대해 말하

거나 "mandatory job losses(의무적인 실업)" 대신 "right-sizing(규모의 적정
화)"을 말할 때, 더 친절하고 온화한 은유로 정보를 표현함으로써 나
쁜 소식의 타격을 완화시키고자 한다. 맥컬린에 따르면, 우화와 풍유
는 "사회관계의 관측용 기구(trial balloon)나 정치적 로샤하 테스트(political
Rorschach test)"이다.[362]

　　우화는 쓴 약을 삼키기에 더 쉽게 만들 수 있지만, 어려운 개념을
이해하기에 더 쉽게 만들어 줄 수도 있다. 이것은 부처와 예수, 마호
메트에서부터 쇠렌 키에르케고르Søren Kierkegaard와 프란츠 카프카Franz
Kafka에까지 이르는 모든 사람들의 도덕적·영적 이야기에서 그 예를
볼 수 있다. 우화의 교육적·존재론적 양상은 그것의 영원한 인기도
설명해 준다. 아마도 어떤 우화집도 『이솝 우화Aesop's Fables』보다 더 인
기 있는 것은 없을 것이다.[363]

> 한 소년이 산울타리에서 딸기를 따다가 쐐기풀에 손을 찔렸다. 그는
> 쓰라린 고통을 느끼며 엄마에게 달려가 흐느끼면서 그녀에게 말했다.
> "엄마, 난 그냥 정말 그것을 살짝만 만졌을 뿐이에요." "그래서 네가 찔
> 린 거야."라고 그녀는 대답했다. "만약 그것을 꽉 쥐었다면 너를 전혀
> 다치게 하지 않았을 텐데."

이솝 우화는 흔히 거북이와 토끼, 개미와 배짱이 같은 동물에 관한 것
이다. 그러나 이와 같이 사람을 등장시키는 우화도 몇 가지 있다. 어
떤 식으로든 그 이야기는 후드Hood가 "자연적 진리"라고 부르는 구체
적인 장면을 기술하는데, 그것으로부터 독자는 "영적인 진리", 혹은
추상적인 메시지를 추론해 내야 한다. 이 우화에서 자연적 진리는 소
년이 쐐기풀을 살짝만 건드려 다쳤다는 것이고, 영적인 진리는 속담

식으로 표현하자면 황소의 뿔을 잡으라(Grab the bull by the horns)는 것이다. 나는 내 아들 트리스탄이 이 교훈에서 무엇을 생각해 낼 수 있을지 궁금하다.

속담은 종종 이야기의 의미를 요약하고 강화하는 방법으로 이솝 우화에 첨부되어 있었다. 실제로 우화가 이야기 형식의 은유라면, 속담은 우화의 미니어처(miniature)이다.

우화처럼, 속담은 종종 동물을 등장시키고("말을 물가에 데려갈 순 있어도 물을 마시게 할 순 없다"), 종종 숨겨진 도덕적 교훈을 담고 있다("눈먼 자에게는 고개를 끄덕이는 것이나 눈을 깜빡이는 것이 매한가지이다"). 속담은 본질적으로 한 문장으로 된 이야기로서, 19세기에 두 번에 걸쳐 영국 수상이었던 존 러셀John Russell은 이것을 간결하게 "The wit of one, the wisdom of many(한 사람의 재치, 많은 사람들의 지혜)"로 정의했다.[364]

우화처럼, 속담도 다음과 같은 중국과 한국의 속담처럼 모든 국가와 문화에서 발견된다.

> It is hard to dismount from a tiger.
> (호랑이 등에서 내리기는 어렵다.)[365]

> Chase two hares, both get away.
> (두 마리 토끼를 잡으려다 다 놓친다.)[366]

속담과 밀접한 관련이 있는 경구(aphorism)는 세계에서 가장 오래된 서면 예술 형식이다. 이 둘은 또한 가장 오래된 은유의 예이기도 하다.

문자 자체가 기원전 3500년경에 발명된 고대 수메르에서[367] 속담집은 교재로 사용되었다. 소수의 박물관은 수천 년 된 작은 직사각형 점토 서판을 소장하고 있었고, 고대 수메르 학생들은 그 위에 학교 철자 과제와 도덕 교육 연습문제로 속담을 전부 베꼈다. 어떤 서판에는 아직도 학생들이 실수를 해서 그것에 줄을 긋고 다시 시작한 긁힌 흔적이 남아 있다.

이런 속담은 고대의 시간을 품고 있지만 여전히 진실을 울리는 종이 되어 마음속에 현재화된 메아리를 울려 퍼지게 한다. "부는 얻기 어렵지만, 가난은 항상 바로 가까이에 있다."[368]라는 수메르 속담은 "가난한 사람들은 항상 우리와 함께 있다"라는 말을 예견하게 한다. "Possessions are sparrows in flight that can find no place to alight(소유물은 내려앉을 장소를 찾지 못하는 비행 중인 참새이다)"[369]라는 고대의 훈계는 "손 안에 든 새 한 마리는 풀숲에 있는 두 마리 새의 가치가 있다"라는 속담을 생각나게 한다.

수메르인들은 속담을 도덕 교본으로 사용했다. 오늘날 우리도 속담을 동일하게 사용한다. 누군가(흔히 나이가 많은 사람)가 다른 누군가(보통 더 나이가 적은 사람)에게 교훈을 가르칠 필요가 있다고 결심할 때마다 속담을 제시한다. 절약에 대한 가르침은 반드시 "한 푼 아낀 것은 한 푼 번 것이나 마찬가지다"라는 경구를 포함하고, 새와 벌에 대한 독백에는 "나중에 후회하는 것보다 조심하는 것이 낫다."라는 경고가 등장한다. 이런 방식으로 속담은 여전히 전 세계에 걸쳐 활발히 전승되고 있는 몇 안 되는 구비문학의 한 가지 형식으로 남아 있다.

아프리카의 여러 문화에서는 이와 같은 은유적인 지혜의 말들이 논쟁을 해결하는 데서부터 아이들을 사회화하고, 법적인 분쟁을 진정시키는 것에 이르기까지 다방면으로 활용되었고, 또 그로 인해 속담이 더 발달하게 되었다.

남동 나이지리아의 열대 우림에 사는 약 9백만 명의 민족 집단인 이그보우 부족 사이에서 속담은 매우 높게 평가되는 의사소통 형태이다. 성인들, 특히 남자 성인들은 대체로 속담을 능숙하게 전개하여 권위를 확립하고 위상을 유지한다. 한 이그보우 남자에 따르면, "속담을 알고 적절히 사용한다는 것은 당신이 지적이라는 것을 뜻하는데, 왜냐하면 이는 교재나 사전에서 무언가를 찾을 수 있다는 것과 비슷하기 때문이다."[370]

이그보우와 다른 아프리카 민족 집단은 매일 속담 사전을 참조한다. 속담은 법정 소송에서 주로 등장하는데, 기소자 측과 피고 측 모두 자신들의 논증을 강화하기 위해 속담을 사용한다.[371] 판사는 종종 서양 판사들이 법적 판례를 인용하는 것처럼 판례 끝에서 속담을 종종 인용할 것이다. 또 다른 나이지리아 민족 집단인 아낭(Anang) 부족의 한 판사는 정기적으로 다음과 같은 속담을 사용하는데, 이는 소송 당사자들이 법에 따라야 한다는 것을 강조하기 위함이다.

If you visit the home of the toads, stoop.
(당신이 두꺼비 집을 방문하면 몸을 굽혀라.)[372]

이그보우와 아낭, 다른 아프리카 민족 집단들은 속담의 문제 해결 능력을 매우 신뢰하기 때문에 속담에 대한 속담도 하나 가지고 있다.

속담이 필요한 일이 생기면, 속담이 인용될 것이다.[373]

아프리카인만이 도덕적 교육과 또 그만큼 자주 도덕적 정당화를 위해 속담을 사용하는 것은 아니다. 심리학자 다니엘 스탈더Daniel Stalder는 대학생들에게 안전하지 않은 성생활, 가뭄 동안 수백 갤런의 물 낭비, 훔친 차 몰고 다니기와 같이 그들의 개인적 가치관과 모순된 행동에 참여한 이야기를 읽도록 했다.[374] 그 이야기를 읽은 후에 어떤 참여자들은 그것과 관련 없는 속담들 몇 개를 읽었고("하루에 사과 한 개를 먹으면 의사를 멀리 할 수 있다"), 어떤 참여자는 적절한 속담을 읽었으며("누구나 실수하는 법이다"), 어떤 참여자는 적절한 속담과 부적절한 속담이 섞인 것을 읽고, 나머지 참여자는 아무런 속담도 읽지 않았다. 적절한 속담을 읽은 참여자는 부적절한 속담만을 읽었거나 아무런 속담도 읽지 않은 참여자들보다 더 적은 후회와 죄책감을 표현했다. 그러나 스탈더가 발견하기로, 이런 효과는 남자들에게만 분명했다. 그는 남자들이 자신들의 행동을 변명하기 위해 속담을 더욱 빨리 사용하는데, 이는 속담이 그들의 행동을 사회적인 전형적 행동 양식의 문맥 속에 놓았기 때문이라고 결론을 내렸다. "어쨌든 모든 사람들은 예나 지금이나 실수를 하는 법이다. 그게 뭐 별거야?" 이와 대조적으로, 여자들은 속담이 제시하는 전형적 행동 양식이 아무리 위안을 준다 하더라도 그것이 그들의 행동을 정당화한다는 것은 받아들이지 않았다.

사고에서 은유의 구성적 역할을 탐지해 내는 데 있어서 항상 뛰어났던 짐바티스타 비코Giambattista Vico는 또한 속담의 범문화적 중요성을 지적했다. 그는 『새로운 과학New Science』에서 다음과 같이 말했다. "인간 제도의 본질은 모든 나라에 공통된 개념적 언어를 전제한다. 이런 언어는 일관되게 인간 사회의 모든 요소들의 바탕을 포착하지만, 그들의 서로 다른 양상에 맞게 그것을 다르게 표현한다. 우리는 대중적 지혜의 격률인 속담에서 이것의 진리를 목격한다. 왜냐하면 그 의미들은 재료는 동일하지만 고대와 현대의 많은 국가들이 있는 만큼 다양한 양상으로 표현되기 때문이다."[375]

속담이 보편적이긴 하지만, 속담이 그 이야기를 펼치는 수단이 되는 은유는 동물원처럼 다채롭다. 예컨대, 영국과 프랑스의 경제학 텍스트에 대한 한 조사에서는 영국인들이 프랑스인들보다 3배 이상으로 정원 속담을 빈번하게 사용하지만, 프랑스인들은 영국인들보다 거의 다섯 배로 음식 속담을 더 빈번하게 사용한다는 것을 발견했다.[376] 국가적인 전형들이 진실을 알리는 속담의 입자들 그 이상을 포함하는 듯하다.

속담을 시각화하는 방식에는 문화적 뉘앙스도 있다. 99% 이상 은유적인 의미로 사용되는 어구인 관용어 "spill the beans(비밀을 누설하다)"[377]에 대한 영상을 제공하도록 했을 때, 미국인들은 콩이 날것이고 사람 머리 정도의 크기인 그릇 안에 있다고 보고했다.[378] 다른 한편으로, 영국인들은 통조림에 든 요리한 콩을 선호했다. 속담에서도 그랬듯이 맛에 대한 설명은 없었다.

태생과 양육 둘 다가 속담 은유의 선택에 작용한다. 정원에 대한 영국인들의 열정이나 음식에 대한 프랑스인들의 사랑과 같은 문화적 선호도도 역할을 하지만, 물리적 환경도 한몫을 한다. 이것은 특히 남아프리카의 네덜란드 개척자들의 후손들이 사용하는 네덜란드어의 형식인 아프리칸스(Afrikaans)에서 잘 드러난다.

1652년 두려움을 모르는 네덜란드 농부들과 그의 가족들은 지금의 남아프리카의 해안을 따라 정착했다. 그 정착지는 처음에 동인도회사의 배를 위한 공급 장소로만 의도되었지만, 마침내 그 자체가 번화한 식민지로 성장했다. 시간이 지남에 따라, 그곳에서 사용되던 네덜란드어의 형식은 네덜란드에서 사용되는 모국어로부터 아프리칸스 토착방언으로 방향을 바꾸었다. 이 두 언어의 속담들을 비교하면, 의미는 동일하게 남아 있지만 속담의 은유적 풍경이 어떻게 바뀔 수 있는지가 예증된다.

네덜란드 언어에는 당황스러울 정도로 속담이 풍부하다. 정치 담

화와 저널리즘에서부터 평범한 대화와 심지어 그 자체로 시각적 은
유의 풍부한 근원인 그림에 이르기까지 의사소통의 모든 형식에 속
담이 존재한다. 1559년에 그린 피터 브뤼겔 더 엘더Pieter Bruegel the Elder
의 『Netherlandish Proverbs』[379]는 다음과 같은 변함없이 사랑을 받아
온 속담들을 포함해 저지대에서 나온 100개 이상의 속담을 현란하고
풍부하고 종종 익살스럽게 묘사한다.

No one looks for others in an oven unless he's been in there himself.
(오븐에 안 들어가 본 사람은 오븐에 들어 있는 사람을 찾지 않는다.)
(It takes one to know one. → 과부 사정은 과부가 안다.)

Fill the well after the calf has drowned.
(송아지가 빠진 후에야 우물을 막는다.)
(Shut the barn door after the horses have bolted. → 소 잃고 외양간 고친다.)

He who eats fire shits sparks.
(불을 먹는 사람은 불꽃을 싼다.)
(Play with fire and you'll get burned. → 위험한 불장난)

브뤼겔은 "그릴 필요가 있을 만큼 충분한 세부사항이 있는지"로 진
정한 은유를 검사하는 애디슨Addison의 테스트를 명확히 문자적으로
받아들였던 사람이었다.

많은 네덜란드의 숙담 표현은 태생적으로 바다와 관련되어 있는
데, 이는 네덜란드의 항해 경력과 그 나라의 절반 이상이 해수면 아래
에 있다는 사실 때문이다. 예컨대, "to carry water to the sea(바다로 물을
운반하다)"는 영국 표현 "to carry coals to Newcastle(뉴캐슬로 석탄을 운반하
다)"에 대한 네덜란드어 상당어구이다. 두 표현 모두 이미 충분히 있
는 것을 추가함으로써 불필요한 일을 하는 것을 의미한다.

네덜란드 속담 "That doesn't add any sod to the dike(그것은 제방에 잔
디를 조금도 더해주지 않는다)"는 "바라는 효과를 얻지 못하는 일을 하다"

라는 관련된 의미를 가지고 있다. 영어에서도 이것은 "It butters no parsnips(그것은 파스닙에 버터를 발라주지 않는다)"와 같이 구수하게 표현될 수 있다.

그리고 어떤 장면을 환기시키는 "to jab someone under water(누군가를 수면 아래에서 찌르다)"가 있는데, 이는 "누군가의 입지를 간교하게 몰래 훼손하다"를 의미한다. 이 속담은 배의 선체가 수면 아래 선체의 밑에서 물이 새는 상황에서 도출된다. 그런 손상은 눈에 보이지 않으므로 훨씬 더 위험하다.

네덜란드 풍경에서는 물론 점점이 흩어져 있는 풍차들을 빼놓을 수 없다. 풍차 역시 다음과 같은 수십 개의 네덜란드어 속담[380]에 등장한다.

> Turn the mill to the wind.
> (풍차의 방향을 바람에 맞게 돌려라.)
> (영어 속담 상당어구, Trim your sails to the wind(돛을 바람을 잘 받도록 조절하라.))
>
> That's grist for his mill.
> (그의 풍차를 위한 곡식이다.)
> (It's in the works.(그것은 이미 진행 중이다.) 네덜란드어 직역, "It's in the mill.")
>
> She got hit by the windmill.
> 그 여자가 풍차에 맞았다.
> (She has a screw loose.(그녀는 나사가 좀 풀린 것 같다.))

하지만 네덜란드와는 달리 남아프리카에는 풍차가 없으므로, 풍차는 남아프리카 속담에 두드러지게 없다.

남아프리카와 네덜란드는 풍경뿐만 아니라 동물 개체군도 서로 다르므로, 각 나라의 속담 역시 서로 다른 동물을 등장시킨다. 네덜란드어 표현 "The fox may lose its fur, but not its tricks(여우가 털을 잃을 수는 있어도 교활함은 잃지 않는다)"는 아프리칸스어에서 "Jackals may change their fur, but never their tricks(자칼이 털을 잃을 수는 있어도 교활함은 잃지 않는다)"로 교체되는데,[381] 이는 남아프리카어에는 여우는 거의 없지만 자칼은 풍부하기 때문이다.[382] 아프리칸스인들은 네덜란드어로부터 원래 속담을 가져왔지만, 비열함과 교활함에 대한 여우의 명성을 토박이인 자칼에게 부여했다.

하지만 속담과 우화가 효과를 발휘하기 위해서는 너무 문화적으로 특정적이어서는 안 된다. 그 장면은 신뢰할 만큼 충분히 상세해야 하지만, 보편적으로 적용될 수 있을 만큼 충분히 일반적이어야 한다. 그렇지 않다면, 사소한 일이 은유보다 중요하고, 우화는 일화로 퇴보한다.

G. K. 체스터턴G. K. Chesterton이 『이솝 우화』의 서문에서 적었듯이, "우화의 경우에 모든 사람들은 개인이 아니어야 한다. 그들은 대수학의 추상개념이나 장기의 알과 비슷함에 틀림없다."[383] 농부와 닭들의 우화는 적절한 예이다.

한 농부는 훌륭한 닭들을 자랑으로 여겼다. 하지만 그는 닭장에 스컹크가 급습하여 그중 몇 마리를 잃었다. 어느 날 밤 그는 닭들이 꼬꼬댁하고 크게 우는 소리를 듣고, 엽총을 들고 밖으로 기어나가서 흑백의 괴상한 동물 여섯 마리가 우리 안팎으로 뛰어다니는 것을 발견했다. 그 전체 무리를 깨끗이 치워버리고자 생각하면서 총에 두발을 장전하고 발사했다. 웬일인지 그는 한 마리밖에 맞추질 못했고, 나머지는 재빨리 도망쳤다. 이웃 사람들은 왜 스컹크를 뒤쫓아서 나머지를 죽이지 않는지 질문했다. 농부는 말했다. "젠장, 한 마리를 죽인 것은 11주 전이었다고"[384]

이 우화는 이솝이 아닌 에이브러햄 링컨Abraham Lincoln이 지은 것이다. 링컨은 미국 남북전쟁 동안 무능력하고 부패했다는 이유로 육군장관

(Secretary of War) 사이먼 캐머런Simon Cameron을 면직시켰다. 그 당시에 링컨의 고문들은 그에게 행정부에서 성과가 저조한 사람들에 대해 훨씬 더 대대적인 개편을 수행하도록 촉구했다. 그는 더욱 포괄적인 숙청으로부터 생길 수 있는 정치적 혼돈에 대한 상세한 설명이 아니라 이와 같은 비공식적인 평범한 이야기로 그렇게 하지 않으려는 자신의 입장을 설명했다.

링컨은 모든 형식의 우화를 매우 사랑하는 사람이었다. 그가 가장 좋아하는 책은 킹 제임스 성경, 『천로역정』, 셰익스피어, 『이솝 우화』였다. 그는 변호사로 보낸 다년간의 시간 동안 법원에 출두하기 위해 일리노이를 가로질러 말을 타고 가면서 번스Burns나 바이런Byron의 책과 함께 셰익스피어의 책을 안장에 다는 주머니에 넣고 다녔다. 그는 어렸을 때 특히 이솝을 열심히 독서하면서 많은 시간을 보냈다. 아낙이 속담을 판례로 인용하듯이, 링컨은 가끔씩 자신의 주장을 강화하기 위해 정치 책자에서 이솝의 우화를 인용했다. 그의 사촌 데니스 행크스Dennis Hanks는 이솝에 빠져있는 링컨을 놀리곤 했다. "에이브, 그 이야기들은 다 거짓말들이야" 링컨은 책을 보다가 대답했다. "끝내주게 좋은 거짓말들이지."[385]

링컨은 강력한 선의의 거짓말을 너무 잘할 수 있었기 때문에 매우 훌륭한 웅변가였다. "그 만큼 이야기를 잘 할 수 있는 사람은 아무도 없었다."[386]라고 한 친구가 회상했다. "그는 내가 알고 있는 어떤 사람보다 더욱 효과적으로 간단한 이야기나 소박한 예화의 형식을 통해 어떤 주제에 대한 자신을 생각을 전달할 수 있었다." 우화와 속담의 역설은 다루기 힘든 내각 의원들을 통치하는 것과 같은 복잡한 논제가 그렇게 간단한 이야기로 압축될 수 있다는 것이다.

링컨은 어렸을 때 성인들의 대화를 이해하지 못할 때마다 화가 났다. 어느 날 저녁 아버지가 이웃들과 이야기를 하는 것을 듣고 난 후에, 링컨은 그들이 무슨 말을 하고 있었는지 이해하고 나서야 잠이 깬 채 누워 있었다. "내 생각에 그것을 내가 아는 어떤 소년이라도 이해할 만큼 충분히 알기 쉬운 언어로 바꾸기 전까지 나는 만족할 수 없었다. 이것은 나에게 있었던 하나의 열정이었고, 그것은 나에게서 사라지지 않았다."[387]라고 그는 회상했다.

우화와 속담의 간단한 언어는 이런 은유적 형식을 매우 설득력 있고 즐거운 것으로 만들어준다. 그것은 또한 비할 데 없는 묘미로 강력하고 자극적인 메시지를 전달하도록 해 준다. 아래 젠 코안Zen koan이 말한 것처럼 다른 어떤 것도 가격대비 더 좋은 것을 주지 않는다.

> Gutei Osho가 Zen에 대해 질문을 받을 때마다 그는 간단히 손가락을 들어올렸다. 한 번은 한 방문객이 Gutei의 어린 시중에게 "너의 주인은 무엇을 가르치지?"라고 질문했다. 그 소년 역시 손가락을 들었다. 이 사실을 들은 Gutei는 칼로 소년의 손가락을 잘랐다. 소년은 고통으로 비명을 지르면서 달아나기 시작했다. Gutei는 그에게 소리쳤고, 그가 몸을 돌렸을 때 Gutei는 그의 손가락을 들었다. 소년은 갑자기 깨달음을 얻었다.[388]

아프가니스탄, 이란, 터키를 포함해 많은 나라들이 제 것이라고 주장했던 중세의 민족적 영웅인 뮤라 나스루딘Mullah Nasrudin은 우화 같은 재치 있는 말의 대가였다.

> 나스루딘은 때때로 자기 배에 사람들을 태우고 여행을 했다. 어느 날 한 까다로운 현학자가 아주 넓은 강을 배로 건너 달라고 그에게 의뢰했다. 그들이 강물 위에 오르자, 그 학자는 힘들 것인지 물었다.

"그것에 대해서는 나에게 아무것도 묻지 마세요."라고 나스루딘이
말했다.

"당신은 문법을 공부해 본 적이 없나요?"라고 그 현학자가 말했다.

"아니오."라고 나스루딘이 말했다.

"그런 경우라면 당신 인생의 절반이 낭비된 것입니다."라고 거만한
현학자가 대답했다.

나스루딘은 아무런 말도 하지 않았다. 곧 혹독한 폭풍이 불었다. 뮤라
의 흔들흔들하는 작은 배는 물이 차고 있었다. 그는 그의 동반자에게
기대면서 "수영할 수 있나요?"라고 물었다.

"아니오."라고 겁에 질린 현학자가 말했다.

"선생님, 그런 경우라면 당신이 모든 인생이 낭비되었습니다. 왜냐하
면 우리가 가라앉고 있기 때문입니다."[389]

뮤라 나스루딘은 어느 정도는 궁정광대이고, 어느 정도는 소크라테
스식 철학자이다. 그의 모험은 여전히 중동과 아시아 지역 전역에서
널리 인용된다. 예컨대, 그는 가로등 아래에서 자동차 키를 찾고 있는
주정뱅이에 대한 오래된 농담의 초기 근원이다. 물론 나스루딘의 시
대에는 주정뱅이가 자동차 키가 아닌 다른 것을 잃어버렸을 것이다.
"당신은 어디에서 그것을 잃어버렸나요?"라고 친구가 묻는다. 주정
뱅이는 "집에서요."라고 말한다. "그러면 왜 여기에서 찾고 있나요?"
"왜냐하면 빛이 여기가 더 밝기 때문이죠."

나스루딘은 수피교도이고, 이슬람의 신비적인 분파인 이 추종자
들은 지혜에 이르는 돌파구로 관습적인 사고를 쪼개기 위해 선불교
도들이 코안(koan)을 사용하듯이 그의 공적을 여전히 많이 사용한다.
나스루딘의 허튼소리는 모든 은유의 특징인 이중적 의미를 가진다.
흔들흔들하는 작은 배 이야기는 까다로운 현학자가 어떻게 당연한

벌뿐만 아니라 "책을 통한 공부"만으로는 당신이 인생에서 성공할 수 없다는 도덕적 조언도 받는지에 대한 재미있는 이야기이다.

그러나 우화와 속담에는 당혹스러운 무언가가 있다. 실제로 이그보우 부족은 속담을 "riddle(수수께끼)"[390]이라고 부르는데, 이는 글자 그대로 "비교하기"로 번역되는 단어, 다시 말해 은유이다. "줄리엣은 태양이다"와 같은 관습적인 은유에서 근원과 목표는 명확하다. 이 은유는 태양의 양상이 줄리엣에 적용된다는 의도를 명확하게 밝힌다.

그러나 우화와 속담은 모두 근원이고 목표는 아니다. 기술되는 사건과 할당되는 의미 간에 명시적인 연결이 없다. 우화나 속담에는 최종 의미에 대해 가장 작은 단서도 없지만, 우리는 그것이 무엇을 의미하는지 즉각적으로 이해한다.

예컨대, 왜 우리는 뮤라 나스루딘이 단지 또 하나의 재미있는 이야기 그 이상을 말하고 있다고 확신하는가? 우리는 어떻게 농부와 훌륭한 닭에 대한 링컨의 이야기로부터 직원 경영에 대한 조언을 이끌어내는가? 우리는 무엇 때문에 중국 사자 속담이 괴변이 아닌 그 무엇이라고 확신하는가? 어쨌든 우리들 대부분은 호랑이 등에서 내려온 경험이 없고, 호랑이 등에 탄 경험도 없기 때문에 이것이 어려울 것 같다는 말을 듣는 것 자체가 조금 이상하다 싶은 정도를 넘는다. 요컨대, 우리는 어떤 영적인 진리를 어떤 자연적 진리와 나란히 두어야 하는지 어떻게 결정하는가?

막스 블랙의 연관된 공유지점(associated commonplace)은 우화와 속담을 해독하는 데 있어서 결정적이다. 물론 이런 비유 언어의 형식들과 결속된 지점은 결코 공통적이지 않다. 속담이나 우화의 근원은 동물의 왕국일 수 있지만, 목표는 항상 우리의 심리적이고 영적인 삶의 왕국이다. 세계 신화학자인 조셉 캠벨Joseph Campbell은 말했다. "은유는 단지 시간과 장소의 외부 세계를 기술하는 것처럼 보이지만,[391] 그것의 진정한 우주는 내적인 삶의 영적인 영역이다."

물리적인 것과 형이상적인 것의 이러한 결합은 기원적 1500년과 500년 사이에 편집된 인도 종교 문학 수집물의 일부분인 찬독야 우파니샤드(Chhandogya Upanishad)에서 특별한 방식으로 찬양된다. 이 텍스트는 자만심이 강한 24살 청년인 스베타케투Svetaketu와 그의 아버지 우디라카Uddilaka 간의 대화를 기술한다. 12살에 공부를 하러 떠났던 스베타케투는 최근에 자신과 그의 영적 학습에 대해 다소 우쭐해 하며 집으로 되돌아왔다.

우디라카는 자기 아들에게 브라만(Brahman)에 대해 질문한다. 브라만은 자아가 궁극적 실재이고 모든 존재의 근원이라는 힌두교적인 개념이다. 스베타케투가 모른다고 고백하고 아버지에게 설명해 달라고 요청할 때, 우디라카는 브라만의 영적 진리와 다양한 자연적 진리를 비교하는 사랑스러운 우화들을 전해준다. 각 우화의 끝에서 우디라카는 대략 "Thou art that(너는 그것이다)"으로 번역되는 주문처럼 들리는 구 Tat tvam asi를 반복한다.

"벌은 다양한 나무에서 즙을 수집하고 그것들을 하나의 진액으로 환원해서 꿀을 만든다."[392]라고 우디라카는 설명한다. "이런 즙들 사이에는 '나는 이 나무의 즙이고, 나는 저 나무의 즙이다'와 같은 차별이 없다. 그럼에도 불구하고, 사랑하는 아들아, 존재로 합쳐진 이 모든 피조물들은 '우리가 합쳐져서 존재하게 되었다는 것을 모른다. 너는 그것이다."

"이 동쪽 강들은 동쪽으로 따라 흐르고, 서쪽 강들은 서쪽으로 흐른다"[393]라고 우디라카는 계속 말한다. "그것들은 바다로부터 불어나고 바다로 합쳐져서 그 바다 자체가 된다. 이 강들은 '나는 이 강이고, 나는 저 강이다'라는 생각이 없다. 그럼에도 불구하고, 사랑하는 아들아, 존재로부터 나온 이 모든 피조물들은 '우리가 존재로부터 왔다'는 것을 모른다. 너는 그것이다."

우디라카는 스베타케투에게 자러 가기 전에 물에 소금을 넣고, 그 소금을 아침에 다시 그에게 가져오라고 말한다.[394] 스베타케투가 소금을 찾을 수 없을 때, 우디라카는 "이 물의 꼭대기에서 조금 마셔 보거라. 그것이 어떻냐?"

"그것은 소금입니다."라고 스베타케투가 말한다.

"중간에서 한 모금 마셔 봐라. 그것이 어떻냐?"

"그것은 소금입니다."

"이제 밑부분에서 한 모금 마셔 보아라. 그것이 어떻냐?"

"그것은 소금입니다."

"얘야, 그것이 실제로 물 안에 존재할지라도 이 물에 무엇이 존재하는지 알지 못하는 것처럼, 이와 비슷하게, 존재는 실제로 이 몸 안에 존재한다. 너는 그것이다. 오! 스베타케투."

우화와 속담은 영적인 진리를 자연적 진리와 나란히 두지 않고서는 영적인 진리를 전달하는 방법이 없기 때문에 민중의 지혜와 종교 경전에 그렇게 두드러지게 등장한다. 신성한 것이 핵심이다. 너는 그것이다. 나는 타자이다.

은유와 혁신
낯설게 하기

잡지 『시*Poetry*』의 창간 편집자인 해리엇 먼로Harriet Monroe는 월리스 스티븐스Wallace Stevens를 "미에 지나치게 민감하지만 기업 변호사의 방탄복에 싸여 있는"[395] 인물로 묘사했다. 스티븐스는 1916년에 하트퍼드 재해보험회사에 입사하여 1934년에 부사장이 되었으며, 1955년에 70살의 나이로 죽을 때까지 거의 40년 동안 그 회사에서 근무했다.

스티븐스는 존경받는 성공한 사업가였다. 그는 또한 20세기의 가장 위대한 미국 시인이기도 했다. 아름다움뿐만 아니라 은유에도 지나치게 민감했던 스티븐스는 그의 동료 시인인 로버트 프로스트Robert Frost와 C. S. 루이스C. S. Lewis처럼 시에 국한되어 다루어지기엔 은유가 너무 중요하다고 믿었다.

스티븐스는 에세이 "Three Academic Pieces"에서 은유가 "상상을 통한 유사성의 창조"[396]라고 말했다. 은유는 작동 중인 상상이고, "그것의 특이성은 유사성에 대한 욕구를 충족시키는 과정에서 실제에 대한 감각을 건드리고 고취하며, 강화한다는 것이다."[397]라고 그는 썼다. 다른 곳에서 스티븐스는 동일한 생각을 더욱 간결하게 표현했다.

은유는 원래의 것이 실제처럼 보이지 않는 새로운 실제를 창조한다.[398]

윌리스 스티븐스가 죽었을 무렵에, 회사 경영진인 윌리엄 고든William J. J. Gordon과 조지 프린스George Prince는 은유가 사업에서도 새로운 실재를 창조할 수 있다는 것을 발견했다. 산업연구회사 아서 리틀Arthur D. Little 의 경영진인 고든과 그의 동료 프린스는 "시넥틱스(Synectics)"를 발명했는데, 이는 은유를 체계적으로 적용해서 혁신해야 할 것을 시뮬레이션하는 방법을 말한다.

아서 리틀사(社)에서 고든은 "브레인스토밍 회의(brainstorming sessions)"를 테이프에 녹음하는 습관이 있었다. '브레인스토밍'은 이것은 사업 은유의 창조적 힘을 대단히 신뢰하는 알렉스 오스본Alex Osborn이 대중화시킨 용어이다. 고든은 그 테이프를 들으면서 새로운 아이디어를 생성하기 위해 참여자들이 정신 나간 유추와 억지스러운 비교를 사용하는 것을 들었다. 그는 관련 없는 사물들 간의 이러한 이상스러운 연결들이 사람들이 문제에 대해 생각하는 방식을 바꾸었고, 정확히 사용되면 실용적인 해결책을 유발할 수 있다는 것을 인식했다.

고든은 1961년에 출판된 자신의 책『시넥틱스: 창조적 능력의 개발Synectics: The Development of Creative Capacity』에서 그 과정을 다음과 같이 묘사한다.

> 우리는 주어진 문제의 성공적인 해결로 막을 내린 일련의 회의에 착수했을 때마다 "친숙한 것을 낯설게 하고자" 꾸준히 노력 중이었다는 것을 알아차렸다. 우리는 너무 친숙한 모든 것에 직면할 때, 우리가 무엇을 하고 있는지 전혀 이해하지 못한 채로 우리의 시각을 완전히 뒤바

꾸려고 철저히 노력하곤 했는데, 그로 인해 처음에 친숙했던 것(성문화된 것, 평범한 것의 정해진 세계)이 이상하고 새로운 것이 되었고, 또한 새로운 패턴과 새로운 작용 법칙, 즉 창작의 지배를 받게 되었다.[399]

코올리지(Coleridge)가 용어 "esemplastic(통합적)"을 만든 것처럼, 고든은 용어 "synectics"를 만들었는데, 이것은 다소 어색하게 "서로 다르고 분명히 관련 없는 요소들을 연결하기"로 번역되는 그리스어 "synektiktein"로부터 도출하여 만든 것이다.

고든은 시넥틱스 회의에서 은유 능력을 근거로 참여자를 선택했다. 그와 팀은 후보자들이 이야기하는 것을 듣고, 언어와 유추를 가장 창의적으로 사용한 후보들에게 그 그룹에 들어오도록 요청했다. 시넥틱스 회원들은 엉뚱한 것을 견디는 인내심과 결합하기 놀이에 참여하려는 어린애 같은 의지, 비판과 불신을 보류할 수 있는 고급 능력을 소유해야 했다. 그들은 또한 확장된 역할놀이를 수행해야 했다. 예컨대, 한 팀이 깨지지 않는 새로운 종류의 유리를 개발하는 과제를 맡는다면, 그들은 아이오와 작가 워크숍(Iowa Writers' Workshop) 참여자들이 말론 브란도가 어떤 연기일 수 있는지는 상상해야 하는 것과 동일한 방식으로 유리가 된다는 것은 무엇과 같은 것인지를 상상하고 표현해야 했다.

고든과 프린스는 개인적 유추가 문제를 해결했다고 믿었다. "한 개인은 자신을 문제에 등장하는 순수하게 인간이 아닌 실체와 동일시한다. 그리고, 그 사물이 문제 상황에서 어떻게 '느끼고' 행동하는지에 대해 심사숙고하면서..."[400]라고 프린스가 말했다. "문제의 요소들을 개인과 동일시하는 것은 그 문제를 이전에 분석된 요소들에 비추어 보는 관점에서 해방시켜 준다."

고든에 따르면, 시넥틱스 과정은 두 가지를 포함한다. 낯선 것을 친숙하게 만드는 것과 친숙한 것을 낯설게 만드는 것이 그것이다. 그는 은유를 만지작거리는 것이 그것을 하기 위한 가장 좋은 방법이라고 믿었다. "문제에 대한 궁극적인 해결책은 합리적일지라도, 해결책을 찾는 과정은 그렇지 않다."[401] 아리스토텔레스도 다음과 같이 말했을 때 비슷한 생각을 하고 있었다. "이상한 단어들은 단지 우리를 당혹케 할 뿐이다. 평범한 단어는 우리가 이미 알고 있는 것만 전달한다. 우리가 무언가 새로운 것을 얻는 것은 은유로부터다."[402]

고든과 프린스는 아마도 러시아 문학 비평가 빅토르 쉬클로프스키Victor Shklovsky의 업적에 대해 잘 몰랐겠지만, 만약 알았다면 그들은 분명히 그가 마음이 통하는 사람이라는 것을 발견했을 것이다. 쉬클로프스키는 예술의 목적이 우리를 관습적 인식으로부터 떼어내는 것이라고 믿었던 20세기 초반부에 러시아에서 활동하던 이론가 집단인 러시아 형식주의자들 중의 하나였다. 쉬클로프스키는 "예술은 사물을 지각의 자동화로부터 제거한다.[403] 예술의 기법은 사물을 '낯설게'[404] 만드는 것이다."라고 주장하면서 이런 효과를 가리켜 "낯설게 하기(defamiliarization)"라는 용어를 만들었다. 이는 러시아어로 "ostranenie(아스뜨라녜니에)", 즉 "to make strange"이다. 쉬클로프스키가 제안했듯이, 예술은 우리를 관습으로부터 떼어 놓기 때문에 우리에게 삶의 생생함과 독창성을 다시 알도록 해 주어서, 우리에게 신선한 무언가를 붙잡을 수 있게 해 준다.

고든과 프린스는 새로운 제품을 개발하고 더욱 효율적인 생산 과정을 고안하기 위한 도구로 '낯설게 하기'를 개발하고자 시넥틱스라는 회사를 설립했다. 시넥틱스는 여전히 존재한다. 지금은 "Synecticsworld

(시넥틱스월드)"로 알려져 있고, 매사추세츠의 케임브리지에 본사가 있는 이 회사는 회사들이 은유를 통해 발명과 혁신을 감행하도록 도와준다. 즉, 새로운 제품과 서비스, 새로운 전략, 새로운 사업 모형, 소비자와 고객이 무엇을 원하고 필요로 하는지에 대한 통찰력을 얻는 새로운 방법을 찾도록 도와준다.

총 매니저 파트너이자 최고지식경영자인 코니 윌리엄스Connie Williams는 고든과 프린스의 기법을 사용해서 건강 보험 회사인 한 의뢰인이 고의적으로 보험에 들지 않은 사람들, 즉 건강보험에 가입할 여력은 있지만 의식적으로 들지 않기로 결심한 소비자들을 위하여 새로운 제품을 창조하도록 도왔다.

그 의뢰인은 의도적으로 보험에 들지 않은 사람들을 미개발 시장으로 식별했는데, 왜냐하면 그들은 대체로 연봉이 대략 5만 달러인 시간제 근무 직원들이거나 자영업자들, 혹은 자신의 사업체를 가진 사람들이었기 때문이다. 대부분은 직장 변경이나 새 사업으로 수당 지위가 바뀌기 전까지 건강보험을 들었다. 그들은 보험을 피하고 현금을 지불함으로써 더 저렴하게 보살핌을 받을 수 있다고 확신하면서 자기 주머니의 돈으로 지불하는 편을 택했다. 보험 후(post-healthcare) 개혁 시장에서 이 인구통계는 한층 더 매력적인데, 왜냐하면 대부분은 곧 보험을 들어야 할 것이기 때문이다.

보험료 축소와 혜택 재편성을 통해 의도적으로 보험에 들지 않은 사람들의 마음을 움직여 보려는 이전의 노력은 단지 소폭적인 성공만을 달성했다. 그래서 그 의뢰인은 두 가지 목적을 가지고 Synecticsworld에 갔다. 건강 보험에 대한 이 집단의 관점을 더 잘 이해하는 것과 그들에게 보험을 들도록 유도할 수 있는 새로운 제품 개념을 개발하는 것이 그 두 가지 목적이다.

약 6개월의 기간 동안, 윌리엄스는 고객 사업의 대표자들의 핵심 팀을 포함한 시넥틱스 모임을 소집했다. 그녀는 보험을 들지 않은 사람들의 소비자 위원단을 소집하고, 그들을 관찰하고 상호작용하도록 작은 민족지학적 현장학습으로 그 의뢰인을 보냈다. 그들은 목표 집단의 구성원들과 가내 인터뷰를 하고, 그들의 직장과 쇼핑에 동행하면서 하루 동안 살았다. 목표는 그들의 가치관과 그들이 했던 선택의 이유를 이해하는 것이다.

윌리엄스가 말했다. "의뢰인 팀은 그들이 보험을 들지 않는다면 심각한 병이 그들의 개인적·재정적 안녕에 얼마나 파멸을 가져오는지를 이해하지 못했다고 생각하면서, 들어오고 있는 집단에 대한 부정적인 인상을 가졌다." 시넥틱스 실험이 끝날 무렵에, 그 태도는 극적으로 바뀌었다.

윌리엄스는 현장에서 고객들과 일하는 동안 은유를 인식하고 유도하는 방법을 의뢰인 팀에게 가르쳤다. 그들은 가령, "보험회사가 동물이면 그것은 어떤 종류의 동물인가?"라고 위원단에게 질문하면서 의인화 방법을 사용하고 시도하고 테스트했다.

그 결과로 산출된 은유들은 그 보험 회사에게 별로 달갑지 않은 것이었다. 위원단의 한 구성원은 "그들이 얻을 수 있는 것을 얻기 위해, 하이에나는 어떤 것도 보호하지 않을 것이고, 다른 것들을 약탈한다."라고 말했다. 또 다른 구성원은 "거머리다. 피를 빨고, 당신 돈을 빼앗아 간다."라고 말했다.

윌리엄스는 그들에게 중요한 시장 통찰력을 얻을 수 있는 수단이 되는 유추를 어떻게 찾는지 가르쳤다. 고객 팀은 "당신이 어렸을 때 가장 좋아하던 장난감은 무엇이지요?"와 같은 외관상 엉뚱한 질문을 정기적으로 했고, 그런 다음 소비자 위원단의 구성원들에게 건강보험이 그 장난감과 어떻게 비슷할 수 있는지 대해 생각하도록 촉구했다.

한 사람의 가장 좋아하는 어리시절 장난감은 모형 기차였다. 이 사람은 보편적 구입능력이라는 생각을 통해 건강보험과 연결을 했다. 이 사람은 모형 기차가 "모든 사람들에게 팔린다"고 말했다. "당신은 고가품 수집가여서 400이나 5~600달러 정도면 부담 없이 무언가를 소비할 수 있는 사람일 수도 있고, 마찬가지로 50달러면 뭐든지 살 수 있는 6살짜리 평범한 꼬마일 수도 있다. 그것은 어떤 특정한 집단만이 아니라 모든 사람을 겨냥해 생산되었다."

고객 팀은 또한 보험을 들지 않은 위원단 구성원들에게 건강보험 회사의 시각적 콜라주를 만들도록 했다. 이것은 ZMET 연구에서 사용된 것과 비슷한 오래된 시넥틱스 기법이다. 한 사람은 모피 코트에 싸인 채로 추운 야생 장소에 있는 두 사람, 그리고 북극곰이 북극 중간에서 부빙 위에 있는 이미지에 큰 집의 밖에 앉아 있는 한 남자가 시거를 피우고 있는 모습이 곁들여진 그림을 선택한다. 이 사람은 "나와 내 가족이나 친척은 우리 스스로를 돌봐야 한다."라고 설명했다. "어느 누구도 우리를 돕기 위해 달려오지 않는다. 당신이 올바른 보험을 찾으려고 노력하는 것처럼, [북극곰]은 가장 먼 지점으로 걸어왔고 원하는 길을 찾지 못한다." 담배를 피우는 남자는 "우리에게 빈대붙어 사치스러운 삶을 영위하는 보험 산업"을 나타냈다.

윌리엄스는 이 자료로 연구할 때, 고객 팀에게 다음을 연습하도록 촉구했다. "은유 채굴: 표면 아래에 있는 것을 찾는다. 놀랍거나 역설적이거나 합당하지 않은 것, 즉 고객이 스스로 의도했다는 것을 모른

채 의도했던 것을 알게 해줄 수 있는 것을 끄집어내라." 또는 고든과 프린스가 말하듯이, 낯설게 하는 것을 찾아라.

시넥틱스 회의에 참여한 한 전 경영진은 고객 위원단의 한 구성원이 건강보험이 "술집에서 봉사료를 지불했는데 모든 음료수 값도 또 지불하는 것과 같다."라고 했을 때 노다지를 캤다. 이 사람은 보험할증금의 일환으로 약간의 선불 이득을 기대했다. "그것은 정말 내 눈을 번쩍 뜨게 했다."라고 전 경영진이 말한다. "우리는 이 집단이 보험료를 낼 여력이 있지만, 실제로는 비싼 공제액, 공동 부담금, 현금지출원가 때문에 건강보험을 사용할 여력이 없다는 것을 깨달았다."

귀중한 제품 개발의 금덩어리를 안겨준 또 다른 은유는 한 퇴직자가 의료비를 "언제라도 뛰쳐나올 수 있는 벽장 속의 도깨비"로 묘사한 것이었다. 퇴직자가 살아 있는 동안 돈이 떨어지지 않게 하려면 예산을 세우는 것은 반드시 필요하다. 그러나 벽장 속의 도깨비는 의료비가 얼마나 퇴직 후의 예산편성에서 적절하게 대처하기 어려운 비용 중의 하나인지를 조명해 주었다.

"은유는 우리가 가던 길을 멈추게 만들고, 전혀 새로운 방식으로 제품에 대해 생각하도록 만들었다."라고 전 경영진이 말한다. 은유는 심지어 그 집단을 위한 마케팅의 기도문이 되었다. 신제품의 개념을 논의할 때마다 구성원들은 다음과 같이 자문했다. 처음의 몇 모금은 누가 지불하는가? 이것은 과도한 두려움이나 놀람 없이 도깨비가 벽장으로부터 나오도록 하는가?

은유는 또한 특별한 제품의 혁신을 이끌었다. "봉사료" 문제를 다루기 위해 회사는 더 많은 보장을 선불로 끼워 넣는 계획을 고안해 냈다. 보험료는 약간 더 비쌌지만, 술집에서 약간 더 비싼 봉사료를 지불하면 무료 술 두 잔을 받는 것과 같이 혜택도 추가했다. 건강보험료 도깨비가 퇴직자를 무서움에 떨도록 만들지 않기 위해, 그 회사는 고정된 해 동안 비용을 표준화하여 예산편성을 더 용이하게 해주는 계략도 고안했다.

고객 팀이 시넥틱스 과정에 들어갈 때는 보험에 들지 않은 사람들이 비싼 대가를 치를 실수를 저지르고 있다고 생각했지만, 시넥틱스 과정을 마치고 나올 때는 그들이 지적이고 비용 효율적인 선택을 하고 있는 일반적으로 똑똑하고 정보가 풍부한 사람들이라고 생각하게 되었다. 시넥틱스 연구는 그들에게 이 산업에 대한 이 목표 집단의 관점을 이해하고, 그들의 걱정을 다루면서도 필요를 충족시키는 신제품 아이디어를 개발하도록 도왔다.

전 경영진에게 이런 경험은 지속적인 인상을 남겼다. "은유는 사람들에게 새로운 관점에서 사물을 보도록 돕는 매우 큰 힘을 가지고 있다. 나는 지금 조리개를 활짝 열어 은유에 대한 민감도를 최대치로 끌어올렸다."

Synecticsworld의 고객은 보험을 들지 않은 사람들의 은유를 탐구함으로써 친숙한 건강보험의 세계를 낯설게 만들었지만, 생체모방(biomimicry)이라는 신생 분야의 종사자들은 인간의 문제를 풀기 위해 유기물의 생존 전략을 모방함으로써 낯선 자연의 세계를 친숙하게 만든다.

생체모방은 그리스어에서 차용한 또 다른 용어로서, 접두사 bio(생명)와 명사 mimesis(모방)에서 나온 것이다. 생체모방은 글자 그대로 생명의 모방이다. 이 분야에서 가장 저명한 이론가인 제닌 비니어스(Janine Benyus)는 생체모방을 "자연에 의해 영감을 얻는 혁신"[405]이라고 부른다. 항생제로 잘 제거되지 않는 박테리아인 "슈퍼버그(super bug)", 메티실린 내성 **황색포도 구균**(methicillin-resistant *Staphylococcus aureus*, MRSA)과 같은 병원감염을 어떻게 예방할 것인가와 같은 인간 문제에 직면해서, 생체모방은 동일하거나 비슷한 문제가 이미 해결되었던 자연 모형을 찾는다. 적절한 모형이 일단 발견되면, 발명가와 디자이너, 과학자들은 그것을 모방하고, 인간의 욕구를 충족시켜줄 자연의 해결책을 채택한다.

"동물과 식물, 미생물은 더할 나위 없는 공학자이다."[406]라고 비니어스는 말했다. "그것들은 무엇이 작동하고, 무엇이 적절하고 가장 중요하며, 무엇이 여기 지구에서 지속되는지를 발견했다. 38억 년 간의 연구와 개발 이후에, 실패한 것은 화석이 되었고, 우리를 둘러싸고 있는 것은 생존의 비밀을 간직하고 있다."

자연의 연구개발부는 이미 선박 산업을 괴롭혔던 가장 큰 문제를 하나 해결했다고 볼 수 있다. 그 문제는 부착물, 즉 해양 유기체가 선체에 굳어 있는 것이었다. 우연히도, 이런 혁신은 병원감염을 예방하는 데 도움을 줄 수도 있었다.

끈적끈적한 놈들이 선체에 쌓임에 따라 효율성을 감소시키고 연료 소비를 증가시키면서 배의 장애물 역할을 하게 된다. 이 문제에 대해 관심을 가지고 있던 샤크렛 테크놀로지(Sharklet Technologies)의 설립자인 앤서니 브래넌Anthony Brennan은 상어에 대해 생각하면서 그것을 낯설게 만들었다.[407] 그는 고래와 같이 천천히 움직이는 다른 바다 피조물과는 달리 상어는 이런 따개비들 때문에 힘들어하지 않는다는 것이 갑자기 떠올랐다. 왜 그런가?

그 이유를 알아내기 위해, 브래넌과 플로리다대학 연구팀은 상어 피부의 자국을 가져와서, 그것이 표면에 독특한 다이아몬드 패턴을 특징적으로 가지고 있다는 것을 알아차렸다. 그것은 맨홀 뚜껑 위에 솟아오른 마름모와 비슷했다. 그들은 현미경으로만 볼 수 있는 작은 크기로 다이아몬드와 비슷한 모양으로 솟아오른 수백만 개의 작은 막대기들을 배열했고, 그것이 미생물이 들러붙는 것을 방지하는 것을 발견했다. 이 패턴이 배 선체에 적용되면 부착물이 붙는 것을 막는 데 도움을 줄 수 있다. 그리고 간호사 호출 버튼과 침대 레일, 화장실 문과 같은 병원 표면에 적용되면, MRSA를 유발하는 박테리아의 성장을 억제하는 데 도움을 줄 수 있다.

샤크렛 테크놀로지는 세균 성장을 억제하기 위해 표면에 적용될 수 있는 상어 피부 모양으로 눌러 찍힌 접착성 필름을 개발했다. 이 회사는 또한 배의 선체에서부터 병원 장비들까지 포함한 모든 것에 직접 그 패턴을 인쇄하는 방법들을 실험하고 있다. 그 기술은 물을 오염시킬 수 있는 선박용 도료와 박테리아 저항을 촉진시킬 수 있는 항생물질 대신에, 또는 그것에 첨가하여 사용될 수 있다.

생체모방은 미술에서 objets trouvés(사물의 재발견) 운동의 노선 위에 있는 더 실용주의적인 변이형이다. objets trouvés, 즉 "found objects" 또는 "readymades(기성품)"로 작업하는 미술가들은 모방과 혁신을 위해 주변 환경으로 시선을 돌린다. 무에서부터 작품을 창작하는 대신, 미술가는 기존의 자연물이나 인공물을 식별하여 그것을 예술적 목적에 맞도록 각색한다.

파블로 피카소Pablo Picasso는 사물의 재발견 기법으로 작품을 만들었다. 2차 세계대전 후에 그는 발로리스라는 프랑스 마을에 현지 미술가들이 고물수집 장소로 사용한 텅 빈 공터 옆의 스튜디오를 하나 가지고 있었다. 피카소는 1950년도 조각 She-Goat(암염소)을 창작하기 위해 버려진 세라믹 파편과 금속 파편을 모으려고 수집장을 청소했다. 주전자 두 개는 염소의 젖통이 되었고, 오래된 잔가지로 엮은 광주리는 흉곽이 되었다. 피카소는 이 작품을 위한 작업 방법을 기술하면서 "나는 광주리로부터 흉곽으로 가는 길, 즉 은유로부터 실재로 가는 길을 거꾸로 따라간다. 나는 은유를 사용하기 때문에 실재를 눈에 보이게 만든다."라고 말했다.[408]

생체모방과 시넥틱스 개업자들 역시 은유를 사용해서 실재를 눈에 보이게 만든다. 고든과 프린스가 제안했듯이, 생체모방은 스스로를 순수한 비인간 실체와 동일시하고, 그 실체가 어떻게 해당 질문을 풀 것인지 심사숙고하면서 그들의 질문을 "생물화 한다." 내가 어떻게 그 문제를 풀 수 있는지가 아니라, 자연이 어떻게 이미 그 문제를 풀었는지 질문하라는 것이 생체모방의 모토이다.

시넥틱스 종사자들이 소비자들에게 질문하고, 그들의 은유를 신제품 개발에 적용하듯이, 생체모방은 인간 환경에 적용될 수 있는 모형을 찾기 위해 식물군과 동물군에 질문한다. 피카소가 잡동사니 더미에서 암염소를 발견했듯이, 생체모형과 시넥틱스는 데이터에서 새로운 관점과 새로운 가능성을 유발하는 패턴을 찾는다.

'발견된 사물 운동'의 미술가들처럼, 생체모방과 시넥틱스 종사자들도 자연이나 다른 사람들이 이미 만든 조각들을 재활용하여 새롭고 유용한 물건을 창조하는 은유의 잡역부이다. 이것은 이상한 직업이지만 보기 드문 직업은 아니다. 혁신과 발명은 항상 자연에서 상관성과 연결을 찾으면서 발전해왔다. 생체모방과 시넥틱스는 단지 우리가 손에 가지고 있는 것을 우리가 마음속에 가지고 있는 것으로 변형하기 위해 은유적 사고를 적용하는 오래된 관행을 가리키는 가장 최근의 이름일 뿐이다.

알렉산더 그레이엄 벨Alexander Graham Bell은 사람의 귀 속에 있는 뼈의 작용을 연구한 후에 전화기를 발명했다. 영국 산업혁명의 공학자 이삼바드 킹덤 브루넬Isambard Kingdom Brunel은 벌레가 목재 안으로 굴을 파는 것을 관찰하다가 런던 지하철을 위해 템스 강 아래에 터널을 어떻게 파야 할지를 깨달았다. 프링글스(Pringles)의 독특한 디자인은 시넥틱스 회의에서 참여자들이 자연에서의 압밀 작용이 어떻게 달성되는지를 생각하다가 탄생하게 되었다. 즉, 낙엽이 함께 쌓이는 방식과의 유추는 감자튀김의 혁신적인 모양과 수직으로 넣는 포장을 이끌어냈다.

벤저민 프랭클린Benjamin Franklin은 유추를 찾기 위해 자연을 관찰하면서 전기에 대해 많은 것을 발명했다. 프랭클린은 전기가 번개와 매우 비슷하게 행동한다는 것을 관찰했는데, 1749년 11월 7일에 일기장 들어가는 면에 상세히 기록한 유사성들이다.

> 전기 유체는 이런 항목들에서 번개와 일치한다. ①빛을 발함, ②빛의 색깔, ③굽은 방향, ④빠른 움직임, ⑤금속으로 전도됨, ⑥폭발 시에 날카로운 소리와 소음, ⑦물이나 얼음 속에서 존속함, ⑧통과할 때 몸을 찢음, ⑨동물을 파괴함, ⑩금속 녹이기, ⑪가연성의 물질에 불 붙이기, ⑫황 냄새. 전기 유체는 점에 의해 끌린다. 우리는 이 특성이 번개에도 있는지는 모른다. 하지만, 그들은 우리가 이미 그 둘을 비교할 수 있는 모든 항목들에서 일치하기 때문에, 그것들은 이 점에서도 비슷하게 일치하지 않을까? 실험을 해 보자.[409]

번개처럼 좋은 은유는 번뜩이는 통찰력을 제공하는데, 이는 실험을 할 수 있도록 밝혀진 영역을 엿볼 수 있게 해준다. 사물들은 번개를 맞을 때 낯설게 되지만, 바로 이런 낯섦은 우리에게 그 사물들을 다르게 보도록 해 줄 수 있다.

프로이트는 "기괴함(the uncanny)"을 "오래되고 긴 시간 친숙한 것에 대해 알려진 것으로 다시 이끄는 놀라움의 한 부류"[410]라고 설명했다. "괴기한 효과는 상상력과 실재 간의 구분이 희미해질 때 종종 쉽게 생산된다."[411] 은유에는 어떤 기괴함이 있다. 은유는 상상력과 실재 간의 구분을 희미하게 하는 것이 아니라 (월리스 스티븐스의 언어를 사용하자면) 그것을 강화하고 더 심화시킨다. 디자인이나 사업, 미술과 같이 혁신에 대한 갈망을 충족시키려는 현장에서 은유는 상상력에 생명을 불어넣는 기괴한 재주를 가지고 있다.

은유와 심리학
어머니가 남긴 작은 화사한 빛

시넥틱스 자문가들은 기업 혁신에 박차를 가하기 위해 은유를 사용한다. 임상 심리치료사인 제임스 롤리James Lawley와 페니 톰킨스Penny Tompkins는 심리적 통찰력을 고무시키기 위해 은유를 사용한다. 그들은 상징적 모델링(symbolic modeling)이라 불리는 과정을 통해 내담자들이 중요한 감정이나 개인적 딜레마를 둘러싸고 은유를 창조하고 탐구하도록 돕는다. 나는 이 기법에 대해 더 많이 알기 위해 롤리와 톰킨스와의 상담을 예약했다. 그런데, 상담 예약일 몇 주 전에 어머니가 돌아가셨고, 나는 어머니의 죽음을 우리 대화의 출발점으로 해야겠다고 결심했다.

　롤리와 톰킨스를 만날 무렵에 어머니의 장례식은 끝났다. 처음 충격은 지나갔다. 나는 1주일 동안 그녀의 집이자 내가 자란 그 집을 청소하면서 시간을 보냈다. 이제 모든 것이 정상으로 돌아오고 있었다. 평범한 생활의 일상이 다시 시작되었다. 내가 정확히 어떻게 느끼고 있는지를 알고자 애쓰고 있을 때, 어머니 죽음의 강렬함과 갑작스런 일상으로의 복귀 간의 대조를 조화시키기 위해 내가 생각할 수 있는 최선의 것은 "다를 바 없다"라는 것이었다.

"그 '다를 바 없다'는 것에 대해 다른 할 말은 없나요?"라고 롤리가 물었다.

"그 느낌은 가벼운 담요처럼 도처에 흩어져 있고 너무 가볍기 때문에 알아챌 수 없습니다. 가장 주목할 만한 것은 그 느낌이 특징이 거의 없다는 것입니다. 그것은 벽지처럼 거의 아무것도 아닙니다."라고 나는 말했다.

"그 '벽지'에 대해 다른 할 말은 없나요?"

"특히 그것이 담갈색이면, 그것은 무시됩니다."

"그 '담갈색 벽지'에 대해 다른 건 뭐 없나요?"

"나는 그것을 좋아하지 않습니다, 그것의 칙칙함을 좋아하지 않습니다. 그것은 내가 자란 집을 생각나게 합니다."

우리 가족은 1970년대 초, 그 집이 새 집이었을 때 내가 자란 그 집으로 이사를 왔다. 10대였던 나는 그 집을 몹시 싫어했다. 그 집은 나에게 교외에서 자란 것에 대한 시시하고 따분했던 모든 것을 상징했다.

내 침실의 속이 빈 합판으로 만들어진 문에는 내 형이 나에게 신발을 던졌다가 빗맞혔을 때 생긴 깊이 베인 갈라진 틈이 여전히 있었다. 욕실의 플라스틱 수건걸이는 젖은 수건을 걸려고 할 때마다 여전히 벽에서 떨어졌다. 잔디와 차도는 완벽하게 관리된 길가의 다른 모든 잔디와 차도처럼 여전히 나무랄 데 없이 관리되어 있었다.

나는 어머니의 유품들을 살펴보다가 어머니가 개인 소지품이 거의 없으셨다는 사실에 충격을 받았다. 어머니는 노먼 록웰 기념 접시와 그 위에 "An Irish Blessing(아일랜드의 축복)"이라고 새겨진 몇몇 장식판, 다소 애국적인 장신구와 같은 오래된 물건들은 많이 가지고 계셨지만 다른 것은 거의 없었다.

자질구레한 소지품들은 벽에 걸려있는 것들 외에도 많은 것들이 플라스틱 가방에 봉해진 채로 서랍 안과 침대 밑, 옷장 안 여기저기서 계속 나왔다. 또한 어머니가 크리스마스와 할로윈에 진열했다가 꼼꼼하게 포장해서 보관해두었던 장식품들도 놀라울 정도로 많았다. 이 물건들은 항상 나를 몹시 우울하게 만들었는데, 그것은 벽지처럼 비인격적 동질성과 같은 어떤 것이다.

게다가 파우더룸 벽장 안에 있는 오래된 아스피린 갑들과 풋 스프레이, 그리고 (모두 각각의 비닐봉지에 싸여진 채로) 흩어져있는 여러 가지 크리스마스트리 장식 아래에서 나는 어머니의 1944년 고등학교 졸업 앨범을 발견했다. 뒤틀리고 곰팡내 나는 페이지들 안에는 어버이날과 크리스마스, 부모님의 결혼기념일을 위해 내가 어렸을 때 그린 그림들과 함께 오래된 사진들이 있었다.

이 사진들은 어머니의 화려한 전성기 때 모습을 보여 주었다. 부모님이 지하실에서 열었던 많은 파티들 중 어떤 파티에서 머리 위에 플라스틱 크리스마스 화환을 쓰고 침대 시트를 두르고 대지의 여신처럼 차려입었던 모습, 그녀의 50번째 깜짝 생일파티 중에 거리 한가운데를 행진하는 친구들과 친척들의 퍼레이드를 이끄는 여성 고적대장 차림의 페기 이모를 보았을 때 즐겁고 믿기지 않아 기가 막힌 표정으로 현관문에 서 있던 모습, 그리고 그녀의 눈 위에 오이 조각들을 전략적으로 올려놓은 채로 뒤뜰에 있는 접이식 의자에서 일광욕을 하고 있던 모습까지도.

풍선들과 터지는 불꽃들, 커다란 빨간색 하트들로 가득 찬 나의 다채로운 크레용 그림들 사이에 사과의 쪽지가 있었는데, 이 쪽지에 어머니는 우리 지하실에 들이닥친 호우로 인해 내 누이와 형들의 그림이 없어졌다고 설명했다.

"우리 어머니는 유쾌하고 재미있는 분이셨습니다."라고 나는 말했다. "담갈색 벽지는 다채로운 색깔의 조각들을 지워버렸습니다."

"그 '지워버린 것'에 대해 다른 건 뭐 없나요?"라고 롤리가 물었다.

"그것은 느낌을 지워버리는 것입니다. 어머니에 대한 기억은 화사한 빛의 색채들이라고 할 수 있습니다."

"당신이 이런 '화사한 색채들'에 대해 생각할 때, 어떻죠?"

"그것은 더 이상 너무 칙칙하지 않습니다. 그것은 활기를 띕니다."

칙칙한 담갈색 벽지는 나의 어머니와 나의 어린 시절, 내가 자란 집에 대한 많은 느낌을 감추고 있었다. 나는 롤리의 부드러운 격려에 도움을 받으며 은유를 따라간 덕분에 오래 전에 벽지로 발라져 있던 기억과 감정을 발견했다.

롤리와 톰킨스는 뉴질랜드 심리치료사인 데이비드 그로브David Grove가 개발한 이야기 치료의 한 형태인 "깨끗한 언어(clean language)"의 전문가이다. 57세의 나이로 2008년에 작고한 그로브는 전쟁 참전용사와 강력 범죄와 심리적·성적 학대의 희생자 같은 외상 후 스트레스 장애(PTSD)로 고통 받는 사람들을 위해 일했다. 1980년대에 그는 내담자들이 가장 괴로운 감정과 가장 정신적 충격을 준 기억을 말할 때 항상 은유로 이야기한다는 것을 주목하기 시작했다.

슬픔, 두려움, 자부심, 행복과 같은 특정한 감정을 명명하는 것은 상당히 쉽다. 그런 감정의 실질적인 경험을 전달하는 것은 훨씬 더 어렵다. 그러나 은유적 언어는 말로 표현할 수 없는 것을 표현할 수 있다. 슬픔이 "심장이 찢어지는 것(having your heart ripped out)" 같다거나 기뿜이 "샴페인 코르크 마개처럼 당신의 몸에서 튀어 나가는 것(popping out of your body like a champagne cork)" 같다고 말하는 것은 이런 느낌의 경험을 표현하는 가장 생생한 방법일 뿐만 아니라, 이런 느낌의 경험을 표현하는 유일한 방법이기도 하다.

조지 엘리엇George Eliot은 『플로스 강가의 물방앗간The Mill on the Floss』에서 "어떤 것이 다른 무엇이라고 말하는 것 외에는 그것이 무엇인지 말하기 어렵다."라고 말했다. 어머니의 죽음에 대한 나의 느낌이 칙칙한 담갈색 벽지 같다고 말했을 때, 나는 나의 감정이 실제로 무엇인지 발견했다.

영국에서 활동하던 롤리와 톰킨스는 5년간 그로브와 함께 연구하여 자신들의 책 『마음속의 은유: 상징적 모델링을 통한 변형Metaphors in Mind: Transformation through Symbolic Modelling』에서 은유에 대한 접근법의 체계적인 설명을 내보인다. "사람들이 이야기하고 있을 때 내가 그들에게 강요하지 않는다면 그들은 자연스럽게 스스로의 경험을 말하기 위해 은유를 사용하면서 이야기를 시작한다는 것을 알아차렸다"[412]라고 그로브는 그들에게 말했다. "그래서 나는 경험을 구조화하는 또 다른 방법이 있다는 것을 깨달았다. 나는 은유가 연구할 가치가 있는 총체적 언어라고 결정했다."

그로브는 내담자들의 은유에 세심하게 주의를 기울이고, 그 은유들은 점차 매우 개인화되어버린 의미를 나타낸다는 것을 관찰했다. 내담자가 어떤 은유를 아주 오랫동안 사용한다면, 그 은유는 점차 정교하게 되어 종종 중요한 교훈을 담고 있는 우화처럼 발전한다. 그런 은유는 일관된 구조를 가지고 있고, 내담자의 경험과 직접적인 연관성이 있다. 그리고 그런 은유가 바뀌었을 때 사람들도 바뀐다는 것을 그로브는 알게 되었다. 그로브는 PTSD가 있는 내담자와 없는 내담자가 자신들의 은유를 개발하고 정서적 통찰력과 심리적 변화를 얻기 위해 그 은유를 사용하도록 하기 위한 기술로 '깨끗한 언어'를 고안했다.

그로브의 '깨끗한 언어'는 여러 가지 면에서 융Jung의 '적극적 상상(active imagination)'의 일부이다. 둘 다 변화의 과정을 촉진시키기 위해 내담자가 만든 심상과 은유에 의존한다. 그러나 깨끗한 언어가 은유의 변형적 힘을 활용하는 유일한 심리학 분야는 아니다.

"유도 심상(guided imagery)"의 실행은 사람들이 아픔을 가라앉히고 병으로부터 회복하도록 돕기 위해 사용되는 적극적 상상의 한 종류이다. 물론 은유가 단독으로 정치 논쟁을 해결하지 못하듯이, 은유만으로는 육체적 고통을 치유하지 못한다. 그러나 연구가 육체적 건강과 정신적 건강 간에 더욱더 많은 관계를 드러내면서, 은유는 점차 마음이 몸의 치유 과정을 향상시킬 수 있는 한 방법으로 인정된다.

예컨대, 본인의 희망으로 심장 수술 일정이 잡힌 환자 56명에 관한 연구에서는 수술 전에 자신의 건강상태에 대한 각자의 확신이 수술한지 3개월이 지난 후의 삶의 질, 우울감, 무력감의 정도와 서로 관련되어 있다는 것을 발견했다.[413] 고통이 짧을 것이고, 심각한 합병증이 생기지 않을 것이며, 회복이 어느 정도는 자신들에게 달려 있다고 믿었던 환자들은 그 반대로 믿었던 환자들보다 더 빨리 회복되었다. 연구자들은 자신의 병에 대한 환자들의 생각이 회복에 강한 영향을 미친다고 결론내리고, 사람들을 더 많은 마음 치유 프로그램에 참여하도록 돕는 상담을 장려했다.

그렇다고 환자들이 자신의 예후에 대해 지나치게 낙관적(혹은 지나치게 비관적)인 기대를 가져야 한다는 말은 아니다. 이것은 수전 손택 Susan Sontag이 암과 HIV/AIDS에 관해 흔히 사용되는 은유에 대해 올바르게 비난한 것이다. 그러나 건강상태를 표현하는 방식은 건강상태에 대한 환자들의 확신과 태도를 미리 알려준다. 따라서 의료적 은유는 기분 좋게 환자를 대하는 의사의 태도에 대한 문제 그 이상이다.

실제로 깨끗한 언어를 교육받은 간호사는 환자들이 이미 존재하는 은유를 받아들일 때보다 증상에 대한 자신의 은유를 말로 표현할 때 더 잘 이해받는다고 느꼈다고 보고했다.[414] 은유를 통해 환자들을 북돋아 주는 것은 심장병 같이 환자의 마음 상태가 환자의 건강 상태에 뚜렷한 영향을 미치는 스트레스 관련 질병들에 특히 유용할 수 있다.

그로브의 연구와 롤리 및 그 연구에 대한 톰프킨스의 체계화가 유도 심상 같은 방법과 다른 점은 내담자의 은유에 담긴 예상 밖의 특유한 것에 대한 끊임없는 추적과 내담자 당사자의 언어와 심상에 온전히 집중하는 데 전념하는 것이다. 그로브는 융이 이미지에 대해 말한 것을 은유에 대한 것이라고 믿었다. "이미지는 그 자체의 생명을 가지고 있다. 당신이 마음속 이미지에 집중할 때 그것은 꿈틀거리기 시작하고, 그 이미지는 세부내용에 의해 풍부하게 되며, 움직이고 발전한다."[415]

융은 그에게 꿈 해석에 대해 조언을 구했던 어떤 O씨에게 보낸 편지에서 적극적 상상 기술을 설명했다. 그 설명은 깨끗한 언어에도 마찬가지로 잘 적용된다.

　　어떤 이미지로 시작하라. 그것을 응시하고, 그 이미지가 어떻게 전개되거나 변화하는지 주의 깊게 관찰하라. 그것을 어떤 것으로 만들려고 하지 말고, 그것의 자발적인 변화가 무엇인지 관찰하는 것 외에는 아무엇도 하지 말라. 당신이 이런 방식으로 응시하고 있는 마음속 이미지는 곧 그 이미지의 작은 변화를 유발하는 자발적 연상을 통해 달라질 것이다. 당신은 한 주제에서 또 다른 주제로 성급하게 옮겨가는 것을 주의하여 피해야 한다. 당신이 선택한 한 이미지를 계속 고수하고, 그것이 저절로 바뀔 때까지 기다려라. 이 모든 변화들에 주목하고, 궁극적으로 당신 자신이 그 이미지 안으로 들어가고, 그것이 말하는 인물이라면 당신이 그 인물에게 해야 할 말을 하고, 그가 하고 싶어 하는 말을 들어라. 따라서 당신은 무의식을 분석할 수 있을 뿐만 아니라 당신의 무의식이 당신 자신을 분석할 수 있는 기회를 제공하기도 한다.[416]

내담자의 무의식이 그 자체를 분석하고 그것으로부터 깨닫도록 하는 것이 그로브의 치료법이 작용하는 방식에 대한 열쇠이다. 그러나 깨끗한 언어 과정은 융의 꿈 해석과 같지 않다. 그로브는 내담자 은유가 융의 원형(元型)과 같이 보편적인 의미를 가진 것이라기보다는 독자적인 것이라고 믿었다. 그는 또한 내담자 은유를 해석하는 것을 피하기 위해 무척 노력했는데, 해석은 단지 치료 과정을 방해할 뿐이라고 믿었기 때문이다.

그로브는 그의 치료 방법이 치료 전문가 자신의 추측과 생각, 편견을 줄일 수 있기 때문에 그 용어를 글자 그대로 "깨끗한"이라고 불렀다. 깨끗한 언어는 내담자가 은유적 풍경을 색칠하기 위한 빈 백지를 의미한다. 그가 한때 롤리에게 말했듯이 그 방법은 내담자가 "은유가 그것의 효력을 실토할 때까지 은유에게 묻는 것"[417]이다.

이런 물음을 위해 그로브는 내담자의 은유를 유도하고 강화하기 위한 질문들을 고안했다. 약 10년에 걸친 그로브의 내담자 연구에 대한 필사본을 연구한 후에, 롤리와 톰킨스는 12개의 핵심 질문을 선택

하여 그것을 세 가지 주요 범주로 분류했다.[418]

그로브의 질문들은 내담자나 치료 전문가가 은유에 대해 생각하는 것이 아니라 은유 자체에게 말을 건다. 톰킨스에 따르면, 치료 전문가의 역할은 "내담자의 있는 그대로의 말에 엄청난 주의를 기울이는 것이다. 당신은 그들의 은유 풍경을 따라 그들과 나란히 걸어야 한다. 당신은 그 순간에 그들의 경험에 계속해서 주의를 기울여야 한다. 일반적이지 않은 곳에 주의를 집중하는 것은 엄청나게 힘들다. 당신이 은유에서 신비로운 것을 알게 될 때, 내담자의 깜짝 놀라는 소리를 들을 때, 당신은 횡재를 한 것이다."

그래서 내담자가 깨끗한 상담시간에 은유를 사용할 때 치료 전문가는 내담자의 말을 문자적으로 다루고, 그것에 대해 질문하기 시작한다. "누군가가 '나는 똑딱똑딱 거리는 폭탄이다.'라고 말할 때, 일반적 논리로 말하면 '그것은 사실이 아니다'는 것이다."라고 롤리는 설명한다. "깨끗한 언어는 '어떤 종류의 폭탄인가?', '똑딱똑딱에 대해 다른 무언가가 있는가?'라고 질문한다."

"전개하기" 질문으로 알려진 첫 번째 여섯 개의 깨끗한 질문들은 내담자를 은유 풍경으로 더 깊이 이끄는 이정표이다. 각 질문은 이야기가 계속되는 느낌과 은유를 따라가면 실제로 어딘가로 이끌어갈 것이라는 기대감을 강화하기 위하여 "and"로 시작한다. 치료 전문가는 또한 질문을 할 때 내담자가 말한 그대로를 반복하고, 내담자 자신의 은유를 제외하고는 모든 것을 풍경에서 깨끗하게 치운다.

여섯 개의 전개하기 질문은 다음과 같다(X와 Y는 내담자가 이전에 말한 것을 그대로 인용한 것을 나타낸다).

그리고 X에 대해 다른 무언가가 있는가?

그리고 그 X는 어떤 종류의 X인가?

그리고 X는 어디에 혹은 어디쯤에 있는가?

그리고 그 X는 무엇과 같은가?

그리고 X와 Y 간에 관계가 있는가?

그리고 X일 때 Y에게 어떤 일이 일어나는가?

"시간 이동하기" 질문으로 알려진 두 번째 질문들은 은유가 일어나는 것에 대한 상황 속에서 묘사하면서 은유의 배경이야기를 만든다. 다음은 세 가지 이동하는 시간 질문들이다.

그리고 무슨 일이 일어나는가? 혹은 그리고 다음에 무슨 일이 일어나는가?

그리고 X 직전에 무슨 일이 일어나는가?

그리고 X는 어디에서 올 수 있는가? 혹은 오는가?

"의도" 질문으로 알려진 마지막 기본 질문들은 내담자의 실제 경험에 은유를 살짝 밀어 넣으며, 내담자가 자신의 실제 삶에서 보고 싶어 하는 변화를 은유 풍경과 연결한다. 세 가지 의도 질문은 다음과 같다 (괄호 안의 내용은 내담자가 이미 말한 그대로를 나타낸다).

그리고 당신 혹은 X는 무슨 일이 일어나기를 원합니까?

그리고 [X가 일어나기를 원하는 무엇인가를] 얻기 위하여 X에게 무슨 일이 일어나는 것이 필요합니까?

그리고 X는 [X가 일어나기를 원하는 무엇인가를] 달성할 수 있습니까?

그로브에 따르면 치료 전문가는 깨끗한 면담에서 중요하지만 제한된 역할을 한다. 그가 믿기로 은유는 정보를 나르고, 그 정보는 치료 전문가나 내담자의 은유에 대한 현명한 해석을 통해서가 아니라 은유

자체를 통해서만 접근할 수 있다. 해석은 불필요할 뿐만 아니라 도움이 되지 않는다. "'평범한' 언어로 표현된 질문은 내담자에게 자신의 경험에 대해 설명하도록 요구한다."[419]라고 그로브는 『외상 기억 치료: 정신치료요법에서 은유와 상징Resolving Traumatic Memories: Metaphors and Symbols in Psychotherapy』에서 말했다. "그는 그것을 할 때마다 우리가 조성하고 일을 수월하게 하려고 작업 중인 과정을 방해하는 지적인 일을 수행하기 위한 자기몰입의 상태에서 빠져 나온다." 개인의 변화의 과정이라는 그 과정은 해석이라기보다는 경험에 관한 것이다.

톰킨스와 롤리는 자신이 느끼는 관계의 파괴적 패턴을 깨뜨리고 싶어서 그들에게 온 한 내담자에 대해 이야기한다. 지난 20년 경 동안, 그는 세 여자에게서 다섯 명의 아이를 둔 아버지였다. 각각의 경우에 그는 약 7년 동안 혹은 그 관계에서 태어난 가장 큰 아이가 약 4살이었을 때까지 자기 배우자와 함께 있었다. 그런 다음 그는 또 다른 여자와 사랑에 빠지고 자기 배우자를 떠난다. 그가 톰킨스와 롤리에게 왔을 때 그는 막 새로운 관계를 시작하고 있었고, 같은 일이 다시 일어나지 않기를 희망했다.

그의 행동 패턴에 대한 그 남자의 은유는 그가 계속해서 던져버렸지만 결국 항상 자기 손으로 되돌아온 사과였다.

그는 톰킨스와 롤리에게 몇 개월 동안 상담을 받았다. 그 기간 동안 그들은 그가 사과를 던지는 동작을 재현하기 위해 오른손을 사용하지 않을 때 종종 무언가를 시야에서 막는 것처럼 손을 오므려 눈 주위에 갖다 대는 것을 알게 되었다.

상담 중에 톰킨스는 "그리고 당신이 사과를 던지기 직전에 어떤 일이 일어나나요?"라고 물었다.

그 남자는 순간적으로 눈 주위에서 오른손을 내리고 오른쪽을 내려다 보기 위해 머리를 돌리며, 사무치는 흐느낌을 억눌렀다.

톰킨스는 "그리고 그것은 어디에서 왔나요?"라고 대응했다.

그 남자는 눈물을 흘리기 시작했다. 그는 어린 아이였을 때 언덕 위에서 놀던 기억을 묘사했다. 안개가 자욱했다. 점차 안개가 걷힐 때 그는 아래에 있는 마을을 보았다. 그는 자기 집 현관문을 보았다. 그는 아버지가 집을 나서고, 현관문을 닫으며, 거리를 따라 걸어가는 것을 보았다.

그는 아버지를 다시 보지 못했다. 아버지는 아무런 설명도 없이 가족을 버렸다. 내담자는 그 당시에 네 살이었다.

그 내담자의 은유는 아버지에게서 버림받은 기억으로 변형되었다. 처음으로 그는 자기 행동과 아버지의 행동 간의 연관성을 보았다. 현재, 그는 배우자와 행복한 결혼생활을 하고 있고, 그들에게는 두 명의 십대 자녀가 있다.

그는 왜 오른손을 눈 주위에다 오므렸을까? 왜냐하면 그것은 그가 아버지가 떠나는 것을 보는 시선을 가림으로 진정한 감정적 고통으로부터 자신을 숨겨서 보호하려는 은유적 제스처였다.

은유는 역설적인 힘을 가지고 있다. 은유는 경험을 어떤 것과 동일시함으로써 그 경험을 떼어놓지만 그렇게 함으로써 실제로는 그 경험을 더 가까이 가져다준다. "어떤 것이 무엇이 아닌지에 대해 이야기함으로써 당신은 그것이 무엇인지 이해한다."라고 롤리가 말한다.

그로브에게 있어서 깨끗한 언어는 내담자의 경험에 대한 객관적 상관물을 만들어냈다. "우리의 질문들은 내담자의 내적 경험의 특성이 그가 전에 경험하지 못한 방식으로 의식에 나타나도록 만든 형식을 제공할 것이다."⁴²⁰라고 그로브는 말했다. "경험은 단지 말에 담겨 있거나 답 속에 분산되어 있는 것이 아니라 살아 있고 실재한다. 우리는 환경을 내적으로 조성하고, 내담자는 경험이 무엇과 같은지 **묘사** 하기보다는 **경험**할 것이다."

깨끗한 언어는 심리치료요법에 국한되지 않는다. 그것은 영국 경찰이 경찰관들의 심문기술을 개선하기 위해, 영국 국민건강보험이 환자-의사의 의사소통을 향상시키기 위해, 북아일랜드와 보스니아에서는 분쟁 후 화해 과정의 일부로, 주요 컨설턴트 회사에서는 경영 교육 설계의 일환으로 사용되어 왔다.

롤리는 까다로운 동료들을 대하는 것에 관해 조언을 원했던 다국적 기업의 고위간부와의 면담을 기억한다. 그들이 만난 초기에, 그 간부는 사무실에서 어떤 일이 있었는지를 묘사했다. 롤리는 그 남자의 은유 몇 가지를 메모했다. 그 간부는 공격적인 동료 간부들에 대해 "전선을 지킬 수 있기를(to be able to *hold the line*)" 원한다고 말했다. "나는 내 사람들을 **지켜야** 한다(I have to *defend* my people,)." "그 부대는 중도에 실패한다(The *troops* are falling by the wayside,)." "나는 **전쟁터 한복판**에서 그것을 잃을 수 있다(I can lose it in *the heat of battle*)." 모두 그가 한 말들이다.

롤리가 그 간부의 주된 은유를 분간해내는 데는 오래 걸리지 않았다. 그것은 [일은 전쟁이다]라는 은유였다.⁴²¹ 롤리가 점호시간 군사 은유를 크게 반복했을 때, 그 간부는 "**포탄쇼크를 받았다**(*shell-shocked*)." 고 말했다. 그런 다음 롤리는 깨끗한 언어 질문이라는 그의 비밀 무기를 사용했다.

"그리고 '왜 전쟁터 한복판(in the heat of battle)'인 건가요?"

"당신은 승자의 편에 있기 위해서 영토를 방어해야 합니다."라고 간부는 쏘아붙였다.

"그리고 '당신이 승자의 편에 있기 위해 영토를 방어해야 할' 때 당신은 어떤 일이 일어나기를 원하나요?"

이 질문은 간부의 방어를 깨뜨렸다. 그는 머뭇거렸고, 처음으로 그의 얼굴과 목소리에 진짜 감정이 나타났다. 그 남자는 머리를 흔들었고, 한걸음 후퇴하면서 "나 자신을 방어해야 하는 것은 아닙니다."라고 말했다.

롤리는 상담의 나머지 시간을 그 간부의 대안적 은유인 [일은 오케스트라에서 연주하는 것이다]를 개발하는 데 사용했다. 그 남자는 군사 은유로 군대생활을 계속하는 것은 적대감을 고조시킬 뿐이라고 이해했다. 그래서 그는 이전에 불화가 있던 곳에서 조화를 추구하면서 자신의 생각을 바꾸기로 의도적인 결정을 내렸다.

다양성, 갈등, 리더십 문제를 다루는 학습과 개발 프로그램을 만든 상담가인 케이틀린 워커Caitlin Walker는 통제 불능인 영국 청소년들을 위한 분노 조절 상담의 상황에서 깨끗한 언어를 사용했다. 주먹 싸움의 긴 역사가 있는 한 십대 소년을 상담하면서[422] 그녀는 "네가 누군가를 때리기 직전에 어떤 일이 일어나니?"라고 물었다.

"나는 그냥 때려요."라고 그는 손가락으로 딱 소리를 내며 대답했다. "나는 얼굴이 붉어져요. 모든 것이 그냥 조용해지죠."

"너는 '얼굴이 붉어져'. 너는 '때려'" 손가락으로 딱 소리를 내면서 워커는 반복했다. "'모든 것이 그냥 조용해져. 그리고 '조용해질' 때 조용함은 어떤 거지?'"

"셔터 같아요."라고 소년은 말 눈가리개 가죽처럼 눈 주위에 손을 오므리면서 말했다. "나는 머릿속으로 아무것도 들을 수 없고, 그것은 마치 내 앞에 있는 한 사람만 볼 수 있는 것 같아요. 내가 아는 다음 것은 사람들이 고함을 치고 있고, 누군가는 땅에 누워 있으며, 내가 사건에 말려들어가 있는 거예요."

그런 다음 워커는 소년이 누군가를 때리기 직전에 어떤 일이 일어나는지 알아내기 위해 그에게 몇 가지 "시간 이동하기" 질문을 했다.

"너는 '얼굴이 붉어져', 그리고 네가 '얼굴이 붉어질' 때 그 붉은 건 어떤 거지?"

"진한 붉은 색. 피가 끓는 것처럼 빨개지고 화가 나요(이 소년의 경우 분노는 그릇에 담겨 있는 가열된 액체이다)."

"그리고 '피가 끓을 때' 그것이 '진한 붉은 색'이 되고 '끓기' 직전에 어떤 일이 일어나지?"

"더 시원해요!"

"그리고 '더 시원할 때', '더 시원하다'라는 건 어떤 거지?"

"그것은 하늘처럼, 우리 엄마처럼 시원하게 파래요."라고 그는 위를 보고 특징 없이 미소를 지으면서 대답했다.

"그리고 '하늘처럼, 우리 엄마처럼 시원하게 파란,' 다음에 너의 '피가 끓는' 것처럼 '진한 붉은 색이고,' 그런 다음 '피가 끓은' 후에 어떤 일이 일어나지?"

"나는 열 받아서 공격해요. 그런 다음 그것은 나에게서 나오고 나는 달리고 하늘을 보며 어머니에 대해 생각하고 빨간색이 사라질 때까지 파란색을 들여 마셔요."

이런 깨끗한 물음을 통해 워커는 소년이 폭력적이 되기 전에 사고와 감정의 모든 영역을 보도록 도왔다. 그녀는 그 소년이 화가 난다고 느낄 때 색채 은유를 생각하고, 그 은유를 사용해서 주먹이 날아가기 전에 상황에서 빠져 나오라고 했다.

　그들이 다음에 만났을 때, 그는 보고 했다. "내가 빨개진 거 알아요? 흠, 어제 나는 화가 나고 있는 걸 느꼈어요. 나는 아침에 파랗고 편안한 상태로 일어나요. 그런 다음 나는 아빠가 술에 취해있는 걸 봐요. 빨개져요! 그런 다음 나는 아빠가 빨래를 하지 않았기 때문에 더러운 옷을 다시 입어야 해요. 빨개져요! 버스 탈 돈이 없습니다. 빨개져요! 나는 춥고 학교에 늦어요. 빨개져요! 나는 학교에 도착하고 벌을 받고 나는 빨개지고 누군가 나를 끓어오르게 하는 무언가를 말해요! 그래서 나는 오리 연못을 지나 학교에 걸어가고 길을 멈추고 물속을 들여다본다면 어떨까 생각했어요. 왜냐하면 그것은 나를 파랗게 만들고 내가 파란색을 들이 마시고 엄마를 생각한다면 나는 그렇게 빨리 끓어오르지 않을 거거든요."

　이제 이 소년은 스스로 빨갛게 된다고 느낄 때마다 학교 근처 오리 연못 옆에서 파란색을 들이 마신다. 분노를 더 잘 조절하게 되면서 그는 처음으로 반 친구들과 우정을 쌓아가는 것이 가능해졌다.

　은유에서 실생활로의 전환은 그로브 치료법의 중심원리이다. 이런 변화를 장려하기 위해 그로브는 많은 경우 내담자들에게 그들의 은유와 관련된 무언가를 실제로 하도록 했는데, 이것은 임상최면술 전문의 정신과 의사인 밀턴 에릭슨Milton H. Erickson에게서 가져온 기법이다.

　에릭슨은 대개 치료시간에 우화와 환자들이 수행할 특정한 과제를 결합시킨 우화를 사용했다. 에릭슨의 한 내담자는 알코올 중독자였다. 에릭슨은 이 남자에게 식물이 어떤 방법으로 물을 보존하고 비가 오지 않는 사막에서 3년 동안 살아남을 수 있는지 알려주려고 작은 선인장(humble cactus)에 대한 이야기를 잠깐 해주었다. 그런 다음 그는

그 남자에게 선인장을 관찰하러 그 지역 식물원으로 가라고 말했다.[423]

에릭슨은 더 이상 그 남자에게서 소식을 전혀 듣지 못했다. 몇 년이 지나고, 이 내담자가 죽은 후에 그 남자의 딸이 에릭슨을 방문해서 자기 아버지가 식물원에 갔던 그 날 이후로 술을 끊었다는 말을 해 주었다.

에릭슨은 이 과제들을 "애매모호한 역할 과제"[424]라고 불렀지만, 심리적 변화를 촉진하는 데 있어서 그 역할은 그가 그 과제들을 실험하기 시작한 이후로 훨씬 덜 애매모호하게 되었다. 어려운 감정을 묘사할 때 우리는 흔히 억제의 은유를 사용한다. 우리 감정은 **억눌려지고**(bottled up), 나쁜 기억은 **밀봉되고**(sealed off), 우리의 분노는 **매장된다**(buried). 은유에 대한 신체적 행동이 감정 경험에 심리적 영향을 미치는지를 시험하기 위해 싱가포르와 캐나다에 있는 연구자들은 자신들만의 애매모호한 역할 과제를 고안했다.[425] 그들은 먼저 참여자들에게 그들이 후회하는 최근 결정에 대한 기억을 적도록 했다. 그들의 절반은 제출하기 전에 그들의 글을 봉투에 넣어 봉했고, 다른 절반은 그렇게 하지 않았다. 이어서 그들에게 후회할 만한 결정에 대해 어떻게 느꼈는지에 대해 물었을 때, 기억을 봉투에 봉한 사람들은 부정적 감정을 훨씬 더 적게 말했다.

관련된 한 실험에서 같은 연구팀은 실험대상자들에게 두 가지를 적도록 했다. 유아의 우발적 죽음에 대한 뉴스 보도의 이야기와 주말 계획이 그것이다. 그들의 절반은 유아의 죽음에 대한 이야기를 봉투에 봉했고, 나머지 절반은 주말 계획을 봉했다. 연구자들은 유아의 죽음에 대한 이야기를 봉했던 사람들이 주말 계획을 봉했던 사람들보다 그 사건에 대한 세부 내용을 더 적게 기억한다는 것을 발견했다.

그들의 결론은 물리적 폐쇄가 심리적 폐쇄를 돕는다는 것이다.

그로브는 애매모호한 역할 과제를 자신의 내담자들에게도 사용했다.[426] 예컨대, 한 내담자가 "나는 벽돌 터널 안에 있고, 양끝을 볼 수 없다"고 말했다면, 그로브는 그 내담자를 터널에 대해 알아보도록 교통박물관에 보내거나, 터널이 어떻게 만들어졌는지 조사하라고 벽돌공에게 보내거나, 모조 터널을 만들 수 있는 재료를 구입하도록 DIY 상점에 보냈을지도 모른다. 목표는 통찰력을 행동으로 옮기는 것이다.

어머니 집을 정리한 후에 살펴볼 곳이 딱 한 군데 남아 있었다. 그것은 다락방이었다. 다락방 입구는 내 침실 벽장의 꼭대기로 통했다. 나는 우리가 그곳에 많은 것들을 올려두지 않았다는 것을 알고 있었는데, 왜냐하면 그곳은 어머니가 발견하지 않았으면 하는 특히 나의 십대 일기장과 같은 물건들을 숨겨두었던 곳이기 때문이다. 그래도 나는 남아있는 것이 없는지 확인하기 위해 다락방을 살펴봐야겠다는 생각이 들었다.

머리를 다락방으로 내밀자, 나는 낡아빠진 모자 상자 세 개를 발견했다. 세 개의 박스에는 각각 1960년대에 만들어진 어머니의 모자가 하나씩 있었다. 특별히 나는 모자 하나를 알아보았다. 그것은 밝은 핑크색 깃털로 만들어진 필박스 모자(pillbox hat)였다. 어머니가 이 모자를 쓰고 계신 흑백 사진은 그녀의 고등학교 졸업앨범 안에서 찾아낸 사진의 은닉처에 들어 있었다.

그 모자는 미세한 검은 먼지로 덮여 있었고, 깃털 몇 개는 빠져 있었다. 그러나 다락방에 거의 40년 동안 있었건만, 그것은 여전히 원래 그대로였다.

나는 그 모자를 집으로 가져갔다. 그것을 깨끗하게 닦고 수선을 했다. 그것은 지금 우리 벽난로 선반 위 눈에 가장 잘 띄는 자리를 차지하고 있다. 그것은 어머니가 남기신 작지만 화사한 빛이었다.

나오는 말
은유의 논리

하트 크레인Hart Crane은 광고 카피라이터, 조선소 인부, 아버지의 사탕 제조업 근로자의 일에 짧게 손을 댔다. 그러나 10대와 성인이었을 때 되고 싶은 것은 시인이었다. 1926년 여름, 27살의 크레인은 『시Poetry』 의 창립 편집자인 해리엇 먼로Harriet Monroe에게 편지를 썼다. 크레인은 유서 깊은 그 잡지사로 시 몇 편을 제출했고, 먼로는 그것에 당황하여 답장을 보냈다.

그녀는 크레인의 이미지 사용에 당황하였고, 특히 시 "멜빌의 묘墓 앞에서(At Melville's Tomb)"⁴²⁷의 몇몇 행에 관해 그에게 설명을 요구했 다. 그 행은 "The dice of drowned men's bones he saw bequeath / An embassy(익사자들의 뼈로 만든 주사위가 사절단을 남기는 걸 그는 지켜봤다)"와 "Frosted eyes there were that lifted altars(서리같이 하얀 눈은 제단을 들어올렸 다)"이다. 먼로는 어떻게 "익사자들의 뼈"가 "주사위"일 수 있고, 어떻 게 "서리같이 하얀 눈"이 "제단"은 말할 것도 없이 무언가를 들어 올 릴 수 있는지 알지 못했다.

크레인은 멕시코에서 뉴욕시티로 타고 가던 오리사바(Orizaba)호의

갑판에서 멕시코 만으로 뛰어들어 1932년에 자살하기 전에 두 권의 시집을 발표했다. 크레인은 삶과 문학에 대해 랭보의 접근법을 취했다. 그는 알코올 남용과 격하기 쉽고 때때로 난폭한 감정적 삶을 통해 감각들의 체계적인 뒤틀림에 대한 랭보의 요청에 완전히 정신을 쏟았다.

랭보처럼, 크레인은 시인을 전문적인 공상가로 간주했고, 그의 시는 강렬하고, 생생하고, 놀라운 이미지들로 가득 차 있다. 모네에 대한 크레인의 대답은 랭보의 예언자의 편지에 대한 자신의 버전이다.

자신의 시를 명쾌하게 설명하기 전에 크레인은 윌리엄 블레이크William Blake와 T. S. 엘리엇T. S. Eliot이라는 두 명의 다른 시인을 인용하면서 자신을 변론했다. 그는 어떻게 블레이크가 "한숨은 천사 왕의 검이다."[428]라고 말할 수 있었고, 어떻게 엘리엇이 "내가 지나가는 모든 가로등은 숙명적인 북처럼 두드린다."라고 믿을 수 있었는지 질문했다. 이 두 이미지는 아마도 먼로가 승인한 유명한 시들에서 나온 이미지들이었을 것이다. 크레인은 한숨에서 검, 가로등에서 북, 서리에 뒤덮인 눈에서 들어 올린 제단으로의 연상적 도약이 시와 모든 창조적 사고에 본질적이라고 믿었다. 그는 먼로에게 다음과 같은 답장을 보냈다.

　　나는 시인이기 때문에 논리적으로 엄격한 의미작용을 보존하는 것보다는 단어 함축이 의식에 미치는 비논리적인 영향(그리고 이에 기초해서 은유에서 단어들의 결합과 상호작용)에 어쩌면 더 관심이 있다. [은유의] 명백한 비논리는 시에서 그 문맥과 협력하여 또 다른 논리를 주장할 수 있을 만큼 매우 논리적으로 작용한다.[429]

크레인은 이 다른 논리를 "은유의 논리(logic of metaphor)"라고 불렀다.[430]

은유의 논리는 우리 삶의 논리이다. 은유는 모든 것에 영향을 미쳐서, 시인과 시인이 아닌 사람들 모두에게 유동적이고 특별한 방식으로 세상을 경험하고 그것에 대해 생각하도록 해 준다. 은유는 완전히 이상한 것과 완전히 친숙한 것, 주사위와 익사자들의 뼈, 나와 타인 사이에 내던지는 교량이다.

사람들은 수 만년 동안 템스 강둑을 따라 살았으며, 이는 사람들이 존재했던 것만큼 오랜 시간이었다. 하지만 그들이 가장 많은 수로 정착했던 곳은 단지 몇 천 년 동안 런던으로 알려졌다.

템스 강은 북해와 합쳐지기 전에 넓고 여유 있는 아크 모양의 도시를 통해 완만히 굽이쳐 흐르는 투박하면서도 박력 있는 강이다. 모든 강처럼, 그것은 생명줄임과 동시에 역사 연표이다. 수천 년 동안 템스 강은 런던 사람들에게 생계를 제공했고, 삶의 기록을 보존했다. 선사 시대의 석재 도구, 청동기와 철기 시대의 금속 가공물, 오래된 장화, 버려진 자전거, 사람과 동물의 뼈처럼 인간 삶의 모든 귀중품과 부스러기는 바다에서 끌어올려졌고, 우리의 유산이 되었다. 영국 정치가 존 번스John Burns가 기술했듯이, 템스 강은 "액체의 역사(liquid history)"이다.

그러나 런던은 실제로 강투성이다. 템스 강은 가장 큰 강들 중 하나의 강일뿐이다. 도시를 통해 흐르는 약 12개의 다른 강들이 있다. 그것은 런던이 별도의 한 무리 마을에서 중심 도시로 성장했기 때문에 오래 전에 기억에서 지워진 더 작은 개울들이다. 1598년에 출판된 『런던 답사Survey of London』에서 역사가 존 스토우John Stow는 런던의 금융 구역이자 아직까지 그 도시 아래에서 은밀히 흐르는 발브룩

(Walbrooke) 강에 대해 다음과 같은 글을 남겼다.

> 잠수부 다리(divers bridges)가 있는 이 수로는 나중에 벽돌로 된 둥근 천
> 장으로 덮였고, 거리와 좁은 길들로 평평하게 포장되었다. 그 이후로
> 그 위에 집을 지어서, 발브룩 강의 물길은 지금 지하에 숨겨져 있고, 그
> 래서 거의 알려지지 않은 것이다.[431]

런던의 잃어버린 한 강의 지류는 나의 거리 아래에서 흐른다. 몇 백
년 전에, 그 강은 내가 지금 살고 있는 곳을 따라 지나갔고, 훤히 트인
들판에서는 연못들로 점점이 흩어져 나왔다. 19세기 초까지 사람들
은 여기서 낚시를 했다. 그것은 가까운 Anglers Lane(낚시꾼 거리)이라는
거리의 어원에서 기념되는 과거였다. 그런 다음 그 선을 따라 있는 어
딘가에서 그 강은 가라앉기 시작했다. 사람들은 그 옆과 꼭대기, 위에
서 건설 작업을 했고, 그것을 도랑과 개천으로 전용했다.

하지만 사람들이 그 강물의 방향을 바꾸기 위해 아무리 노력해도,
그 강은 계속 가까이 다가왔다. 그래서 그것과 싸우기보다 사람들은
그것을 자연스러운 흐름을 따라 깔아놓은 파이프로 흘려보내고, 새
로운 길과 집 아래로 잠기게 했다. 그 강은 땅 밑으로 후퇴했고, 사람
들은 그에 대한 기억을 잃어버렸다.

이제 그것은 큰비가 내리는 동안에만 지상으로 올라온다. 그때서
야 그것은 사람들의 지하실로 침투하거나 묻혀 있던 강둑을 터뜨려
거리를 미어지게 하고, 그것을 한 번 더 강으로 바꾼다.

이것은 강이 마치 오래 전에 망각된 은유처럼, 눈에는 안 보여도 자
신이 여전히 그곳에 있다는 것을, 그리고 자신이 빨리 달리고, 여전히
흐르고 있고, 자신이 어디로 가고 있는지를 정확히 알고 있다는 것을
우리에게 기억하게 하는 방식이다.

감사의 글
아무것도 닮지 않은 것은 존재하지 않는다

프랑스 시인 폴 발레리Paul Valery는 은유를 찬미하는 한 편의 시에서 "아무것도 닮지 않은 것은 존재하지 않는다."라고 적었다. 이 책은 다음과 같은 분들의 통찰력과 도움이 없었다면 존재하지 않았을 것이다. 나에게 자폐증과 공감각, 은유를 올바르게 연결하도록 도와준 사이몬 바런-코헨Simon Baron-Cohen, 여러 가닥으로 된 웹사이트의 전문 제작자인 막스 브록뱅크Max Brockbank, 아무런 연구 요청도 너무 기괴하지 않고 아무런 학술 논문도 너무 모호하지 않은 마이클 브런턴Michael Brunton, 풍미 있는 유추적 라이스 푸딩에 도움을 준 데이비드 도이치David Deutsch, 깨끗한 언어(clean language)를 시찰시켜 준 것 외에도 이 책의 거의 마지막 버전 전체를 읽고 나의 은유 풍경에서 새로운 경치를 열어 주는 논평을 해 준 제임스 롤레이James Lawley와 페니 톰킨스Penny Tompkins, 나중에는 딱 맞아 떨어지는 것으로 입증된 드문드문 존재하는 은유 참고문헌을 나와 공유해 준 사라 레빈Sara Levine, 이 책의 종이 책에 사용된 시력검사 차트 생각을 제안해 준 레베카 미드Rebecca Mead, 시 「Nettles(쐐기풀)」를 다시 사용하도록 허락 해준 버넌 스캐널Vernon

Scannell의 문학 유산, 나의 ZMET 상담과 콜라주에 대한 런던의 ZMETicians Richard Smith and Noleen Robinson of Business Development Research Consultants(그리고 ZMET의 출판을 BDRC에게 허가해 준 잘트먼 협회(Zaltman Associates), 나의 은유 이야기를 프레지 panache에게 준 Prezi.com의 아담 솜러이-피셔Adam Somlai-Fischer, 낯선 시넥틱스의 세계를 친숙하게 만들어 준 시넥틱스월드(Synecticsworld)의 코니 윌리엄스 Connie Williams, "죽은 고양이는 얼마나 높이 반등할 수 있는가?" 장에 대한 의견이 돈에 관해서 옳았고, 자신의 책『당신의 돈과 당신의 뇌Your Money and Your Brain』을 통해 행동경제학에 대한 나의 생각에 영향을 많이 준 제이슨 츠바이크Jason Zweig, 이 책을 위해 인터뷰에 응하고자 동의했지만, 신분이 밝혀지길 원치 않은 사람들, 글자 그대로 이 책이 나오도록 만들어 준 길란 블레이크Gillian Blake, 카틴카 맷슨Katinka Matson, 쟈넷 페레즈Jeanette Perez, 눈에 넣어도 아프지 않을 만큼 소중한 사람이고 금상첨화인 린다Linda, 질Gilles, 트리스탄Tristan, 헨드리케Hendrikje에게 감사드린다.

주(註)

들어가는 말: 나는 왜 타자인가

1 Rimbaud, Arthur. Complete Works. Translated by Paul Schmidt. New York: Harper Colophon Books, 1976, p.l02.

2 Ibid., p.103.

3 Ibid., p.205.

4 Ibid., p.100.

5 Hunt, Patrick. Poetry in the Song of Songs: A Literary Analysis. Frankfurt: Peter Lang, 2008, p.327.

6 AI-Jurjani, Abdalqahir. The Mysteries of Eloquence. Ritter, Hellmut, ed. Istanbul: Government Press, 1954, p.20.

은유와 사고: 흔들어 뒤섞기

7 Cameron, Lynne. "Metaphor and Talk." In: The Cambridge Handbook of Metaphor and Thought. Gibbs, Raymond W., Jr., ed. Cambridge: Cambridge University Press, 2008, p.199. 이 수치는 평범한 담화, 대학 강의, 의사–환자 면담을 포함해 다양한 유형의 이야기를 분석해서 나온다. TV 쇼에 대한 한 분석에서는 화자들이 매 25개 단어에서 대략 1개의 은유를 사용한다는 것을 발견했다. Bowdle, Brian F., and Gentner, Dedre. "The Career of Metaphor." Psychological Review 11 2, 1, 2005, p.193 참조.

8 Gibbs, Raymond W., Jr. The Poetics of Mind: Figurative Thought, Language, and Understanding. Cambridge: Cambridge University Press, 1994, pp.123~124. 깁

스는 이 통계를 정신치료법 면담, 에세이 1960년 케네디 닉슨 대통령 연설, PBS MacNeil/Lehrer 뉴스 프로그램의 에피소드에 기초를 둔다.

9 Weather page of the BBC Web site on March 15, 2010에서 나옴.

10 Reuters article on March 15, 2010에서 나옴. uk.reuters.com/article/idUKLNE 62903 A20100310에서 이용 가능.

11 http://www.visitgettysburg.com/the-gettysburg-address-text.html에서 이용 가능.

12 http://www.nytimes.com/2009/01/20/us/politics/20text-obama.html에서 이용 가능.

13 "All Shook Up." Music and lyrics by Otis Blackwell/Elvis Presley.

14 Aristotle. *The Rhetoric and the Poetics of Aristotle*. Introduction by Edward P. J. Corbett. New York: Modern Library, 1984, p.251.

15 *Romeo and Juliet*, Act II, Scene ii, Line 3.

16 Cicero. *De Oratore* Volume 2. Translated by H. Rackham. London: William Heinemann, 1942, p.123.

17 Al-Jurjani, Abdalqahir. *The Mysteries of Eloquence*. Ritter, Hellmut, ed. Istanbul: Government Press, 1954, p.9.

18 Deignan, Alice. "Corpus-based Research into Metaphor." In: *Researching and Applying Metaphor*. Cameron, Lynne, and Low,. Graham, eds. Cambridge: Cambridge University Press, 1999, pp.185-189.

19 Slepian, M. L., Weisbuch, M., Rutchick, A. M., Newman, L. S., and Ambady, N. "Shedding Light on Insight: Priming Bright Ideas." *Journal of Experimental Social Psychology* 46, 2010, pp.696-700.

20 Goodman, Nelson. *Languages of Art*. Indianapolis: Hackett, 1976, p.80.

21 이것은 번스의 서정시 "A Red, Red Rose"의 첫 행이다.

22 Aristotle. *The Rhetoric and the Poetics of Aristotle*, p.255.

23 Jones, W. T. *A History of Western Philosophy: The Classical Mind*. New York: Harcourt Brace Jovanovich, 1970, p.76에서 인용.

24 Lucretius. *On the Nature of the Universe*. Book II, 220 225. Available at http://classics.mit.edu/Carus/nature_things.html.

25 Newman, James R. *The World of Mathematics*. Volume 2. Mineola, NY: Dover, 2000, p.1374.

26 Poincaré, Henri. *The Foundations of Science*. Lancaster, PA: Science Press, 1946, pp.393-394.

은유와 어원: 언어는 화석이 된 시이다

27 "Elvis the Pelvis"는 제유의 예이다. 제유란 사물의 한 변별적인 부분이 전체를 나타내는 데 사용되는 은유의 한 유형이다. 제유의 또 다른 예는 프랭크 시내트라(Frank Sinatra)를 가리키는 "Old Blue Eyes"이다. 환유는 제유와 밀접한 관련이 있지만, 한 속성이 사물 자체를 대체한다. 군주를 나타내기 위해 "crown"을 사용하거나 미국 정부를 가리키기 위해 "Washington"을 사용하는 것이 그 예이다.

28 Hobbes, Thomas. *Leviathan*. Oxford: Oxford University Press, 1998, p.21.

29 Ibid., p.21.

30 Ibid., p.32.

31 Gentner, Dedre, and Jeziorski, Michael. "The Shift from Metaphor to Analogy in Western Science." In: *Metaphor and Thought*. Ortony, Andrew, ed. Cambridge: Cambridge University Press, 1993, p.448에서 인용.

32 Locke, John. *An Essay Concerning Human Understanding*. Book 3,Chapter 10. http://oregonstate.edu/ instruct/phI302/texts/locke/lockel/Essay_contents.html에서 이용 가능.

33 Barfield, Owen. *History in English Words*. London: Faber and Faber, 1962, p.20.

34 Williams, J. "Synaesthetic Adjectives: A Possible Law of Semantic Change." *Language* 52, 2, 1976, p.475.

35 Zharikov, S., and Gentner, D. "Why Do Metaphors Seem Deeper than Similes?" In: Proceedings of the Twenty-Fourth Annual Conference of the Cognitive Science Society. Gray, W. D., and Schunn, C. D., eds. Fairfax, VA: George Mason University, 2002, pp.980-981.

36 E. Cobham Brewer's *The Dictionary of Phrase & Fable*, William and Mary Morris's *Dictionary of Word and Phrase Origins*, James Rogers's *The Dictionary of Clichés*, and Walter W. Skeat's *Concise Dictionary of English Etymology* 참조.

37 Gentner, Dedre, and Bowdle, Brian. "The Psychology of Metaphor Processing." In: Encyclopedia of Cognitive Science. London: Nature Publishing Group, 2002, p.21.

38 Wheelwright, Philip. *The Burning Fountain: A Study in the Language of Symbolism*. Bloomington and London: Indiana University Press, 1968, p.181에서 인용.

39 Ibid., p.120.

40 Sweetser, Eve. *From Etymology to Pragmatics: Metaphorical and Cultural Aspects of*

Semantic Structure. Cambridge: Cambridge University Press, 1990, p.9. 또한 Kövecses, Zoltán. *Metaphor: A Practical Introduction.* Oxford: Oxford University Press, 2002, pp.218-219 참조.

41 Kleparski, Grzegorz A. "Hot Pants, Cold Fish and Cool Customers: The Search for Historical Metaphorical Extensions in the Realm of Temperature Terms." *Studia Anglica Resoviensia* 4, 2007, p.115.

42 Wilkowski, Benjamin M., et al. "Hot-Headed Is More Than an Expression: The Embodied Representation of Anger in Terms of Heat." *Emotion* 9, 4, 2009, p.464.

43 Kleparski, Grzegorz A. "Hot Pants, Cold Fish and Cool Customers: The Search for Historical Metaphorical Extensions in the Realm of Temperature Terms," pp.100-118.

44 Matsuki, Keiko. "Metaphors of Anger inJapanese." In: *Language and the Cognitive Construal of the World.* Taylor, John R., and MacLaury, Robert E., eds. Berlin: de Gruyter, 1995, pp.137-151.

45 Taub, Sarah F. *Language From the Body: Iconicity and Metaphor in American Sign Language.* Cambridge: Cambridge University Press, 2004, p.3.

46 Yu, Ning. "Metaphorical Expressions of Anger and Happiness in English and Chinese." *Metaphor and Symbolic Activity* 10, 1995, pp.59-92.

47 Kövecses, Zoltán. *Metaphor: A Practical Introduction*, p.168.

48 Grady, Joseph E. "A Typology of Motivation for Conceptual Metaphor: Correlation vs. Resemblance." In: *Metaphor in Cognitive Linguistics.* Selected Papers from the Fifth International Cognitive Linguistics Conference, Amsterdam, July 1997. Gibbs, Raymond W., Jr., and Steen, Gerard J., eds. Amsterdam: John Benjamins, 1999, p.80.

49 Ibarretxe-Antuñano, Iraide. "Metaphorical Mappings in the Sense of Smell." In: *Metaphor in Cognitive Linguistics*, p.32.

50 Grady, Joseph. "Cross-linguistic Regularities in Metaphorical Extension." A talk delivered at the Linguistic Society of America Annual Meeting, Los Angeles, January 9, 1999.

51 Goodman, Nelson. *Languages of Art.* Indianapolis: Hackett, 1976, p.68.

52 Barfield, Owen. *Poetic Diction: A Study in Meaning.* Middletown, CT: Wesleyan University Press, 1973, p.63.

53 Ibid., p.69.

54 Gamow, George. *Thirty Years Th at Shook Physics: The Story of Quantum Theory.*

New York: Dover, 1966, pp.80-81.

55 단어 "broker"와 "stock"의 어원에 대한 통찰력을 제공해 준 Jason Zweig에게 감사드린다.

56 "Thirteenth-century Tally Sticks." The U.K. National Archive Web site, http://www. nationalarchives.gov.uk/museumlitem.asp?item_id=6. 또한 Dyson, George. "Economic Dis-Equilibrium: Can You Have Your House and Spend It Too?" The Edge Web site, http://edge.org/3rd_culture/dysong08.1/dysong08. 1index.html 참조.

57 Emerson, Ralph Waldo. *Selected Prose and Poetry*. New York: Holt, Rinehart and Winston, 1969, p.130.

58 Ibid., p.130.

은유와 돈: 죽은 고양이는 얼마나 높이 반등할 수 있는가

59 Smith, G. P. "How High Can a Dead Cat Bounce?: Metaphor and the Hong Kong Stock Market." *Organizational Behavior and Human Decision Processes* 18, 1995, pp.43-57. 또한 Schmidt, Christopher M. "Metaphor and Cognition: A Cross-Cultural Study of Indigenous and Universal Constructs in Stock Exchange Reports." *Intercultural Communication* 5, 2002, http://www.immi.se/intercultural.

60 Smith, G. P. "How High Can a Dead Cat Bounce?: Metaphor and the Hong Kong Stock Market," pp.43-57.

61 McCloskey, Deirdre N. *The Rhetoric of Economics*. Second edition. Madison: University of Wisconsin Press, 1998, p.40.

62 Morris, Michael W., Sheldon, Oliver J., Ames, Daniel R., and Young, Maia J. "Metaphors and the Market: Consequences and Preconditions of Agent and Object Metaphors in Stock Market Commentary." *Organizational Behavior and Human Decision Processes* 102, 2, 2007, p.178.

63 Ibid., p.177.

64 Bechara, Antoine, and Damasio, Antonio R. "The Somatic Marker Hypothesis: A Neural Theory of Economic Decision." *Games and Economic Behavior* 52, 2005, p.359. 또한 Zweig, Jason. *Your Money and Your Brain*. London: Souvenir Press, 2007, p.60 and p.69 참조.

65 Huettel, Scott A., et al. "Perceiving Patterns in Random Series: Dynamic Processing of Sequence in the Prefrontal Cortex." *Nature Neuroscience* 5, 5, 2002, pp.485-490. 또한 Gibbs, Raymond W., Jr. *The Poetics of Mind: Figurative*

Thought, Language, and Understanding. Cambridge: Cambridge University Press, 1994, p.412 참조.

66 Wolford, George, et al. "The Left Hemisphere's Role in Hypothesis Formation." *The Journal of Neuroscience* 20, 2000, pp.1-4.

67 Edelman, Gerald M. *Bright Air, Brilliant Fire: On the Matter of the Mind*. London: Penguin Books, 1994, p.17.

68 Edelman, Gerald M. *Second Nature: Brain Science and Human Knowledge*. New Haven and London: Yale University Press, 2006, p.58.

69 1930년에 Amherst College에서 한 연설. Parini, Jay. *Robert Frost: A Life*. London: Pimlico, 2001, p.265.

70 Frost의 에세이 "Education by Poetry"는 http://www.en.utexas.edu/amlit/amlitprivate/scans/edbypo.html에서 이용 가능.

71 Lettvin, J. Y., Maturana, H. R., McCulloch, W. S., and Pitts, W. H. "What the Frog's Eye Tells the Frog's Brain." *Proceedings of the IRE* 47, 11, 1959, pp.1940-1959. Reprinted in: McCulloch, Warren S. *Embodiments of Mind*. Cambridge, MA: MIT Press, 1965, p.254.

72 *Embodiments of Mind*, p.237.

73 Ibid., p.231.

74 Ibid., p.251.

75 Gilovich, T., Vallone, R., and Tversky, A. "The Hot Hand in Basketball: On the Misperception of Random Sequences." *Cognitive Psychology* 17, 1985, p.296.

76 Ibid., p.296.

77 Ibid., p.312.

78 Heider, F., and Simmel, M. "An Experimental Study of Apparent Behavior." American Journal of Psychology 57, 1944, pp.243-259. 하이더와 지멜의 영화는 YouTube, http://www.youtube.com/watch?v=sZBKer6PMtM에서 볼 수 있다.

79 Marks, Lawrence E. "On Perceptual Metaphors." *Metaphor and Symbolic Activity* 11, 1, 1996, pp.44-45.

80 Scholl, B. J., and Tremoulet, P. D. "Perceptual Causality and Animacy." *Trends in Cognitive Sciences* 4, 8, 2000, p.299. 이를 비롯한 다른 고전적인 숄 동영상은 http://www.yale.edu/perception/Brian/demos/causality-Basics.html에서 볼 수 있다. 숄은 하이더와 지멜 영화에서 색채를 업데이트했다. 그것은 http://research.yale.edu/perception/animacy/HS-Blocks-QT.mov에서 볼 수 있다.

81 Frith, Chris. *Making Up the Mind: How the Brain Creates Our Mental World*.

Oxford: Blackwell, 2007, p.148.

82 Premack, D., and Woodruff, G. "Does the Chimpanzee Have a Theory of Mind?" *Behavioral and Brain Sciences* 4, 1978, pp.515-526.

83 Gillan, D. J., Premack, D., and Woodruff, G. "Reasoning in the Chimpanzee 1: Analogical Reasoning." *Journal of Experimental Psychology-Animal Behavior Processes* 7, 1, 1981, pp.1-17. 또한 Holyoak, Keith J., and Thagard, Paul. Mental Leaps: Analogy in Creative Thought. Cambridge, MA: MIT Press, 1995, pp.47-48 참조.

84 Morris, Michael W., et al. "Metaphors and the Market: Consequences and Preconditions of Agent and Object Metaphors in Stock Market Commentary," p.179.

85 Jason Zweig는 우리의 현대 시장 동물원이 실제로 bulls와 bears로만 구성되어 있지만, 암양과 숫양, 포인터, 세터, 늑대, 여우 등과 같은 수십 개의 동물 은유는 초기 영국 증권거래소에 있었다.

86 Morris, Michael W., et al. "Metaphors and the Market: Consequences and Preconditions of Agent and Object Metaphors in Stock Market Commentary," p.178.

87 McCloskey, Deirdre N. *The Rhetoric of Economics*, p.46.

은유와 마음: 눈에 들어간 사과에 대한 상상

88 Heberlein, Andrea S., and Adolphs, Ralph. "Impaired Spontaneous Anthropomorphizing Despite Intact Perception and Social Knowledge." *Proceedings of the National Academy of Sciences* 101, 19, 2004, pp.7487-7491.

89 Haddon, Mark. *The Curious Incident of the Dog in the Night-time*. London: Vintage, 2004, p.19.

90 Ibid., p.20.

91 Ibid., p.20.

92 Addison, Joseph. "Pleasures of the Imagination." Spectator 411, 1712, p.21. My thanks to Alberto Manguel for alerting me to Addison's observation.

93 *Metaphor and Thought*. Ortony, Andrew, ed. Cambridge: Cambridge University Press, 1993, p.326.

94 Cicero. *De Oratore*, Volume 2, pp.125-127.

95 Happé, Francesca, et al. "'Theory of Mind' in the Brain: Evidence from a PET Scan Study of Asperger Syndrome." *NeuroReport* 8, 1996, p.198.

96 아이러니는 은유적 사고의 또 다른 형식인데, 왜냐하면 그것은 하나를 말하지만 다른 것을 의미하기 때문이다. 당신이 앞문으로부터 사나운 폭풍우로 접어들면서 "Another lovely day"라고 중얼거린다면, 당신은 어떤 다른 것에 속하는 표현에 실제 의견을 제공함으로써 은유를 사용하고 있는 것이다.

97 Baron-Cohen, Simon. *Mindblindness: An Essay on Autism and Theory of Mind*. Cambridge, MA: MIT Press, 1997, p.142.

98 Ibid., p.27.

99 Leslie, A. M. "Pretense and Representation: The Origins of 'Theory of Mind.'" *Psychological Review* 94, 1987, p.412.

100 McCune-Nicolich, Lorraine. "Toward Symbolic Functioning: Structure of Early Pretend Games and Potential Parallels with Language." *Child Development* 52, 3, 1981, pp.785-797.

101 Gibbs, Raymond W., Jr. *The Poetics of Mind: Figurative Thought, Language, and Understanding*, p.399.

1025 Piaget, Jean. *The Language and Thought of the Child*. London: Routledge & Kegan Paul, 1960, p.158.

103 Leslie, A. M. "Pretense and Representation: The Origins of 'Theory of Mind.'" p.415.

104 Ibid., p.417.

105 Ibid., p.416.

106 Rizzolatti, G., and Craighero, L. "The Mirror-Neuron System." *Annual Review of Neuroscience* 27, 2004, pp.169-192.

107 Rizzolatti, G., Fogassi, L., and Gallese, V. "Mirror Neurons in the Mind." *Scientific American*, November 2006, pp.54-69.

108 Dapretto, Mirella, et al. "Understanding Emotions in Others: Mirror Neuron Dysfunction in Children with Autism Spectrum Disorders." Nature Neuroscience 9, 2006, pp.28-30.

109 Frith, Uta. "Mindblindness and the Brain in Autism." *Neuron* 32, 2001, pp.969-979.

110 Baron-Cohen, Simon. "The Biology of the Imagination." *Entelechy Journal* 9, Summer/Fall2007, http://www.entelechyjournal.com/simonbaroncohen.htm.

111 Tammet, Daniel. Born on a Blue Day: A Memoir of A sperger's and an Extraordinary Mind. London: Hodder & Stoughton, 2007, p.96.

112 Ibid., p.207.

113   Ibid., p.218.

114   Tammet, Daniel. *Embracing the Wide Sky: A Tour Across the Horizons of the Mind*. London: Hodder & Stoughton, 2009, p.222.

115   Stuart-Hamilton, Ian. *An A sperger Dictionary of Everyday Expressions*. London and Philadelphia: Jessica Kingsley, 2007, p.181.

116   Ibid., p.98.

은유와 광고: 진짜 두꺼비가 나오는 상상 속의 정원

117   Gardner, John. *On Moral Fiction*. New York: Basic Books, 2000, p.118.

118   Ibid., p.119.

119   Aaker, J. L. "Dimensions of Brand Personality." *Journal of Market ing Research* 34, 3, 1997, p.347.

120   Piller, Ingrid. "Extended Metaphor in Automobile Fan Discourse." *Poetics Today* 20, 3, 1999, pp.483-498.

121   Levav, Jonathan, and Fitzsimons, Gavan J. "When Questions Change Behavior: The Role of Ease of Representation." *Psychological Science* 17, 3, 2006, pp.207-213.

122   Chapman, Gretchen B., and Johnson, Eric J. "Incorporating the Irrelevant: Anchors in Judgments of Belief and Value." In: *Heuristics and Biases: The Psychology of Intuitive Judgment*. Gilovich, Thomas, Griffin, Dale, and Kahneman, Daniel, eds. Cambridge: Cambridge University Press, 2002, p.120.

123   MacGregor, D. G., Siovic, P., Dreman, D., and Berry, M. "Imagery, Affect, and Financial Judgment." *The Journal of Psychology and Financial Markets* 1, 2, 2000, p.104-110.

124   Finucane, M. L., Alhakami, A., Siovic, E, and Johnson, S. M. "The Affect Heuristic in Judgments of Risks and Benefits." *Journal of Behavioral Decision Making* 13, 2000, p.3.

125   Zaltman, Gerald, and Zaltman, Lindsay. *Marketing Metaphoria: What Deep Metaphors Reveal About the Minds of Consumers*. Boston: Harvard Business Press, 2008, p.xv.

126   구운 치즈 샌드위치 안에 있는 Virgin Mary와 상모적 지각의 다른 재주를 가리키는 전문용어는 "pareidolia"이다. 이것은 "beside"를 의미하는 그리스어 para와 "이미지"를 의미하는 eidolon에서 파생된 단어이다.

127   Jung, Carl Gustav. *Jung on Active Imagination*. Key Readings Selected and Introduced by Joan Chodorow. London: Routledge, 1997, p.145.

128   Zaltman, Gerald, and Zaltman, Lindsay. *Marketing Metaphoria: What Deep Metaphors Reveal about the Minds of Consumers*, p.17.

129   Jung, Carl Gustav. "The Transcendent Function." In: Miller, Jeffrey C. *The Transcendent Function: Jung's Model of Psychological Growth through Dialogue with the Unconscious*. Albany: State University of New York Press, 2004, p.159.

130   StrategyOne 결과는 http://www.pollster.com/blogs/life_metaphors.php에서 발견할 수 있다.

131   Zaltman, Gerald, and Zaltman, Lindsay. *Marketing Metaphoria: What Deep Metaphors Reveal About the Minds of Consumers*, p.xv.

132   이 예들은 "Visual Metaphor and Conventionality," a talk given by Didier Hodiamont at the Eighth International Conference on Researching and Applying Metaphor, July 2010, Amsterdam에서 나온다.

133   Schorn, Robert, Tappeiner, Gottfried, and Walde, Janette. "Analyzing 'Spooky Action at a Distance' Concerning Brand Logos." *Innovative Marketing* 2, 1,2006, pp.45-60.

134   Thompson, Philip, and Davenport, Peter. *The Dictionary of Visual Language*. London: Penguin, 1982, p.vii.

135   Olson, J., Waltersdorff, K., and Forr, J. "Incorporating Deep Customer Insights in the Innovation Process." http://www.olsonzaltman.com/downloads/2008%20 Insights%20in%20the%20Innovation%20Process.pdf에서 이용 가능.

136   이 예는 "Understanding Product Metaphors," a talk given by Nazil Cila at the Eighth International Conference on Researching and Applying Metaphor, July 2010, Amsterdam에서 나온다.

137   Williamson, Judith. *Decoding Advertisements: Ideology and Meaning in Advertising*. London and New York: Marion Boyars, 1985, p.12.

138   Eliot, T. S. *Selected Essays*. London: Faber and Faber, 1972, p.145.

139   Williamson, Judith. *Decoding Advertisements: Ideology and Meaning in Advertising*, p.37.

140   Harris, J. L., Bargh, J. A., and Brownell, K. D. "Priming Effects of Television Food Advertising on Eating Behavior." *Health Psychology* 28, 2009, pp.404-413.

141   Zhong, Chen-Bo, and DeVoe, Sanford E. "You Are How You Eat: Fast Food and Impatience." *Psychological Science* 21, 3, 2010, pp.1-4.

142   Marianne Moore의 시는 http://www.poemhuntercom/poem/poetry/에서 이용 가능하다.

은유와 뇌: 밝은 재채기와 시끄러운 햇빛

143   Marks, Lawrence E., et al. "Perceiving Similarity and Comprehending Metaphor."
      Monographs of the Society for Research in Child Development 52, 1, 1987, pp.1-100.
      또한 Cacciari, Cristina. "Crossing the Senses in Metaphorical Language." In: *The
      Cambridge Handbook of Metaphor and Thought.* Gibbs, Raymond W, Jr., ed.,
      p.429 참조.

144   Marks, Lawrence E., et al. "Perceiving Similarity and Comprehending Metaphor,"
      pp.32-33.

145   Shen, Yeshayahu, and Eisenamn, Ravid. "Heard Melodies Are Sweet, but Those
      Unheard Are Sweeter: Synaesthesia and Cognition." *Language and Literature* 17,
      2, 2008, pp.101-121.

146   Williams, J. "Synaesthetic Adjectives: A Possible Law of Semantic Change." *Language*
      52, 2, 1976, pp.461-478.

147   Shen, Yeshayahu, and Cohen, Michal. "How Come Silence Is Sweet but Sweetness
      Is Not Silent: A Cognitive Account of Directionality in Poetic Synesthesia." *Language
      and Literature* 7, 2, 1998, pp.123-140에서 인용.

148   나는 이 Stephin Merritt 노래를 Dedre Gentner의 강연에서 처음 들었다.

149   Tammet, Daniel. *Born on a Blue Day: A Memoir of Asperger's and an Extraordinary
      Mind*, p.1.

150   Ibid., p.3.

151   Ramachandran, Vilayanur S., and Hubbard, Edward M. "Neural Cross Wiring
      and Synesthesia." *Journal of Vision* 1, 3, 2001, http://www.journalofvision.org/
      content/l/3/67.

152   Ramachandran, Vilayanur S., and Hubbard, Edward M. "Synesthesia: A Window
      into Perception, Thought, and Language." *Journal of Consciousness Studies* 8, 12,
      2001, p.9.

153   Ramachandran, Vilayanur S. "Broken Mirrors: A Theory of Autism." *Scientific
      American*, November 2006, pp.62-69.

154   Ibid., p.69.

155   Winner, Ellen. *The Point of Words: Children's Understanding of Metaphor and
      Irony.* Cambridge, MA: Harvard University Press, 1988, pp.69-70. 또한 Wagner,
      Sheldon, et al. "'Metaphorical' Mapping in Human Infants." *Child Development*
      52, 2, 1981, pp.728-731 참조.

156   Harlow, Harry. "The Nature of Love." *American Psychologist* 13, 1958, pp.673-685.

157   Asch, S. E. "Forming Impressions of Personality." *Journal of Abnormal and Social Psychology* 41, 1946, pp.258-290.

158   Asch, S. E. "The Metaphor: A Psychological Inquiry." In: *Person Perception and Interpersonal Behavior*. Taguiri, R., and Petrullo, L., eds. Stanford, CA: Stanford University Press, 1955, pp.86-87.

159   Williams, Lawrence E., and Bargh, John A. "Experiencing Physical Warmth Promotes Interpersonal Warmth." *Science* 322, 5901, 2008, pp.606-607.

160   Zhong, Chen-Bo, and Leonardelli, Geoffrey J. "Cold and Lonely: Does Social Exclusion Literally Feel Cold)" *Psychological Science* 19, 9, 2008, pp.838-842.

161   Penn, David. "Getting Animated About Emotion." A talk delivered at the European Society for Opinion and Marketing Research Congress 2008, Montreal, September 22, 2008.

162   Jostmann, Nils B., Lakens, Daniel, and Schubert, Thomas W. "Weight as an Embodiment of Importance." *Psychological Science* 20, 9, 2009, pp.1169-1174.

163   Ackerman, Joshua M., Nocera, Christopher C., and Bargh, John A. "Incidental Haptic Sensations Influence Social Judgments and Decisions." *Science* 328, 5986, 25 June, 2010, pp.1712-1715.

164   Ramachandran, Vilayanur S., and Hubbard, Edward M. "Synesthesia: A Window into Perception, Thought, and Language." *Journal of Consciousness Studies* 8, 12, 2001, pp.3-34.

165   Scruton, Roger. *The Aesthetics of Music*. Oxford: Oxford University Press, 1999, p.92.

166   Loetscher, T., et al. "Eye Position Predicts What Number You Have in Mind." *Current Biology* 20, 6, 2010, pp.264-265.

167   Marks, Lawrence E., et al. "Perceiving Similarity and Comprehending Metaphor." *Monographs of the Society for Research in Child Development* 52, 1, 1987, p.54.

168   Williams, Lawrence E., Huang, Julie Y, and Bargh, John A. "The Scaffolded Mind: Higher Mental Processes Are Grounded in Early Experience of the Physical World." *European Journal of Social Psychology* 39, 2009, pp.1257-1267.

169   Pinker, Steven. *The Stuff of Thought*. London: Allen Lane, 2007, pp.242-243.

170   Meier, Brian P, and Robinson, Michael D. "Why the Sunny Side Is Up: Associations Between Affect and Vertical Position." *Psychological Science* 15, 2004, pp.243-247.

171   Giessner, Steven R., and Schubert, Thomas W. "High in the Hierarchy: How Vertical Location and Judgments of Leaders' Power Are Interrelated." *Organizational Behavior and Human Decision Processes* 100, 2006, pp.160-176.

172   Meier, Brian P, and Robinson, Michael D. "Does 'Feeling Down' Mean Seeing Down? Depressive Symptoms and Vertical Selective Attention." *Journal of Research in Personality* 40, 2006, pp.451-461.

173   Casasanto, Daniel, and Dijkstra, Katinka. "Motor Action and Emotional Memory." *Cognition* 115, 2010, pp.179-185.

174   Meier, Brian P., Robinson, Michael D., and Caven, Andrew J. "Why a Big Mac Is a Good Mac: Associations Between Affect and Size." *Basic and Applied Social Psychology* 30, 2008, pp.46-55.

175   Stapledon, Olaf. *Star Maker*. London: Victor Gollancz, 2001, p.29.

176   Kövecses, Zoltán. *Metaphor: A Practical Introduction*. Oxford: Oxford University Press, 2002, p.5.

177   Lakoff, George, and Turner, Mark. *More than Cool Reason: A Field Guide to Poetic Metaphor*. Chicago: University of Chicago Press, 1989, p.51.

178   Quian Quiroga, R., et al. "Invariant Visual Representation by Single Neurons in the Human Brain." *Nature* 435, 2005, pp.1102-1107.

179   Dehaene, Stanislas. *Reading in the Brain: The Science of Evolution of a Human Invention*. New York: Viking, 2009, p.143에서 인용.

180   Kövecses, Zoltán. *Metaphor: A Practical Introduction*, p.ix.

은유와 몸: 화는 그릇 속의 뜨거운 액체이다

181   Boroditsky, L., and Ramscar, M. "The Roles of Body and Mind in Abstract Thought." *Psychological Science* 13, 2, 2002, pp.185-188. 또한 Gibbs, Raymond W., Jr., and Matlock, Teenie. "Metaphor, Imagination, and Simulation: Psycholinguistic Evidence." In: *The Cambridge Handbook of Metaphor and Thought*. Gibbs, Raymond w., Jr., ed., p.168 참조.

182   Boroditsky, L., and Ramscar, M. "The Roles of Body and Mind in Abstract Thought," pp.185-188.

183   Williams, Lawrence E., and Bargh, J. A. "Experiencing Physical Warmth Promotes Interpersonal Warmth." *Science* 322, 2008, pp.606-607.

184   Stepper, S., and Strack, F. "Proprioceptive Determinants of Emotional and Nonemotional Feelings." *Journal of Personality and Social Psychology* 64, 1993,

pp.211~220. 또한 Williams, Lawrence E., Huang, Julie Y, and Bargh, John A. "The Scaffolded Mind: Higher Mental Processes Are Grounded in Early Experience of the Physical World." *European Journal of Social Psychology* 39, 2009, p.1261에 서 인용.

185   "Iconicity in Metaphorical Storytelling," a talk given by Marlene Johansson Falck at the Eighth International Conference on Researching and Applying Metaphor, July 2010, Amsterdam에서 기술됨.

186   Asch, S. E. "The Metaphor: A Psychological Inquiry." In: *Person Perception and Interpersonal Behavior*. Taguiri, R., and Petrullo, L., eds. Stanford, CA: Stanford University Press, 1955, pp.88~89.

187   Ibid., p.93.

188   Miles, Lynden K., Nind, Louise K., and Macrae, C. Neil. "Moving through Time." *Psychological Science* 21, 1, 2010, pp.1~2.

189   Cienki, Alan, and Müller, Cornelia. "Metaphor, Gesture, and Thought." In: *The Cambridge Handbook of Metaphor and Thought*. Gibbs, Raymond W., Jr., ed. Cambridge: Cambridge University Press, 2008, p.492.

190   Boroditsky, Lera. "Does Language Shape Thought? English and Mandarin Speakers' Conceptions of Time." *Cognitive Psychology* 43, 1, 2001, pp.1~22.

191   Ibid., p.18.

192   Ibid., p.6.

193   Kay, Aaron C., et al. "Material Priming: The Influence of Mundane Physical Objects on Situational Construal and Competitive Behavior Choice." *Organizational Behavior and Human Decision Processes* 95, 2004, pp.83~96.

194   Wilkowski, Benjamin M., et al. "Hot-Headed Is More than an Expression: The Embodied Representation of Anger in Terms of Heat." *Emotion* 9, 4, 2009, pp.464~477.

195   Valenzuela, Javier, and Soriano, Cristina. "Looking at Metaphors: A Picture-Word Priming Task as a Test for the Existence of Conceptual Metaphor." Fifth Annual AELCO/SCOLA Conference, University of Zaragoza, Spain, 2004.

196   Elkan, Daniel. "Winners Wear Red: How Colour Twists Your Mind." *New Scientist* 2723, 26, 2009.

197   Frank, M. G., and Gilovich, T. "The Dark Side of Self and Social Perception: Black Uniforms and Aggression in Professional Sports." *Journal of Personality and Social Psychology* 54, 1988, pp.74~85. Cited in: Meier, Brian P., and Robinson,

Michael D. "The Metaphorical Representation of Affect." *Metaphor and Symbol* 20, 4, 2005, pp.239-257.

198 빨간색의 경제적 효과를 생각하도록 해 준 Jason Zweig에게 감사드린다.

199 Rutchick, Abraham M., Slepian, Michael L., and Ferris, Bennett D. "The Pen Is Mightier than the Word: Object Priming of Evaluative Standards." *European Journal of Social Psychology* 40, 5, 2010, pp.704-708.

200 Moll, J., et al. "The Moral Affiliations of Disgust: A Functional MRI Study." *Cognitive and Behavioral Neurology* 18, I, 2005, pp.68-78. Williams, Lawrence E., and Bargh, J. A. "Experiencing Physical Warmth Promotes Interpersonal Warmth." *Science* 322, 2008, pp.606-607에서 인용.

201 Kosslyn, Stephen M., Ganis, G., and Thompson, W. L. "Neural Foundations of Imagery." *Nature Reviews Neuroscience* 2, 2001, pp.635-642에서 인용.

202 Kosslyn, Stephen M., and Thompson, William L. "Shared Mechanisms in Visual Imagery and Visual Perception: Insights from Cognitive Neuroscience." In: *The New Cognitive Neurosciences*. Gazzaniga, Michael S., editor in chief Cambridge, MA: MIT Press, 2000, pp.975-985.

203 Vieilledent, Stephane, Kosslyn, Stephen M., Berthoz, Alain, and Giraudo, Marie Dominique. "Does Mental Simulation of Following a Path Improve Navigation Performance Without Vision?" *Cognitive Brain Research* 16, 2003, pp.238-249.

204 Feldman, Jerome A. *From Molecule to Metaphor: A Neural Theory of Language*. Cambridge, MA: MIT Press, 2006, p.215.

205 Decety, Jean, and Grezes, Julie. "The Power of Simulation: Imagining One's Own and Other's Behavior." *Brain Research* 1079, 2006, pp.4-14. 또한 Coulson, Seana. "Metaphor Comprehension and the Brain." In: *The Cambridge Handbook of Metaphor and Thought*. Gibbs, Raymond W., Jr., ed. Cambridge: Cambridge University Press, 2008, p.189 참조.

206 Gibbs, Raymond W., Jr., and Matlock, Teenie. "Metaphor, Imagination, and Simulation: Psycholinguistic Evidence." In: *The Cambridge Handbook of Metaphor and Thought*. Gibbs, Raymond W., Jr., ed. Cambridge: Cambridge University Press,

207 Gibbs, Raymond W., Jr., and Matlock, Teenie. "Metaphor, Imagination, and Simulation: Psycholinguistic Evidence," p.167.

208 Dehaene, Stanislas. *Reading in the Brain: The Science of Evolution of a Human Invention*. New York: Viking, 2009, p.113에서 인용.

209   Schubert, Thomas W. "The Power in Your Hand: Gender Differences in Bodily Feedback from Making a Fist." *Personality and Social Psychology Bulletin* 30, 6, 2004, pp.757-769와 Schubert, Thomas W., and Kooleb, Sander L. "The Embodied Self: Making a Fist Enhances Men's Power-related Self conceptions." *Journal of Experimental Social Psychology* 45, 2009, pp.828-834에서 인용.

210   Napier, John. *Hands*. Revised by Russell H. Tuttle. Princeton, NJ: Princeton University Press, 1993, p.157.

211   McNeill, David. *Hand and Mind: What Gestures Reveal about Thought*. Chicago and London: University of Chicago Press, 1992, pp.57-59.

212   Napier, John. Hands, pp.22-23.

213   McNeill, David. *Gesture and Thought*. Chicago and London: University of Chicago Press, 2005, p.4.

214   Rizzolatti, Giacomo, and Arbib, Michael A. "Language within Our Grasp." *Trends in Neuroscience* 21, 1998, pp.188-194.

215   Arbib, Michael A. "From Monkey-like Action Recognition to Human Language: An Evolutionary Framework for Neurolinguistics." *Behavioral and Brain Sciences* 28, 2005, pp.105-167.

216   McNeill, David. *Gesture and Thought*, p.4.

217   Goldin-Meadow, Susan. *Hearing Gesture: How Our Hands Help Us Think*. Cambridge, MA: Harvard University Press, 2003, pp.141-144.

218   Taub, Sarah F. *Language from the Body: Iconicity and Metaphor in American Sign Language*. Cambridge: Cambridge University Press, 2004, pp.3-4.

219   Goldin-Meadow, Susan. *Hearing Gesture: How Our Hands Help Us Think*, p.165.

220   McNeill, David. *Gesture and Thought*, p.39.

221   Ibid., p.45.

222   Müller, Cornelia. *Metaphors Dead and Alive, Sleeping and Waking: A Dynamic View*. Chicago: University of Chicago Press, 2008, pp.7779.

223   Ibid., pp.32-34.

224   McNeill, David. *Gesture and Thought*, pp.46-47.

은유와 정치: 프리덤 프라이와 자유 양배추

225   Bargh, John A. "Bypassing the Will: Towards Demystifying the Nonconscious Control of Social Behavior." In: *The New Unconscious*. Uleman, James S., and Bargh, John A., eds. New York: Oxford University Press, pp.37-58.

226 Holland, Rob W., Hendriks, Merel, and Aarts, Henk. "Smells Like Clean Spirit: Nonconscious Effects of Scent on Cognition and Behavior." *Psychological Science* 16, 9, 2005, pp.689-693.

227 Bargh, John A. "Bypassing the Will: Toward Demystifying the Nonconscious Control of Social Behavior." In: *The New Unconscious*, p.39.

228 Mussweiler, T., and Strack, F. "Comparing Is Believing: A Selective Accessibility Model of Judgmental Anchoring." In: *European Review of Social Psychology* 10, 1999, pp.135-136.

229 Shelley's "A Defence of Poetry." http://www.bartleby.com/27/23.html에서 이용 가능.

230 Richards, I. A. The Philosophy of Rhetoric. Oxford: Oxford University Press, 1965, pp.90-9I에서 인용.

231 Ariely, Dan. *Predictably Irrational: The Hidden Forces That Shape Our Decisions*. London: HarperCollins, 2008, p.26.

232 Lakoff, George, and Johnson, Mark. *Metaphors We Live By*. Chicago: University of Chicago Press, 2003, p.160.

233 Nietzsche, Friedrich. "On Truth and Falsity in Their Ultramoral Sense." In: *The Complete Works of Friedrich Nietzsche*. Levy, Oscar, ed. New York: MacMillan, 1911, pp.183-184.

234 Gilovich, T. "Seeing the Past in the Present: The Effect of Associations to Familiar Events on Judgments and Decisions." *Journal of Personality and Social Psychology* 40, 7, 1981, pp.797-808.

235 Ibid., p.807.

236 Stroop, J. Ridley. "Studies of Interference in Serial Verbal Reactions." *Journal of Experimental Psychology* 18, 1935, pp.643-662. 또한 Glucksberg, Sam, et al. "On Understanding Non-literal Speech: Can People Ignore Metaphors?" *Journal of Verbal Learning and Verbal Behavior* 21, 1, 19 82, pp.85-98 참조.

237 Glucksberg, Sam. *Understanding Figurative Language: From Metaphors to Idioms*. New York: Oxford University Press, 2001, p.21 and p.28.

238 "US Congress opts for 'freedom fries,'" BBC News, March 12, 2003, http://news. bbc.co.uk/llhi/world/americas/2842493.stm 참조.

239 "Seeking to Save the Planet, with a Thesaurus," *New York Times*, May 1, 2009, http://www.nytimes.com/2009/05/02lus/politics/02enviro.html?th&emc=th 참조.

240 Aubrun, Axel, and Grady, Joseph. "'Public Structures' as a Simplifying Model for

　　　　Government." A report commissioned by the FrameWorks Institute on behalf of the Council for Excellence in Government and Demos, October 2005.

241　Krennmayr, Tina. "When Do People Think Metaphorically?" *The Eighth International Conference on Researching and Applying Metaphor*, July 2010, Amsterdam.

242　"White House Czar Calls for End to 'War on Drugs'," *Wall Street Journal*, May 14, 2009, http://online.wsj.com/article/SB124 225891527617397.html 참조.

243　Herbeck, Dale A. "Sports Metaphors and Public Policy: The Football Theme in Desert Storm Discourse." In: *Metaphorical World Politics*. Beer, Francis A., and De Landtsheer, Christ'l, eds. East Lansing: Michigan State University Press, 2004, p.123.

244　Carlin의 동영상은 http://learning.writing101.net/com 102/blog/2010102/08/1esson-4-more-on-metaphor/에서 볼 수 있다.

245　야구에서 7회가 시작되기 전에 짧은 휴식 시간을 갖는 것. 이때 관중들은 자리에서 일어나 가볍게 스트레치를 할 수 있다.

246　풋볼에서 전후반에 각각 2분이 남았을 때 심판이 양 팀에게 하는 통지.

247　O'Brien, Gerald V. "Indigestible Food, Conquering Hordes, and Waste Materials: Metaphors of Immigrants and the Early Immigration Restriction Debate in the United States." *Metaphor and Symbol* 18, 1, 2003, pp.36-37에서 인용.

248　Landau, Mark J., et al. "Evidence that Self Relevant Motives and Metaphoric Framing Interact to Influence Political and Social Attitudes." *Psychological Science* 20, 11,2009, pp.1421-1427.

249　Martin, Emily. *The Woman in the Body: A Cultural Analysis of Reproduction*. Boston: Beacon Press, 1992, p.45.

250　Ibid., p.42.

251　Sontag, Susan. *Illness as Metaphor*. New York: Random House, 1983, p.7.

252　Sherman, Gary D., and Clore, Gerald L. "The Color of Sin: White and Black Are Perceptual Symbols of Moral Purity and Pollution." *Psychological Science* 20, 8, 2009, pp.1019-1025.

253　Meier, Brian P., and Robinson, Michael D. "The Metaphorical Representation of Affect." *Metaphor and Symbol* 20, 4, 2005, pp.239-257.

254　Sherman, Gary D., and Clore, Gerald L. "The Color of Sin: White and Black Are Perceptual Symbols of Moral Purity and Pollution," p.1021.

255　Meier, Brian P., Robinson, Michael D., and Clore, Gerald L. "Why Good Guys Wear White: Automatic Inferences about Stimulus Valence Based on Brightness."

Psychological Science 15, 2, 2004, pp.82-87.

256   Sherman, Gary D., and Clore, Gerald L. "The Color of Sin: White and Black Are
       Perceptual Symbols of Moral Purity and Pollution," p.1019.

257   Kay, Aaron C., et al. "Material Priming: The Influence of Mundane Physical
       Objects on Situational Construal and Competitive Behavior Choice." *Organizational
       Behavior and Human Decision Processes* 95, 2004, p.94.

258   Smith, Pamela K., Dijksterhuis, A., and Chaiken, Shelly. "Subliminal Exposure to
       Faces and Racial Attitudes: Exposure to Whites Makes Whites Like Blacks Less."
       Journal of Experimental Social Psychology 44, 2008, pp.50-64.

259   Emory University psychologist Drew Westen에게서 온 이메일 서신. 또한
       "Shades of Prejudice" by Shankar Vedantam, New York Times, January 19,
       2010, http://www.nytimes.com/2010/01/19/opinion/19vedantam.html?th&emc
       =th 참조.

260   Eberhardt, Jennifer L., Davies, Paul G., PurdieVaughns, Valerie J., and Johnson,
       Sheri Lynn. "Looking Deathworthy: Perceived Stereotypicality of Black Defendants
       Predicts Capital-Sentencing Outcomes." *Psychological Science* 17, 5, 2006, pp.383-
       386.

261   Rattan, Aneeta, and Eberhardt, Jennifer L. "The Role of Social Meaning in
       Inattentional Blindness: When the Gorillas in Our Midst Do Not Go Unseen."
       Journal of Experimental Social Psychology, in press.

262   Zhong, Chen-Bo, and Liljenquist, Katie. "Washing Away Your Sins: Threatened
       Morality and Physical Cleansing." *Science* 313, 5792, 2006, pp.1451-1452

263   Lee, Spike W. S., and Schwarz, Norbert. "Washing Away Postdecisional Dissonance."
       Science 328, 7 May 2010, p.709.

264   Zhong, C. B., Strejcek, B., and Sivanathan, N. "A Clean Self Can Render Harsh
       Moral Judgment." *Journal of Experimental Social Psychology*, In press.

265   Holland, Rob W., Hendriks, Mere!, and Aarts, Henk. "Smells Like Clean Spirit:
       Nonconscious Effects of Scent on Cognition and Behavior." *Psychological Science*
       16, 9, 2005, pp.689-693.

266   Liljenquist, Katie, Zhong, Chen-Bo, and Galinsky, Adam D. "The Smell of Virtue:
       Clean Scents Promote Reciprocity and Charity." *Psychological Science* 21, 5,2010,
       pp.381-383.

267   Zhong, Chen-Bo, Bohns, Vanessa K., and Gino, Francesca. "A Good Lamp Is
       the Best Police: Darkness Increases Dishonesty and Self-Interested Behavior."

Psychological Science, 2010, in press. SSRN: http://ssm.com/abstract=1547980에서 이용 가능.

268   Orwell, George. "Politics and the English Language." In: *Why I Write*. London: Penguin, 1984, p.116.

269   Ibid., p.120.

270   Ibid., p.105~106.

은유와 즐거움: 경험은 자연이 대머리에게 주는 머리빗이다

271   Vico, Giambattista. *New Science*. London: Penguin Classics, 2001, p.22.

272   Ibid., pp.159~160.

273   Ibid., p.97.

274   Fisch, M. H. "The Coleridges, Dr. Prati, and Vico." *Modern Philology* 41,2, 1943, p.121.

275   Ibid., p.112.

276   Schaeffer, John D. *Sensus Communis: Vico, Rhetoric, and the Limits of Relativism*. Durham, NC, and London: Duke University Press, 1990, p.66.

277   Cohen, Ted. "Metaphor and the Cultivation of Intimacy." In: *On Metaphor*. Sacks, Sheldon, ed. Chicago and London: University of Chicago Press, 1979, p.7.

278   Sommer, Elyse, with Dorrie Weiss. *Metaphors Dictionary*. Canton, MI: Visible Ink Press, 2001에서 인용.

279   Grothe, Mardy. *I Never Metaphor I Didn't Like*. New York: Collins, 2008, p.83 에서 인용.

280   Lee, Laurie. *Cider with Rosie*. London: Vintage Books, 2002, p.80.

281   Strick, Madelijn, et al. "Finding Comfort in a Joke: Consolatory Effects of Humor through Cognitive Distraction." *Emotion* 9, 4, 2009, pp.574~578.

282   Mobbs, D., Greicius, M., Abdel-Azim, E., Menon, V, and Reiss, A. "Humor Modulates the Mesolimbic Reward Centers." *Neuron* 40, 5, pp.1041~1048.

283   Watson, Karli K., Matthews, Benjamin J., and Allman, John M, "Brain Activation during Sight Gags and Language-Dependent Humor," *Cerebral Cortex* 17, 2, 2007, pp, 314~324,

284   Hirsh, Jacob B., and Inzlicht, Michael. "Error-related Negativity Predicts Academic Performance." *Psychophysiology* 46, 2009, pp.1~5.

285   Quintilian. Institutes, Book 8, Chapter 6, section so. Available at http://www2.iastate.edu/~honey/quintilian/8/chapter6.html#4.

286 Block That Metaphor에 관한 정보를 준 New Yorker의 head of library인 Jon Michaud에게 감사드린다. 더 많은 정보를 위해서는 http://emdashes.com/2007/05/ask-the-librarians-v.php 참조.

287 *New Yorker*, January 10, 2000에 재인쇄.

288 *New Yorker*, March 27, 2000에 재인쇄.

289 더 많은 대실패를 위해서는 go to http://www19.homepage.villanova.edu/karyn.hollis/proCacademic/Courses/common_files/best_ever_metaphors_and_analogie.htm 참조.

290 Proulx, Travis, and Heine, Steven J. "Connections from Kafka: Exposure to Meaning Threats Improves Implicit Learning of an Artificial Grammar." *Psychological Science* 20, 9, 2009, pp.1125-1131. The stories are available online at http://www.psych. ubc.ca/heinelImplicitLearningStories.doc.

291 Wilson-Quayle, J. "Max Black." *American National Biography* 2. Oxford: Oxford University Press, 1999, pp.862-864.

292 Black, Max. *Models and Metaphors: Studies in Language and Philosophy*. Ithaca, NY: Cornell University Press, 1962, p.40.

293 Ibid., p.41.

294 Tourangeau, Roger. "Metaphor and Cognitive Structure." In: *Metaphor: Problems and Perspectives*. Miall, David S., ed. Brighton, UK: Harvester Press, 1982, pp.28-29.

295 Cicero. *De Oratore*. Volume 2, pp.125-127.

296 Goodman, Nelson. *Languages of Art*. Indianapolis: Hackett, 1976, pp.79-80.

297 Arnheim, Rudolf. *Visual Thinking*. London: Faber and Faber, 1970, p.210에서 인용.

298 Aristotle. *The Rhetoric and the Poetics of Aristotle*, p.170

299 Coleridge, Samuel Taylor. *Biographia Literaria*. London: J. M. Dent and Sons Ltd., 1934, p.82.

300 Coleridge, Samuel Taylor. *The Notebooks of Samuel Taylor Coleridge*. Volume 2. Coburn, Kathleen, ed. Princeton, NJ: Princeton University Press, 1957, p.23-72.

301 Lem, Stanislaw. *The Futurological Congress*. Orlando, FL: Harcourt, Inc., 1974, pp.80-81.

은유와 어린이: 하늘을 뭐라고 부를 것인가

302 Sturluson, Snorri. *The Prose Edda*. Translated with an introduction and notes by

Jesse L. Byock. London: Penguin, 2005, p.124.

303   Ibid., p.112.

304   p.113.

305   Kenneally, Christine. *The First Word: The Search for the Origins of Language*. New York: Viking Penguin, 2007, pp.42-43.

306   Gardner, Howard, and Winner, Ellen. "The Development of Metaphoric Competence: Implications for Humanistic Disciplines." In: *On Metaphor*. Sacks, Sheldon, ed. Chicago and London: University of Chicago Press, 1979, p.132.

307   Winner, Ellen. *The Point of Words: Children's Understanding of Metaphor and Irony*. Cambridge, MA: Harvard University Press, 1988, p.90-91.

308   Gibbs, Raymond W., Jr. *The Poetics of Mind: Figurative Thought, Language, and Understanding*. Cambridge: Cambridge University Press, 1994, p.404-405.

309   Winner, Ellen. *The Point of Words: Children's Understanding of Metaphor and Irony*, p.73.

310   Gentner, D., and Wolff, P. "Metaphor and Knowledge Change." In: *Cognitive Dynamics: Conceptual Change in Humans and Machines*. Districh, E., and Marbnau, A., eds. Mahwah, NJ: Erlbaum, 2000, pp.314-315.

311   Gardner, Howard, and Winner, Ellen. "The Development of Metaphoric Competence: Implications for Humanistic Disciplines," p.128.

312   Asch, S. E., and Nerlove, Harriet. "The Development of Double Function Terms in Children: An Exploratory Investigation." In: *Perspectives in Psychological Theory: Essays in Honor of Heinz Werner*. Kaplan, Bernard, and Wapner, Seymour, eds. New York: International Universities Press, Inc., 1960, pp.47-60. 또한 Winner, Ellen. *The Point of Words: Children's Understanding of Metaphor and Irony*, pp.38-39 and Gentner, D. "Metaphor as Structure Mapping: The Relational Shift." *Child Development* 59, 1, 1988, pp.47-59 참조.

313   Piaget, Jean. *The Language and Thought of the Child*. London: Routledge & Kegan Paul, 1960, pp.128-135.

314   Honeck, Richard P., Sowry, Brenda M., and Voegtle, Katherine. "Proverbial Understanding in a Pictorial Context." *Child Development* 49, 2, 1978, pp.327-331.

315   Vernon Scannell의 시는 http://www.poetryconnection.net/ poets/Vernon_Scannell/ 4868에서 이용 가능하다.

316   Gentner, Dedre. "Metaphor as Structure Mapping: The Relational Shift," pp.47

~59.

317   Christie, S., and Gentner, D. "Where Hypotheses Come From: Learning New Relations by Structural Alignment." *Journal of Cognition and Development*, in press.

318   Sturluson, Snorri. *The Prose Edda*, p.112.

319   http://memory-alpha.org/wiki/Darmok_%28episode%29 참조.

320   Tversky, Amos. "Features of Similarity." In: Tversky, Amos. *Preference, Belief, and Similarity: Selected Writings*. Shafir, Eldar, ed. Cambridge, MA: MIT Press, 2004, p.31.

321   Ibid., p.41.

322   Glucksberg, Sam, and Keysar, B. "Understanding Metaphorical Comparisons: Beyond Similarity." *Psychological Review* 97, 1, 1990, pp.9-10.

323   Tversky, Amos. "Features of Similarity." In: Tversky, Amos. *Preference, Belief, and Similarity: Selected Writings*, p.41.

324   Donne, John. *Selected Prose*. London: Penguin, 1987, p.126.

325   Tourangeau, Roger, and Rips, Lance. "Interpreting and Evaluating Metaphors." *Journal of Memory and Language* 30, 4, 1991, p.464. 전체 시를 위해서는 Jarrell, Randall. The Complete Poems. London: Faber and Faber, 1981, pp.113-114 참조.

326   Tourangeau, Roger, and Rips, Lance. "Interpreting and Evaluating Metaphors," p.457.

327   Black, Max. *Models and Metaphors: Studies in Language and Philosophy*. Ithaca, NY: Cornell University Press, 1962, p.37.

은유와 과학: 지구는 라이스 푸딩 같다

328   Lewis, C. S. "Bluspels and Flalansferes." In: *Rehabilitations and Other Essays*. London: Oxford University Press, 1939, p.139.

329   Ibid., p.146.

330   Glucksberg, Sam. "Metaphors in Conversation: How Are They Understood? Why Are They Used?" *Metaphor and Symbolic Activity* 4, 3, 1989, pp.125-143.

331   Lewis, C. S. "Bluspels and Flalansferes." In: *Rehabilitations and Other Essays*, p.154.

332   Brown, Theodore L. *Making Truth: Metaphor in Science*. Urbana and Chicago: University of Illinois Press, 2003, p.146.

333   Ibid., p.168.

334 Root-Bernstein, Robert and Michele. *Sparks of Genius: The Thirteen Thinking Tools of the World's Most Creative People*. Boston: Houghton Mifflin, 1999, p.137.

335 Hadamard, Jacques. *The Mathematician's Mind: The Psychology of Invention in the Mathematical Field*. Princeton, NJ: Princeton University Press, 1996, p.142.

336 Langer, Suzanne K. *Philosophy in a New Key*. Cambridge, MA: Harvard University Press, 1996, p.201.

337 Chuang Tzu. *The Complete Works of Chuang Tzu*. Translated by Burton Watson. New York: Columbia University Press, 1968, pp.375-377.

338 Graham, Angus C. *Disputers of the Tao*. Chicago: Open Court Press, 1989, p.77.

339 Mencius. Translated by D. C. *Lau*. New York, Penguin, 1970, pp.262-263. 또한 Holyoak, Keith J., and Thagard, Paul. *Mental Leaps: Analogy in Creative Thought*. Cambridge, MA: MIT Press, 1995, p.183 참조.

340 Lewis, C. S. "Bluspels and Flalansferes." In: *Rehabilitations and Other Essays*, p.140.

341 Ibid., p.145.

342 Holyoak, Keith J., and Thagard, Paul. *Mental Leaps: Analogy in Creative Thought*, pp.75-80.

343 Feynman, Richard. *Six Easy Pieces: The Fundamentals of Physics Explained*. London: Penguin Books, 1995, p.4.

344 Ibid., p.31.

345 Pólya, George. *Mathematics and Plausible Reasoning*. Vol. 1: *Induction and Analogy in Mathematics*. Vol. 2: *Patterns of Plausible Inference*. Oxford: Oxford University Press, 1954, p.76.

346 Feynman, Richard. *Six Easy Pieces: The Fundamentals of Physics Explained*, p.116-117

347 Nagel, Thomas. "What Is It Like to Be a Bat?" The Philosophical Review 83, 1974, p.323.

348 Ibid., p.324.

349 Oppenheimer, Robert. "Analogy in Science." The American Psychologist 11, 3, 1956, pp.129-130.

350 *Metaphor and Thought*. Ortony, Andrew, ed. Cambridge: Cambridge University Press, 1993, p.24.

351 Gentner, Dedre, and Jeziorski, Michael. "The Shift from Metaphor to Analogy in Western Science." In: *Metaphor and Thought*. Ortony, Andrew, ed. Cambridge: Cambridge University Press, 1993, pp.447-480.

352 *Philosophical Perspectives on Metaphor.* Johnson, Mark, ed. Minneapolis: University of Minnesota Press, 1981, p.13.

353 Lewis, C. S. "Bluspels and Flalansferes." In: *Rehabilitations and Other Essays*, p.155.

354 Ibid., p.158.

은유와 우화와 속담: 끝내주게 좋은 거짓말

355 Diderot, Denis. *Rameau's Nephew and Other Works.* Translated by Jacques Barzun and Ralph H. Bowen with an introduction by Ralph H. Bowen. Indianapolis and Cambridge: Hackett, 2001, pp.309-310.

356 Notice of the death of Edwin Paxton Hood in the New York Tim es, June 24, 1885. http://query.nytimes.com/gst/abstract.html?res=9D07E3DBI439E533A25 757 C2A9609C94649FD7CF에서 이용 가능.

357 Hood, Edwin Paxton. *The World of Proverb and Parable.* London: Hodder & Stoughton, 1885, p.87.

358 Speer, Nicole K., et al. "Reading Stories Activates Neural Representations of Visual and Motor Experiences." *Psychological Science* 20, 8, 2009, pp.989-999.

359 Dutton, Denis. *The Art Instinct: Beauty, Pleasure and Human Evolution.* New York: Bloomsbury Press, 2009, pp.117-119.

360 McKellin, William H. "Allegory and Inference: Intentional Ambiguity in Managalese Negotiations." In: *Disentangling: Conflict Discourse in Pacific Societies.* Watson-Gegeo, Karen Ann, and White, Geoffrey M., eds. Stanford, CA: Stanford University Press, 1990, pp.335-363. 또한 McKellin, William H. "Putting Down Roots: Information in the Language of Managalese Exchange." In: *Dangerous Words: Language and Politics in the Pacific.* Brenneis, Donald Lawrence, and Myers, Fred R, eds. New York: New York University Press, 1984, pp.108-127 참조.

361 Holyoak, Keith J., and Thagard, Paul. *Mental Leaps: Analogy in Creative Thought.* Cambridge, MA: MIT Press, 1995, p.215에서 인용.

362 McKellin, William H. "Allegory and Inference: Intentional Ambiguity in Managalese Negotiations." In: *Disentangling: Conflict Discourse in Pacific Societies*, p.336.

363 Aesop. *Aesop's Fables.* Translated by V. S. Vernon Jones. Introduction by G. K. Chesterton. Illustrated by Arthur Rackham. Ware, Hertfordshire: Wordsworth Classics, 1994, p.66.

364 Hood, Edwin Paxton. *The World of Proverb and Parable*, p.65에서 인용.

365 Merwin, W. S. *East Window: The Asian Translations*. Port Townsend, WA: Copper Canyon Press, 1998, p.134.

366 Ibid., p.96.

367 Gordon, Edmund I. *Sumerian Proverbs: Glimpses of Everyday Life in Ancient Mesopotamia*. Westport, CT: Greenwood Press, 1968, p.20.

368 Ibid., p.49.

369 Ibid., p.50.

370 Penfield, Joyce. *Communicating with Quotes: The Igbo Case*. Westport, CT: Greenwood Press, 1983, p.70.

371 Finnegan, Ruth. "Proverbs in Africa." In: *The Wisdom of Many: Essays on the Proverb*. Mieder, Wolfgang, and Dundes, Alan, eds. Madison: University of Wisconsin Press, 1994, p.27.

372 Ibid., p.28.

373 Nwachukwu-Agbada, J. O. J. "The Proverb in the Igbo Milieu." *Anthropos* 89, 1994, p.197.

374 Stalder, Daniel R. "The Power of Proverbs: Dissonance Reduction through Common Sayings." *Current Research in Social Psychology* 15, 2009, pp.72-81.

375 Vico, Giambattista. *New Science*, p.84.

376 Deignan, Alice. "Corpus Linguistics and Metaphor." In: *The Cambridge Handbook of Metaphor and Thought*. Gibbs, Raymond W., Jr., ed. Cambridge: Cambridge University Press, 2008, p.289.

377 Knowles, Murray, and Moon, Rosamund. *Introducing Metaphor*. London: Routledge, 2006, p.58. 또한 Gibbs, Raymond W., Jr. and O'Brien, Jennifer E. "Idioms and Mental Imagery: The Metaphorical Motivation for Idiomatic Meaning." *Cognition* 36, 1, 1990, pp.35-68 참조.

378 Knowles, Murray, and Moon, Rosamund. *Introducing Metaphor*, p.49.

379 Dundes, Alan and Stibbe, Claudia A. "The Art of Mixing Metaphors: A Folkloristic Interpretation of the Netherlandish Proverbs by Pieter Bruegel the Elder." *FF Communications* XCVII, 230, 1981, pp.3-71.

380 Stoett, F. A. Klein *Spreekwoordenboek der Nederlandse Taal*. Zutphen, The Netherlands: Thieme-Zutphen, 1984 참조.

381 Dirven, René. *Metaphor and Nation: Metaphors Afrikaners Live By*. Frankfurt: Peter Lang, 1994, pp.24-25.

382　Ibid., pp.26-27.

383　Aesop. *Aesop's Fables*, p.17.

384　McPherson, James M. *Abraham Lincoln and the Second American Revolution*. New York and Oxford: Oxford University Press, 1990, pp.98-99에서 가져옴.

385　Ibid., p.100.

386　Kaplan, Fred. *Lincoln: The Biography of a Writer*. New York: HarperCollins, 2010, p.66.

387　McPherson, James M. *Abraham Lincoln and the Second American Revolution*, pp.97-98.

388　Geary, James. *Geary's Guide to the World's Great Aphorists*, p.258.

389　Shah, Idries. *The Exploits of the Incomparable Mulla Nasrudin*. London: Picador, 1973, p.18에서 가져옴.

390　Monye, Ambrose Adikamkwu. *Proverbs in African Orature: The Aniocha-Igbo Experience*. Lanham, MD: University Press of America, 1996, p.41.

391　Campbell, Joseph. *Thou Art That: Transforming Religious Metaphor*. Novato, CA: New World Library, 2001. p.7.

392　Chhandogya Upanishad VI, IX, 1-2. Vedanta Spiritual Library, http://www.celextel. org/l08upanishads/chandogya.html?page=6에서 이용 가능.

393　Ibid., VI, X, 1-2.

394　Ibid., VI, XIII, 1-2.

은유와 혁신: 낯설게 하기

395　Kermode, Frank. *Wallace Stevens*. London: Faber and Faber, 1989, p.6에서 인용.

396　Stevens, Wallace. *The Necessary Angel: Essays on Reality and the Imagination*. New York: Vintage Books, 1951, p.72.

397　Ibid., p.77.

398　Stevens, Wallace. *Opus Posthumous*. New York: Vintage Books, 1982, p.169.

399　Gordon, William J. J. *Synectics: The Development of Creative Capacity*. New York: Harper & Row, 1961, pp.27-28.

400　Raudsepp, Eugene. "Synectics." In: *Metaphor and Metaphorology: A Selective Genealogy of Philosophical and Linguistic Conceptions of Metaphor from Aristotle to the 1990s*. Taverniers, Miriam, ed. Ghent, Belgium: Academia Press, 2002, p.143.

401　Gordon, WilliamJ. J. Synectics, p.11.

402　Aristotle. *The Rhetoric and the Poetics of Aristotle*, p.186.

403 Shklovsky, Victor. "Art as Technique." In: *Russian Formalist Criticism: Four Essays*. Translated and with an Introduction by Lee T. Melon and Marion J. Reis. Lincoln/London: University of Nebraska Press, 1965, p.13.

404 Ibid., p.12.

405 Benyus, Janine. *Biomimicry: Innovation Inspired by Nature*. New York: Harper Perennial, 2002 참조.

406 "What Do You Mean by the Term Biomimicry?" 참조. http://www.biomimi cryinstitute.org/about-us/what-do-you-mean-by-the-term-biomimicry.html에서 이용 가능.

407 http://www.sharklet.com/technology 참조.

408 Müller, Cornelia. *Metaphors Dead and Alive, Sleeping and Waking: A Dynamic View*, p.111.

409 Holyoak, Keith J., and Thagard, Paul. *Mental Leaps: Analogy in Creative Thought*, p.185에서 인용.

410 Freud, Sigmund. "The 'Uncanny.'" In: *Art and Literature*. London: Penguin, 1990, p.340.

411 Ibid., p.367.

은유와 심리학: 어머니가 남긴 작은 화사한 빛

412 Tompkins, Penny, and Lawley, James. "And, What Kind of a Man Is David Grove?" *Rapport* 33, 1996. http://www.cleanlanguage.co.uk/articles/articles/37 /1/And-what-kind-of-a-man-is-David-Grove/Page1.html에서 이용 가능.

413 Juergens, Meike, et al. "Illness Beliefs before Cardiac Surgery Predict Disability, Quality of Life, and Depression 3 Months Later." *Journal of Psychosomatic Research*, in press.

414 Tompkins, Penny, and Lawley, James. "The Mind, Metaphor and Health." http://www.cleanlanguage.co.uk/articles/articles/23/1/The-Mind-Metaphor-and-Health/Page1.html에서 이용 가능.

415 Jung, Carl Gustav. *Jung on Active Imagination*. Key Readings Selected and Introduced by Joan Chodorow. London: Routledge, 1997, p.145.

416 Ibid., p.164.

417 a speech by James Lawley, Clean Language Conference, June 21-22, 2008, London에서 인용

418 Lawley, James, and Tompkins, Penny. *Metaphors in Mind: Transformation through*

Symbolic Modelling. London: The Developing Company Press, 2000, p.54.

419   Grove, David J., and Panzer, B. I. *Resolving Traumatic Memories: Metaphors and Symbols in Psychotherapy*. New York: Irvington Publishers, 1989, p.13.

420   Ibid., pp.10~11.

421   Lawley, James, and Tompkins, Penny. "Coaching with Metaphor." http://www. leanlanguage.co.uk/ articles/articles/l27/1/Coaching-with-Metaphor/ Pagel. html 에서 이용 가능.

422   Walker, Caitlin. "Breathing in Blue by Clapton Duck Pond: Facilitating Pattern Detection with 'At-Risk' Teenagers." *Counseling Children and Young People*, 2006.

423   Battino, Rubin. *Metaphoria: Metaphor and Guided Metaphor for Psychotherapy and Healing*. Carmarthen, Wales: Crown House, 2005, p.211.

424   Ibid., p.211.

425   Li, Xiuping, Wei, Liyuan, and Soman, Dilip. "Sealing the Emotions Genie: The Effects of Physical Enclosure on Psychological Closure." *Psychological Science*, July 9, 2010, doi: 10.117710956797610 376653.

426   Grove, David J., and Panzer, B. I. *Resolving Traumatic Memories : Metaphors and Symbols in Psychotherapy*, pp.84~86.

나오는 말: 은유의 논리

427   Crane, Hart. *The Complete Poems and Selected Letters and Prose of Hart Crane*. Edited with an introduction and notes by Brom Weber. New York: Liveright Publishing Corp., 1966, p.34.

428   Ibid, p.236.

429   Ibid., pp.234~235.

430   Ibid., p.221.

431   Barton, Nicholas. *The Lost Rivers of London*. London: Phoenix House Limited/ Leicester University Press, 1962, p.21.

참고문헌

Aaker, J. L. "Dimensions of Brand Personality." *Journal of Marketing Research* 34, 3, 1997, pp.347-356.

Aarts, H., and Dijksterhuis, A. "The Silence of the Library: Environmental Control over Social Behavior." *Journal of Personality and Social Psychology* 84, 2003, pp.18-28.

Ackerman, Joshua M., Nocera, Christopher C., and Bargh, John A. "Incidental Haptic Sensations Influence Social Judgments and Decisions." *Science* 328, 5986, 25 June, 2010, pp.1712-1715.

Addison, Joseph. "Pleasures of the Imagination." *Spectator* 411, 1712, p.21.

Aesop. *Aesop's Fables*. Translated by V. S. Vernon Jones. Introduction by G. K. Chesterton. Illustrated by Arthur Rackham. Ware, Hertfordshire: Wordsworth Classics, 1994.

Al-Jurjani, Abdalqahir. *The Mysteries of Eloquence*. Hellmut Ritter, ed. Istanbul: Government Press, 1954.

Allbritton, David W., Gerrig, Richard J.. and McKoon, Gail. "Metaphor-Based Schemas and Text Representations: Making Connections through Conceptual Metaphors." *Journal of Experimental Psychology: Learning, Memory, and Cognition* 21, 1, 1995, pp.612-625.

Allman, John M., Watson, Karli K., Tetreault, Nicole A., and Hakeem, Atiya Y. "Intuition and Autism: A Possible Role for Von Economo Neurons." *Trends in Cognitive Sciences* 9, 8, 2005, pp.367-373.

Andreassen, P. B. "On the Social Psychology of the Stock Market: Aggregate Attributional Effects and the Regressiveness of Prediction." *Journal of Personality and Social Psychology* 53, 1987, pp.490-496.

Arbib, Michael A. "From Monkey-like Action Recognition to Human Language: An Evolutionary Framework for Neurolinguistics." *Behavioral and Brain Sciences* 28, 2005, pp.105-167.

Ariely, Dan. *Predictably Irrational: The Hidden Forces That Shape Our Decisions*. London: HarperCollins, 2008.

Aristotle. *The Rhetoric and the Poetics of Aristotle*. Introduction by Edward P. J. Corbett. New York: Modern Library, 1984.

Arnheim, Rudolf. *Visual Thinking*. London: Faber and Faber, 1970.

Asch, S. E. "Forming Impressions of Personality." *Journal of Abnormal and Social Psychology* 41, 1946, pp.258-290.

Asch, S. E. "The Metaphor: A Psychological Inquiry." In: *Person Perception and Interpersonal Behavior*. R. Taguiri and L. Petrullo, eds. Stanford, CA: Stanford University Press, 1955, pp.86-94.

Asch, S. E. and Nerlove, Harriet. "The Development of Double Function Terms in Children: An Exploratory Investigation." In: *Perspectives in Psychological Theory: Essays in Honor of Heinz Werner*. Bernard Kaplan and Seymour Wapner, eds. New York: International Universities Press, 1960, pp.47-60.

Aubrun, Axel, Brown, Andrew, and Grady, Joseph. "Public Structures: A Constructive Model for Government." Public Briefing, an occasional white paper series by Demos, March 2006.

Aubrun, Axel, and Grady, Joseph. "Provoking Thought, Changing Talk: Discussing Inequality." In: *You Can Get There from Here ...*, an occasional paper series from the Social Equity and Opportunity Forum of the College of Urban and Public Affairs at Portland State University, April 2008.

Aubrun, Axel, and Grady, Joseph. "'Public Structures' as a Simplifying Model for Government." A report commissioned by the FrameWorks Institute on behalf of the Council for Excellence in Government and Demos, October 2005.

Aubusson, P. J., Harrison, A. G., and Ritchie, S. M., eds. *Metaphor and Analogy in Science Education*. Dordrecht, The Netherlands: Springer, 2006.

Avis, Paul. *God and the Creative Imagination: Metaphor, Symbol and Myth in Religion and Theology*. London: Routledge, 1999.

Barcelona, Antonio, ed. *Metaphor and Metonymy at the Crossroads: A Cognitive Perspective*. Berlin and New York: Mouton de Gruyter, 2003.

Barfield, Owen. *History in English Words*. London: Faber and Faber, 1962.

Barfield, Owen. *Poetic Diction: A Study in Meaning*. Middletown, CT: Wesleyan University Press, 1973.

Bargary, Gary, et al. "Colored-speech Synaesthesia Is Triggered by Multisensory, Not Unisensory, Preception." *Psychological Science* 20, 5, 2009, pp.529-533.

Bargh, J. A. "Bypassing the Will: Toward Demystifying Behavioral Priming Effects" In: *The New Unconscious*. Hassin, R., Uleman,J., and Bargh, J.., eds. Oxford: Oxford University Press, 2005, pp.37-58.

Bargh, J. A. "Losing Consciousness: Automatic Influences on Consumer Judgment, Behavior and Motivation." *Journal of Consumer Research* 29, 2, 2002, pp.280-285.

Bargh, J. A. "The Unconscious Mind." *Perspectives on Psychological Science* 3, 2008, pp.73-79.

Bargh, J. A., and Chartrand, Tanya L. "The Mind in the Middle: A Practical Guide to Priming and Automaticity Research." In: *Handbook of Research Methods in Social and Personality Psychology*. Reis, H. T., and Judd, C. M., eds. New York: Cambridge University Press, 2000, pp.253-285.

Baron-Cohen, Simon. "The Biology of the Imagination." *Entelechy Journal* 9, Summer/ Fall 2007, http: //www.entelechyjournal.com/simonbaroncohen.htm.

Baron-Cohen, Simon. *Mindblindness: An Essay on Autism and Theory of Mind*. Cambridge, MA: MIT Press, 1997.

Barton, Nicholas. *The Lost Rivers of London*. London: Phoenix House Limited/ Leicester University Press, 1962.

Bateson, Gregory. *Mind and Nature: A Necessary Unity*. New York: Bantam Books, 1980.

Battino, Rubin. *Metaphoria: Metaphor and Guided Metaphor for Psychotherapy and Healing*. Carmarthen, Wales: Crown House, 2005.

Battino, Rubin, and South, Thomas L. *Ericksonian Approaches: A Comprehensive Manual*. Carmarthern, Wales: Crown House, 2005.

Beardsley, Monroe C. *The Aesthetic Point of View: Selected Essays*. Michael J. Wreen and Donald M. Callen, eds. Ithaca, NY, and London: Cornell University Press, 1982.

Beattie, Geoffrey. *Visible Thought: The New Psychology of Body Language*. London:

Routledge, 2003.

Bechara, Antoine, and Damasio, Antonio R. "The Somatic Marker Hypothesis: A Neural Theory of Economic Decision-making." *Games and Economic Behavior* 52, 2005, pp.336-372.

Beer, Francis A., and De Landtsheer, Christ'l. *Metaphorical World Politics*. East Lansing: Michigan State University Press, 2004.

Belsky, Gary, and Gilovich, Thomas. *Why Smart People Make Big Money Mistakes and How to Correct Them*. New York: Simon and Schuster, 1999.

Benczes, Réka. "Analysing Metonymical Noun-Noun Compounds: The Case of Freedom Fries." In: *The Metaphors of Sixty: Papers Presented on the Occasion of the 60th Birthday of Zoltán Kövecses*. Réka Benczes and Szilvia Csábi, eds. Budapest: Eötvös Loránd University, 2006, pp.46-54.

Benyus, Janine. *Biomimicry: Innovation Inspired by Nature*. New York: Harper Perennial, 2002.

Berggren, Douglas. "The Use and Abuse of Metaphor." *Review of Metaphysics* 16, 1962, pp.237-258.

Bicchieri, Cristina. "Should a Scientist Abstain from Metaphor?" In: *The Consequences of Economic Rhetoric*. Arjo Klamer, D. N. McCloskey, and Robert M. Solow, eds. New York: Cambridge University Press, 1988, pp.100-114.

Black, Max. *Models and Metaphors: Studies in Language and Philosophy*. Ithaca, NY: Cornell University Press, 1962.

Borges, Jorge Luis. *Historia de la eternidad*. Buenos Aires: Emece, 1953.

Borges, Jorge Luis. *This Craft of Verse*. Cambridge, MA: Harvard University Press, 2000.

Boroditsky, L. "Comparison and the Development of Knowledge." *Cognition* 102, 1, 2007, pp.118-128.

Borges, Jorge Luis. "Does Language Shape Thought? English and Mandarin Speakers' Conceptions of Time." *Cognitive Psychology* 43, 1, 2001, pp.1-22.

Borges, Jorge Luis. "Metaphoric Structuring: Understanding Time through Spatial Metaphors." *Cognition* 75, 1, 2000, pp.1-28.

Boroditsky, L., and Ramscar, M. "The Roles of Body and Mind in Abstract Thought." *Psychological Science* 13, 2, 2002, pp.185-188.

Bowdle, Brian F., and Gentner, Dedre. "The Career of Metaphor." *Psychological Review* 112, 1, 2005, pp.193-216.

Bowdle, Brian F., and Gentner, D., Wolff, P., and Boronat, C. "Metaphor Is like Analogy." In: *The Analogical Mind: Perspectives from Cognitive Science.* D. Gentner, K. J. Holyoak, and B. N. Kokinov, eds. Cambridge, MA: MIT Press, 2001, pp.199–253.

Brewer, E. Cobham. *The Dictionary of Phrase & Fable.* New York: Avenel Books, 1978.

Brooke-Rose, Christine. *A Grammar of Metaphor.* London: Secker and Warburg, 1958.

Brown, Theodore L. *Making Truth: Metaphor in Science.* Urbana and Chicago: University of Illinois Press, 2003.

Brumbaugh, Robert S. *The Philosophers of Greece.* Albany: State University of New York Press, 1981.

Burgess, C., and Chiarello, C. "Neurocognitive Mechanisms Underlying Metaphor Comprehension and Other Figurative Language." *Metaphor and Symbolic Activity* 11, 1, 1996, pp.67–84.

Burke, Kenneth. *A Grammar of Motives.* Berkeley and Los Angeles: University of California Press, 1969.

Cacciari, Cristina. "Crossing the Senses in Metaphorical Language." In: *The Cambridge Handbook of Metaphor and Thought.* Raymond W. Gibbs Jr., ed. Cambridge: Cambridge University Press, 2008, pp.425–446.

Cacciari, Cristina, and Tabossi, P., eds. *Idioms: Processing, Structure and Interpretation.* Hillsdale, NJ: Erlbaum, 1993.

Call, Josep, and Tomasello, Michael. "Does The Chimpanzee Have a Theory of Mind? 30 Years Later." *Trends in Cognitive Sciences* 12, 5, 2008, pp.187–192.

Camac, M., and Glucksberg, S. "Metaphors Do Not Use Associations between Concepts, They Are Used to Create Them." *Journal of Psycholinguistic Research* 13, 1984, pp.443–455.

Cameron, Lynne. "Metaphor and Talk." In: *The Cambridge Handbook of Metaphor and Thought.* Raymond W. Gibbs Jr., ed. Cambridge: Cambridge University Press, 2008.

Cameron, Lynne. "Patterns of Metaphor Use in Reconciliation Talk." *Discourse and Society* 18, 3, 2007, pp.197–222.

Cameron, Lynne and Low, Graham, eds. *Researching and Applying Metaphor.* Cambridge: Cambridge University Press, 1999.

Campbell, Joseph. *The Inner Reaches of Outer Space: Metaphor as Myth and as*

Religion. Novato, CA: New World Library, 2002.

Campbell, Joseph. *Thou Art That: Transforming Religious Metaphor.* Novato, CA: New World Library, 2001.

Carey, John. *John Donne: Life, Mind, Art.* London: Faber and Faber, 1990.

Cary, Mark S. "Ad Strategy and the Stone Age Brain." *Journal of Advertising Research* 40, 1/2, 2000, pp.103-106.

Casasanto, Daniel, and Boroditsky, L. "Time in the Mind: Using Space to Think about Time." *Cognition* 106, 2008, pp.579-593.

Casasanto, Daniel, and Dijkstra, Katinka. "Motor Action and Emotional Memory." *Cognition* 115, 2010, pp.179–185.

Chapman, Gretchen B., and Johnson, Eric J. "Incorporating the Irrelevant: Anchors in Judgments of Belief and Value." In: *Heuristics and Biases: The Psychology of Intuitive Judgment.* Thomas Gilovich, Dale Griffin, and Daniel Kahneman, eds. Cambridge: Cambridge University Press, 2002, pp.120-138.

Charteris-Black, Jonathan. *Corpus Approaches to Critical Metaphor Analysis.* Basingstoke, Hampshire: Palgrave Macmillan, 2004.

Charteris-Black, Jonathan. "Metaphor and Vocabulary Teaching in ESP Economics." *English for Specific Purposes* 19, 2000, pp.149–165.

Charteris-Black, Jonathan. *Politicans and Rhetoric: The Persuasive Power of Metaphor.* New York: Palgrave Macrnillan, 2005.

Christie, S., and Gentner, D. "Where Hypotheses Come From: Learning New Relations by Structural Alignment." *Journal of Cognition and Development*, in press.

Chuang Tzu. *The Complete Works of Chuang Tzu.* Translated by Burton Watson. New York: Columbia University Press, 1968.

Cicero. *De Oratore.* Volume 2. Translated by H. Rackham. London: William Heinemann, 1942.

Cicone, M., Gardner, H., and Winner, E. "Understanding the Psychology in Psychological Metaphors." *Journal of Child Language* 8, 1, 1981, pp.213-216.

Cienki, Alan. "Metaphoric Gestures and Some of Their Relations to Verbal Metaphoric Expressions." In: *Discourse and Cognition: Bridging the Gap.* Jean-Pierre König, ed. Stanford, CA: CSLI Publications, 1998, pp.189-204.

Cienki, Alan, and Miiller, Cornelia. "The Application of Conceptual Metaphor Theory to Political Discourse: Methodological Questions and Some Possible Solutions." In: *Political Language and Metaphor: Interpreting and Changing the World.* Terrell

Carver and Jernej Pikalo, eds. London and New York: Routledge, 2008, pp.241-256.

Cienki, Alan, and Müller, Cornelia. "Metaphor, Gesture, and Thought." In: *The Cambridge Handbook of Metaphor and Thought*. Raymond W. Gibbs Jr., ed. Cambridge: Cambridge University Press, 2008, pp.483-50l.

Cila, NaziL "Understanding Product Metaphors." Eighth International Conference on Researching and Applying Metaphor, July 2010, Amsterdam.

Clark, H. H. "Space, Time, Semantics, and the Child." In: *Cognitive Development and the Acquisition of Language*. T. E. Moore, ed. New York: Academic Press, 1973, pp.27-63.

Clason, George S. *The Richest Man in Babylon*. New York: Signet, 1988.

Cohen, Ted. "Figurative Speech and Figurative Acts." *Journal of Philosophy* 72, 19, 1975, pp.669-684.

Cohen, Ted. "Metaphor and the Cultivation of Intimacy." In: *On Metaphor*. Sheldon Sacks, ed. Chicago and London: University of Chicago Press, 1979.

Cohen, Ted. "Notes on Metaphor." *Journal of Aesthetics and Art Criticism* 34, 3, 1976, pp.249-259.

Cohen, Ted. *Thinking of Others: On the Talent for Metaphor*. Princeton, NJ, and Oxford: Princeton University Press, 2008.

Coleridge, Samuel Taylor. *Biographia Literaria*. London: J. M. Dent and Sons, 1934.

Coleridge, Samuel Taylor. *The Notebooks of Samuel Taylor Coleridge*. Volume 2. Kathleen Coburn, ed. Princeton, NJ: Princeton University Press, 1957.

Coulehan, Jack. "Metaphor and Medicine: Narrative in Clinical Practice." *Yale Journal of Biology and Medicine* 76, 2003, pp.87-95.

Coulson, Seana. "Metaphor Comprehension and the Brain." In: *The Cambridge Handbook of Metaphor and Thought*. Raymond W. Gibbs Jr., ed. Cambridge: Cambridge University Press, 2008, pp.177-196.

Cozens, Alexander. "A New Method of Assisting the Invention in Drawing Original Compositions of Landscape." In: *Oppe, A. P. Alexander and John Robert Cozens*. London: Adam and Charles Black, 1952.

Crane, Hart. *The Complete Poems and Selected Letters and Prose of Hart Crane*. Edited with an introduction and notes by Brom Weber. New York: Liveright Publishing Corp., 1966.

Crisp, Peter. "Allegory: Conceptual Metaphor in History." *Language and Literature* 10, 1, 2001, pp.5-20.

Crisp, Peter. "Allegory, Maps, and Modernity: Cognitive Change from Bunyan to Forster." *Mosaic* 36, 4, 2003, pp.49-64.

Dapretto, Mirella, et al. "Understanding Emotions in Others: Mirror Neuron Dysfunction in Children with Autism Spectrum Disorders." *Nature Neuroscience* 9, 2006, pp.28-30.

Da Vinci, Leonardo. *The Notebooks of Leonardo da Vinci*. Selected and Edited by Irma A. Richter. Oxford: Oxford University Press, 1998.

De Bonis, M., Epelbaum, C., Deffez, V., and Feline, A. "The Comprehension of Metaphors in Schizophrenia." *Psychopathology* 30, 3, 1997, pp.149-154.

Decety, Jean, and Grezes, Julie. "The Power of Simulation: Imagining One's Own and Other's Behavior." *Brain Research* 1079, 2006, pp.4-14.

Dehaene, Stanislas. *Reading in the Brain: The Science of Evolution of a Human Invention*. New York: Viking, 2009.

Deignan, Alice. "Corpus-based Research into Metaphor." In: *Researching and Applying Metaphor*. Lynne Cameron and Graham Low, eds. Cambridge: Cambridge University Press, 1999, pp.177-199.

Diderot, Denis. *Rameau's Nephew and Other Works*. Translated by Jacques Barzun and Ralph H. Bowen with an introduction by Ralph H. Bowen. Indianapolis and Cambridge: Hackett Publishing Company, Inc., 2001.

DiFonzo, N., and Bordia, P. "Rumor and Prediction: Making Sense (but Losing Dollars) in the Stock Market." *Organizational Behavior and Human Decision Processes* 71, 1997, pp.329-353.

Dilts, Robert Brian. *Roots of Neuro-Linguistic Programming*. Cupertino, CA: Meta Publications, 1983.

Dirven, René. *Metaphor and Nation: Metaphors Afrikaners Live By*. Frankfurt: Peter Lang, 1994.

Dirven, René, and Porings, Ralf, eds. *Metaphor and Metonymy in Comparison and Contrast*. Berlin: de Gruyter, 2002.

Domino, George, et al. "Assessing the Imagery of Cancer: The Cancer Metaphors Test." *Journal of Psychosocial Oncology* 9, 4, 1991, pp.103-121.

Donne, John. *Selected Prose*. London: Penguin Books, 1987.

Duckworth, Kenneth, et al. "Use of Schizophrenia as a Metaphor in U.S. Newspapers." *Psychiatric Services* 54, 2003, pp.1402-1404.

Dundes, Alan, and Stibbe, Claudia A "The Art of Mixing Metaphors: A Folkloristic Interpretation of the Netherlandish Proverbs by Pieter Bruegel the Elder." *FF*

Communications XCVII, 230, 1981, pp.3–71.

Dutton, Denis. *The Art Instinct: Beauty, Pleasure and Human Evolution.* New York: Bloomsbury Press, 2009.

Dyson, George. "Economic DiS-Equilibrium: Can You Have Your House and Spend It Too?" The Edge Web site, http://edge.org/3rd_culture/dysong08.1/dysong08.1_index.html.

Eberhardt, Jennifer L., Davies, Paul G., Purdie-Vaughns, Valerie J., and Johnson, Sheri Lynn. "Looking Deathworthy: Perceived Stereotypicality of Black Defendants Predicts Capital-Sentencing Outcomes." *Psychological Science* 17, 5, 2006, pp.383–386.

Edelman, Gerald M. *Bright Air, Brilliant Fire: On the Matter of the Mind.* London: Penguin Books, 1994.

Edelman, Gerald M. *Second Nature: Brain Science and Human Knowledge.* New Haven and London: Yale University Press, 2006.

Edelman, Gerald M., and Tononi, Giulio. *Consciousness: How Matter Becomes Imagination.* London: Allen Lane, 2000.

Eliot, T. S. *Selected Essays.* London: Faber and Faber, 1972.

Emerson, Ralph Waldo. *Selected Prose and Poetry.* New York: Holt, Rinehart and Winston, 1969.

Empson, William. *Seven Types of Ambiguity.* London: Pimlico, 2004.

Epley, Nicholas, and Gilovich, Thomas. "Putting Adjustment Back in the Anchoring and Adjustment Heuristic." In: *Heuristics and Biases: The Psychology of Intuitive judgment.* Thomas Gilovich, Dale Griffin, and Daniel Kahneman, eds. Cambridge: Cambridge University Press, 2002, pp.139–149.

Erickson, Milton H. *My Voice Will Go with You: The Teaching Tales of Milton H. Erickson. Edited and with commentary by Sidney Rosen.* New York and London: W. W. Norton & Company, 1982.

Eubanks, Philip. *A War of Words in the Discourse of Trade: The Rhetorical Constitution of Metaphor.* Carbondale and Edwardsville: Southern Illinois University Press, 2000.

Evans, Roberta D., and Evans, Gerald E. "Cognitive Mechanisms in Learning from Metaphors." *Journal of Experimental Education* 58, 1, 1989, pp.5–19.

Fauconier, Gilles, and Turner, Mark. *The Way We Think: Conceptual Blending and the Mind's Hidden Complexities.* New York: Basic Books, 2002.

Feldman, Jerome A. *From Molecule to Metaphor: A Neural Theory of Language.*

Cambridge, MA: MIT Press, 2006.

Feynman, Richard. *Six Easy Pieces: The Fundamentals of Physics Explained*. London: Penguin Books, 1995.

Finke, Ronald A, Ward, Thomas B., and Smith, Steven M. *Creative Cognition: Theory, Research, and Applications*. Cambridge, MA: MIT Press, 1992.

Finnegan, Ruth. *Oral Literature in Africa*. Oxford: Clarendon Press, 1970.

Finnegan, Ruth. "Proverbs in Africa." In: *The Wisdom of Many: Essays on the Proverb*. Wolfgang Mieder and Alan Dundes, eds. Madison: University of Wisconsin Press, 1994, pp.10-42.

Finucane, M. L., Alhakami, A, Slovic, P., and Johnson, S. M. "The Affect Heuristic in Judgments of Risks and Benefits." *Journal of Behavioral Decision Making* 13, 2000, p.1-17.

Fisch, M. H. "The Coleridges, Dr. Prati, and Vico." *Modern Philology* 41, 2, 1943, pp.111-122.

Fiske, Susan T., Cuddy, Amy J. C., and Glick, Peter. "A Model of (Often Mixed) Stereotype Content: Competence and Warmth Respectively Follow from Perceived Status and Competition." *Journal of Personality and Social Psychology* 82, 6, 2002, pp.878-902.

Fogelin, Robert J. *Figuratively Speaking*. New Haven and London: Yale University Press, 1988.

Forceville, Charles. "Metaphor in Pictures and Multimodal Representations." In: *The Cambridge Handbook of Metaphor and Thought*. Raymond W. Gibbs Jr., ed. Cambridge: Cambridge University Press, 2008, pp.462-482.

Forceville, Charles. *Pictorial Metaphor in Advertising*. London and New York: Routledge, 1996.

Foroni, Francesco, and Semin, Gun R. "Language That Puts You in Touch with Your Bodily Feelings." *Psychological Science* 20, 8, 2009, pp.974-980.

Frank, M. G., and Gilovich, T. "The Dark Side of Self and Social Perception: Black Uniforms and Aggression in Professional Sports." *Journal of Personality and Social Psychology* 54, 1988, pp.74-85.

Fraser, Deborah F. G. "From the Playful to the Profound: What Metaphors Tell Us about Gifted Children." *Roeper Review* 25, 4, 2003, pp.180-184.

Freud, Sigmund. "The 'Uncanny.'" In: *Art and Literature*. London: Peng1lin Books, 1990.

Frisson, Steven, and Pickering, Martin J. "The Processing of Metonymy: Evidence from Eye Movements." *Journal of Experimental Psychology: Learning, Memory, and Cognition* 25, 6, 1999, pp.1366-1383.

Frith, Chris. *Making Up the Mind: How the Brain Creates Our Mental World*. Oxford: Blackwell Publishing, 2007.

Frith, Uta. "Mindblindness and the Brain in Autism." *Neuron* 32, 2001, pp.969-979.

Frost, Robert. "Education by Metaphor." Available at http://www.en.utexas.edu/arnlit/amlitprivate/scans/ edbypo.html.

Frye, Northrop. *Myth and Metaphor: Selected Essays*, 1974-1988. Charlottesville and London: University Press of Virginia, 1990.

Galinsky, Adam, and Glucksberg, Sam. "Inhibition of the Literal: Metaphors and Idioms as Judgmental Primes." *Social Cognition* 18, 1, 2000, pp.35-54.

Gallagher, Helen L., and Frith, Christopher D. "Functional Imaging of 'Theory of Mind.'" *Trends in Cognitive Sciences* 7, 2, 2003, pp.77-83.

Gamow, George. *Thirty Years That Shook Physics: The Story of Quantum Theory*. New York: Dover, 1966.

Gannon, Martin J. *Cultural Metaphors: Readings, Research Translations, and Commentary*. Thousand Oaks, CA: Sage Publications, 200l.

Gardner, Howard. "Metaphors and Modalities: How Children Project Polar Adjectives onto Diverse Domains." *Child Development* 45, 1, 1974, pp.84-91.

Gardner, Howard, and Winner, Ellen. "The Development of Metaphoric Competence: Implications for Humanistic Disciplines." In: *On Metaphor*. Sheldon Sacks, ed. Chicago and London: University of Chicago Press, 1979, pp.121-139.

Gardner, Howard, and Winner, Ellen. "Metaphor and Irony: Two Levels of Understanding." In: *Metaphor and Thought*. Andrew Ortony, ed. Cambridge: Cambridge University Press, 1993, pp.425-443.

Gardner, John. *On Moral Fiction*. New York: Basic Books, 2000.

Gavins, Joanna, and Steen, Gerard. *Cognitive Poetics in Practice*. London and New York: Routledge, 2003.

Geary, James. *Geary's Guide to the World's Great Aphorists*. New York: Bloomsbury USA, 2007.

Geary, James. *The World in a Phrase: A Brief History of the Aphorism*. New York: Bloomsbury USA, 2005.

Gentner, Dedre. "The Evolution of Mental Metaphors in Psychology: A 90-Year

Retrospective." *American Psychologist* 40, 2, 1985, pp.181-192.

Gentner, Dedre. "Metaphor as Structure Mapping: The Relational Shift." *Child Development* 59, 1, 1988, pp.47-59.

Gentner, Dedre. "Structure-mapping: A Theoretical Framework for Analogy." *Cognitive Science* 7, 1983, pp.155-170.

Gentner, Dedre, Anggoro, F. K., and Klibanoff, R. S. "Structure-mapping and Relational Language Support Children's Learning of Relational Categories." *Child Development*, in press.

Gentner, Dedre, and Bowdle, Brian. "The Psychology of Metaphor Processing." In: *Encyclopedia of Cognitive Science*. London: Nature Publishing Group, 2002, p.21 .

Gentner, Dedre, Holyoak, K. J., and Kokinov, B. N., eds. *The Analogical Mind: Perspectives from Cognitive Science*. Cambridge, MA: MIT Press, 2001.

Gentner, Dedre, and Imai, Mutsumi. "Is The Future Always Ahead? Evidence for System-mappings in Understanding Space-Time Metaphors." In: *Proceedings of the 14th Annual Conference of the Cognitive Science Society*. Bloomington, 1992, pp.510-515.

Gentner, Dedre, Imai, M., and Boroditsky, L. "As Time Goes By: Evidence for Two Systems in Processing Space Time Metaphors." *Language and Cognitive Processes* 17, 5, 2002, pp.537-565.

Gentner, Dedre, and Jeziorski, Michael. "The Shift from Metaphor to Analogy in Western Science." In: *Metaphor and Thought*. Andrew Ortony, ed. Cambridge: Cambridge University Press, 1993, pp.447-480.

Gentner, Dedre, and Wolff, P. "Metaphor and Knowledge Change." In: *Cognitive Dynamics: Conceptual Change in Humans and Machines*. E. Districh and A. Marbnau, eds. Mahwah, NJ: Erlbaum, 2000, pp.295-342.

Ghiselin, Brewster. *The Creative Process*. New York: New American Library, 1952.

Gibbs, Raymond W., Jr., ed. *The Cambridge Handbook of Metaphor and Thought*. Cambridge: Cambridge University Press, 2008.

Gibbs, Raymond W., Jr. "Categorization and Metaphor Understanding." *Psychological Review* 99, 3, 1992, pp.572-577.

Gibbs, Raymond W., Jr. *Embodiment and Cognitive Science*. Cambridge: Cambridge University Press, 2006.

Gibbs, Raymond W., Jr. "How Context Makes Metaphor Comprehension Seem 'Special.'" *Metaphor and Symbolic Activity* 4, 3, 1989, pp.145-158.

332   진짜 두꺼비가 나오는 상상 속의 정원

Gibbs, Raymond W., Jr. "Linguistic Factors in Children's Understanding of Idioms."
Journal of Child Language 14, 3, 1987, pp.569-586.

Gibbs, Raymond W., Jr. *The Poetics of Mind: Figurative Thought, Language, and Understanding.* New York: Cambridge University Press, 1994.

Gibbs, Raymond W., Jr. "Why Idioms Are Not Dead Metaphors." In: *Idioms: Processing, Structure and Interpretation.* C. Cacciari and P. Tabossi, eds. Hillsdale, NJ: Erlbaum, 1993, pp.57-78.

Gibbs, Raymond W., Jr. "Why Many Concepts are Metaphorical." *Cognition* 61, 3, 1996, pp.309-319.

Gibbs, Raymond W., Jr., Bogdanovich, J. M., Sykes, J. R., and Barr, D. J. "Metaphor in Idiom Comprehension." *Journal of Memory and Language* 37, 1997, pp.141-154.

Gibbs, Raymond W., Jr., and Matlock, Teenie. "Metaphor, Imagination, and Simulation: Psycholinguistic Evidence." In: *The Cambridge Handbook of Metaphor and Thought.* Raymond W. Gibbs Jr., ed. Cambridge: Cambridge University Press, 2008, pp.161-176.

Gibbs, Raymond W., Jr., and O'Brien, Jennifer E. "Idioms and Mental Imagery: The Metaphorical Motivation for Idiomatic Meaning." *Cognition* 36, 1, 1990, pp.35-68.

Gibbs, Raymond W., Jr., and Steen, Gerard J, eds. *Metaphor in Cognitive Linguistics.* Selected Papers from the Fifth International Cognitive Linguistics Conference, Amsterdam, July 1997. Amsterdam: John Benjamins, 1999.

Giessner, Steven R., and Schubert, Thomas W. "High in the Hierarchy: How Vertical Location and Judgments of Leaders' Power Are Interrelated." *Organizational Behavior and Human Decision Processes* 100, 2006, pp.160-176.

Gillan, D. J., Pre mack, D., and Woodruff, G. "Reasoning in the Chimpanzee 1: Analogical Reasoning." *Journal of Experimental Psychology-Animal Behavior Processes* 7, 1, 1981, pp.1-17.

Gilovich, T. "Seeing the Past in the Present: The Effects of Associations to Familiar Events on Judgments and Decisions." *Journal of Personality and Social Psychology* 40, 7,1 981, pp.797-808.

Gilovich, T., Vallone, R., and Tversky, A. "The Hot Hand in Basketball: On the Misperception of Random Sequences." *Cognitive Psychology* 17, 1985, pp.295-314.

Glucksberg, Sam. "Beyond Literal Meanings: The Psychology of Allusion." *Psychological Science* 2, 3, 1991, pp.146-152.

Glucksberg, Sam. "Metaphors in Conversation: How Are They Understood? Why

Are They Used?" *Metaphor and Symbolic Activity* 4, 3, 1989, pp.125-143.

Glucksberg, Sam. "The Psycholinguistics of Metaphor." *Trends in Cognitive Science* 7, 2, 2003, pp.92-96.

Glucksberg, Sam, and Cacciari, Cristina. "Understanding Idiomatic Expressions: The Contribution of Word Meanings." In: *Understanding Word and Sentence*. Greg B. Simpson, ed. Amsterdam: Elsevier Science Publishers, 1991, pp.217-240.

Glucksberg, Sam, and Galinsky, A. D. "Inhibition of the Literal: Metaphors and Idioms as Judgmental Primes." *Social Cognition* 18, 2000, pp.35-54.

Glucksberg, Sam, Gildea, P., and Bookin, H. B. "On Understanding Nonliteral Speech: Can People Ignore Metaphors?" *Journal of Verbal Learning and Verbal Behavior* 21, 1, 1982, pp.85-98.

Glucksberg, Sam, and Keysar, Boaz. "Understanding Metaphorical Comparisons: Beyond Similarity." *Psychological Review* 97, 1, 1990, pp.3-18.

Glucksberg, Sam, Keysar, Boaz, and McGlone, Matthew S. "Metaphor Understanding and Accessing Conceptual Schema: Reply to Gibbs." *Psychological Review* 99, 3, 1992, pp.578-58l.

Glucksberg, Sam, and McGlone, Matthew S. *Understanding Figurative Language: From Metaphors to Idioms*. New York: Oxford University Press, 200l.

Glucksberg, Sam, and McGlone, Matthew S. "When Love Is Not a Journey: What Metaphors Mean." *Journal of Pragmatics* 31, 12, 1999, pp.1541-1558.

Goatly, A. *The Language of Metaphors*. London: Routledge, 1997.

Goldin-Meadow, Susan, et al. "Gesturing Gives Children New Ideas about Math." *Psychological Science* 20, 2009, pp.267-272.

Goldin-Meadow, Susan. *Hearing Gesture: How Our Hands Help Us Think*. Cambridge, MA: Harvard University Press, 2003.

Goldman, Alvin I. "Simulation Theory and Mental Concepts." In: *Simulation and Knowledge of Action*. Jerome Dokic and Joelle Proust, eds. Amsterdam and Philadelphia: John Benjamins, 2002, pp.1-20.

Goodman, Nelson. *Languages of Art*. Indianapolis: Hackett Publishing Company, Inc., 1976.

Goodman, Nelson. *Ways of Worldmaking*. Indianapolis: Hackett Publishing Company, Inc., 1981.

Gordon, David. *Therapeutic Metaphors: Helping Others through the Looking Glass*. Cupertino, CA: META Publications, 1978.

Gordon, Edmund I. *Sumerian Proverbs: Glimpses of Everyday Life in Ancient Mesopotamia.* New York: Greenwood Press, 1968.

Gordon, William J. J. *Synectics: The Development of Creative Capacity.* New York: Harper & Row, 1961.

Gozzi, Raymond, Jr. *The Power of Metaphor in the Age of Electronic Media.* Cresskill, NJ: Hampton Press, Inc., 1999.

Gozzi, Raymond, Jr. "Races You Might Not Want to Win: The Technological Race as Metaphor." *A Review of General Semantics* 55, 1, 1998, pp.91~105 .

Grady, Joseph. "Cross-linguistic Regularities in Metaphorical Extension." A talk delivered at the Linguistic Society of America Annual Meeting, Los Angeles, January 9, 1999.

Grady, Joseph E. "A Typology of Motivation for Conceptual Metaphor: Correlation vs. Resemblance." In: *Metaphor in Cognitive Linguistics.* Selected Papers from the Fifth International Cognitive Linguistics Conference, Amsterdam, July 1997. Raymond W. Gibbs Jr. and Gerard J. Steen, eds. Amsterdam: John Benjamins, 1999, pp.79~100.

Graham, Angus C. *Disputers of the Tao.* Chicago: Open Court Press, 1989.

Graham, Benjamin. *The Intelligent Investor: A Book of Practical Counsel.* Updated with new commentary by Jason Zweig. Preface and appendix by Warren E. Buffett. New York: Collins Business Essentials, 2006.

Grothe, Mardy. *I Never Metaphor I Didn't Like.* New York: Collins, 2008.

Grove, David. "The Philosophy and Principles of Clean Language." Edited by James Lawley from a talk given at Clean Language Research Day, 13 November, 1998, London. Available at http://www.cleanlanguage.co.uk/articles/articles/38/1The-Philosophy-And-Principles-Of-Clean-Language/Page1.html.

Grove, David, and Panzer, B. I. *Resolving Traumatic Memories: Metaphors and Symbols in Psychotherapy.* New York: Irvington Publishers, Inc., 1989.

Guttenplan, Samuel. *Objects of Metaphor.* Oxford: Clarendon Press, 2005.

Hadamard, Jacques. *The Mathematician's Mind: The Psychology of Invention in the Mathematical Field.* Princeton, NJ: Princeton University Press, 1996.

Haddon, Mark. *The Curious Incident of the Dog in the Night-time.* London: Vintage, 2004.

Halford, G. *Children's Understanding: The Development of Mental Models.* Hillsdale, NJ: Erlbaum, 1991.

Hanne, M., and Hawken, S. J. "Metaphors for Illness in Contemporary Media." *Journal of Medical Ethics* 33, 2007, pp.93-99.

Happé, Francesca, et al. "'Theory of Mind' in the Brain: Evidence from a PET Scan Study of Asperger Syndrome." *NeuroReport* 8, 1996, p.198.

Haraway, Donna Jeanne. *Crystals, Fabrics, and Fields: Metaphors of Organicism in Twentieth-Century Developmental Biology.* New Haven and London: Yale University Press, 1976.

Harlow, Harry. "The Nature of Love." *American Psychologist* 13, 1958, pp.673-685.

Harris, J. L., Bargh, J. A., and Brownell, K. D. "Priming Effects of Television Food Advertising on Eating Behavior." *Health Psychology* 28, 2009, pp.404-413.

Havelock, Eric A. *The Greek Concept of Justice from Its Shadow in Homer to Its Substance in Plato.* Cambridge, MA: Harvard University Press, 1978.

Havelock, Eric A. *The Literate Revolution in Greece and Its Cultural Consequences.* Princeton, NJ: Princeton University Press, 1982.

Heberlein, Andrea S., and Adolphs, Ralph. "Impaired Spontaneous Anthropomorphizing Despite Intact Perception and Social Knowledge." *Proceedings of the National Academy of Sciences* 101, 19, 2004, pp.7487-7491.

Heider, F, and Simmel, M. "An Experimental Study of Apparent Behaviour." *American Journal of Psychology* 57, 1944, pp.243-259.

Henle, Paul, ed. *Language, Thought, and Culture.* Ann Arbor: University of Michigan Press, 1958.

Herbeck, Dale A "Sports Metaphors and Public Policy: The Football Theme in Desert Storm Discourse." In: *Metaphorical World Politics.* Francis A Beer and Christ'l De Landtsheer, eds. East Lansing: Michigan State University Press, 2004, pp.121-139.

Hesse, Mary B. *Models and Analogies in Science.* Notre Dame, IN: University of Notre Dame Press, 1970.

Heyes, C. M. "Theory of Mind in Non-human Primates." *Behavioral and Brain Sciences* 21, 1, 1998, pp.101-134.

Hintikka, Jaakko, ed. *Aspects of Metaphor.* Dordrecht, The Netherlands: Kluwer Academic Publishers, 1994.

Hirsh, Jacob B., and Inzlicht, MichaeL "Error-related Negativity Predicts Academic Performance." *Psychophysiology* 46, 2009, pp.1-5.

Hobbes, Thomas. *Leviathan.* Oxford: Oxford University Press, 1998.

Holland, Rob W., Hendriks, Merel, and Aarts, Henk. "Smells Like Clean Spirit:

Nonconscious Effects of Scent on Cognition and Behavior." *Psychological Science* 16, 9, 2005, pp.689-693.

Holmes, Richard. *Coleridge: Darker Reflections*. London: HarperCollins, 1998.

Holyoak, Keith J., and Thagard, Paul. *Mental Leaps: Analogy in Creative Thought*. Cambridge, MA: MIT Press, 1995.

Honeck, Richard P. *A Proverb in Mind: The Cognitive Science of Proverbial Wit and Wisdom*. Mahwah, NJ: Erlbaum, 1997.

Honeck, Richard P., and Hoffman, Robert R., eds. *Cognition and Figurative Language*. Hillsdale, NJ: Erlbaum, 1980.

Honeck, Richard P., Sowry, B. M., and Voegtle, K. "Proverbial Understanding in a Pictorial Context." *Child Development* 49, 2, 1978, pp.327-33l.

Hood, Edwin Paxton. *The World of Proverb and Parable*. London: Hodder & Stoughton, 1885.

Hubbard, Edward, and Ramachandran, Vilayanur S. "Neurocognitive Mechanisms of Synesthesia." *Neuron* 48, 3, 2005, pp.509-520.

Huettel, Scott A, et aL "Perceiving Patterns in Random Series: Dynamic Processing of Sequence in The Prefrontal Cortex." *Nature Neuroscience* 5, 5, 2002, pp.485-490.

Humphrey, Nicholas. *The Inner Eye: Social Intelligence in Evolution*. Oxford: Oxford University Press, 2002.

Humphrey, Nicholas. *Seeing Red: A Study in Consciousness*. Cambridge, MA: The Belknap Press of Harvard University Press, 2006.

Hunt, Patrick. *Poetry in the Song of Songs: A Literary Analysis*. Frankfurt: Peter Lang, 2008.

Ibarretxe-Antuñano, Iraide. "Metaphorical Mappings in the Sense of Smell." In: *Metaphor in Cognitive Linguistics*. Selected Papers from the Fifth International Cognitive Linguistics Conference, Amsterdam, July 1997. Raymond W. Gibbs Jr. and Gerard J. Steen, eds. Amsterdam: John Benjarnins, 1999, pp.29-45.

Jakobson, Roman. "Two Aspects of Language and Two Types of Aphasic Disturbances." In: *Jakobson, Roman, and Halle, Morris. Fundamentals of Language*. The Hague: Mouton, 1956.

Jarrell, Randall. *The Complete Poems*. London: Faber and Faber, 1981.

Johnson, Mark, ed. *Philosophical Perspectives on Metaphor*. Minneapolis: University of Minnesota Press, 1981.

Jones, W. T. *A History of Western Philosophy: The Classical Mind*. New York: Harcourt

Brace Jovanovich, 1970.

Jostmann, Nils B., Lakens, Daniel, and Schubert, Thomas W. "Weight as an Embodi-ment of Importance." *Psychological Science* 20, 9, 2009, pp.1169-1174.

Juergens, Meike, et al. "Illness Beliefs before Cardiac Surgery Predict Disability, Quality of Life, and Depression 3 Months Later." *Journal of Psychosomatic Research*, in press.

Jung, Carl Gustav. *Jung on Active Imagination.* Key Readings Selected and Introduced by Joan Chodorow. London: Routledge, 1997.

Jung, Carl Gustav. "The Transcendent Function." In: Miller, Jeffrey C. *The Transcendent Function: Jung's Model of Psychological Growth through Dialogue with the Unconscious.* Albany: State University of New York Press, 2004.

Kadosh, Roi Cohen, et al. "Induced Cross-modal Synaesthetic Experience without Abnormal Neuronal Connections." *Psychological Science* 20, 2, 2009, pp.258-265.

Kafka, Franz. *The Great Wall of China and Other Short Works.* London: Penguin, 2002.

Kaplan, Fred. *Lincoln: The Biography of a Writer.* New York: HarperCollins, 2010.

Kassler, Jamie C., ed. *Metaphor: A Musical Dimension.* Sydney: Currency Press, 1991.

Katz, Albert N., Cacciari, Cristina, Gibbs, Raymond W., Jr., and Turner, Mark. *Figurative Language and Thought.* Oxford: Oxford University Press, 1998.

Kay, Aaron c., et al. "Material Priming: The Influence of Mundane Physical Objects on Situational Construal and Competitive Behaviour Choice." *Organizational Behavior and Human Decision Processes* 95, 2004, pp.83-96.

Kelly, Michael H., and Keil, Frank C. "Metaphor Comprehension and Knowledge of Semantic Domains." *Metaphor and Symbolic Activity* 2, 1, 1987, pp.33-52.

Kenneally, Christine. *The First Word: The Search for the Origins of Language.* New York: Viking, 2007.

Kennedy, George A. "Fenollosa, Pound and the Chinese Character." *Yale Literary Magazine* 126, 5, 1958, pp.24-36.

Kennedy, John M. "Metaphor in Pictures." *Perception* 11, 5, 1982, pp.589-605.

Kermode, Frank. *Wallace Stevens.* London: Faber and Faber, 1989.

Keysar, B., and Glucksberg, S. "Metaphor and Communication." *Poetics Today* 13,4, 1992, pp.633-658.

Keysar, B., Shen, Y, Glucksberg, S., and Horton, W. S. "Conventional Language: How Metaphorical Is It?" *Journal of Memory and Language* 43, 2000, pp.576-593.

Kilner, J. M., et al. "An Interference Effect of Observed Biological Movement on Action." *Current Biology* 13, 6, 2003, pp.522-525.

Kittay, Eva Feder. *Metaphor: Its Cognitive Force and Linguistic Structure*. Oxford: Clarendon Press, 1987.

Klamer, Arjo, and McCloskey, D. N. "One Quarter of GDP Is Persuasion." *American Economic Review* 92, 1995, pp.191-195.

Kleparski, Grzegorz A. "Hot Pants, Cold Fish and Cool Customers: The Search for Historical Metaphorical Extensions in the Realm of Temperature Terms." *Studia Anglica Resoviensia* 4, 2007, pp.100-118.

Knowles, Murray, and Moon, Rosamund. *Introducing Metaphor*. London and New York: Routledge, 2006.

Koestler, Arthur. *The Act of Creation*. London: Arkana, 1989.

Kogan, Nathan, Connor, Kathleen, Gross, Augusta, and Fava, Donald. "Understanding Visual Metaphor: Developmental and Individual Differences." *Monographs of the Society for Research in Child Development* 45, 1, Serial No. 183, 1980.

Koller, V. "'A Shotgun Wedding': Co-occurrence of War and Marriage Metaphors in Mergers and Acquisitions Discourse." *Metaphor and Symbol* 1, 7, 2003, pp.179-203.

Kopp, Richard R. *Metaphor Therapy: Using Client-Generated Metaphors in Psychotherapy*. London: Routiedge, 1995.

Kosslyn, Stephen M., Ganis, G., and Thompson, W. L. "Neural Foundations of Imagery." *Nature Reviews Neuroscience* 2, 2001, pp.635-642.

Kosslyn, Stephen M., and Thompson, William L. "Shared Mechanisms in Visual Imagery and Visual Perception: Insights from Cognitive Neuroscience." In: *The New Cognitive Neurosciences*. Michael S. Gazzaniga, editor in chief. Cambridge, MA: MIT Press, 2000, pp.975-985.

Kövecses, Zoltán. *Metaphor: A Practical Introduction*. Oxford: Oxford University Press, 2002.

Kreitman, Norman. *The Roots of Metaphor: A Multidisciplinary Study in Aesthetics*. Aldershot, UK: Ashgate, 1999.

Krennmayr, Tina. "When Do People Think Metaphorically?" The Eighth International Conference on Researching and Applying Metaphor, July 2010, Amsterdam.

Kristiansen, Gitte, Achard, Michel, Dirven, René, and Ruiz de Mendoza Ibanez, Francisco J. *Cognitive Linguistics: Current Applications and Future Perspectives*. Berlin: de Gruyter, 2006.

Kuhn, Thomas S. *The Structure of Scientific Revolutions*. Chicago: University of Chicago Press, 1970.

Kurath, Hans. *The Semantic Sources of the Words for the Emotions in Sanskrit, Greek, Latin and the Germanic Languages*. Menasha, WI: George Banta Publishing Co., 1921.

Lakoff, George. "The Contemporary Theory of Metaphor." In: *Metaphor and Thought*. Andrew Ortony, ed. Cambridge: Cambridge University Press, 1993, pp.202-251.

Lakoff, George. "Metaphor and War: The Metaphor System Used to Justify War in the Gulf." Available at http://www2.iath.virginia.ed u/sixties/HTML_docs/Texts/Scholarly/Lakoff_Gulf_Metaphor_1.html.

Lakoff, George. "Metaphor, Morality, and Politics: Or, Why Conservatives Have Left Liberals In the Dust." *Social Research* 62, 2, 1995, pp.177-214.

Lakoff, George. "Metaphors of Terror." In These Times, 2001. Available at http://www.press. uchicago.edu/News/911lakoff.html.

Lakoff, George. *Moral Politics: How Liberals and Conservatives Think*. Chicago: University of Chicago Press, 2002.

Lakoff, George, and Johnson, Mark. *Metaphors We Live By*. Chicago: University of Chicago Press, 2003.

Lakoff, George, and Johnson, Mark. *Philosophy in the Flesh: The Embodied Mind and Its Challenge to Western Thought*. New York: Basic Books, 1999.

Lakoff, George, and Nunez, Rafael E. *Where Mathematics Comes From: How the Embodied Mind Brings Mathematics into Being*. New York: Basic Books, 2000.

Lakoff, George, and Turner, Mark. *More than Cool Reason: A Field Guide to Poetic Metaphor*. Chicago: University of Chicago Press, 1989.

Landau, Mark J., et al. "Evidence that Self-Relevant Motives and Metaphoric Framing Interact to Influence Political and Social Attitudes." *Psychological Science* 20, 11, 2009, pp.1421-1427.

Langer, Suzanne K. *Philosophy in a New Key*. Cambridge, MA: Harvard University Press, 1996.

Lankton, Carol H., and Lankton, Stephen R. *Enchantment and Intervention in Family Therapy*. New York: Brunner/Mazel, 1986.

Lankton, Carol H., and Lankton, Stephen R. *Tales of Enchantment: Goal-Oriented Metaphors for Adults and Children in Therapy*. New York: Brunner/ Mazel, 1989.

Lautréamont, Comte de. *Les Chants du Maldoror*. New York: New Directions, 1966.

Lawley, James, and Tompkins, Penny. "Coaching with Metaphor." Available at http://www.cleanlanguage.co.uk/articles/articles/127/1/Coaching-with-Metaphor/Page1.html.

Lawley, James, and Tompkins, Penny. *Metaphors in Mind: Transformation through Symbolic Modelling*. London: Developing Company Press, 2000.

Leary, David E., ed. *Metaphors in the History of Psychology*. Cambridge: Cambridge University Press, 1990.

Leatherdale, W. H. *The Role of Analogy, Model and Metaphor in Science*. Amsterdam: North Holland Publishing Company, 1974.

Lee, Laurie. *Cider with Rosie*. London: Vintage Books, 2002.

Lee, Spike W. S., and Schwarz, Norbert. "Washing Away Postdecisional Dissonance." *Science* 328, 7 May 2010, p.709.

Lem, Stanislaw. *The Futurological Congress*. Orlando, FL: Harcourt, Inc., 1974.

Leslie, A. M. "Pretense and Representation: The Origins of 'Theory of Mind.'" *Psychological Review* 94, 1987, pp.412-426.

Lettvin, J. Y., Maturana, H. R., McCulloch, w. S., and Pitts, W. H. "What the Frog's Eye Tells the Frog's Brain." *Proceedings of the IRE* 47, 11, 1959, pp.1940-1959.

Levav, Jonathan, and Fitzsimons, Gavan J. "When Questions Change Behavior: The Role of Ease of Representation." *Psychological Science* 17, 3, 2006, pp.207-213.

Levi-Strauss, Claude. *The Savage Mind*. London: Weidenfeld and Nicolson, 1962.

Lewis, C. S. "Bluspels and Flalansferes." In: *Rehabilitations and Other Essays*. London: Oxford University Press, 1939, pp.135-158.

Li, Xiuping, Wei, Liyuan, and Soman, Dilip. "Sealing the Emotions Genie: The Effects of Physical Enclosure on Psychological Closure." *Psychological Science*, July 9, 2010, doi: 10.1177/0956797610376653.

Liljenquist, Katie, Zhong, Chen-Bo, and Galinsky, Adam D. "The Smell of Virtue: Clean Scents Promote Reciprocity and Charity." *Psychological Science* 21, 5, 2010, pp.381-383.

Locke, John. *An Essay Concerning Human Understanding*. Available at http://oregonstate.edu/instruct/phl302/texts/locke/locke1/Essay contents.html.

Lodge, David. *The Modes of Modern Writing: Metaphor, Metonymy, and the Typology of Modern Literature*. London: Edward Arnold, 1977.

Loetscher, T., et al. "Eye Position Predicts What Number You Have in Mind." *Current Biology* 20, 6, pp.264-265.

Loue, Sana. *The Transformative Power of Metaphor in Therapy.* New York: Springer, 2008.

Lucretius. *On the Nature of the Universe.* Available at http://c1assics.mit.edu/Carus/nature_things.html.

MacCormac, Earl. *A Cognitive Theory of Metaphor.* Cambridge, MA: MIT Press, 1985.

MacGregor, D. G., Slovic, P., Dreman, D., and Berry, M. "Imagery, Affect, and Financial Judgment." *Journal of Psychology and Financial Markets* 1, 2, 2000, pp.104-110.

Mac Niece, Louis. *Varieties of Parable.* Cambridge: Cambridge University Press, 1965.

Malgady, R. G. "Children's Interpretation and Appreciation of Similes." *Child Development* 48, 4, 1977, pp.1734-1738.

Marcus, Solomon. "Fifty-two Oppositions between Scientific and Poetic Communication." In: *Pragmatic Aspects of Human Communication.* C. Cherry, ed. Dordrecht, The Netherlands: Reidel, 1974, pp.83-96.

Mark, Margaret, and Pearson, Carol S. *The Hero and the Outlaw: Building Extraordinary Brands through the Power of Archetypes.* New York: McGraw-Hill, 2001.

Marks, Lawrence E. "Bright Sneezes and Dark Coughs, Loud Sunlight and Soft Moonlight." *Journal of Experimental Psychology: Human Perception and Performance* 8, 2, 1982, pp.177-193.

Marks, Lawrence E. "On Associations of Light and Sound: The Mediation of Brightness, Pitch, and Loudness." *American Journal of Psychology* 87, 112, 1974, pp.173-188.

Marks, Lawrence E. "On Perceptual Metaphors." *Metaphor and Symbolic Activity* 11, 1, 1996, pp.39-66.

Marks, Lawrence E, et al. "Perceiving Similarity and Comprehending Metaphor." *Monographs of the Society for Research in Child Development* 52, 1, 1987, pp.1-100.

Martin, Emily. *The Woman in the Body: A Cultural Analysis of Reproduction.* Boston: Beacon Press, 1992.

Matlock, T., Ramscar, M., and Boroditsky, L. "On the Experiential Link Between Spatial and Temporal Language." *Cognitive Science* 29, 2005, pp.655-664.

Matsuki, Keiko. "Metaphors of Anger in Japanese." In: *Language and the Cognitive Construal of the World.* John R. Taylor and Robert E. MacLaury, eds. Berlin: de Gruyter, 1995, pp.137-15l.

Maturana, Humberto R., and Varela, Francisco J. *The Tree of Knowledge: The Biological Roots of Human Understanding*. Boston: Shambhala, 1998.

McCloskey, Deirdre N. "Metaphors Economists Live By." *Social Research* 62, 2, 1995, pp.215-237.

McCloskey, Deirdre N. *The Rhetoric of Economics*. Second edition. Madison: University of Wisconsin Press, 1998.

McCulloch, K. c., Ferguson, M. J., Kawada, C. C. K., and Bargh, J. A. "Taking a Closer Look: On the Operation of Nonconscious Impression Formation." *Journal of Experimental Social Psychology* 44, 2008, pp.614-623.

McCulloch, Warren S. *Embodiments of Mind*. Cambridge, MA: MIT Press, 1965.

McCune-Nicolich, Lorraine. "Toward Symbolic Functioning: Structure of Early Pretend Games and Potential Parallels with Language." *Child Development* 52, 3, 1981, pp.785-797.

McFague, Sallie. *Metaphorical Theology: Models of God in Religious Language*. Philadelphia: Fortress Press, 1982.

McFague, Sallie. *Speaking in Parables: A Study in Metaphor and Theology*. London: SCM Press, 2002.

McGeoch, Paul D., Brang, David, and Ramachandran, V. S. "Apraxia, Metaphor, and Mirror Neurons." *Medical Hypotheses* 69, 2007, pp.1165-1168.

McGlone, M. S. "Conceptual Metaphors and Figurative Language Understanding." *Journal of Memory and Language* 35, 4, 1996, pp.544-565.

McKellin, William H. "Allegory and Inference: Intentional Ambiguity in Managalese Negotiations." In: *Disentangling: Conflict Discourse in Pacific Societies*. Karen Ann Watson-Gegeo and Geoffrey M. White, eds. Stanford, CA: Stanford University Press, 1990, pp.335-363.

McKellin, William H. "Putting Down Roots: Information in the Language of Managalese Exchange." In: *Dangerous Words: Language and Politics in the Pacific*. Donald Lawrence Brenneis and Fred R. Myers, eds. New York: New York University Press, 1984, pp.108-127.

McMullen, Linda M. "Metaphor and Psychotherapy." In: *The Cambridge Handbook of Metaphor and Thought*. Raymond W. Gibbs Jr., ed. Cambridge: Cambridge University Press, 2008, pp.397-411.

McNeill, David. *Gesture and Thought*. Chicago and London: University of Chicago Press, 2005.

McNeill, David. *Hand and Mind: What Gestures Reveal about Thought.* Chicago and London: University of Chicago Press, 1992.

McPherson, James M. *Abraham Lincoln and the Second American Revolution.* New York and Oxford: Oxford University Press, 1990.

McQuarrie, Edward F., and Mick, David Glen. "Figures of Rhetoric in Advertising Language." *Journal of Consumer Research* 22, 4, 1996, pp.424-438.

Meier, Brian P., et al. "What's 'Up' with God? Vertical Space as a Representation of the Divine." *Journal of Personality and Social Psychology* 93, 5, 2007, pp.699-710.

Meier, Brian P., and Dionne, Darah. "Downright Sexy: Verticality, Implicit Power, and Perceived Physical Attractiveness." *Social Cognition* 27, 6, 2009, pp.883-892.

Meier, Brian P., and Robinson, Michael D. "Does 'Feeling Down' Mean Seeing Down? Depressive Symptoms and Vertical Selective Attention." *Journal of Research in Personality* 40, 2006, pp.451-461.

Meier, Brian P., and Robinson, Michael D. "The Metaphorical Representation of Affect." *Metaphor and Symbol* 20, 4, 2005, pp.239-257.

Meier, Brian P., and Robinson, Michael D. "Why the Sunny Side Is Up: Associations Between Affect and Vertical Position." *Psychological Science* 15, 2004, pp.243-247.

Meier, Brian P., Robinson, Michael D., and Caven, Andrew J. "Why a Big Mac Is a GoodMac: Associations Between Affect and Size." *Basic and Applied Social Psychology* 30, 2008, pp.46-55.

Meier, Brian P., Robinson, Michael D., and Clore, Gerald L. "Why Good Guys Wear White: Automatic Inferences about Stimulus Valence Based on Brightness." *Psychological Science* 15, 2, 2004, pp.82-87.

Mencius. *Mencius.* Translated by D. C. Lau. New York: Penguin, 1970.

Merwin, W. S. *East Window: The Asian Translations.* Port Townsend, WA: Copper Canyon Press, 1998.

Miall, David S., ed. *Metaphor: Problems and Perspectives.* Brighton, UK: Harvester Press, 1982.

Mieder, Wolfgang. *Yes We Can: Barack Obama's Proverbial Rhetoric.* New York: Peter Lang, 2009.

Mieder, Wolfgang, and Dundes, Alan, eds. *The Wisdom of Many: Essays on the Proverb.* Madison: University of Wisconsin Press, 1994.

Miles, Lynden K., Nind, Louise K., and Macrae, C. Neil. "Moving through Time." *Psychological Science* 21, 1, 2010, pp.1-2.

Miller, Jeffrey C. *The Transcendent Function: Jung's Model of Psychological Growth through Dialogue with the Unconscious*. Albany: State University of New York Press, 2004

Mobbs, D., Greicius, M., Abdel-Azim, E., Menon, V., and Reiss, A. "Humor Modulates the Mesolimbic Reward Centers." *Neuron* 40, 5, pp.1041-1048.

Moll, J., et aI. "The Moral Affiliations of Disgust: A Functional MRI Study." *Cognitive and Behavioral Neurology* 18, 1, 2005, pp.68-78.

Monye, Ambrose Adikamkwu. *Proverbs in African Orature: The Aniocha-Igbo Experience*. Lanham, MD: University Press of America, 1996.

Mooij, J. J. A. *A Study of Metaphor: On the Nature of Metaphorical Expressions, with Special Reference to Their Reference*. Amsterdam: North Holland Publishing Company, 1976.

Morgan, Gareth. *Images of Organization*. Beverly Hills, CA: Sage Publications, 1986.

Morgan, Gareth. *Imaginization: New Mindsets for Seeing, Organizing, and Managing*. Thousand Oaks, CA: Sage Publications, 1997.

Morris, Michael W., Sheldon, Oliver J., Ames, Daniel R., and Young, Maia J. "Metaphors and the Market: Consequences and Preconditions of Agent and Object Metaphors in Stock Market Commentary." *Organizational Behavior and Human Decision Processes* 102, 2, 2007, pp.174-192.

Morris, William, and Morris, Mary. *Dictionary of Word and Phrase Origins*. New York: HarperCollins, 1988.

Morse, Samuel French. *Wallace Stevens: Life as Poetry*. New York: Pegasus, 1970.

Morwitze, V. G., Johnson, Eric, and Schmittlein, David. "Does Measuring Intent Change Behavior?" *Journal of Consumer Research* 20, 1993, pp.46-61

Müller, Cornelia. *Metaphors Dead and Alive, Sleeping and Waking: A Dynamic View*. Chicago: University of Chicago Press, 2008.

Mussweiler, Thomas, and Strack, Fritz. "Comparing Is Believing: A Selective Accessibility Model ofJudgmental Anchoring." In: *European Review of Social Psychology* 10, 1999, pp.135-167.

Mussweiler, Thomas, and Strack, Fritz. "Hypothesis-Consistent Testing and Semantic Priming in the Anchoring Paradigm: A Selective Accessibility Model." *Journal of Experimental Social Psychology* 35, 1999, pp.136-164.

Nagel, Thomas. "What is It Like to Be a Bat?" *Philosophical Review* 83, 1974, pp. 435-450.

Napier, John. *Hands*. Revised by Russell H. Tuttle. Princeton, NJ: Princeton University Press, 1993.

Newman, James R., ed. *The World of Mathematics*. Volume 2. Mineola, NY: Dover, 2000.

Nietzsche, Friedrich. "On Truth and Falsity in Their Ultramoral Sense." In: *The Complete Works of Friedrich Nietzsche*. Oscar Levy, ed. New York: MacMillan, 1911, pp.183-184.

Nolan, Vincent. *The Innovator's Handbook*. London: Sphere Books Ltd., 1990.

Noveck, Ira A. "The Costs and Benefits of Metaphor." *Metaphor and Symbol* 16, 1/2, 2001, pp.109-121.

Nwachukwu-Agbada, J. O. J. "The Proverb in the Igbo Milieu." *Anthropos* 89, 1994, pp.194-200.

Nyce, James M., and Kahn, Paul, eds. *From Memex to Hypertext: Vannevar Bush and the Mind's Machine*. Boston: Academic Press, 1991.

O'Brien, Gerald V. "Indigestible Food, Conquering Hordes, and Waste Materials: Metaphors of Immigrants and the Early Immigration Restriction Debate in the United States." *Metaphor and Symbol* 18, 1, 2003, pp.33-47.

Oden, D. L., Thompson, R. K. R., and Pre mack, D. "Infant Chimpanzees Spontaneously Perceive Both Concrete and Abstract Same/Different Relations." *Child Development* 61, 3, 1990, pp.621-631.

Olson, J., Waltersdorff, K., and Forr, J. "Incorporating Deep Customer Insights in the Innovation Process." Available online.

Oppenheimer, Robert. "Analogy in Science." *American Psychologist* 11, 3, 1956, pp.127-135.

Ortony, Andrew, ed. "Beyond Literal Similarity." *Psychological Review* 86, 3, 1979, pp.161-180.

Ortony, Andrew, ed. *Metaphor and Thought*. Cambridge: Cambridge University Press, 1993.

Ortony, Andrew, ed. "Why Metaphors Are Necessary and Not Just Nice." *Educational Theory* 25, 1, 1975, pp.45-53.

Ortony, Andrew, and Fainsilber, Lynn. "The Role of Metaphors in Descriptions of Emotions." In: *Theoretical Issues in Natural Language Processing*. Proceedings of the 1987 Workshop on Theoretical Issues in Natural Language Processing, 1986, pp.181-184.

Ortony, Andrew, et al. "Metaphor: Theoretical and Empirical Research." Cambridge, MA: Bolt, Beranek and Newman, Inc., *Technical Report* No. 27, 1977.

Orwell, George. "Politics and the English Language." In: *Why I Write*. London: Penguin Books, 1984.

Osborn, Alex F. *Applied Imagination: Principles and Procedures of Creative Problem-Solving*. New York: Charles Scribner's Sons, 1963.

Parini, Jay. *Robert Frost: A Life*. London: Pirnlico, 2001.

Parini, Jay. *Why Poetry Matters*. New Haven and London: Yale University Press, 2008.

Penfield, Joyce, and Duru, Mary. *Communicating with Quotes: The Igbo Case*. Westport, CT: Greenwood Press, 1983.

Penfield, Joyce, and Duru, Mary. "Proverbs: Metaphors that Teach." *Anthropological Quarterly* 61, 3, 1988, pp.119-128.

Penn, David. "Getting Animated About Emotion." A talk delivered at the European Society for Opinion and Marketing Research Congress 2008, Montreal, September 22, 2008.

Piaget, Jean. *The Language and Thought of the Child*. London: Routledge & Kegan Paul, 1960.

Piaget, Jean. *Play, Dreams and Imitation in Childhood*. London: Routledge & Kegan Paul, 1962.

Piller, Ingrid. "Extended Metaphor in Automobile Fan Discourse." *Poetics Today* 20, 3, 1999, pp.483-498.

Pinker, Steven. *How the Mind Works*. London: Allen Lane, 1998.

Pinker, Steven. *The Stuff of Thought*. London: Allen Lane, 2007.

Poincaré, Henri. *The Foundations of Science*. Lancaster, PA: The Science Press, 1946.

Polya, George. *How to Solve It*. London: Penguin Books, 1990.

Polya, George. *Mathematics and Plausible Reasoning*. Vol. 1: *Induction and Analogy in Mathematics*. Vol. 2: *Patterns of Plausible Inference*. Oxford: Oxford University Press, 1954.

Pragglejaz Group. "A Practical and Flexible Method for Identifying Metaphorically Used Words in Discourse." *Metaphor and Symbol* 22, 1, 2007, pp.1-39.

Premack, D., and Woodruff, G. "Does the Chimpanzee Have a Theory of Mind?" *Behavioral and Brain Sciences* 4, 1978, pp.515-526.

Prince, George. *The Practice of Creativity: A Manual for Dynamic Group Problem*

Solving. New York: Harper & Row, 1970.

Proulx, Travis, and Heine, Steven J. "Connections from Kafka: Exposure to Meaning Threats Improves Implicit Learning of an Artificial Grammar." *Psychological Science* 20, 9, 2009, pp.1125-113l.

Punter, David. *Metaphor*. London: Routledge, 2007.

Quian Quiroga, R., et al. "Invariant Visual Representation by Single Neurons in the Human Brain." *Nature* 435, 2005, pp.1102-1107.

Quintilian. The Institutes. Available at http://www2.iastate.edu/~honeyllquintilian/8/chapter6. html#4.

Quong, Rose. *Chinese Written Characters: Their Wit and Wisdom*. Boston: Beacon Press, 1973.

Ramachandran, Vilayanur S. "Broken Mirrors: A Theory of Autism." *Scientific American*, November 2006, pp.62-69.

Ramachandran, Vilayanur S., and Hubbard, Edward M. "Hearing Colors, Tasting Shapes." *Scientific American*, May 2003, pp.17-23.

Ramachandran, Vilayanur S., and Hubbard, Edward M. "Neural Cross Wiring and Synesthesia." *Journal of Vision* 1, 3, 200l. http://www.journalofvision.org/content/1/3/67.

Ramachandran, Vilayanur S., and Hubbard, Edward M. "Synesthesia: A Window into Perception, Thought, and Language." *Journal of Consciousness Studies* 8, 12, 2001, pp.3-34.

Rapp, Alexander M., et al. "Neural Correlates of Metaphor Processing." *Cognitive Brain Research* 20, 2004, pp.395-402.

Rattan, Aneeta, and Eberhardt, Jennifer L. "The Role of Social Meaning in Inattentional Blindness: When the Gorillas in Our Midst Do Not Go Unseen." *Journal of Experimental Social Psychology*, in press.

Raudsepp, Eugene. "Synectics." In: *Metaphor and Metaphorology: A Selective Genealogy of Philosophical and Linguistic Conceptions of Metaphor from Aristotle to the 1990s*. Miriam Taverniers, ed. Ghent, Belgium: Academia Press, 2002.

Reddy, M. J. "The Conduit Metaphor: A Case of Frame Conflict in Our Language about Language." In: *Metaphor and Thought*. Second edition. A. Ortony, ed. Cambridge: Cambridge University Press, 1993, pp.164-20l.

Rehder, Robert. *Stevens, Williams, Crane and the Motive for Metaphor*. Hampshire, UK: Palgrave MacMillan, 2005.

Richards, I. A. *The Philosophy of Rhetoric*. Oxford: Oxford University Press, 1965.

Ricoeur, Paul. *The Rule of Metaphor*. London: Routledge & Kegan Paul, 2004.

Rimbaud, Arthur. *Complete Works*. Translated by Paul Schmidt. New York: Harper Colophon Books, 1976.

Rizzolatti, Giacomo, and Arbib, Michael A. "Language Within Our Grasp." *Trends in Neuroscience* 21, 1998, pp.188-194.

Rizzolatti, Giacomo, and Craighero, L. "The Mirror-Neuron System." *Annual Review of Neuroscience* 27, 2004, pp.169-192.

Rizzolatti, Giacomo, Fogassi, L., and Gallese, V. "Mirror Neurons in the Mind." *Scientific American*, November 2006, pp.54-69.

Robb, Graham. *Rimbaud*. London: Picador, 2000.

Roberts, Richard M., and Kreuz, Roger]. "Why Do People Use Figurative Language?" *Psychological Science* 5, 1994, pp.159-163.

Rogers, James. *The Dictionary of Cliches*. New York: Ballantine Books, 1987.

Rogers, Tim B. "Proverbs as Psychological Theories ... Or Is It the Other Way Around?" *Canadian Psychology* 31, 3, 1990, pp.195-207.

Root-Bernstein, Robert, and Root-Bernstein, Michele. *Sparks of Genius: The Thirteen Thinking Tools of the World's Most Creative People*. Boston: Houghton Mifflin, 1999.

Rothbart, Daniel. *Explaining the Growth of Scientific Knowledge: Metaphors, Models, and Meanings*. Lewiston, NY: Edwin Mellen Press, 1997.

Russell, Bertrand. *The Scientific Outlook*. London: Routledge, 2009.

Rutchick, Abraham M., Slepian, Michael L., and Ferris, Bennett D. "The Pen Is Mightier than the Word: Object Priming of Evaluative Standards." *European Journal of Social Psychology* 40, 5, 2010, pp.704-708.

Sacks, Sheldon, ed. *On Metaphor*. Chicago and London: University of Chicago Press, 1979.

Sakamoto, Maki, and Utsumi, Akira. "Cognitive Effects of Synesthetic Metaphors Evoked by the Semantic Interaction." *Proceedings of the 31 st Annual Meeting of the Cognitive Science Society*, 2009, pp.1593-1598.

Scannell, Vernon. *Collected Poems, 1950-1993*. London: Faber and Faber, 2010.

Schaeffer, John D. *Sensus Communis: Vico, Rhetoric, and the Limits of Relativism*. Durham, NC, and London: Duke University Press, 1990.

Schmidt, Christopher M. "Metaphor and Cognition: A Cross-Cultural Study of Indigenous and Universal Constructs in Stock Exchange Reports." *Intercultural*

Communication 5, 2002. http://www.immi.se/intercultural.

Scholes, Robert, Comley, Nancy R., and Ulmer, Gregory L. *Text Book: An Introduction to Literary Language*. New York: St. Martin's Press, 1988.

Scholl, B. J., and Tremoulet, P. D. "Perceptual Causality and Animacy." *Trends in Cognitive Sciences* 4, 8, 2000, pp.299-309.

Schorn, Robert, Tappeiner, Gottfried, and Walde, Janette. "Analyzing 'Spooky Action at a Distance' Concerning Brand Logos." *Innovative Marketing* 2, 1, 2006, pp.45-60.

Schubert, Thomas W. "The Power in Your Hand: Gender Differences in Bodily Feedback from Making a Fist." *Personality and Social Psychology Bulletin* 30, 6, 2004, pp.757-769.

Schubert, Thomas W. "Your Highness: Vertical Positions as Perceptual Symbols of Power." *Journal of Personality and Social Psychology* 89, 2005, pp.1-21.

Schubert, Thomas W., and Kooleb, Sander L. "The Embodied Self: Making a Fist Enhances Men's Power-related Self-conceptions." *Journal of Experimental Social Psychology* 45, 2009, pp.828-834.

Scitovsky, Tibor. *The Joyless Economy: The Psychology of Human Satisfaction*. Oxford: Oxford University Press, 1992.

Scruton, Roger. *The Aesthetics of Music*. Oxford: Oxford University Press, 1999.

Seitz, Jay A. "The Development of Metaphoric Understanding: Implications for a Theory of Creativity." *Creativity Research Journal* 10, 4, 1997, pp.347-353.

Semino, E. "A Sturdy Baby or a Derailing Train? Metaphorical Representations of the Euro in British and Italian Newspapers." *Text* 22, 1, 2002, pp.107-139.

Sewell, Elizabeth. *The Human Metaphor*. Notre Dame, IN: University of Notre Dame Press, 1964.

Shah, Idries. *The Exploits of the Incomparable Mulla Nasrudin*. London: Picador, 1973.

Sheehy, Noel, Chapman, Antony J., and Conroy, Wendy A. *Biographical Dictionary of Psychology*. London: Taylor & Francis, 1997.

Shelley, Percy Bysshe. "In Defence of Poetry." In: *Political Tracts of Wordsworth, Coleridge and Shelley*. R. J. White, ed. Cambridge: Cambridge University Press, 1953.

Shen, Yeshayahu. "Cognitive Aspects of Metaphor Comprehension: An Introduction." *Poetics Today* 13, 4, 1992, pp.567-574.

Shen, Yeshayahu, and Cohen, Michael. "How Come Silence Is Sweet but Sweetness Is Not Silent: A Cognitive Account of Directionality in Poetic Synesthesia." *Language and Literature* 7, 2, 1998, pp.123-140.

Shen, Yeshayahu, and Eisenamn, Ravid. "Heard Melodies Are Sweet, but Those Unheard

Are Sweeter: Synaesthesia and Cognition." *Language and Literature* 17, 2, 2008, pp.101-12l.

Sherman, Gary D., and Clore, Gerald L. "The Color of Sin: White and Black Are Perceptual Symbols of Moral Purity and Pollution." *Psychological Science* 20, 8, 2009, pp.1019-1025.

Shibata, M., Abe, J., Terao, A., and Miyamoto, T. "Neural Mechanisms Involved in the Comprehension of Metaphoric and Literal Sentences: An fMRI Study." *Brain Research* 1166, 2007, pp.92-102.

Shibles, Warren. *Essays on Metaphor*. Whitewater, WI: The Language Press, 1972.

Shklovsky, Victor. "Art as Technique." In: *Russian Formalist Criticism: Four Essays*. Translated and with an Introduction by Lee T. Melon and Marion J. Reis. Lincoln and London: University of Nebraska Press, 1965.

Siegelman, Ellen Y. *Metaphor and Meaning in Psychotherapy*. New York and London: Guilford Press, 1990.

Siler, Todd. *Think like a Genius: Use Your Creativity in Ways That Will Enrich Your Life*. London: Bantam Press, 1996.

Skeat, Walter W. *Concise Dictionary of English Etymology*. London: Wordsworth Reference, 2007.

Skelton J. R., et al. "A Concordance-based Study of Metaphoric Expressions Used by General Practitioners and Patients in Consultation." *British Journal of General Practice* 52, 475, 2002, pp.114-118.

Skorczynska, H., and Deignan, A. "Readership and Purpose in the Choice of Economics Metaphor." *Metaphor and Symbol* 21, 2, 2006, pp.87-104.

Slepian, M. L., Weisbuch, M., Rutchick, A. M., Newman, L.S., and Ambady, N. "Shedding Light on Insight: Priming Bright Ideas." *Journal of Experimental Social Psychology* 46, 2010, pp.696-700.

Smith, G. P. "How High Can a Dead Cat Bounce?: Metaphor and the Hong Kong Stock Market." *Organizational Behavior and Human Decision Processes* 18, 1995, pp.43-57.

Smith, J. W. A. "Children's Comprehension of Metaphor: A Piagetian Interpretation." *Language and Speech* 19, 3, 1976, pp.236-243.

Smith, P. K., Dijksterhuis, A., and Chaiken, S. "Subliminal Exposure to Faces and Racial Attitudes: Exposure to Whites Makes Whites Like Blacks Less." *Journal of Experimental Social Psychology* 44, 2008, pp.50-64.

Sommer, Elyse, with Dorrie Weiss. *Metaphors Dictionary*. Canton, MI: Visible Ink Press, 2001.

Sontag, Susan. *AIDS and Its Metaphors*. New York: Farrar, Straus and Giroux, 1989.

Sontag, Susan. *Illness as Metaphor*. New York: Random House, 1983.

Soskice, Janet Martin. *Metaphor and Religious Language*. Oxford: Clarendon Press, 1987.

Spall B., et al. "Metaphor: Exploring Its Origins and Therapeutic Use in Death, Dying and Bereavement." *International Journal of Palliative Nursing* 7, 7, 2001, pp.345-353.

Speer, Nicole K., et aL "Reading Stories Activates Neural Representations of Visual and Motor Experiences." *Psychological Science* 20, 8, 2009, pp.989-999.

Spitzer, Michael. *Metaphor and Musical Thought*. Chicago: University of Chicago Press, 2004.

Stalder, Daniel R. "The Power of Proverbs: Dissonance Reduction through Common Sayings." *Current Research in Social Psychology* 15, 2009, pp.72-81.

Stapledon, Olaf. *Star Maker*. London: Victor Gollancz Books, 200l.

Steen, G. J. "What Counts as a Metaphorically Used Word? The Pragglejaz Experience." In: *The Literal and Nonliteral in Language and Thought*. Seanna Coulson and Barbara Lewandowska-Tomasczyk, eds. Berlin: Peter Lang, 2005, pp.299-322.

Stepper, S., and Strack, F. "Proprioceptive Determinants of Emotional and Nonemotional Feelings." *Journal of Personality and Social Psychology*, 64, 1993, pp.211-220.

Stern, Josef. *Metaphor in Context*. Cambridge, MA: MIT Press, 2000.

Stevens, Wallace. *The Necessary Angel: Essays on Reality and the Imagination*. New York: Vintage Books, 1951.

Stevens, Wallace. *Opus Posthumous*. New York: Vintage Books, 1982.

Stoett, F. A. *Klein Spreekwoordenboek der Nederlandse Taal*. Zutphen, The Netherlands: Thieme-Zutphen, 1984.

Strack, F., Martin, L. L., and Schwarz, N. "Priming and Communication: Social Determinants of Information Use in Judgments of Life Satisfaction." *European Journal of Social Psychology* 18, 1988, pp.429-442.

Strick, Madelijn, et al. "Finding Comfort in a Joke: Consolatory Effects of Humor through Cognitive Distraction." *Emotion* 9, 4, 2009, pp.574-578.

Stroop, J. Ridley. "Studies of Interference in Serial Verbal Reactions." *Journal of Experimental Psychology* 18, 1935, pp.643-662.

Stuart-Hamilton, Ian. *An Asperger Dictionary of Everyday Expressions*. London and Philadelphia: Jessica Kingsley Publishers, 2007.

Stubbs, John. *Donne: The Reformed Soul*. London: Penguin, 2006.

Sturluson, Snorri. *The Prose Edda*. Translated with an Introduction and Notes by Jesse L. Byock. London: Penguin, 2005.

Sullivan, Wendy, and Rees, Judy. *Clean Language: Revealing Metaphors and Opening Minds*. Carmarthen, Wales: Crown House Publishing, 2008.

Sweetser, Eve. *From Etymology to Pragmatics: Metaphorical and Cultural Aspects of Semantic Structure*. Cambridge: Cambridge University Press, 1990.

Tammet, Daniel. *Born on a Blue Day: A Memoir of Asperger's and an Extraordinary Mind*. London: Hodder & Stoughton, 2007.

Tammet, Daniel. *Embracing the Wide Sky: A Tour Across the Horizons of the Mind*. London: Hodder & Stoughton Ltd, 2009.

Taub, Sarah F. *Language from the Body: Iconicity and Metaphor in American Sign Language*. Cambridge: Cambridge University Press, 2004.

Taverniers, Miriam. *Metaphor and Metaphorology: A Selective Genealogy of Philosophical and Linguistic Conceptions of Metaphor From Aristotle to the 1990s*. Ghent, Belgium: Academia Press, 2002.

Thaler, Richard H., and Sunstein, Cass R. *Nudge: Improving Decisions about Health, Wealth and Happiness*. New Haven and London: Yale University Press, 2008.

Thompson, Philip, and Davenport, Peter. *The Dictionary of Visual Language*. London: Penguin, 1982.

Tompkins, Penny, and Lawley, James. "And, What Kind of a Man Is David Grove?" Rapport 33, 1996. Available at www.cleanlanguage.co.uk/articles/articles/37/1/And-what-kind-of-a-an-isDavid-Grove/Page1.html.

Tompkins, Penny, and Lawley, James. "The Mind, Metaphor and Health." Available at http://www.cleanlanguage.co.uk/articles/articles/23/1/The-Mind-Metaphor-and-Health/ Page1.html.

Torralboa, Ana, Santiago, Julio, and Lupiáñez, Juan. "Flexible Conceptual Projection of Time onto Spatial Frames of Reference." *Cognitive Science* 30, 2006, pp.745-757.

Tourangeau, Roger. "Metaphor and Cognitive Structure." In: *Metaphor: Problems and Perspectives*. David S. Miall, ed. Brighton, UK: The Harvester Press, 1982, pp.28-31.

Tourangeau, Roger, and Rips, Lance. "Interpreting and Evaluating Metaphors."

Journal of Memory and Language 30, 4, 1991, pp.452~472.

Tourangeau, Roger, and Sternberg, Robert J. "Understanding and Appreciating Metaphors." *Cognition* 11, 3, 1982, pp.203~244.

Turbayne, Colin Murray. *The Myth of Metaphor*. Columbia: University of South Carolina Press, 1970.

Turner, Mark. *The Literary Mind*. Oxford: Oxford University Press, 1998.

Tversky, Amos. "Features of Similarity." In: Tversky, Amos. *Preference, Belief, and Similarity: Selected Writings*. Eldar Shafir, ed. Cambridge, MA: MIT Press, 2004.

Upanishads. The text of the Chhandogya Upanishad is at the Vedanta Spiritual Library: http://www.celextel.org/108upanishads/chandogya.html?page= 6.

Valenzuela, Javier, and Soriano, Cristina. "Cognitive Metaphor and Empirical Methods." *Barcelona English Language and Literature Studies* 14, 2005, pp.1~19.

Valenzuela, Javier, and Soriano, Cristina. "Looking at Metaphors: A Picture-Word Priming Task as a Test for the Existence of Conceptual Metaphor." Fifth Annual AELCO/SCOLA Conference, University of Zaragoza, Spain, 2004.

Valenzuela, Javier, and Soriano, Cristina. "Reading Anger Stories: A Lexical Decision Task as a Test for the Existence of Metaphorical Representation." In: *Language, Mind and the Lexicon*. I. Ibarretxe-Antuñano, C. Inchaurralde, and J.-M. Sanchez-Garcia, eds. Frankfurt: Peter Lang, 2007, pp.281~303.

Van Teeffelen, Toine. "(Ex)communicating Palestine: From Best-Selling Terrorist Fiction to Real-Life Personal Accounts." *Studies in the Novel* 36, 3, 2004, pp.438~459.

Van Teeffelen, Toine. "Racism and Metaphor: The Palestinian-Israeli Conflict in Popular Literature." *Discourse & Society* 5, 3, 1994, pp.381~405.

Vickers, Brian, ed. *Occult and Scientific Mentalities in the Renaissance*. Cambridge: Cambridge University press, 1984.

Vico, Giambattista. *The Art of Rhetoric (Institutiones Oratoriae)*. Giorgio A. Pinton and Arthur W. Shippee, translators and editors. Amsterdam: Rodopi, 1996.

Vico, Giambattista. *New Science*. London: Penguin Classics, 2001.

Vieilledent, Stephane, Kosslyn, Stephen M., Berthoz, Alain, and Giraudo, Marie Dominique. "Does Mental Simulation of Following a Path Improve Navigation Performance Without Vision?" *Cognitive Brain Research* 16, 2003, pp.238~249.

Von Ghyczy, Tihamer. "The Fruitful Flaws of Strategy Metaphors." *Harvard Business Review*, September 2003, pp.86~93.

Vosniadou, Stella. "Children and Metaphors." *Child Development* 58, 1987, pp.870~885.

Vosniadou, Stella. "The Emergence of the Literal-Metaphorical-Anomalous Distinction in Young Children." *Child Development* 54, 1983, pp.154-16l.

Vosniadou, Stella, and Ortony, Andrew, eds. *Similarity and Analogical Reasoning.* Cambridge: Cambridge University Press, 1989.

Vosniadou, Stella, Ortony, A., Reynolds, R. E., and Wilson, P. T. "Sources of Difficulty in Children's Comprehension of Metaphorical Language." *Child Development* 55, 1984, pp.1588-1607.

Vygotsky, Lev Semenovich. *Thought and Language.* Translated by Eugenia Hanfmann and Gertrude Vakar. Cambridge, MA: MIT Press, 1972.

Wagner, Sheldon, et al. "'Metaphorical' Mapping in Human Infants." *Child Development* 52, 2, 1981, pp.728-731.

Walker, Caitlin. "Breathing in Blue by Clapton Duck Pond: Facilitating Pattern Detection with 'At-Risk' Teenagers." *Counselling Children and Young People*, 2006.

Wallas, Graham. *The Art of Thought.* London: Watts & Co., 1949.

Watson, Karli K., Matthews, Benjamin J., and Allman, John M. "Brain Activation during Sight Gags and Language-Dependent Humor." *Cerebral Cortex* 17, 2, 2007, pp.314-324.

Whaley, Bryan B. "When 'Try, Try Again' Turns to 'You're Beating a Dead Horse': The Rhetorical Characteristics of Proverbs and their Potential for Influencing Therapeutic Change." *Metaphor and Symbolic Activity* 8, 2, 1993, pp.127-139.

Wheelwright, Philip. *The Burning Fountain: A Study in the Language of Symbolism.* Bloomington and London: Indiana University Press, 1968.

Wheelwright, Philip. *Metaphor and Reality.* Bloomington: Indiana University Press, 1964.

White, Michael. "The Use of Metaphor in Reporting Financial Market Transactions." *Cuadernos de Filologia Inglesa* 612, 1997, pp.233-245.

White, Roger M. *The Structure of Metaphor: The Way the Language of Metaphor Works.* Cambridge, MA: Blackwell, 1996.

Whitworth, Michael H. *Einstein's Wake: Relativity, Metaphor, and Modernist Literature.* Oxford: Oxford University Press, 2001.

Wilkowski, Benjamin M., et al. "Hot-Headed Is More Than an Expression: The Embodied Representation of Anger in Terms of Heat." *Emotion* 9, 4, 2009, pp.464-477.

Williams, J. "Synaesthetic Adjectives: A Possible Law of Semantic Change." *Language*

52, 2, 1976, pp.461-478.

Williams, James G. *Those Who Ponder Proverbs: Aphoristic Thinking and Biblical Literature*. Sheffield, UK: Almond Press, 1981.

Williams, Lawrence, and Bargh, J. A. "Experiencing Physical Warmth Promotes Interpersonal Warmth." *Science* 322, 2008, pp.606-607.

Williams, Lawrence, Huang, Julie Y., and Bargh, John A. "The Scaffolded Mind: Higher Mental Processes Are Grounded in Early Experience of the Physical World." *European Journal of Social Psychology* 39, 2009, pp.1257-1267.

Williamson, Judith. *Consuming Passions: The Dynamics of Popular Culture*. London and New York: Marion Boyars, 1986.

Williamson, Judith. *Decoding Advertisements: Ideology and Meaning in Advertising*. London and New York: Marion Boyars, 1985.

Wilson-Quayle, J. *Max Black. American National Biography* Vol. 2. Oxford: Oxford University Press, 1999.

Winawer, J., Huk, A., and Boroditsky, L. "A Motion Aftereffect from Still Photographs Depicting Motion." *Psychological Science* 19, 3, 2008, pp.276-283.

Winner, Ellen. *The Point of Words: Children's Understanding of Metaphor and Irony*. Cambridge, MA: Harvard University Press, 1988.

Winner, Ellen, Levy, J., Kaplan, J., and Rosenblatt, E. "Children's Understanding of Nonliteral Language." *Journal of Aesthetic Education* 22, 1, 1988, pp.51-63.

Wisniewski, Edward J., and Gentner, Dedre. "On the Combinatorial Semantics of Noun Pairs: Minor and Major Adjustments to Meaning." In: *Understanding Word and Sentence*. Greg B. Simpson, ed. Amsterdam: Elsevier Science Publishers, 1991, pp.241-284.

Witkoski, Michael. "The Bottle That Isn't There and the Duck That Can't Be Heard: The 'Subjective Correlative' in Commercial Messages." *Studies in Media & Information Literacy Education* 3, 3, 2003, pp.1-11.

Wolford, George, et al. "The Left Hemisphere's Role in Hypothesis Formation." *Journal of Neuroscience* 20, 2000, pp.1-4.

Wraga, Matyjane, and Kosslyn, Stephen M. "Imagery." In: *Encyclopedia of Cognitive Science*. Lynn Nadel, editor in chief. London: Nature Publishing Group, 2003, pp.466-470.

Yu, Ning. *The Contemporary Theory of Metaphor: A Perspective from Chinese*. Amsterdam: John Benjamins, 1998.

Yu, Ning. "Metaphorical Expressions of Anger and Happiness in English and Chinese." *Metaphor and Symbolic Activity* 10, 1995, pp.59-92.

Zaltman, Gerald, and Zaltman, Lindsay. *Marketing Metaphoria: What Deep Metaphors Reveal about the Minds of Consumers.* Boston: Harvard Business Press, 2008.

Zharikov, S., and Gentner, D. "Why Do Metaphors Seem Deeper than Similes?" In: *Proceedings of the Twenty-Fourth Annual Conference of the Cognitive Science Society.* W. D. Gray and C. D. Schunn, eds. Fairfax, VA: George Mason University, 2002, pp.976-981.

Zhong, Chen-Bo, Bohns, Vanessa K., and Gino, Francesca. "A Good Lamp Is the Best Police: Darkness Increases Dishonesty and Self-Interested Behavior." *Psychological Science*, 2010, in press. Available at SSRN: http://ssrn.com/abstract=1547980.

Zhong, Chen-Bo, and DeVoe, Sanford E. "You Are How You Eat: Fast Food and Impatience." *Psychological Science* 21, 3, 2010, pp.1-4.

Zhong, Chen-Bo, and Leonardelli, Geoffrey J. "Cold and Lonely: Does Social Exclusion Literally Feel Cold?" *Psychological Science* 19, 9, 2008, pp.838-842.

Zhong, Chen-Bo, and Liljenquist, Katie. "Washing Away Your Sins: Threatened Morality and Physical Cleansing." *Science* 313, 5792, 2006, pp.1451-1452.

Zhong, Chen-Bo, Strejcek, B., and Sivanathan, N. "A Clean Self Can Render Harsh Moral Judgment." *Journal of Experimental Social Psychology*, in press.

Zweig, Jason. *Your Money and Your Brain.* London: Souvenir Press, 2007.

찾아보기